질주와 성좌

질주와 성좌

2023년 10월 30일 초판 1쇄 발행

지은이 장재현
편집 이만옥
디자인 강보람
펴낸이 이문수
펴낸곳 바오출판사

등록 2004년 1월 9일 제313-2004-000004호
주소 고양시 일산동구 일산로 205, 204-402
전화 031)819-3283/문서전송 02)6455-3283
전자우편 baobooks@naver.com

* 이 도서는 2023 경기도 우수출판물 제작지원 사업 선정작입니다.

ISBN 978-89-91428-45-4 03100

질주와 성좌

마르크스와 프루스트

장재현

바오

˙. 여는 글

어떤 읽기는 기어코 쓰기에 이른다. 책은 독자의 몸을 통과한다. 옛 책은 눈으로 들어와 손으로 이동하여 새책이 된다. 이 책은 이 여행의 기록이다. 프루스트의 『잃어버린 시간을 찾아서』를 손에 든 지 열두 해, 마르크스의 『자본』을 읽은 지 네 해가 지났다.

지금은 포스트휴먼과 인공지능을 통한 인간의 불멸을 말하는 시대다. 또 우리 문명 전체를 한꺼번에 무로 돌려버릴지도 모르는 기후 위기의 시대다. 이러한 때 백수십여 년 전 세계를 제국으로 편성하던 영국 사회를 분석하여 세계의 양식을 제시하는 책과, 우리의 낙원은 오직 잃어버린 낙원임을 보여주려는 책을 말하는 것은 무슨 의미가 있을까? 그것도 두 책을 나란히 세워.

책이 없었다면 우리가 불멸과 절멸의 두 길이 갈리는 지금 여기, 자칭 '인류세'에 이르렀을까? 다시 한번 책으로 눈길을 돌려야 할 때가 아닐까? 그 눈길 정면에 놓이는 두 책이 있다.

이 책의 부제 '마르크스와 프루스트'에서 두 인명은 각각 『자본』과 『잃어버린 시간을 찾아서』를 뜻한다. 나는 마르크스를 열어 우리의 과거를 돌아보고 미래를 내다본다. 나는 프루스트를 열어 시인들이 줄곧 노래해온 스쳐 지나간 시간을 돌아본다.

『자본』은 독일어판과 영문판의 두 가지가 완역되었다. 세 권 가운데 첫째 권에 대해서는 두어 종의 새 번역이 나왔고 또 번역 중이다. 『잃어버린 시간을 찾아서』는 네 종의 번역이 출간되었다. 최근 세 종의 번역이 나온 것은, 글쓴이가 지난 세기말 완역된 김창석의 『잃어버린 시간을 찾아서』를 읽고 나서 한글로 번역된 프루스트의 다른 책들을 살뜰히 찾아 읽고 난 뒤였다. 번역뿐 아니라 판본마저 달라 이 책을 쓰는 중에 서로 대조하면서 다시 한번 읽어야 했다.

『자본』 읽기는 자연스레 마르크스의 다른 경제학 책을 읽는 것으로 이어졌다. 『경제학 철학 수고』, 『임노동과 자본』, 『임금, 가격, 이윤』 같은 책들이다. 1857년 이후 쓴 『정치경제학 비판 요강』과 『정치경제학 비판을 위하여』, 그리고 1861~63년의 초고와 『잉여가치론』은 『자본』의 초고라 할 수 있다. 이들은 연구와 서술의 두 측면에서 『자본』에 이른 마르크스의 글이 어떤 변화를 겪었는지 보여주는 동시에, 내용에서 『자본』을 보충하기 때문이다. 따라서 이 책들은 『자본』의 일부라 할 수 있다.

책의 출간은 그 책과 그 저자에 대한 사회의 관심을 반영한다. 이는 사회과학과 인문학, 그리고 문학을 아우르는 서구의 지적 전통에서 두 책이 차지한 자리를 다시 한번 보여준다.

벤야민은 아우라를 '공간과 시간으로 짜인 특이한 직물로서, 아무리 가까이 있어도 멀리 떨어진 어떤 것의 일회적인 현상'이라고 정의한다. 읽을 때마다 어떤 거리를 만들어내는 활자의 직물, 늘 새로운 책이 있다. 큰맘 먹고 집어든 독자의 눈과 활자 사이에서 책이 벌리는 틈이란 무엇인가?

'이 책은 다리가 부러진 사람이나 읽겠다.' 형이 쓴 소설을 두고 외과 의사인 로베르 프루스트가 내놓은 평이다. 책은 왜 안 읽히는가? 우선 전체가 조망되지 않기 때문이다. 겹치면 두께가 이십 센티미터가 훌쩍 넘는 책 앞에서 독자는 선의와 열의라는 즐거운 무장을 자기도 모르게 해제한다.

마르크스는 오만 쪽의 글을 썼다고 한다. 초기의 철학적 저술과 저널리스트로서 당면한 정치적 과제를 다룬 글을 제외하고 경제학에 대해 쓴 다른 글만 해도 『자본』의 쪽수를 넘는다.

프루스트는 『잃어버린 시간을 찾아서』를 쓰기 전 두 권의 장편 소설과 '생트뵈브에 반하여'를 포함한 시평과 『모작과 잡록』을 썼다. 러스킨의 책 『참깨와 백합』을 번역하면서 백합보다 긴 서문을 달아 번역의 새로운 길을 열기도 했다. 『잃어버린 시간을 찾아서』의 문장들이 때로 실내악 연주와 화가의 붓질을 대신하려는 데는 그만한 까닭이 있다. 책은 시와 음악과 그림과 계급 분석을 나란히 놓는다.

그러므로 『자본』과 『잃어버린 시간을 찾아서』는 각각, 저자가 이전에 쓴 책들의 논리적 귀결이자 주제적 확장이며 문체적 통합이다. 문장을 따라가면서 독자가 마주하는 것은 다른 부분을 가린 채 모나리자가 그려진 캔버스의 일 제곱센티미터를 보는 난감함이다. 붓질되어 말라붙은 물감은 사방으로 확장되어 지평선 너머로 사라진다.

자기만의 붓질이 모나리자를 세상에 내놓듯이, 갈고닦은 최종적이고 유일한 문체만이 수천 쪽에 이르는 책을 문장으로 채울 수 있다. 그러니까 책이 독자의 눈에서 물러서는 두 번째 이유는 문장 읽기의 어려움이다. 이는 자기만의 문체를 찾아 나선 두 저자의 고난에 찬 시간이 책에 드리운 그림자다.

엥겔스는 마르크스가 남긴 원고를 갈래짓고 순서를 정하고 제목을 붙이고 해석하는 데 수많은 시간을 바쳤다. 그가 잇고 보충한 문장들은 마르크스의 문장과 구분되지 않을 정도다. 『자본』 제2권과 제3권 곳곳에 묻어 있는, 어쩌면 마르크스보다 그 문장들에 더 익숙해진 편집자의 한숨에서 독자는 약간의 위안을 얻으리라. 책을 읽는 일이 늘 즐겁기만 한 것은 아니다. 쓰는 일이 그러할진대.

차곡차곡 접어 덧붙인 프루스트의 교정지는 책이 아코디언의 등가물임을 보여준다. 그러나 이를 받아 든 식자공이 무심코 내뱉은 것이 찬탄일 리 없다. 아메바처럼 분열하는 문장을 마주한 그는 책이 불러일으키는 특별한 감정을 예기한다는 점에서 성실한 독자의 표본이다. 문장 속의 낱말들도 고단하기는 매한가지다. 마침표 직전의 술어가 회귀하는 연어처럼 주어를 찾아 수많은 행을 거슬러 오른다.

마르크스의 책을 다른 책과 견주어 읽으려는 시도는 도서관 서가 한 쪽을 넉넉히 채운 책들로 그 무게를 가늠할 수 있다. 편집자 엥겔스가 토로하는 곤란은 그런 노력이 매우, 또 반드시 필요하다는 것을 말해준다. 이 곤란에 무게를 더하는 것은 그도 기꺼이 동의한 바 있는, 철학은 세계를 해석하는 데 그치지 않고 변혁해야 한다는 마르크스의 선언이다. 책은 철학의 낯익은 울타리를 벗어나 거침없이 새로운 대지 위로 걸음을 내딛는다.

프로이트는 마르크스의 보충으로 널리 해석되고 읽혀왔다. 인간의 내면에서 특별한 구조를 발견했다고 알려진 그의 문장 또한 어떤 갈래에 놓일지 판단하기 쉽지 않다. 아인슈타인은 노벨상을 염두에 두고 도움을 청하는 그의 편지에 '문학이라면 몰라도 과학으로는 당신을 추천할 수 없다'고 정중하나 단호하게 답했다고 한다. 우연인지 그의 이름도 단음절인데 우리는 마르크스나 프루스트와 마찬가지로 네 음절로 읽는다. 이 음절의 차이는 두 언어 간 거리, 번역의 심연을 암시하는 것이 아닐까?

마르크스를 프루스트와 견주어 읽는 것은 어떤가? 책을 현실로 옮기는 데 온 삶을 바쳤다는 뜻에서 러시아의 혁명가는 누구보다 마르크스의 충실한 독자라 할 만하다. 프루스트와 비슷한 때에 나고 죽은 그 또한 책을 씀으로써 그것을 증명하였다. 장 이브 타디에가 쓴 만만찮게 두꺼운 프루스트의 전기에도 마르크스는 이름조차 나오지 않는다. 얼핏 보기에도 프루스트는 마르크스의 여백이다. 프루스트는 마르크스가 쓰지 않은 것을, 심지어 그러한 것만을 골라 쓴 것일까? 두 책은 서로 들을 수 없는 거리에서 저마다의 교향곡을 연주하는 것인가?

진리란 무엇인가? 이를 말하는 책들의 엄정하고 가라앉은 목소리를 잠시 제쳐두자. 언어 너머 계시로 주어지는 진리도 있을 것이다. 한편 낱말과 조사와 관사를 개의치 않고 구두점조차 무시해버리는, 몇

개 기호의 조합으로 표시되는 진리가 있다. 오일러의 공식으로 불리는 $e^{i\pi}+1=0$을 문장이라 부를 수 있을까? 이 간단한 수식은 마치 절대군주와 같아서 알지 못하는 세계에 발을 딛고 서서 넌지시 이쪽을 내려다보며 미소 짓는 것만 같다.

공기의 저항을 무시할 때 깃털과 돌멩이가 똑같은 속도로 떨어진다는 것을 증명함으로써 갈릴레이는 근대 과학의 기초를 놓았다. 이는 물체의 운동에서 소재의 차이를 추상하고 오직 양과 양들 간의 관계를 수학적으로 탐구한 결과다. 『자본』은 인간의 노동시간을 사회적 평균으로 추상하고 그 시간적 역사적 궤적을 분석하여 세계가 생산되고 재생산되는 양식을 제시한다. 마르크스의 언어가 과학에 속한다는 뜻이다. 물론 한 책의 문장을 진리를 표현하는 한 가지 언어로 한정할 수는 없다. 마르크스의 책을 문학으로 읽을 때 얻는 소득 또한 만만치 않다.

이 책은 수학의 언어 말고 진리를 나타내는 두 가지 언어가 있다고 말한다. 두 책은 각각 과학과 문학의 언어, 두 가지 문장을 대표한다.

수학의 정리는 증명 과정에 단 한 번의 오류도 허용하지 않는다. 한편 『종의 기원』은 그 해석을 두고 서로 어긋나는 기나긴 이론들의 목록을 거느리면서 자신이 진리를 말하는 한 가지 언어임을 증명한다. 또 우리는 인물의 일관성과 사건의 개연성에 고개를 갸웃거리면서도 소설이 말하는 진리를 인정하는 데 머뭇거리지 않는다. 진리는 첩첩 개념으로 쌓은 성채로 솟기도 하고, 눈부신 말들로 쌓은 대성당이 되기도 한다. 요약할 수 없는 진리가 책이 되어 세상에 모습을 드러내는 풍경이다.

좀처럼 자신감을 잃지 않는 마르크스는 제1권 프랑스어판 서문에서 책의 처음 몇 장이 독자에게 지나치게 어려울 것이라 근심한다. 『자본』을 쉽게 해설했다고 주장하는 어떤 책은 수십 쇄를 찍었다. 어려운 책을 쉽게 푸는 책은 꼭 필요하다. 그러나 이 책은 그런 책이 아니다. 쓸 때나 읽을 때나 어려움을 자신의 일부로 삼는 책도 있다. 이런 책을 읽는 가장 좋은 방법은 무엇인가?

마르크스는 사회적 역사적 지평에서 노동자의 노동시간에 주목한다. 자본이란 노동자가 잃어버린 노동시간이다. 그의 과거는 바깥에 자립하여 노동자에게 현재의 노동을 강제한다. 자본가와 토지소유자, 그리고 노동자는 사회적 기능 또는 사회 형태의 인격일 뿐이다. 이렇게 마르크스가 괄호 안에 넣은 인간에게 지치지 않고 눈길을 던지는 것은 누구인가? 프루스트다. 그는 욕망과 사랑과 사교와 우정을 밑바닥이 다 드러나도록 들춘다. 그 또한 잃어버린 시간을 되찾기 위함이다. 한 책은 노동자가 잃어버린 시간을, 또 한 책은 우리가 습관 속에 잃어버린 시간을 되찾으려 한다.

우주선의 설계서나 판례집이 아니라면 수천 쪽의 책을 채울 것은 뻔하다. 인간과 세계, 곧 인간의 모든 것이다. 이때 시간은 주제와 대상인 동시에 서술에서 골간이 된다. 나머지는 어떻게, 곧 앎의 방법과 그로부터 이끌어진 법칙이다. 이 책의 목차가 인간, 세계, 시간, 인식으로 짜인 까닭이다. 책은 이런 갈래와 얼개에 따라 마르크스와 프루스트가 무엇을 어떻게 말하는지 보여준다.

책에서도 균형은 중요하다. 원고를 쓰면서 마르크스와 프루스트를 고르게 배분하려 했지만 곧 불가능한 것으로 드러났다. 다 같이 인간과 세계를 다루면서도 두 책은 서로 다른 추상 수준에 놓여 있기 때문이다. 마르크스는 말들의 숲을 헤쳐 개념으로 나아가고, 프루스트는 개념이 흘린 말들을 찾아 두리번거린다. 마르크스가 바쁠 때 프루스트는 뒷짐을 지고 어슬렁거리고, 때로는 거꾸로다.

대칭은 건축의 필수 형식이다. 그러나 부분에서 구현된 대칭이 전체의 대칭을 꼭 보장하는 것은 아니다. 또 겉보기의 대칭이 모든 대칭은 아니다. 땅에 접한 모서리의 거친 돌은 거대한 조화를 이룬 대성당의 뺄 수 없는 일부다.

마르크스는 가치라는 추상의 무기를 내려놓지 않으면서 구체적인 상품으로 이루어진 세계를 서술한다. 프루스트는 그가 쓰는 책이 대성당임을 한시도 잊지 않았다. 이 책은 마르크스와 프루스트가 가리키는 미래를 요약하는 마지막 장, '오지 않은 과거, 지나간 미래'를 포함하여 다섯 번의 붓질로 이루어졌다. 그 붓질을 음미하고 난 독자가 마주할 행복을 꿈꾼다.

두 책 다 낯선 독자는, 제4장 뒤에 붙인 '보론-철학적 독법'을 먼저 읽는 것이 도움이 될 것이다. 가라타니 고진은『자본』의 논점을, 들뢰즈는『잃어버린 시간을 찾아서』의 주제를 철학 일반의 언어로 말한다. 단 이 보론이 마르크스와 프루스트의 문장이 철학으로부터 벗어나려는 거리를 드러내기 위한 글임을 다시 한번 덧붙여야겠다.

글을 쓰는 것은 문자를 늘어놓는 일이다. 문자를 사용하지 않는 외계인이 과거로 여행하여 마르크스와 프루스트를 관찰했다면 한참 눈을 떼지 못했으리라. 백지 위에 뾰족한 막대로 검은 기호를 새기며 알 수 없는 기운을 내뿜는 눈빛을 보고 말이다.

그 눈과 가장 닮은 것은 무엇인가? 책을 읽는 눈이다. 책은 눈에서 이동하여 손에 이른다. 책이 책을 쓴다. 책을 말하는 것은 책이다. 갈릴레이를 말하는 뉴턴의 두꺼운 책이 그렇듯이. 책은 책의 역사다. 제임스 클러크 맥스웰을 말하는 아인슈타인의 얇디얇은 책이 그렇듯이.

아이가 조약돌을 만지작거리거나 단풍잎을 줍듯 문장들이 손에 들어왔다. 책에서 걸어 나온 문장들이 겨울 골짜기의 폭설처럼 쌓이고 나서, 갈래를 세우고 더미를 나누는 일이 처음부터 정해져 있던 일인 양 이어졌다. 헐거운 취미로 시작한 수집이 어떻게든 마무리해야 할 고된 일이 되고 말았다.

한 책을 읽을 때는 잔가지도 없이 빳빳하게 곧추선 문장들 사이에서 질식해버릴 것 같았다. 프루스트의 책을 읽을 때는 윤기 흐르는 빽빽한 문장들 틈에서 길을 잃을까 겁이 났다.

그런 중에도 숨을 가누고 눈길을 던지면 문장들이 질주하고 있었다. 전사처럼 개인 화기를 들고 가파른 언덕으로 내닫는 문장들이 있는가 하면 때로는 중무장한 기갑부대를 이룬 문장들과 거대한 대포를 거느리고 멀찍이 물러선 문장들이 눈에 들어왔고, 우르릉거리는 굉음과 함께 비행 편대를 이룬 문장들이 하늘을 채우곤 했다.

어떤 문장들은 하늘을 향해 오르고 있었다. 종이 위에 부려질 때부터 하늘에 제 자리를 따로 예약한 듯이 별처럼 성좌를 이루려는 문장이 있다. 성좌라는 말로 책에 빛을 더한 이는 프루스트만이 아니다. 책을 성좌가 배열되는 천공으로 여긴 것은 벤야민도 마찬가지였다.

마르크스만큼 마르크스의 문장을, 프루스트만큼 프루스트의 문장을 참조하는 저자는 없다. 그렇지만 마르크스가 스스로 말했듯이 마르크스주의자가 아니고, 프루스트는 표절자가 아니다. 두 번째 문장이 첫 문장에서 풀려나오듯 마지막 문장도 앞선 문장의 부름에 이끌려 나온다. 문장이 불러내는 문장이 어찌 한 권의 책에 갇히겠는가? 책이란 문장의 바다에 일렁이는 파도 끝에서 도약하는 하나의 물방울이다.

금광맥이 드러난 내를 첨벙거리는 탐광자의 환성이 독자에게서 들리길 꿈꾼다. 그렇다고 해도 책이란, 더구나 책을 말하는 책이란 독서를 권유하는 데 지나지 않는다.

·. 일러두기

1. 인용 쪽수 표기

마르크스나 프루스트의 책을 인용할 경우, 역자, 권수, 쪽수 등을 괄호 안에 약어로 명기한다.

예)

『자본』

(2 226): 2권 226쪽, 강신준역

(3 556김수행):3권 556쪽, 김수행역

『잃어버린 시간을 찾아서』

(1 118): 1권 118쪽, 김창석역,

(2 225희): 2권 225쪽, 김희영역

(2125민): 민희식역

2. 인용한 역본은 다음과 같다.

『자본』

강신준역, 1,2,3권, 역자 명기 하지 않음

김수행역, 1,2,3권, 역자 명기

『경제학 비판 요강1』

칼 마르크스, 김호균역, 2000, 백의

『잃어버린 시간을 찾아서』

김창석역, 1~11권, 권수, 쪽수 명기

김희영역, 1~8권, 역자, 권수, 쪽수 명기

민희식역, 역자, 쪽수 명기

3. 본문에서 언급한 저자는 다음 책을 뜻한다.

『자본』에 관한 책

하비, 『데이비드 하비의 마르크스 자본 강의-1,2』, 강신준역, 2011/2016, 창비

비고츠키, 『마르크스의 자본 탄생의 역사』, 비탈리 비고츠키, 강신준역, 2016, 길

폴라니, 『거대한 전환』, 칼 폴로니, 홍기빈역, 2009, 길

벤 파인, 『마르크스의 자본론』, 벤 파인, 알프레도 새드-필호, 박관석역, 2006, 책갈피

개러스, 『카를 마르크스』, 개러스 스테드먼 존스, 홍기빈역, 2018, 아르테

고진, 『트랜스크리틱』, 가라타니 고진, 이신철역, 2013, 도서출판b

『잃어버린 시간을 찾아서』에 관한 책

들뢰즈, 『프루스트와 기호들』, 질 들뢰즈, 서동욱 외 역, 2004, 민음사

지라르, 『낭만적 거짓과 소설적 진실』, 르네 지라르, 김치수역, 2001, 한길사

4. 『자본』 인용 표기

마르크스의 저서 『자본』의 인용 중 ( )는, 본문 가운데 중복되거나 예를 든 부분에 한하여 옮긴이 강신준이 임의로 넣은 〔 〕, MEW판 자체에 ( )가 있던 부분, 그리고 인용문 중 마르크스가 삽입한 ( ) 등을 구분하지 않고 모두 ( )로 표기한다.

. 차례

3. 역사 혹은 시간

4. 인식과 법칙

서론

서론

항행 혹은 글쓰기, 출발의 어려움

지리학자이자 『자본』의 해설자인 데이비드 하비는 지난 세기말, 신도시의 설계안을 결정하는 회의에 참석하러 한국에 왔다. 대다수가 엔지니어와 건축가, 그리고 조형 디자이너로 구성된 자리에서 그는 이렇게 물었다.

> 어떤 신도시가 건설되고 있을 때 여러분이 알고 싶어 하는 것은 무엇인가? 내가 알고 싶은 것은 다음과 같은 것들이다. 여기에서 새롭게 만들어질 (생태학적인 흔적 같은) 자연과의 관계는 무엇인가? 이 도시에서 실현될 기술은 어떤 것이며 그 이유는 무엇인가? 새로 형성될 사회적 관계는 어떤 것인가? 여기에서 이루어질 생산과 재생산체계는 어떤 것인가? 이 도시에서의 일상생활은 어떤 모습이 될 것이며 우리가 바라는 일상생활은 어떤 것인가? 그리고 이 도시에 적용될 정신적 개념과 상징들은 어떤 것인가? 여기에 건설될 도시는 민족적인 기념비로서의 성격을 갖는 것인가, 아니면 코스모폴리탄적 장소로서의 성격을 갖는 것인가?
>
> 이어지는 그의 이야기는 아주 낯익고 흥미롭다.
>
> 다른 심사위원들은 이런 문제 제기를 혁신적이고 흥미로운 것으로 여기는 것 같았다. 우리는 이 문제를 잠시 동안 논의했지만 결국 그것이 우리에게

주어진 시간 안에 다루기에는 너무 복잡한 문제라는 결론에 도달했다. 그러자 건축가 가운데 한 사람이 내가 제기한 여섯 가지의 기준 가운데 정말 중요한 것은 정신적 개념들이라고 제안했고, 이는 다시 논의의 중심을 원형과 입방체의 건물 형태가 지니는 상대적인 상징성의 크기 문제로 되돌려놓았다.

그런데 나중에 사람들은 내가 제기했던 것 같은 그런 흥미로운 사고방식이 어디에서 비롯된 것인지 물었다. 나는 그것이 바로 마르크스의 『자본』 제13장의 네 번째 각주에 있다고 말해주었는데 그것은 내 실수였다. 마르크스의 이야기를 꺼낼 때는 전형적으로 두 가지 유형의 반응이 있다는 것을 예상했어야 했던 것이다. 한 가지 반응은 신경질적이거나 심지어 두려움을 보이기도 하는 것인데, 이는 마르크스가 그처럼 명백하고 흥미로운 이야기를 했다는 사실을 인정하는 것이 곧 마르크스에게 동조하는 것이나 마찬가지이고, 그것은 자신의 직업적(혹은 개인적) 관점에 비추어 끔찍한 일이었기 때문이다. 다른 하나는 나를 바보로 간주하는 것이었는데, 이는 내가 아무런 독자적인 생각 없이 마르크스의 이야기를 앵무새처럼 되뇐 것에 불과하고 더구나 그나마도 겨우 각주를 인용하는 낮은 수준이라고 생각했기 때문이다.(하비, 356)

마르크스는 왜 이런 책, 『자본』을 썼는가?

그가 망명자로서 런던에 살지 않았다면 이 책은 세상에 나오지 않았을지 모른다. 인간이란 그가 점유해온 공간과 통과해온 시간의 일부이고, 한 권의 책은 책을 쓴 사람의 일부다. 아니 어느 정도 시간이 흐르고 나면 책이 곧 그다. 어떤 책은 세계로 새로운 창을 연다. 그 창 너머에는 아무도 본 적 없는 풍경이 펼쳐진다.

장소와 시대만으로 책의 탄생을 말할 수 없음을 보여주는 것은 바로 이런 책이다. 억누를 길 없는 욕망이야말로 인간 성취의 기반이다. 우주가 비밀의 베일을 벗는 것은 하늘에서 눈을 돌리지 않는 인간이 있기 때문이다. 그가 지구라는 행성의 거죽에 평생 붙박여 있는 존재라 해도 말이다.

영국에서 마르크스는 새로운 사회 형태가 모습을 드러내는 것을 지켜보았다. 그것은 새로 주조되는 세계다. 프루스트라면 줄곧 눈길을 떼지 않을 사교계 사람들은 이 세계에서 그저 사회의 다른 계급이 생산한 잉여가치에 기대어 살아가는 존재일 뿐이다. 두 책이 다루는 세계는 이와 같이 전혀 겹치지 않는다고 할 만큼 서로 다르다.

비슷하게 아이작 뉴턴은 한 번도 셰익스피어의 책을 읽은 적이 없다고 한다. 그때 용어로는 철학에 가까웠을 테지만 물리학이 문학을 이 정도로 못 본 척했던 적이 있었을까. 자신만의 세계에 몰두한 인간의 정신을 보여주는 드문 사례다. 여기에 고양이가 빠질 수 없다. 흑사병을 피해 고향인 울즈소프에 내려와 먹는 것도 자는 것도 잊고 자연의 원리를 캐묻던 뉴턴이 키우던 고양이가 그가 남긴 음식을 두고 비만을 피하기란 애초에 불가능했다. 사람들 입에 오르내릴 적마다 반은 살고 반은 죽은 상태에 처하는 슈뢰딩거의 고양이보다야 훨씬 행복했을 테지만.

뉴턴의 고양이가 마르크스와 프루스트가 어떻게 글을 썼는지 상상하는 우리에게 시사하는 바는 적지 않다. 그래서 독자는 뉴턴이 셰익스피어를 읽지 않은 데 이의를 제기하지 않듯이 프루스트가 마르크스가 말한 것을 말하지 않는 데 불만을 표하지 않고서도 두 책에 똑같이 경의를 표할 수 있다.

프루스트는 자기 나라의 수도 파리의 하늘로 날아온 독일 전투기를 보고 불꽃놀이와 성좌에 대해 썼다. 그런 하늘 아래에서 마르크스라면 보나마나 다른 것을 썼을 것이다. 뉴턴이 별 관심을 보이지 않았을 복닥거리는 사람들 속에서 셰익스피어가, 떨어지는 사과와 별의 운행을 한가지로 주관하는 원리에 맞먹는 어떤 진리를 찾아낼 수도 있었듯이.

책이 말하는 것은 무엇인가? 이 물음에 한마디로 답할 수 있는 책이라면 사람들 입에 그토록 오르내리지 않으리라. 마르크스가 쓴 책은 무엇을 말하는가? 한마디로 요약되지 않는 책을 요약하는 것이 용기라면 용감하게 말해보자. 그의 책은 세계의 양식을 구성하는 사회 형태들을 말한다. 프루스트에게서 우리는 책의 목표와 방법을 명시하는 마르크스의 친절을 기대할 수 없다. 프루스트가 마르크스와 똑같은 방식으로 썼다면 아무도 그를 소설가로 기억하지 않으리라. 또 그랬다면 두 책을 견주어 읽으려는 이 책도 없을 것이다. 프루스트에게 세계는 인간의 욕망이 펼쳐지는 캔버스다.

사실 두꺼운 책일수록 말하려는 것은 간단하다. 활자를 수천 쪽에 가득 채운 책은 두 가지를 말하기 마련이다. 세계란 무엇이며 인간이란 무엇인가가 그것이다. 마르크스의 세계는 인간을 주조하고 프루스트의 인간은 세계를 펼친다. 독자는 세계 속의 인간과 인간을 되비치는 세계를 마주한다.

대성당이 된 책이 있다. 소설을 읽는 독자는 치솟은 기둥과 날개처럼 펼쳐진 버트레스가 떠받치는 거대한 지붕과 꼭대기가 하늘에 닿을 듯한 종탑을 본다. 소설 속의 인물들은 신도들이다. 대성당은 동시에 인간의 욕망이 갈마드는 장소다. 한 자아가 복수의 욕망을 가지듯 한 욕망은 복수의 자아에 거처를 정한다. 자아가 욕망들을 대체하듯 욕망은 여러 자아를 배열한다. 자아는 다른 자아와, 때로 사물과 뒤섞인다. 욕망이 머물고 옮겨 다니는 장소인 자아의 무한한 조합, 중첩, 혼합이 범람하는 거대한 구조물이 프루스트의 책, 대성당이다. 스테인드글라스가 태양에서 오는 빛을 색색으로 갈라 성무실을 수놓듯 문장은 세계를 대성당이란 책에 펼친다. 인간이란 사회적 관계의 총체라고 말하는 마르크스의 문장을 풀어헤쳐, 사회가 색칠하고 색인을 단 인간을 나열하는 것은 프루스트의 문장이다.

출항과 이륙은 글쓰기와 비슷하다. 부두를 떠나 거침없는 대양을 나아가는 여객선의 활주나 땅을 박차고 가없는 창공으로 솟는 항공기의 비행처럼 펜은 문장을 쏟아낸다. 번데기를 짓고 들어앉아 누에가 실을 잣듯이. 이와 같이 글쓰기에 대해 누구보다 잘 아는 것은 마르크스와 프루스트다. 그렇지만 출항과 이륙 직후 이들이 보여주는 것 또한 매우 낯익다. 그것은 불안과 의심이다. 대체로 쓰는 이의 고통야말로 읽는 이의 즐거움이다. 독자가 그들의 고통을 동정할 까닭은 없다.

마침내 쓰인 첫 문장은 두 저자의 서로 다른 개성, 절대적 차이를 예기한다. 처음은 끝을 암시한다. 끝을 지시하는 것이 시작이라면 시작을 확정하는 것은 끝맺음이다. 대양을 이끌고 밀려오는 첫 파도를 잠시 음미해보자. 프루스트는 책을 연다.

> 오랜 시간, 나는 일찍 잠자리에 들어왔다. 때로 촛불이 꺼지자마자 눈이 너무 빨리 감겨 '잠이 드는구나.'라고 생각할 틈조차 없었다. 그러다 삼십여 분이 지나면 잠을 청해야 할 시간이라는 생각에 잠이 깨곤 했다. 그러면 나는 여전히 손에 들려 있다고 생각한 책을 내려놓으려 하고 촛불을 끄려고 했다. 나는 잠을 자면서도 방금 읽은 책에 대해 끊임없이 생각했는데….

프랑스 작가가 쓴 소설 중에도 상당히 곤혹스러운 첫머리로 평자들이 말하는 이 문장에는 흔히 출간을 부탁받고 처음으로 책을 읽어본 출판인의 반응이 덧붙는다. 이렇게 잠자리에 들어 부스럭거리는 걸 서른 쪽 가까이 끄적이는 책을 어떤 독자가 도중에 던져버리지 않을 수 있단 말인가? 이는 신중한 출판인의 심중한 고려에서 나온 최초의 평이라 알려졌다. 그러므로 첫째 권을 다 읽고 나서 두 번째 권으로 넘어갈 때 독자가 부딪힐 어려움은 넉넉히 짐작된다. 읽다가 자꾸만 눈을 가늘게 뜨고 헤아려보아도 남은 쪽의 두께는 좀체 줄지 않는다. 수천 쪽이 넘는 몸피의 책이란 소설이든 다른 어떤 책이든 독자의 기를 꺾기 마련이다. 이때 독자는 첫 관문에 이르러 높이가 삼 층이나 되는 우악스러운 문 앞에서 한숨을 내쉬는, 강호의 고수를 찾아 나선 무협 수련자와 다름없다. 그가 길을 나설 때와 마찬가지로 의욕에 차 있을지는 의문이다.

그러나 독자의 이런 어려움이란 백지를 앞에 둔 저자의 곤란에 견준다면 아무것도 아니다. 독자의 고난이란, 물 반 고기 반인 연못에 낚시를 던져놓고 기다리는 중에 첫 입질 직전에 감수할 지루함에 불과하다. 도대체 어디서 시작해야 하는가? 여기 혹은 저기, 이렇게 혹은 저렇게 저자가 더듬거리며 남긴 괴로운 흔적은 책 속에 고스란하다. 작가의 머릿속에서 문장의 몸을 얻으려는 사념들과 인상들은 꼬리에 꼬리를 문다. 그들은 마치 저자의 손가락에서 풀려나와 활자가 되기만 하면 단숨에 천여 쪽을 채울 기세다. 세상으로 나가는 문을 찾아 아우성하는 문장들은 함락 직전의 도시를 탈출하려는 피란민과 같다.

한편 마르크스는 다음과 같이 시작한다. 그는 시작의 당혹스러움을 오래도록 검증된 형식 혹은 체계의 힘을 빌어 누그러뜨린다. 권, 편, 장, 절이라니 마치 중세의 갑옷처럼 든든하지 않는가?

1권, 제1편 상품과 화폐, 제1장 상품, 제1절 상품의 두 요소 : 사용가치와 가치(가치의 실체, 가치의 크기)

마치 큰 문 한편에서 더 작은 문이, 또 더 작은 문이 차례로 열리는 것 같다.

자본주의적 생산양식이 지배하는 사회의 부는 '상품의 방대한 집적'으로 나타나며, 개개의 상품은 이러한 부의 기본형태로 나타난다. 그러므로 우리의 연구는 상품의 분석으로부터 시작한다. 상품은 우선 우리의 외부에 있는 하나의 대상이며 ….

거대한 배는 대기를 뒤흔드는 뱃고동을 울리며 항구를 나서고 비행기는 굉음을 울리며 공중에 솟는다.

서문에서 마르크스는 쓴다.

이 책의 궁극적인 목표도 근대 사회의 경제적 운동법칙을 밝혀내는 데 있다.(1 47)

자신이 하려는 일이 무엇인지 밝힌 그는 덧붙인다.

내가 한 번도 양보한 적이 없는 이른바 여론이라는 것이 갖는 편견에 대해서는 저 위대한 피렌체인의 좌우명이 내 대답을 대신해줄 수 있을 것이다. "너의 길을 걸어라, 그리고 사람들이 뭐라고 하든 그대로 내버려두어라!"(1 49)

서명이 이어진다.

1867년 7월 25일, 런던, 카를 마르크스

왜곡과 폄훼로부터 책을 지키는 것은 작가의 마땅한 의무다. 이 의무를 수행할 때 프루스트만큼 자기가 가진 무기의 성능을 잘 아는 이도 드물다. 여기서 마르크스가 말한 여론을 대신하는 것은 평론이다. 평론이 내세우는 작가는 '하등 새로운 사명도 내세우지 않고 단지 그가 자기보다 앞선 유파(流派)에 대하여 나타내는 경멸이나 단호한 어조'를 내보일 뿐이다. 평론은 종종 '이 같은 제거 불능한 착각의 결과'를 마치 위대한 혜안의 결과인 양 찬양한다. 작가가 '대중에게서 받는 평가를 일단 존중해야 한다는 극단적인 일'이 생기는 것은 이 때문이다.

작가의 재능을 뒷받침하는 것은 '그 밖의 모든 것에 지워진 침묵 한가운데에서 정확히 들린 본능, 다름 아닌, 완전히 파악된 완전한 본능'이다. 이 재능과 '대중의 본능적 생활' 사이에는 거대한 틈이 있다. 하지만 대중의 재능과 '직업적 평론가의 천박한 객설이나 변덕스러운 기준 같은 것(11 287)' 사이에 벌어진 틈과 비교하면 작가와 대중 간의 틈이란 사소한 것이다.

프루스트는 평론이 자신의 책에 던질 경멸을 예감한다. 그러나 대중은 평론이 퍼뜨리는 그러한 착각에 현혹되지 않고 작가의 재능을 알아볼 뿐 아니라, 책이 여는 새로운 세계를 알아볼 것이다.

마르크스가 르네상스인의 좌우명을 갑옷으로 두른다면, 프루스트는 적에 대한 정밀한 분석을 앞세운다. 평론가의 '입씨름은 10년마다 바뀐다.' 그들이 평론이라고 늘어놓는 것은 사실 '만화경'에 지나지 않는데, 이는 '단순히 사교계 사람들에 의해서만 구성되어 있는 것이 아니라, 사회적·정치적·종교적 사상에 의해서도 구성되어 있기 때문이고' 따라서 '광범한 대중 속에서 생기는 굴절에 힘입어, 일시적으로' 퍼질 뿐이다. 하지만 그들을 간단히 무시할 수만은 없다. '그들은 탁월한 정신 이상의 행동을 하여 군중을 자기에게로 끌어당겨 자기 주위에 단순히 허명(虛名)이나 부당한 모멸뿐만 아니라 내란이나 전쟁까지도 일으키'기 때문이다. 이들과 대적하기 위해서는 '포르루아얄적인 자기비판(11 287)'으로 무장할 필요가 있다. 오직 하느님의 은총만이 인간을 구원한다는 장세니즘을 옹호하는 수도원이 그의 진지다. 그 진지의 수장인 수녀원장이 세례나 고해성사 같은 전례를 앞세우는 교황과 예수회의 비난 따위를 두려워하겠는가?

한편 마르크스는 오 년 뒤에 펴내는 프랑스어판 서문에서 새로운 근심거리를 내비친다. 평론가들의 손짓에 따라 이쪽저쪽으로 왔다 갔다 하는 프랑스 독자들의 조바심이다.

> 내가 사용한 연구 방법은 처음 몇 장을 읽어나가는 데서 상당한 어려움을 주고 있습니다. 이런 어려움으로 인해 이 책은 시원시원하게 곧장 읽어나가기 어렵게 되어 있는데, 바로 이 때문에 언제나 결론에 대해서 조바심을 내고 일반적인 원리와 자신이 직접적으로 부딪치는 문제들 사이의 관련을 빨리 알아내고자 하는 성향을 지닌 프랑스 대중은 이 책의 앞부분만 읽고는 더 이상 읽기를 중단해버리는 사태가 발생하지 않을까 하는 우려가 들기도 합니다.

온갖 괴로움을 무릅쓰고 이겨낸 사람이 꼭대기에 선다.

학문을 하는 데에는 평탄한 길이 없으며, 가파른 험한 길을 힘들여 기어 올라가는 노고를 두려워하지 않는 사람만이 빛나는 정상에 도달할 가망이 있습니다.(1872년 3월, 런던 프랑스어판 서문)(1 62)

마르크스 같은 저자만이 할 수 있는 말이다.

프루스트는 죽을 때까지 자기가 쓴 책이 읽힐까 걱정하지 않았다. 죽기 전에 다 쓸까 하는 두려움이 다른 걱정을 저 멀리 던져버렸다. 결국 그는 '갇힌 여인'을 교정하다 죽지만, 다행스럽게도 그 전에 마지막 권에 '끝'이라는 말을 써넣었다. 이것이 다행스러운 데는 두 가지 뜻이 있다. 그가 책을 끝마쳤다는 것이 하나이고 그가 세상을 떠났다는 것이 다른 하나다. 두 번째 다행스러움은 마땅히 독자의 몫이다. 그가 더 오래 살았다면 그의 책은 지금보다 두 배쯤 더 두꺼워졌을지도 모른다. 독자의 입에서 터져 나올 한숨이 두 배에 그치리란 장담은 그 누구도 할 수 없을 테니까.

1

1. 인간, 두 가지 시선

소설에 나오는 인물은 책의 활자들을 다 통과하고 나서야 어떤 존재인지 밝혀진다. 모나리자가 다빈치의 붓질이 끝난 뒤에야 세상에 모습을 드러내듯이. 인간을 다루는 책은 소설만이 아니다. 문학에 속하지 않는 책은 인간을 어떻게 다루는가? 마르크스가 쓴 책에서 실마리가 될 법한 문장에서 시작해보자. 그는 독자가 꼭 알아야 한다고 생각해선지 제1권 제1판 서문에 다음과 같이 밝힌다.

'만일의 오해를 피하기 위해 나는 여기에서 한 가지를 덧붙이고자 한다. 나는 자본가와 토지소유자를 결코 장밋빛으로 묘사하지는 않을 것이다.' 이는 한 계급에 속한 개인의 인격에 아무 차이도 없다거나 또 그 차이를 말하는 것이 아무 가치가 없다고 주장하는 것이 아니다. 그는 한 인물이 그가 속한 계급의 요구를 얼마나 잘 수행하는지 따지지 않는다. 또 그렇게 할 때 제기될 철학적 회의 따위도 다루지 않는다. 부르주아의 생활을 누리며 부르주아 계급의 사회적 본질을 분석했던 마르크스 자신이 누구 못지않은 사례이자 반례다. 책에서 인간은, 그가 자본가든 노동자든 토지소유자든 '그들이 갖가지 경제적 범주들의 인격체라는 점에서만, 즉 특정한 계급관계와 계급이해의 담당자라는 점에서만' 중요하다.

인간이란 무엇인가라는 물음에 프루스트는 이런 식으로, 사회적 범주나 사회 형태를 체화한 개인으로 답하지 않는다. 자신이 쓰는 글을 문학으로 여기는 이들이 서로 나누는 유대감의 밑바닥에는 흔히 인간을 관념이나 개념으로 표현하는 언어에 대한 이의가 놓인다. 그들 또한 자신의 언어, 문학이야말로 앞의 물음에 적절한 답을 준다고, 어쩌면 그렇게 할 수 있는 유일한 수단이라 여긴다. 언어, 언어의 사용이야말로 진리를 드러낸다. 문학이나 철학이 무엇인지를 두고 오고 가는 수많은 이야기는 이러한 통찰의 주변을 맴돌기 마련이다.

다행스럽게도 소설 속에서도 인간이란 무엇인가라는 물음에 직접 답하는 목소리를 들을 수 있다. 그러나 독자가 이때 확인하게 되는 것 또한 두 책 사이에 놓인 좀처럼 좁혀지지 않는 틈이다.

어떤 개인이 누구인지는 그를 바라보는 다른 사람의 시선이 결정한다. 프루스트는 일상적인 관찰에서 실마리를 찾는다. '삶에서 가장 사소한 것의 관점에서 보더라도' 인간은 '모든 사람에게 동일한 물질로 구성된 전체가 아니다.' 인간을 물질로 볼 때 놓치게 되는 것은 무엇인가? 인간은 '회계장부나 유언장'으로 대체할 수 없다. 한 개인의 사회적 신분과 지위가 그와 같은 문서로 표시되고, 현대 사회 질서의 근간인 법의 지배가 이러한 표현 위에 성립한다 해도 말이다. 물질과 서류, 법의 규정 말고 인간을 표현하는 것은 무엇인가? 프루스트는 서둘러 마르크스에 동조하려는 것인가?

프루스트에게도 인간의 인격은 사회적인 것이다. 그런데 이는 인간이 경제적 사회구성체와 같은 사회적 추상의 표상이나 기능이기 때문이 아니다. 인간은 늘 다른 사람의 시선과 관념을 의식한다는 뜻이다. '우리의 사회적 인격은 타인의 생각이 만들어낸 창조물이다.'

우리는 '아는 사람을 보러 간다'라고 말하면서 자신이 본래 지적인 존재임을 증명하려고 한다. 타인에 대한 지식은 사회적 관계의 필수적 구성 부분이다. 한 인간은 그녀 혹은 그를 생각하는 사람마다 달리 존재한다. 인간은 '눈앞에 보이는 외양에다 그 사람에 대한' 자신의 관념들을 채워 넣는다. 자기가 타인에게 부여한 '이 관념들이 그 사람의 두 뺨을 부풀리고, 거기에 완전히 부합되는 콧날을 정확하게 그려내고, 목소리 울림에 마치 일종의 투명한 봉투처럼 다양한 음색을 부여'하는 것이다. 그런데 인간이 타인에게 발견하는 것은 곧 자기 자신이다. '우리가 그 얼굴을 보거나 목소리를 들을 때마다 발견하는 것은 바로 그 관념들인 것이다.(1 43)'

'경제적 사회구성체의 발전을 하나의 자연사적 과정으로' 파악하는 다른 저자에게 '각 개인은 그들이 설사 주관적으로는 사회적 관계에서 벗어나 있다고 할지라도 사회적으로는 사회적 관계의 피조물'로 간주된다. 따라서 '사회적 관계에 대한 이들 개인의 책임(1 47)'을 묻는 것은 별 뜻이 없다.

자연사적 과정으로서 경제적 사회구성체의 발전에서 수행하는 역할로 인간을 묻는 것은 인간을 사회 형태, 사회적 기능으로 다룬다는 뜻이다. 이는 서술되는 대상인 그가 세계가 그런 식으로 구성되고 작동한다는 걸 알든 모르든 상관없다. 물론 마르크스는, 세계가 자본가의 머릿속에 비친 표상과 관념 또한 세계의 일부, 세계가 작동하는 계기로서 다룬다. 이를 감안할 때 다음 문장이 뜻하는 바가 더욱 분명해진다. '경제적인 무대에 등장하는 인물들은 사실은 그들 간의 경제적 관계가 의인화된 것에 지나지 않는다.(1 150)'

소설이 다루는 인간은 마르크스의 책이 괄호 속에 넣는 바로 그 낱낱의 사람이다. 하지만 개인이 고유한 속성을 지닌 실체가 아니라 말하는 데서 두 저자의 눈길은 상당 부분 겹친다. 그 겹침과 어긋남이야말로 이 책의 주된 관심사다.

프루스트가 일으켜 세운 세계에서 인간은 다른 인간의 인격을 구성하는 빼놓을 수 없는 요소다. 거꾸로 한 사람이 다른 사람에게서 관찰하는 관념이란 대개 그 자신에 속하는 것이다. 그의 시선이 인간의 내면에서 출발하여 살갗에서 멈춘다면 마르크스의 시선은 바깥에서 다가와 인간의 살갗에서 멎는다.

회계 장부나 유언장은 인간에 대한 작가의 근본적 이미지라 할 만하다. 활자로서 인간을 다시 조립하는 소설가가 인간을 공식적으로 종결짓는 활자들에 어찌 매혹되지 않겠는가. 부고라는 사회적 총결을 통해 망자는 직전까지 실재를 주장하던 자신과의 연결을 마침내 잃어버린다. 서둘러 말한다면 그는 더이상 시간을 보존하는 존재, 시간이 거주하는 장소가 아니다.

말할 것도 없이 이런 요약은 책 속에 별처럼 흩뿌려진 문장들의 그림자에 지나지 않는다. 문장들은 고치 안에 들어앉은 애벌레가 자아내는 실과 같다. 독자는 눈으로 그 실을 따라가기만 하면 실마다 매달린 수천 수만 마리의 나비를 만난다. 소설 속 화자 아버지의 친구이면서 대사인 노르푸아 후작은 처음부터 끝까지 에둘러 말한다. 모든 것을 말하면서 아무것도 말하지 않는 외교의 말과 같이 소설의 문장이란 이처럼 에두르면서 빛을 발하는가? 선전포고문처럼 한 문장으로 요약할 수 없는 것이 문학의 문장인가? 선전포고가 외교의 실패를 확증한다면 한마디로 요약되는 문장은 소설의 실패인가?

작가의 앞선 문장을 이어보자. 자아란 다른 사람이 그 사람에게 가진 관념의 수만큼 존재한다. 그의 얼굴에 흐르는 우아함이 자연의 경계선인 그의 매부리코에서 멈추는 걸 알아보는 사교계 인물과, 거기서 그저 텅 비고 넓적한 시골의 평지 말고는 아무것도 찾아내지 못하는 화자의 부모에게 스완의 인격이 같을 리 없다. 타인이란 어떤 이가 자신을 스쳐간 시간의 잔재들을 쌓아올리는 장소다. 스완의 매부리코에서 그의 인격을 읽어내는 이들이 제 추억에서 자주 끄집어내는 것이 감미로움이 아니라 잔인함이라 해도 말이다.

한 사람의 인격이란 그를 대하는 사람이 자신의 어떤 관념이든 담을 수 있을 만큼 넓은 그릇이다. 따라서 스완이란 인간은 그를 바라보는 이들의 일시적인 반사된 인격에 지나지 않는다. 화자가 질베르트를 볼 때마다 그녀 아버지 스완과 어머니 오데트를 떠올리는 것은 그가 질베르트에 관한 추억을 그들로 가득 채웠기 때문이다. 다른 인간이란 거기에 스스로 불어넣은 자신의 추억, 거기에 쌓아놓은 자신의 시간이다.

한편 인간은 보는 시점에 따라서도 달라진다. 처음 알던 그녀는 나중에 알게 되는 그녀가 아니다. 다른 장소와 시간에 따라 달라지는 인간의 무한 변주를 빼고 나면 프루스트의 책은 두께가 반으로 줄어들지도 모른다.

인간은 타인에게 자신의 추억을 새긴다. 그러므로 내가 추억을 새겨넣은 사람은 나의 삶이라는 미술관에 걸린 초상화다. 그 초상화를 채우는 것은 내 삶이 된 시간의 붓질이다. 한 인간이 그린 그림이 거의 비슷한 색조를 띠는 까닭이다. '마치 우리 삶이란 것이, 동일한 시대의 초상화들이 걸린 모습이 마치 가족처럼 보이는, 같은 색조를 띠는 미술관과 흡사하다고나 할까. 한가로움이 넘쳐흘렀고, 언제나 커다란 마로니에와 산딸기 바구니, 그리고 쑥의 새싹 향기가 풍겨 나왔다.(1 44)'

마르크스의 책을 읽는 독자 또한 거의 모든 페이지에서 인간을 만난다. 서두에서 인간을 어떻게 다룰지 명시한 그는 다시금 강조한다. '이 생산양식 자체의 주요 당사자인 자본가와 임노동자는 그 자체로는 자본과 임노동의 체화(Verkörperung)이자 인격체(Personifizierung)에 지나지 않는다.'

이는, 책의 문을 여는 열쇠라 할 '가치'가 수많은 낱말과 어깨를 겯고 문장들을 통과하면서 자본가의 머릿속에 어떻게 수입의 형태로 나타나는지 다루고 나서 책이 닫히기 직전에 또 되풀이된다. 인간이란 '사회적 생산과정이 개개인에게 각인하는 일정한 사회적 성격이면서 또한 이 특정한 사회적 생산관계의 산물이다.(3 1165)'

인간이란 무엇인가라는 물음을 따라나선 프루스트가 서성이는 곳은 미술관만이 아니다. 그의 탐구에서 시간이란 계기가 빠질 리 없다. 그의 분신이라 할 화자는 게르망트와 아그리장트와 파름과 같은 귀족들의 이름을 따라 '14세기 너머까지 점점 거슬러 올라가면서 뒤를 밟'는다. 이는 그가 그들의 '온 선조들이 쓴 수기와 편지를' 읽고 '뚫고 들어갈 수 없는 어둠이 부르주아 가문의 기원을 덮고 있는 먼 과거'에서 눈을 떼지 못하기 때문이다. 이를 통해 그가 찾아내는 것은 '한 이름이 던지는 빛나는 역광선 밑에, 게르망트네의 아무개들의 특수한 신경 작용, 어떤 악덕, 방탕 따위의 기원과 그 잔류(殘留)(6 296)'다. 먼 조상과 현세의 후손을 이어주는 것은 똑같은 증상이다.

강에서 노출된 금광맥을 홀로 발견한 탐광자 프루스트가 바지를 걷어올린 채 자랑하는 패닝 접시는 무엇보다 병리학이다.

19세기 말에서 그다음 세기 초에 이르기까지 활짝 피어난 자연과학의 성과를 지켜보았고 당시 그의 아버지가 프랑스 최고의 의사였음을 볼 때 그가 병리학에 정통한 것은 자연스러운 일이다. 그런데 그런 그는 인간이란 본래 선량한 존재라고 믿는다. 부르주아의 타고난 균형 감각 덕분일까?

인간은 타고난 천성을 일찌감치 탕진할 수도, 꾸준히 늘려갈 수도 있다. 인간이란 미래가 결정되지 않은 존재다. 낙관주의나 주관주의에 안주한 탓으로 돌리기엔 그의 추론은 너무 세밀한 데가 있다. 선량함이란 '그저 익기만 하면, 원래 블로크의 성질보다도 더 시큼한 성질일지라도 달게 만들어버리는 것'이다. 이때 화자의 목소리는 한 옥타브 위로 솟는데 과격하게 느껴질 정도다. 블로크의 손자들은 '거의 모두가 태어나면서부터 착하고 얌전할(11 390)' 것이라 말하니 말이다. 블로크란 인물은, 상냥함과 그 사이에 거리란 천국과 지옥만큼 떨어져 있다는 것을 보여주기 위해 창조된 인물이 아닌가 말이다. 어쨌든 이제 프루스트가 말하는 인간의 천성이 유전과 같은 생물학의 작용이 아님은 분명하다.

선량함만큼 인간에게 보편적인 감정이 또 있다. 정의감이다. 우리가 '입장만 떳떳하다면, 편파적인 재판관'도 두려워하지 않는 것은 바로 이 감정 덕분이다. 화자의 일관된 말에서 보듯 이 두 가지 미덕은 프루스트 자신의 본성이다. 인간에 대해 말할 때 누구든 자기를 말하게 마련이니까. 그의 말은 인간은 생산의 사회적 형태들의 인격이라 말하는 다른 저자의 말과 전혀 다른 악보로 표기되는 것일까?

:: 11. 인간, 사회적 범주 혹은 욕망의 장소

생산의 사회적 형태로서 인간

답이란 질문이 쳐놓은 울타리를 여간해서 탈출하지 못하는 법이다. 선가의 말들은 질문 자체를 멀리 던짐으로써, 질문의 궤도를 이탈함으로써 열리는 답의 새로운 지평을 일찍이 열어 보인 바 있다. 그러나 이 책은 언어로 이루어진 세계에 속한다. 기꺼이, 어쩌면 언어만이 유일한 가능성이라 믿으면서.

인간이란 무엇인가, 이 물음을 '자본가란 무엇인가'로 바꿔보자. 왜 노동자가 아니고 자본가인가? 자본가는 마르크스가 그려내는 세계의 구조를 표상한다. 그의 인격은 생산양식에서 수행하는 자본의 기능이다. 노동자도 토지소유자도 마찬가지다. '자본가는 인격화된 자본인 한에서만 역사적 가치와 역사적 존재권을 갖는다.' 한 계급의 본질은 특정한 시기의 총체적 사회 형태에서 그 계급이 수행하는 역할에 달려 있다. '단지 그런 한에서만 자본가의 일시적 필연성은 자본주의적 생산양식의 일시적인 필연성 속에 포함된다.(1 810)'

특정한 생산양식은 과거의 산물이라는 점에서 자본가 또한 역사적 존재다. 그가 미래의 사회 형태로 가는 데 징검돌이 될지 방해물이 될지 몇 줄의 문장으로 서술할 수 없는 까닭이다.

'사용가치와 향락이 아니라 교환가치와 그 증식'으로 자본가의 등을 끊임없이 떠미는 것은 특정한 사회 형태의 강제력이다. 그 자본가가 부지런함과 검소함을 몸소 실천하는 사람이라고 해서 달라지지 않는다. 광신자의 행동을 신앙의 순수한 발현으로만 해석할 수 없듯이 자본가가 '가치증식의 광신자'가 되는 것은, 특정 생산양식이 그를 '가차 없이 인류에게 생산을 위한 생산 따라서 사회적 생산력의 발전을 강요'하는 수단으로 삼기 때문이다. 나아가 그는 '물적 생산조건-각 개인의 완전하고 자유로운 발전을 근본원리로 하는 더욱 높은 사회형태의 유일한 현실적 기초가 될 수 있는-의 창조까지 강요(1 810)'당한다.

프루스트가 세계의 형식에 대해 말하지 않는 것과 마찬가지로 마르크스는 개별 인간에 대해 말하지 않는다. 두 책은 서로의 여백을 채운다. 한 책에는 세계의 양식이 주조해내는 인간의 무늬가, 다른 책에는 인간이 펼쳐내는 세계의 무늬가 새겨져 있다.

마르크스의 세계에서 사회적 부는 상품의 방대한 집적으로 나타나는데 이는 특정한 사회적 생산양식의 소산이다. 생산양식을 구별 짓는 것은 무엇인가? 한 계급의 지불되지 않은 노동시간, 즉 잉여가치의 획득과 분배 방식이다. 마르크스가 책의 첫 권 첫 페이지를 열면서 절의 제목을 '상품의 두 요소 : 사용가치와 가치'로 붙인 까닭이다. 상품과 가치, 서술과 분석, 구체와 추상을 변증법으로 종합하려는 책의 골간이 명시적으로 드러난다.

마르크스의 서술을 흉내낸다면 프루스트의 첫 문장은 '욕망은 인간의 근본 요소이고, 인간은 욕망의 집적이자 장소다'라고 고쳐 쓸 수 있을까? 문학은 구체적인 대상을 개념으로 범주화하지 않는다. 아니 문학의 문장이란 개념의 잔여라는 우물에서 길어 올린 샘이다. 그럼에도 독자는 프루스트가 쓴 문장에서 인간과 그 욕망을 탐구하는 엄밀한 분석과 마주한다.

쾌락과 욕망의 장소로서 인간

프루스트의 주인공에게 실현하지 못한 욕망이란 '다른 사람들도 품을 수 있으며, 내 밖에서 진실일 수 있'는 것이 아니다. 그에게 욕망이란 '순전히 내 성격이 만들어낸 주관적이고 무기력하고 환상적인 창조물'에 지나지 않는다. '이제 욕망은 자연이나 현실과 무관했고, 그리하여 현실도 모든 매력이나 의미를 상실한 채 내 삶에서 하나의 관례적인 틀에 지나지 않게 되었다.' 현실이든 자연이든 매력을 부여할 때 비로소 가치가 있다. 이때 매력을 부여하는 것은 무엇인가. 욕망이다.

'기차 좌석에 앉아 시간을 보내려고 책을(1 276)' 읽는 여행자는 현실이 아니라 소설 속에 살고 있다. 그에게는 책이 실재 세계다. 이처럼 욕망이 허구에서 실현되는 한 현실은 창밖으로 아무 의미 없이 지나가는 풍경 혹은 '그가 탄 기차'에 지나지 않는다. 소설이 실재이고 기차야말로 허구다. 데카르트의 '나는 생각한다'에서 생각을 욕망으로 바꾸면서 소설가가 펼치는 문장들은 철학자의 성찰에 비할 만한 성과를 내보인다.

하지만 소설은 자아의 확실성이 아니라 그 반대 방향으로 줄달음한다는 점에서 철학자의 책과 갈수록 멀어진다. '알 만한 사람이라곤 하나도 없는 극장에서 다시 만나리라고 생각지 않던 이를 우연히 만나'는 사람은 신의 섭리를 생각한다. 그러나 즉시 회의가 따른다. '만약에 우리가 그 속에 있지 않고 다른 곳에 있었더라도 두말할 것도 없이 그 대신에 다른 우연히 일어나고, 거기서 다른 욕망이 생겨나고, 거기서 어느 딴 옛 친지를 만나 그 욕망을 거들어줄' 것이기 때문이다. 섭리란 이루지 못한 욕망이 아무에게나 덧씌운 후광에 지나지 않는다.

그러나 욕망이 강요하는 섭리는 의심의 여지없는 진리가 되기도 한다. 사랑에 빠진 사람은 이런 점에서 저만이 누리는 특권이 곧 탈출이 불가능한 함정인 상태에 있다. 생 루는 라셸을 사랑한다. 전제는 어떤 매개념도 없이 결론을 확정한다. '라셸이 극장에서 나오는 모습을 보기 앞서, 생 루의 꿈 세계의 황금문이 그녀를 다시 가둬버렸기 때문에, 주근깨와 여드름 따위는 전혀 대수롭지 않았다.' 중요한 것은 '꿈꾸려는 욕구, 몽상한 여인에 의하여 행복하고자 하는 욕망'이다. 한 사람의 욕망이 온 세계를 불태우는 데 걸리는 시간은 그리 길지 않다. 그 여인이 '며칠 전부터 극장 무대에 우연히 나타난 낯선, 냉대한 여인에 지나지 않더라도(5 224)' 사정은 달라지지 않는다. 화자는 몇 푼의 돈으로 몸을 살 수 있는 그녀는 생 루에게는 접근이 허락되지 않는 무대 위의 성녀다.

욕망은 어떻게 싹을 틔우는가? 화자는 빌파리지 부인의 달리는 마차에 타고 있다. 마차에서는 '이쪽으로 오는 계집애의 얼굴을 볼 틈이 있을까 말까' 싶다. 그는 '계집애의 개성, 아련한 영혼, 나에게 미지인 그 의지가 놀라울 만큼 축소되면서도 완벽한 작은 영상으로 그녀의 멍한 눈길 속에' 아름다움을 그려 넣는다. 이때 눈길의 주인인 그녀가 화자의 붓질을 허락할지 따위는 중요하지 않다.

'금세 준비가 다 된 꽃가루에 대한 암술의 신비스러운 대꾸처럼' 욕망은 그를 오직 하나의 결심으로 채운다. '나는 그 계집애의 사념에 나라는 인간을 의식시키지 않고서는 그녀를 통과시키지 않겠다. 다른 어떤 사내에게 가려는 그녀의 소망을 방해하지 않고서는 통과시키지 않겠다. 그녀의 몽상 속에 이 몸이 들어가 자리 잡아 그 마음을 휘어잡기까지는 통과시키지 않겠다.'

화자의 마음을 빈틈없이 채우는 것은 이와 같은 '욕망의 한결같이 아련하고도 미소한 배아(胚芽)(4 104)'이다.

욕망이란 타인이 그것을 소유할지도 모른다는 가능성만으로 활활 타오르기에 충분하다. 소설 속에서 소유와 욕망과 쾌락과 행복과 같은 낱말은 엄밀한 개념으로 분석되지 않는다. 낱말들은 그게 무슨 문제냐는 듯 수시로 자리를 바꾼다.

화자는 묻는다. '한낱 살덩어리에 지나지 않는, 단지 우리 몸만이 가닿는 여인을 소유하는 일과, 어느 날 바닷가에서 친구들과 함께 있는 걸 보고 왜 다른 날이 아니고 그날인지 까닭조차 몰라 다시는 보지 못하게 될까봐 몸을 떨었던 소녀를 소유하는 일 사이에는 얼마나 큰 차이가 있는 것일까?' 작가의 길을 가고자 하는 화자가 주목하는 것은 당연히 첫 번째 여인이 아니라 두 번째의 소녀다. 정신과 육체의 분기 속에서 욕망이 드러내는 속살을 독자의 눈앞에 그리는 소설가는 다시 철학자의 길로 들어서는 것일까.

화자가 소녀와 그 공간을 더욱 자세히 보기 위해 찾는 것은 광학기구다. 그런데 살과 몸, 여인과 소녀를 좇는 화자의 눈길에 드러나는 것은 그의 삶이다. 광학기구는 삶이 화자의 손에 쥐어주는 무기이고 정신은 그 렌즈에 비치는 대상이다. 그리하여 화자가 그리는 욕망의 악보에는 반주곡으로, '육체적 욕망에 그 욕망을 백 배나 크게 하고 다양하게 만드는 보다 정신적인, 그러나 덜 쉽게 충족되는 욕망(6 86회)'이 덧붙여진다.

한쪽에는 여인과 몸이, 다른 한쪽에는 추억의 비밀이 있다. 색깔이 눈의, 맛이 혀의, 향기가 코의 감각기관을 뛰어넘을 때 시작되는 것이 문학이다. 감각이 가져다주는 인상을 영원히 보관하는 것, 고정하는 것이 예술이다. 회화는 붓질로 음악은 악절의 연주로 문학은 활자의 배열로 그 일을 한다는 점이 다를 뿐.

이 탐구에서도 사랑은 중요하다. 사랑은 성스러운 병이기 때문이다. '사랑이 생겨나는 온갖 방식들이나 성스러운 병을 퍼뜨리는 온갖 요인들 가운데서도 가장 효과적인 것은 이따금 우리를 스쳐가는 저 커다란 동요의 숨결이다.(2 82)' 사랑에 대한 프루스트의 말은 다음 한마디로 요약된다. 병을 가져다주는 동시에 영혼을 뒤흔드는 숨결.

매력은 허리둘레를 재듯 자로 잴 수 있는 것이 아니다. 그녀로부터 떨어진 거리가 연정의 순수함과 강도를 결정한다. 나의 쾌락을 돌연히 불안과 고통으로 바꿔버리는 그녀가 내가 사랑할 사람이다.

소설이 인간이 무엇인가라는 물음에 답할 때 욕망과 쾌락을 빼놓을 수 없다면, 『잃어버린 시간을 찾아서』는 그 말들의 해설서, 용례 사전이다. 프루스트를 연구하는 철학자들이 토로하는 곤경의 한가운데 자리하는 것은 이런 낱말들이다. 그러나 이 말들을 흩뿌리고 뒤섞으며 나아가는 문학의 문장은 비명을 지르기는커녕 즐겁고 활기에 넘친다. 말들은 마치 꽃피는 처녀들이 그늘을 드리우며 몰려다니듯 어울려 다닌다.

쾌락이란 무엇인가? 프루스트가 그 낱말로 가리키는 것이 무엇인지 알아보기 위해 길게 인용해보자.

> 의자에 반듯이 걸터앉아, 편지를 받으라고 말하면서도 내주지 않으려고 하는 질베르트 쪽으로 가까이 간 나는, 그녀의 육체에 끌리는 나 자신을 느껴 그녀에게 말했다.
>
> "자아, 빼앗지 못하게 해봐, 누가 기운 센지 내기 하자구."
>
> 그녀는 편지를 등 쪽으로 감추었다. 나는 그녀의 목 뒤로 손을 돌려, 어깨에 늘어뜨리고 있는 땋아 늘인 머리채-그것이 아직 그녀의 나이에 알맞은 것인지, 아니면 그녀의 어머니가 제 자신을 젊게 보이기 위해 그녀를 더 오래 어리게 보이게 하려는 것인지, 그녀는 머리채를 땋아 늘이고 있었다-를 치켜 올렸다. 우리는 엉켜 싸우며 버티었다. 나는 그녀를 끌어안으려고 하

였다. 그녀는 반항하였다. 기운을 썼기 때문에 달아오른 그녀의 두 볼은 버찌처럼 붉고 동그스름하였다. 그녀는 내가 간질어주기나 한 것처럼 킥킥 웃어 대었다. 나는 작은 관목을 기어 올라가려고 하듯 그녀를 두 정강이 사이에 죄었다. 그리고 내가 체조하는 중에, 근육의 운동과 유희의 열도로 숨이 막히는 찰나, 나는 흡사 분투 때문에 흘러내리는 땀방울처럼, 쾌락이 흘러나오는 걸 느꼈다. 나는 이 쾌락의 맛을 알아챌 틈조차 없었다. 곧 나는 편지를 빼앗았다. 그러자 질베르트는 상냥하게 말했다.

"좋다면 좀 더 싸워도 좋아."

아마 그녀는, 나는 유희에 내가 말한 목적 이외의 딴 목적이 있는 걸 어렴풋이 느꼈는지도 몰랐다.(3 98)

지시하는 것이 무엇인지 분명하지 않기에 신비에 휩싸이는 말이 있다. '주이상스'와 같은 말이 그렇다. 현대 철학을 부산스럽게 만든 것 가운데 쾌락에 관한 이론이 빠질 수 없다. 그 이론들이 뿌리를 내린 곳에 프루스트의 문장이라는 비옥한 토양이 있다. 이론들이란 프루스트가 묘사한 쾌락의 변주가 아닌가? 원천에서 떨어진 거리와 변주의 다양성이야말로 프랑스 철학 고유의 아우라다. 프루스트가 쓴 문장들이 철학의 농원에서 어엿이 길러지는 과수목으로 자라는 것은 흔한 일이다.

연정과 사교는 쾌락의 범주이기도 한다. 연정의 쾌락은 '사교의 쾌락 같은, 아무에게나 천편일률적인 것을 없애'버린다. 연정의 쾌락이란 곧 육체의 쾌락이다. 연정의 쾌락이 사교의 쾌락보다 우월한 것은 영혼의 표면을 끊임없이 흔들어놓거나 환멸에 이를지라도 그 원인을 통찰하게 해주기 때문이다. 프루스트가 나이 든 작가에게는 연정의 쾌락이 필요하다고 쓸 때 우리는 위대한 작가가 늙은 작가에게 건네는 위로를 본다.

쾌락의 효용은 예상을 뛰어넘는다. 쾌락은 도덕마저 빛나게 한다. '누군가와 육체적 관계를 맺는 사람이 상대 부모 집에서 얼마만큼이나 그 도덕적 자질을 칭찬받는지' 눈여겨보는 이는 많지 않지만, 작가의 통찰은 드문 만큼 깊다. '그렇게도 부당하게 묘사되는 육체적 사랑은, 모든 존재로 하여금 자신의 친절함이나 자기희생의 아주 미세한 부분까지도 드러나게 함으로써, 주변 사람들 눈에는 그러한 미세한 부분이 더욱 빛나 보이는 법이다.(1 258희)' 이 미세한 빛을 먼저 알아차리는 이 또한 육체적 쾌락을 나눈 사람의 육친이다. 육친에 새겨진 쾌락의 흔적이라고 할까.

한편 인간은 나이를 먹으면서 쾌락을 다루는 기술을 발전시킨다. 쾌락은 단 한 여자가 줄 수 있는 것에서 다른 여자도 줄 수 있는 것으로 확장된다. 그러나 쾌락의 대상조차 일반화할 수 있게 된 인간은 자신이 선 곳이 이미 꽃이 지고 난 언덕임을 외면할 수 없다.

작가가 문명에 감사를 표하는 일은 좀처럼 드물다. 누구보다 불만으로 이끌리는 존재가 예술가일 테니까. 그런데 문명의 가치를 보증하는 것이 인간의 육체임을 아는 것도 그다. 알베르틴은 '손을 잡기라도 하면, 비둘기의 구구 소리 또는 어떤 외침 같은 좀 단정하지 못한 그녀의 킬킬대는 웃음의 울림'을 뱉는다. 화자는 이 울림에 귀 기울이면서 '이 아가씨의 몸속에, 그녀의 육감 깊숙이에, 이쪽의 몸을 들여보내는' 어떤 것이 있다고 느낀다. '그녀는 그 손을 잡는 이에게 커다란 기쁨을 주는 여성'임을 깨달은 화자는 즉시 문명에 감사한다. '서로 접근하는 젊은 남녀 사이에 악수를 공공연하게 허락된 행위로 정한 것(4 383)'이 바로 문명이 아닌가? 물론 프루스트가 덧붙이진 않으나 독자는 안다. 감사를 표하고 싶어도 할 수 없는 많은 인간이 존재한다는 사실이야말로 문명의 조건이라는 것을.

육체는 감사를 불러일으키는 동시에 상처를 입힌다. 누군가의 육체를 사랑하는 인간은 그 속에 간직된 자신을 사랑하는 것이다. 따라서 사랑하는 다른 사람의 육체가 자기에게 상처를 입히는 것은 자해의 일종이라 할 수 있다. 한 육체가 다른 누군가의 소유가 될 때 도무지 견디기 힘든 것은 이 때문이다. 그의 육체란 나의 욕망이, 나의 추억이 머무는 장소다. 그 육체가 사라지면 그 속에 거주하던 나의 욕망도 추억과 함께 사라진다.

사랑과 사교의 쾌락 너머에는 무엇이 있는가? 베르뒤랭 살롱에서 스완은 실내악을 듣는다. 그가 '귀를 기울이자마자 소악절은 그 자체에 필요한 공간을 그의 마음속에 만들어'낸다. 이 공간은 그의 '영혼의 균형에 어떤 변화'를 일으킨다. 영혼의 여백은 '쾌락을 위해 마련되었고, 그 쾌락 역시 밖의 어떤 것에도 상응하지 않는 것임에도 사랑의 쾌락처럼 순전히 개인적인 것도 아니어서 그에게는 구체적인 사물을 넘어서는 현실(2 91)'적인 것이다. 제삼의 쾌락이 모습을 드러낸다.

:: 12. 인간과 인간, 계급과 종족

마르크스의 책에서 인간은 사회적 형태의 인격적 표현이다. 그렇다면 프루스트에게 집단으로서 인간이란 무엇인가? 그의 책에서 인간은 주로 그 혹은 그녀가 속한 종족으로 묘사된다. 이때 한 개인이 어떤 종족에 속할지 결정하는 것은 그 개인의 정신적 특질이다.

끝나지 않을 것처럼 인간을 묘사하는 문장이 잠시 숨을 몰아쉬는 것은 그가 어떤 종족에 속하는지 상당히 만족스럽게 서술되거나 증명되고 나서다. 분류와 범주화는 지성이 하는 일의 일반 형식이다. 그의 소설을 굳이 다른 식으로 정의한다면 정신의 유형에 따른 인간 분류학이라 할 만하다. 이때 유형들 간에 그어지는 금이 늘 뚜렷한 건 아니다. 인간을 개념이나 범주에 가둘 때 놓치게 되는 나머지를 포착하려는 글쓰기의 '범주'야말로 문학일 테니까.

군중 속의 개인과 사회적 존재

인간이 다른 인간에게 가지는 근본 감정은 군중 속에 있는 인간에게 뚜렷이 드러나게 마련이다. 군중은 끊을 수 없는 애정의 원천인 동시에 공포의 대상인 까닭이다. 마르크스가 '사회적'이라 쓸 때 그에 해당하는 프루스트의 낱말은 아마 '군중 속'이 되리라.

프루스트의 화자는 '바닷가 둑을 따라 걷고 있는 사람들'을 바라본다. 마주 걸어가는 그들은 서로 '부딪치지 않게, 슬그머니 상대를 바라보고, 그러면서도 상대를 거들떠보지도 않는 것처럼 하려고 보고도 보지 않는 체' 한다. 그러다가 상대에게 부딪치는데 이는 '겉으로 경멸을 나타내나 속으로는 서로 상대에게 비밀스런 호기심을' 차마 억제하지 못해서다. 인간이 모르는 사람에게 품는 '애정-따라서 공포'는 '가장 강한 동기 가운데 하나이다.' 타인에 대한 이 이중의 감정은 '남들을 기쁘게 하려는 때에도, 놀라게 하려는 때에도, 멸시하는 걸 나타내려는 때에도' 인간의 내면에 굳게 자리 잡는다.

우리가 다른 인간에게 품는 감정은 대개 이중적이거나 다중적이다. 그 감정이 단일한 것이라면 소설가란 공상가를 면키 어려울 것이다. 이 이중성은 마르크스의 문장이 줄곧 지시하는 모순에 견줄 만하다. 군중을 사회라는 말로 바꾸면 프루스트에게 사회라는 말이 무엇을 뜻하는지 분명해진다. 타인에 대한 호기심은 따스한 봄비가 내린 뒤 새싹처럼 불쑥 자라날 준비가 되어 있는 욕망의 맹아다. 맞은편에서 걸어오는 사람이 건네는 눈길에서 겉으로 가장하면서 드러내는 경멸에 매달려 있는 호기심을 읽는 작가의 시선은 사회학자의 그것과 다르지 않다. 그가 밤마다 백지 위에 배열하는 활자들은 이를 표현하려는 욕망의 소산이다.

군중은 개인이 자존감을 찾아내는 보물창고이기도 하다. 그러나 고독하게 살거나 은거를 고집하는 인간을 섣불리 자신의 의지대로 산다 여겨서는 곤란하다. 인간이란 그가 속한 사회의 반사에 지나지 않기 때문이다. 사회에 대한 공포는 타인의 애정을 얻는 데 실패한 결과이고 군중으로부터 칩거는 애타게 바라던 인정을 얻는 데 실패한 결과일 뿐일지도 모른다.

계급이란 무엇인가?

자본과 토지소유는 자본주의 사회구성체에서 노동과 뗄 수 없는 관계에 있다. '임노동자, 자본가, 토지소유주는 근대사회의 3대 계급이다. 거꾸로 근대사회란 이 세 계급으로 지지되는 생산관계의 표현이다. 경제적 편제가 뚜렷하고 전형적으로 나타날 때 사회는 서로 구별되는 독자적 형태를 띠게 된다.' 근대사회란 노동이 임노동의 형태로 존재하는 사회다. 노동자가 없다면 자본가도 토지소유자도 없다. 자본이 없다면 노동이 임노동이란 사회적 형태를 취하지 않을 수도 있다.

여기서도 저자의 시선이 경향과 법칙, 즉 평균을 향한다는 것이 분명해진다. 자본의 생산양식은 '생산수단을 더욱더 노동과 분리하고, 분산되어 있는 생산수단을 더욱더 큰 집단으로 집적하며, 이리하여 노동을 임노동으로 전화시키고 생산수단을 자본으로 전화'시킨다. 이는 이 '생산양식의 부단한 경향이고 발전법칙이다.' 이는 필연적으로 '토지소유가 자본과 노동으로부터 독립적으로 분리되는 경향(즉 모든 토지소유가 자본주의적 생산양식에 상응하는 토지소유 형태로 전화하는 경향)(3 1172)'을 초래한다. 계급이란 자본 운동의 근거이자, 자본이 끊임없이 재생산하는 사회적 기능의 인격적·집단적 토대다.

개인을 어떤 계급으로 볼 것인가라는 물음에 답하는 것은 간단치 않다. 그러나 특정한 사람이 한 계급에서 다른 계급으로 바뀌기도 하지만 한쪽에는 생산수단의 소유가, 그 맞은편에는 임노동이, 또 다른 한쪽에 토지소유가 생산양식의 세 기관으로 자리 잡고 어떤 인간이든 이러한 생산관계가 산출하는 부를 통해서만 생계를 유지한다는 사실에는 변함이 없다.

마르크스는 세 계급을 떠나 계급을 말할 때 생기는 혼란을 검토한다. '의사와 관리도 두 계급을 형성'하는가? '왜냐하면 그들은 두 개의 서로 다른 사회적 집단에 속하고, 두 집단의 각 구성원의 수입은 각각 동일한 원천에서' 나오지 않는가? 또 '노동자와 자본가와 토지소유주도 각각 더한층 여러 이해관계와 지위로 무한히 세분된다—예를 들어 토지소유주는 포도밭 소유자, 경지 소유자, 삼림 소유자, 광산 소유자, 어장 소유자 등으로 세분된다.' 근대에 출현한 수많은 직업은 세 계급의 정립을 흩트리는 것이 아니라 그 안정성의 표현이다.

위의 물음에 답하려면 이어지는 문장에 주목할 필요가 있다. '무엇보다 먼저 답해야 하는 물음은 '무엇이 계급을 형성하는가'이다.' 그 답은 '무엇이 임노동자, 자본가, 토지소유주를 3대 사회계급으로 만드는가 하는 다른 물음에 답함으로써 저절로 밝혀진다.'

사회계급에 대한 마르크스의 이러한 서술을 독자는 프루스트의 문장으로 어느 정도 보충할 수 있다. 그의 문장이 마르크스의 문장이 속한 세계에 속하는지 단언하기는 어렵지만 말이다. 분석 대신 묘사가 앞으로 나선다. 프루스트에게 계급이란 수입의 형태 혹은 그 원천에 따라 구분되지 않는다. 사회계급이란 자신을 존중하는 환경에 정착함으로써 결정된다. 인간은 '생애의 어떤 시기에서 어떤 환경과 새로이 유대를 맺고, 또는, 유대를 경신(3 127)'한다. 그의 세계에서 사람들이 무리를 짓거나 흩어지게 하는 힘과 동기는 타인의 존중이다. 그러나 이는 인간이 스스로 자기 계급을 선택하지 않는다는 점에서 다른 저자의 문장과 이어질 수 있다.

사회적 개념의 실체를 보여주는 것은 통계다. 마르크스는 국세조사를 근거로 1861년 잉글랜드·웨일스의 총인구 2,006만 명을 분석한다. 40퍼센트인 800만 명은 '생산이나 상업·금융 등과 같은 분야에서 일정한 기능을 수행하는 자본가(1 599)'와 노동자들이다. 나머지는 '지나치게 나이가 많거나 적어서 노동에 부적합한 사람들과 생산에 종사하지 않는 모든 부녀자와 소년·소녀·아동 등' 비노동 인구와, ''이데올로기적인' 신분에 해당하는 정부관리·목사·법률가·군인 등과 또 지대나 이자 등을 통해 타인의 노동을 소비하기만 하는 모든 사람들이 있고, 끝으로 피구휼 빈민과 부랑자·범죄자' 등이 있다. 이를 참고로 독자는 책을 읽는 시점에서 자신이 속한 사회의 계급 구조를 즉시 유추해낼 수 있다.

마르크스보다 한 해 먼저 태어난 헨리 데이비드 소로는 조금 다른 식으로 그의 분석을 보충한다. 그는 인간이 살아가는 데는 나흘 가운데 하루 일하면 충분하다고 말한다. 그의 말은 월든 숲에서 두 해를 혼자 살면서 스스로 확인한 사실로 뒷받침된다. 25퍼센트가 매일 일하면 나머지는 전혀 일하지 않아도 살 수 있다. 부지런한 자본가를 포함해 당시 영국은 40퍼센트가 사회를 부양했다. 이 시기는 20세기 전후, 곧 벨 에포크라 불리는 때로 이어진다. 토마 피케티는 역사적 자료를 분석하여 이 시기를 영국의 1퍼센트가 그 사회의 부 가운데 절반 이상을 소유하던 때라고 밝힌 바 있다. 더없이 행복한 시기의 속내다.

사교계를 살펴보는 것은 프루스트가 말하는 종족 혹은 계급이 무엇인지 아는 지름길이다. 사교란 지위의 층계를 두고 누가 가장 높은 곳에 도달하는지 겨루는 내기다. 이때 가장 중요한 것은 자기가 다른 사람 눈에 어떻게 비치는가이다. 어떤 사람이 위계의 몇 번째 단을 딛고 서 있는가는 오로지 다른 사람이 결정한다. 사교계를 온전한 세계로 여기는 스완에게 삶이란 이 내기를 지치지 않고 지속하는 활동이다. 그의 재능은 사교계에서 한 사람의 지위를 즉시 분별해내는 데서 빛을 발한다. 이 재능에도 불구하고 사교계는 그의 바람과 무관하게 그 세계에 온 힘으로 매달리는 그를 밖으로 내던진다. 벗겨진 모자가 바람에 날아가듯 그의 계급의 표지도 한순간에 날아가 버린다. 화류계 여자인 오데트와 결혼한 그에게 일어나는 일은 프루스트의 계급 또한 만만치 않게 역동적이고 깊은 상처를 초래하는 것임을 보여준다.

계급의 변화는 한 사람이 그가 속한 세계가 허용하지 않는 절대적 금지를 위반할 때 일어난다. 사교계에도 그렇게 하지만 않는다면 순수한 애정이든 잠시의 욕정이든 다 허용하는 터부가 있게 마련이다. 자기 계급과 어울리지 않는 여자와 결혼한 스완이 사교계에서 배척받는 것은 파산한 은행가가 여전히 자리를 지키고 있는 은행가로부터 받을 수 있는 대접에 훨씬 못 미친다. 결혼은 그 사회 질서의 근간이다. 잘못된 결혼으로 박탈된 지위는 불가역적이다. 이는 샤를뤼스가 동성애를 즐기면서도 대접받고 생루가 라셸이라는 창녀를 진심으로 사랑하면서도 그녀 아닌 질베르트와 결혼하는 까닭이다. 이 세계로부터 칩거하는 가장 확실한 방법은 인정되지 않는 상대와 결혼하는 것이다. 그것이 무엇이든 사회 형태란 개인의 의지를 무시한다는 점에서 큰 차이가 없다.

프루스트가 제시하는 분류 체계가 그 깊이와 넓이에서 마르크스가 말하는 계급 못지않게 독자의 눈길을 사로잡는 것은 종족이 등장할 때다.

종족이란 무엇인가?

'인간은 사회적 존재'라는 말은 인간의 인간에 대한 언표라는 점에서 정당화될 수 있다. 이 말이 쓰는 사람마다 다른 뜻을 가질 수 있다는 점에서 이 정당화는 더욱 힘을 얻는다. 철학에서 볼 때 소박한 단정이라 할 만한 이와 같은 언명을 소설에서 마주칠 때 독자는 놀라지 않는다. 뛰어난 문학이란 조금 빼기는 듯한 철학의 언표를 변주하고 예증하는 데 기꺼이 응할 뿐 아니라, 이를 자신의 재능을 자랑할 기회로 삼는 법이다.

'프루스트 역시 인간을 독립된 주체라기보다 사회적 관계의 표현으로 본다. 인간은 개인의 죄는 용서하지만, 개인이 단체의 죄악에 가담하는 건 용서하지 않는다.' 예컨대 화자에게 '사즈라 부인은 자기와 아버지 사이에 여러 대륙과 몇 세기를 가로 놓(5 194)'는데 이는 그녀가 그의 아버지를 드레퓌스 반대파에 속하는 줄 알기 때문이다. 사회적 관계는 때로 천체의 운행을 흉내 내기도 한다. 베르뒤랭 살롱에서는 충성심의 크기가 인간을 평가하는 기준이다. 살롱의 여주인은 여러 행성을 거느리되 그들이 항상 자신을 중심으로 공전하는 것만을 허락하는 항성과 같다.

우리가 다른 개인에게 느끼는 거리감이란 알고 보면 상대방이 속한 집단과 자기가 속한 집단 사이의 거리다. 그런데 이 거리는 공성전으로도 끄떡없는 성벽이 우물 바닥이 드러났다는 소문에 스스로 성문을 활짝 열어젖히듯 한마디 말이나 알 듯 모를 듯 희미한 한 번의 미소로도 흔적 없이 사라질 때가 있다. 그런데 공장 노동자가 내일 공장주가 되기란 거의 불가능하다는 점에서, 게르망트라는 이름의 망토가 마법사의 그것처럼 기이한 일을 연출하는 것으로 예증되는 프루스트가 말하는 집단의 견공성에는 어느 정도 한계가 있다는 것 또한 의심의 여지가 없다.

프루스트가 말하는 집단이나 종족이 무엇인지 보여주는 데 화자와 하인의 관계는 적지 않은 쓸모가 있다. 계급이 모든 사회 형태의 필수적 토대란 말이 철학적 추론의 결과가 아니듯이 종족도 그렇다. 인간은 '타고난 언제나 변함없는 결점을' 가지고 있다는 것을 화자는 알게 된다. 그는 예외 없이 하인이 '언제나 변함없이 같은 결점에 물드는 것을' 본다. 화자는 프랑수아즈를 다른 하인과 바꾸면 어떨까 생각한다. 그러나 이내 그럴 필요가 없다고 결론 내린다. '갈아본댔자 누구나 할 것 없이 반드시 하인이라는 일반 종족에 속하'기 때문이고, 또 '나의 하인이라는 특수한 종류에 속하고 말 것이(5 79)'기 때문이다. 여기서 '일반 종족'이란 다른 책이 말하는 '계급'으로 바꿔 읽어도 무방하다. 종족이 그 뜻하는 바와 지시하는 대상에서 경제 범주인 계급과 똑같지 않다 해도 말이다.

소설가들이란 사회의 일반적이고 법칙적인 양식보다 타인들의 '성격은 내 성격의 음화판'이라는 통찰에 더 끌리게 마련인 종족이다. 하인들의 결점이란 실은 자신의 결점과 요철 관계를 이룬다는 사실을 깨닫는 화자는 지성에서 벌써 작가 옆에 나란히 있다.

종족이 개인에게 새겨 놓은 특별한 개성은 샤를뤼스에게 볼 수 있다. 그는 어떤 종족의 실존 방식 그 자체다. '요컨대 샤를뤼스 씨는 한 사람의 게르망트에 지나지 않았다.' 한 인간이 게르망트 가계에 속한다는 것과 노동자 계급에 속한다는 것은 뜻과 지시에서 같을 리 없지만 꽃무리를 이루거나 사방에 가지를 뻗어 숲을 이룬다는 점에서 종족이 계급에 뒤지지 않음을 보여준다.

샤를뤼스는 그의 '형인 공작처럼 여성을 사랑하는 대신, 베르길리우스의 목동이나 플라톤의 제자'를 사랑한다. 동성애를 옹호하기 위해 로마나 그리스의 사례를 내세우는 것은 소설가의 고유한 권리이자 재능이다. 프루스트가 '자연이 그의 신경 조직의 균형을 충분히 깨뜨렸'다고 쓸 때 독자는 변명의 기미를 읽을 수도 있다. 그러나 이는 정치인에 지나지 않는 '게르망트 공작에게는 찾아볼 수 없는 자질, 흔히 이런 균형감의 상실에 결부된 자질'의 가치를 옹호하는 비교적 객관적인 진술이다. 천재에 가까운 이 자질은 '샤를뤼스 씨를 매력적인 피아니스트이자 안목 있는 아마추어 화가, 유창한 달변가로(8 183희)' 만든다.

균형을 잃어버리게 만들면서도 예술의 재능으로 꽃피기도 하는 자질은 한 종족, 소돔과 고모라의 일반적 특징이다. 청중을 휘어잡는 샤를뤼스의 요설은 혼류하는 재능의 분출이다. 그런데 그의 동성애 행각은 게르망트 종족을 대표하는 그의 지위에 아무런 손상을 입히지 않는다. 한편 그의 친구 스완은 오데트와 결혼하면서 최상류 귀족 사회인 포부르 생 제르맹의 세계에서 즉시 퇴출되고 만다. 소돔이나 고모라의 욕망이란 결혼이라는 사회제도를 흔들지 않는 일탈에 불과하기 때문일까? 아니면 게르망트든 소돔이든 정치라는 보다 일반적이고 근본적인 범주의 구별을 관철하는 하위 체계이기 때문일까?

계급보다 훨씬 복잡하게 교착되는 것이 종족이다. 인간이란 그의 정신이 속하는 종족의 주민이라고 프루스트가 말할 때 종족이란 세목과 내용에서 계급과 아주 다르다. 심지어 우리가 인간의 개성이라 말하는 것도 종족과 그 역사에 귀속된다. 스완이 오데트를 처음 만났을 때 그가 그녀의 얼굴에서 알아보는 것은 보티첼리가 그린 회화에 나오는 모세의 딸 제포라의 표정이다. '그림에서 닮은 점을 찾곤 하는 스완의 이런 괴벽은' 이해할 만하다. '왜냐하면 우리가 개성적인 표현이라고 일컫는 것'이란 '여러 시대에도 존재했던(3 155)' 것이므로.

오데트에게서 그림 속의 여인을 찾아내지 못했다면, 사교계에서 쫓겨나면서까지 스완이 그녀와 결혼하지는 않았으리라. 자기가 사랑하는 여인이 유일하다는 생각 끝에서 마주하게 되는 진실은 그녀가 자신이 그려 놓은 여인이라는 데 있다. 연정의 몰락이 자신의 몰락인 까닭이다.

프루스트의 탐구는 개인이 아니라 그녀 혹은 그가 속한 보다 일반적인 계열을 향한다. 마르크스가 노동자 개인의 노동이 아니라 사회적 평균으로서 노동, 가치에 주목하고 법칙으로 나아가듯이. 또 그들이 쓰는 책이 무엇을 이룰지는 그들이 속한 계급이나 종족을 어떻게 뛰어넘을 수 있는가에 달려 있다는 점에서도 두 저자는 같은 처지에 놓여 있다.

이제 우리는 종족을 분류하는 근거와 종족을 나타내는 표지에 이르렀다. 여전히 분석의 힘은 문학의 문장에 실린다.

육친, 소돔과 고모라, 종족의 생물학

화자는 생각한다. '내가 지금 느끼고 있는 새로운 감정이란 것도 알고 보면 오랜 선조의 영혼이 내려주는 축복과 저주가 다시 살아난 것에 지나지 않는 것이 아닐까?' 그가 알베르틴에게 속삭이는 사랑의 말들은 그의 어머니가, 또 할머니가 그에게 건네던 속삭임이 아니던가? 이 지상에 새로운 것이란 없다.

'인간이 어느 연령을 넘어서면 … 자기의 어린 시절의 영혼과 죽은 선조의 영혼이, 그 부귀와 저주를 한 줌 가득히 우리에게 퍼부어, 우리가 현재 느끼고 있는 새로운 감정에 협력하려고 든다.' 화자는 자신이 알베르틴에게 '어떤 때는 어린 시절에 콩브레에서 어머니에게 내가 말했던 투로, 어떤 때는 할머니가 나에게 말했던 투로 얘기하는 것'을 알아차린다. 우리는 이미 알고 있는 사람들의 '묵은 모습을 지우고, 새 감정에 녹여 부어 전혀 새로운 창조물을 완성(9 102)'한다. 사랑의 정에는 모르는 사이 육친끼리의 정이 달라붙는다. 사랑이란 결국 현재의 육친을 널리 퍼뜨리려는 생물학적 본능의 한 표현이다.

사람의 얼굴에 육친을 재현하는 것은 자연의 힘이다. 아이의 장점은 '그 하나가 그것과는 도저히 양립할 수 없게 생각되었던 부모나 그 중 한쪽의 단점 가운데 한 가지에 섞이기도 한다. 어떤 정신적인 장점이 그것과 어울리지 않는 육체적인 단점으로 나타나는 것마저, 애가 그 부모를 닮는 법칙 중의 하나이다.' 비트겐슈타인이 바위 같은 철학적 무게를 실어 가족유사성이라 퉁치고 마는 것을 소설가는 이처럼 자세히 늘어놓는다. 세밀한 묘사로 뒷받침되는 엄밀한 탐구를 앞에 두고 철학 또한 고개를 주억거릴 게 분명하다.

샤를뤼스가 증거하는 것 또한 그를 낳은 부모를 넘어서는 육친의 긴 계열이다. 손목이 움직이는 속도라든가 새된 목소리가 이때 중요한 표지다. 육친의 경계에 생기는 굴곡은 그 육친에 속한 이들이 사회 속에서 차지해온 지위를 말해준다. 넉넉지 않은 부르주아인 알베르틴의 친구 앙드레가 속하는 육친은 부모에 그치지만 샤를뤼스의 육친은 여러 세대로 확장된다. 그의 육친은 여러 겹의 사회 정치적 계급으로 교직되어 있다. 루이 왕가의 한 왕처럼, 드물게는 그들이 모시던 종족의 대표가 별 볼 일 없는 계급이 내지르는 함성에 졸지에 무너져 내리기도 한다. 종족은 계급을 대체하기보다 보충한다.

'보기에 매력 있는 사내 같아'라는 표현을 앙드레가 일찌감치 쓰지 못하는 까닭은 소돔과 고모라라는 범주를 통해서야 밝혀진다. 이는 다른 저자가 어떤 실마리도 보여주지 않는 새로운 분류 체계다. 프루스트의 종족은 병렬적이라기보다 중층적이다. 한 인간에게는 여러 겹의 종족의 특성이 중첩되기도 한다. 드레퓌스의 진실이 그랬던 것처럼 말의 숨겨진 의미가 오랫동안 잠복해 있다가 드러나는 것 또한 그래서다. 앙드레의 가족이 일상에서 지껄이는 말이 그녀에게 뜻하는 바는, 그녀가 동성애를 공유하는 종족에 속하는 알베르틴과 맺는 관계에서 비로소 드러난다.

질베르트는 스완의 육체와 오데트의 정신이 합쳐진 존재다. 그 반대가 훨씬 드물다는 데 수많은 딸과 아들의 비애가 있다. 아일랜드 극작가 버나드 쇼는 이를 누구보다 잘 알았음에 틀림없다. 명성에서 그에 뒤지지 않는 데다 스물한 살이나 젊은 무용가 이사도라 덩컨의 구애를 무안까지 안기면서 걷어찼다고 하니 말이다. 아니 프루스트가 슬쩍 이 일을 빌려온 것일까?

훌륭한 정신이 결함 있는 몸과, 멋진 몸이 모자라는 정신과 결합하는 것은 딸과 아들이 그 부모를 닮아가는 데 적용되는 일반 법칙이다. 그런데도 꺾이지 않고 재능을 훌쩍 뛰어넘의 그만의 무늬를 세상에 펼치는 사람들이 많고도 많다. 인간 그 자체가 위대한 종족임이 분명하다.

멸종 후 콩브레 종족의 관점

콩브레는 화자가 속한 종족이다. 이 종족은 그의 할머니나 어머니 같이 전적으로 허물없는 인간들로 구성되는데 유감스럽게도 지금은 멸종되다시피 하였다. 남은 종족 중에는 그나마 두 종족이 이들에 가깝다.

첫째는 '무감각하지만 신의 있는, 정직한 돌대가리' 종족이다. 이들은 '그 목소리만 들어도 이쪽의 생활을 티끌만큼도 걱정하지 않는 게 금세 드러'나는 종족이다. 둘째는 '우리 곁에 있는 동안 우리를 이해하고, 우리에게 애정을 품고 눈물이 나도록 감동'하지만 이것이 다가 아니라는 데 위험이 있는 종족이다. 이들은 '몇 시간 후, 신랄하게 야유하는 것으로 보복하고, 그러다가 우리 곁에 다시 오면 역시 여전히 이해심이 깊고, 역시 매력 있고, 일시적으로 우리와 같아지는 인간(4 151)'이기 때문이다. 화자는 '정신적인 가치'는 앞의 종족에게서, 교제에서 가치는 뒤의 종족에게서 발견한다. 그 대표자는 생 루와 블로크다.

인간은 자신이 속한 종족을 이상적으로 여기는 법이다. 교양 있고 남을 배려하며 세련된 부르주아인 화자네가 있고 다른 쪽에 대귀족과 프티 부르주아가 있다. 귀족들은 늘 상대방을 상냥한 마음씨로 대하는데 그 마음속에는 한 점 허물도 없다. 그 종족의 첫 손가락 안에 드는 것은 게르망트 가문이다. 그들의 재능은 신의와 정직을 무감각, 무공감과 뒤섞는 데서 더없이 빛난다.

블로크가 속한 종족은 애정과 감동을 야유와 보복의 감정과 뒤섞는다. 화자는 두 번째 무리에 끌리는데 아쉽기는 마찬가지다. 더러 지적인

면을 보여주긴 하지만 남의 감정 따위는 전혀 개의치 않는 이기주의자들과, 언제 돌변할지 모르지만 일시적으로는 감정을 나눌 수 있는 블로크라니. 이것은 물론 콩브레의, 화자가 속한 종족의 관점이다. 귀족과 프티 부르주아 사이에 끼인, 아니 그들을 저 높은 곳에서 내려다보는 부르주아의 균형 감각 혹은 비판 의식을 엿볼 수 있는 대목이다.

칠면조를 죽인 날, 종족의 어떤 기원

"내가 직접 칠면조 새끼를 자른 다음 날부터 일 년 두 달하고 이틀이 되는 날"로 하루를 기념하는 사람이 대표하는 종족이 있다. 자, 프루스트의 종족이란 얼마나 다양한가?

에메는 화자가 묵는 발베크의 그랑 호텔의 지배인이다. 밥을 먹으러 간 음식점에서 지배인이 받은 주문을 직원에게 전하면서 "준비하게" 대신 "내게 준비해주게"라고 말할 때 이를 기억하는 것은 매우 중요하다. 무엇이든 기억해두었다가 적시 적소에 꺼내 써먹을 수 있는 능력은 그가 작가가 될지, 그것도 뛰어난 작가가 될지를 가름하는 무시할 수 없는 기준이기 때문이다. 집단의 언어는 우두머리와 그 지배를 받는 이들을 갈라놓는 거리를 드러내기 마련이다. 밖에서 볼 때 어떤 집단이 아무리 동질적이고 독립적으로 보여도 그 안에는 수많은 차이가 있는 법이다. 그 우두머리가 수하들에게 말할 때 '재갈을 물어뜯기 직전의 말을 진정시키듯 손등으로 그를 달래는 몸짓을 되풀이'하는 집단이라면 더욱.

또 어떤 사회 집단에서든 성직은 꼭 필요하기 마련이다. 지금은 물러나 있지만 추기경은 성례를 집전하는 신부가 미사에서 범하는 실수를 귀신처럼 알아차린다. 또 조그만 성당이라 해도 때로는 미사를 추기경이 직접

맡게 되는 경우가 생기는 것이 세상의 이치다. 추기경은 이때 자신이 보여주는 성례야말로 위엄과 성스러움의 증표가 될 것임을 누구보다 잘 안다. 드문 경우이나 미사는 칠면조 새끼를 자르는 주방에서 거행된다.

제물을 바치는 사제는 어찌나 몰두했던지 화자가 거기 없는지도 알아차리지 못한다. 이를 몹시 애석하게 여기는 것은 다른 누구보다 화자다. '제가 직접 칠면조 새끼를 자르는 모습을 보지 못하셨죠?'라는 물음에 그는 '지금까지 로마나 베네치아와 시에나, 프라도 미술관과 드레스덴의 미술관, 인도와 「페드르」에 나오는 사라 베르나르도 보지 못했으므로, 무엇이든 체념하는 일에는 통달했다고 생각했는데, 이제 그 목록에 지배인의 칠면조 자르는 장면도 추가하겠다고' 대답한다.

그날 이후로 달력은 바뀌었고 사람들은 '지배인이 직접 칠면조 새끼를 자른 날부터 바로 일주일 되는 날 …'이라고 날짜를 계산했다. 이 성찬식이 있던 날 참례하지 못한 화자는 풀 길 없는 아쉬움을 담아 새로운 월력의 가치를 깎아내린다. '이렇게 해서 이 해부학은 그리스도교의 기원이나 회교의 기원처럼, 다른 달력과 차별화되는 출발점은 제공했지만, 다른 달력만큼 확산되지 못했고 그렇게 지속되지도 않았다.(8 408 희)'

성인이 탄생한 날이 그러하다면 칠면조 새끼를 자른 날이 달력의 날짜를 계산하는 기준이 되지 못할 까닭이 어디 있겠는가? 모든 기준이 똑같이 널리 쓰이지는 않고, 그럴 수도 없고, 그래서도 안 된다고 해도 말이다.

종족의 표지, 말과 정신

가장 일반적인 소통 수단인 말이 종족의 표지가 되는 것은 자연스럽다. 오해를 에두르고 나서야 본뜻이 드러나는 말이 있는 반면 대번에 말하는 사람이 누구인지 밝혀주는 말도 있다. 무심코 뇌까리는 사투리 속의 변음이 그렇다.

'한 나라 사람들 사이에 한 사회계급 이상으로 강한 특징이 있다.' 그런데 이 특징은 '엘프(elf, 바람의 신)의 스치는 소리와 코볼트(kobold, 산신)의 춤 소리가 들릴 거라고' 화자가 '기대하였던 말씨를 통해서가 아니라, 그에 못지않게 시적인 유서를 증명하는 일종의 변음을 통해서' 나타난다. 이런 식이다. 작은 키에, 상기된, 배불뚝이의 라인 백작은 '빌파리지 부인 앞에, 절하면서, 알사스 지방의 문지기와 똑같은 사투리로, 퐁슈르 마탐 라 마르키즈(Ponchour, Matame la marquise)(5 342)'라고 말한다. 정확한 발음은 '봉주르 마담'이라고 하며 '안녕하십니까. 후작부인'이란 뜻이다.

독일의 백작과 프랑스의 후작 부인은 동일한 정신이 그어놓은 금으로 구획된 한 국가의 신민이다. 두 사람은 평소에는 결코 넘으려고 상상조차 하지 않는 국경을 훌쩍 뛰어넘는다. 한 종족으로 묶인 인간의 정신은 국경에 의해 강요된 언어의 차이쯤은 전혀 문제 삼지 않는다. 종족의 정신을 제외하면, 외교와 정치의 기준이 되는 국경을 아무것도 아닌 듯 뛰어넘는 것은 거의 없다. 무비자 협정 따위가 필요 없는 무한 자유의 전도자, 현대의 글로벌 기업이라면 모를까.

:. 121. 노동자 혹은 서민

소설 『채털리 부인의 연인』(1928)에 나오는 올리버 멜러즈는 사냥터지기다. 이 책이 뒤에서도 다루듯 D. H. 로렌스가 소설 속의 문장을 빌려 힐난하는 것은 프루스트다. 사랑과 성을 탐구하는 것으로 알려진 책은 한편 마르크스에서 프루스트로 그어진 선 위에 로렌스가 서 있는 지점을 보여준다. 아마 로렌스는 마르크스의 책을 읽었을 것이다. 마르크스의 인용을 보라.

1861년 잉글랜드·웨일스에서 개인 집에 고용된 하인은 120만 명이었다. '이 가운데 남자는 13만 7,447명이다.' 엥겔스는 제2판의 보유에 적었다. '1861년에서 1870년 사이에 남자 하인의 수는 거의 두 배로 증가하여 26만 7,671명이 되었다. 1847년 사냥터지기(귀족 사냥터의)의 수는 2,004명이었는데, 이것이 1869년에는 4,921명으로 늘어났다. 런던에서는 소시민의 집에서 일하는 어린 하녀를 속어로 'litle slaveys', 즉 꼬마 노예라고 부르고 있다.(1 599)

마르크스와 엥겔스가 분석한 당시 영국의 하인 계급의 팽창은 책의 첫 권이 나오고 나서 거의 한 세기 반이 지난 대한민국의 자영업자를 떠올리게 만든다. 새로운 명칭으로 부른다고 해서 계급의 본질이 바뀌는 것이 아니다. 프루스트도 하인과 서민을 묘사한다. 그들이 어떤 조건에서 무슨 일을 하는지 분석하지 않지만, 그가 펼쳐놓은 세계 또한 우리 자신의 얼굴을 샅샅이 되비치는 맑은 호수이긴 마찬가지다. 그 얼굴들은 마르크스의 호수에선 좀처럼 보기 어렵다.

노동자, 강요된 태만으로 처벌받는 계급

귀스타브 플로베르는 프랑스 문학이 프루스트로 이어지는 한가운데 서 있는 작가라 할 만하다. 마르크스보다 세 해 늦게 태어나서 세 해 일찍 세상을 떠난 그는, 마르크스가 『자본』의 초고라 할 수 있는 『경제학 비판 요강』을 쓰던 1857년 『마담 보바리』를 발표했다. 이 소설은 다음과 같이 끝난다. 에마가 비소를 마시고 삶을 마감한 이듬해 샤를 보바리도 화병으로 죽고 나서 일이다.

> 모든 것을 다 팔고 나니까 십이 프랑 칠십오 상팀이 남아 어린 보바리 양이 할머니한테로 가는 여비로 쓰였다. 노부인도 그해에 죽었다. 루오 노인은 중풍에 걸렸기 때문에 어떤 친척 아주머니가 아이를 맡았다. 그녀는 가난해서 생활비를 벌도록 베르트를 방직 공장에 보내서 일을 시키고 있다.(『마담 보바리』, 김화영 역, 2000, 민음사, 503쪽)

보바리 부부가 세상에 홀로 남겨 놓은 여덟 살 된 딸 베르트는 노동자가 된다. 마르크스의 책 첫째 권은 노동자가 처한 현실을 말해주는 각종 보고서로 빼곡하다. 노동자를 묘사하는 한 가지 방법은 노동자가 거기서 일하는 것 말고는 다른 생계 수단을 찾을 수 없는 광산이나 공장을 말하는 것이다. 이 책은 마르크스가 쓴 그러한 문장에 대해 길게 말하지 않는다. 아쉽게도 그 문장들이야말로 노동자 계급의 맞은편에 서 있는 자본가 계급의 진면목을 잘 보여준다고 해도 말이다.

노동자의 현실은 한 계급에게 부당하게 부과된 벌이라는 사념을 불러일으키기에 충분하지만, 다른 뜻에서도 노동자는 벌을 받는 계급이다. 그 벌은 노동을 강요당한데다, 아니 그런 까닭에 노동자에게 덧붙여지는 벌이다. 노동자에게 인간의 보편 도덕을 설교하는 사람은 인간의 품위를 보장해주는 옷과 포만을 안겨주는 음식과 사교 모임이 벌어지는 쾌적한 성관의 출처 따위를 캐묻지 않는 법이다. 아마나 방추가 어디에서 왔는지 묻지 않는 공장주가 노동자의 성실을 따질 때는 칼이 잘 들지 않거나 실이 끊어질 때다. 도덕은 다른 계급에 의존하는 계급이 추가로 지불을 요구하는 가상의 화폐다.

아마와 방추, 칼과 실은 과거 노동의 산물이다. 프루스트에게 과거를 소생시키는 것이 인상인 것처럼 죽은 노동의 응결물인 노동 수단을 되살리는 것은 오직 노동자의 살아 있는 노동밖에 없다. 반면 소설가의 화자는 게르망트네 거실의 낡은 신발 매트에 매혹된다. 이때 화자에게 낡은 매트의 가치는 사용가치 혹은 그것을 만든 노동자의 과거 노동시간으로 정해지지 않는다.

자본의 세계에서 노동자는 희생자가 되거나 태만을 선고받는다. 둘 다 과도한 노동이 그들에게 강요한 결과다. '취업한 노동자들의 과도노동은 산업예비군의 대오를 팽창시키지만' 거꾸로 이 예비군은 서로 경쟁함으로써 '다시 취업 노동자들이 과도노동을 하지 않을 수 없게 만드는 것은 물론 자본의 전제에도 굴종하도록 만든다.' 태만이라는 벌은 다시 '사회적 축적의 진전과 같은 속도로 산업예비군의 생산을 촉진한다.(1 865)' 일반적으로 현역과 예비역은 서로 보완하지만 이 세계의 양상은 그와 같지 않다.

이 세계에는 두 가지 자유가 있다. 자본의 자유와 임노동의 자유다. 생산수단을 소유한 자본가는 노동자를 구매할 자유를 누리지만 노동자가 자신을 판매할 자유는 같은 계급에 속한 동료와 경쟁해서 이겨야 비로소 그의 것이 된다.

'옛날에 화폐소유자였던 사람은 자본가가 되어 앞장을 서고 있고, 노동력의 소유자는 자본가의 노동자로서 그의 뒤를 따라간다. 전자는 의미심장하게 웃음을 띠면서 바쁘게 가고, 후자는 머뭇머뭇 마지못해서 마치 자기의 가죽을 팔아버리고 이제 무두질 당하는 것 말고는 아무것도 기대할 수 없는 사람처럼 뒤따라간다.(1 262)' 마르크스의 문장은 문학에 속하는 글을 쓸 때도 감정을 자제하는 것이 바람직하다는 것을 말해준다. 벨 에포크 시기를 산 프루스트는 종족을 구별 짓는 것은 정신의 자질이라 말한다. 노동자에게도 그러한 정신이 들어설 여지가 있는가? 답을 아는지 모르는지 소설가의 펜은 백지 위에서 멈출 줄을 모른다.

노동자, 사치품으로서 인간

사회적 관계의 재생산은 생산양식의 유지와 작동에 필수적이다. 노동자를 계급으로 다시 산출하는 데 있어 관건은 그가 살아 있는 인간이라는 점이다. 그는 한낱 기계가 아니다. 고통을 느끼고 욕망하고 소진되고 죽는다. 자식은 부모가 속한 계급의 새로운 성원이 된다. 노동자 자체가 특수한 상품, 즉 사치품이 될 수 있는 것은 노동력, 곧 그 실체가 다른 상품과 마찬가지로 시장에서 사고 팔리기 때문이다. 어떤 생물학적 유기체가 상품이 되지 못할 까닭이 없다.

이는 이 생산양식의 주기적 표현인 공황 국면에서 가차없이 현실이 된다. '모든 공황은 일시적으로 사치품의 소비를 감소시킨다.' 이러한 사태는 '사치품 생산부문의 노동자 가운데 일부를 실업 상태로 빠뜨린다.' 이는 '필요 소비수단의 판매'의 정체를 낳는다. '해고된 비생산적 노동자들은' 어디에서 화폐를 얻는가? 그들의 생활 수단인 소비재는 오직 화폐로만 구매할 수 있다. 하인이나 하녀가 노동자 계급의 사회적 형태로서 출현하는 지점이다. 이들 노동자는 '봉사의 대가로 자본가들의 사치적 지출 가운데, 일부를' 받는다. '이들 노동자 그 자체가 사치품(2 509)'인 것이다. 해고된 노동자가 갈 곳은 사치를 누리는 계급의 소비 시장밖에 없다. 한쪽에 사치를 누리는 계급이 있고 그 맞은편에 그 자체 사치재인 노동자가 있다. 이는 한 생산양식이 지시하는 세계의 필수적 구성 부분이다.

여공과 하인, 심리학과 사회학

프루스트가 쓴 책에서 노동자를 곧바로 언급하는 표현을 찾는다면 여공이 유일할 것이다. 그의 책이 구축해놓은 세계를 지배하는 연정의 법칙에 따르면, 다시 볼 수 없을지도 모른다는 불안을 화자에게 줄 수 있다면 해변을 몰려다니는 아가씨들이든 일요일도 일을 하는 여공이든 차이가 없다. 그는 '공휴일을 모르는 여공 아가씨들이 우연히 그 일터에서 나오는 걸 보지 못하는 날 안타깝게 걱정하는'데 이는 여공들의 사회적 처지를 동정해서가 아니다. 그녀들은 그의 '연정을 마련하는 그 비애, 다시 어쩔 수 없는 정, 안타까운 불안을 터지게 하는 데 필요한' 원천일 뿐이다. 이처럼 지나가듯 여공을 말하고 나서 그가 다시 생각에 잠기는 것은 연정의 심오한 철학이다.

'정열이 근심스레 껴안으려 하는 것'은 화자의 정신을 괴롭히는 질베르트나 알베르틴 같은 여성이 아니라 '오히려 이와 같은 눈앞의 대상'이다. 여공에게는 '불가능성의 위험'이 있기 때문이다. '첫 연정의 특징이던 것이, 아마도 추억, 암시, 습관에 의하여 전부 다음 연정에 덧붙여지고, 우리의 삶이 차례차례 경과하는 시기를 통해, 그 가지각색의 외양에 보편적인 특징을 주는(4 267)' 연정의 법칙은 계급을 차별하거나 여공을 예외로 두지 않는다. 바퀴의 첫 회전이 두 번째 회전으로 이어지듯 싹이 돋은 연정에 추억과 암시와 습관이 덧붙여지면 욕망은 끝이 보이지 않는 철로 위에서 몸을 떤다. 땀을 뻘뻘 흘리는 탄부의 삽질에 열차가 점점 빨라지듯 굼뜬 출발은 금세 질주로 바뀐다.

이기적이고 편협하다고 할 화자의 태도는 글을 쓰는 이의 눈길이 저마다 다름을 뜻하는가? 프루스트에게 서민은 누구인가? 그의 어조는 성실한 탐구자의 고른 들숨과 날숨의 반복에서 좀처럼 벗어나지 않는다.

서민에게 들이대는 화자의 광학기구는 우선 심리학이다. 그는 하인의 아들인 모렐에게서 천박함과 신경쇠약의 공모를 읽는다. 무대는 모렐과 샤를뤼스가 나누는 소돔의 공간이다. 그는 대귀족 애인에게 '찬성해주지 않을 걸 뻔히 아는 시비를 일부러 하려 들며, 빈약한 이유와 그 빈약함을 더욱 강조하는 날카로운 사나움과 더불어 제 악의에 찬 의견을 고집'한다. 이때야말로 그가 남작의 '마음을 풀어주기 위해 온갖 친절, 온갖 상냥함, 온갖 명랑함이 필요한 바로 그 순간(8 244)'인데 말이다. 이처럼 화자가 모렐의 난데없는 침울함과 퉁명스러움과 어리석음을 늘어놓을 때 더욱 빛을 발하는 것은 말할 것도 없이 부르주아인 그가 속한 콩브레 종족의 미덕이다.

모렐의 아첨은 상대의 준엄함 앞으로 불쑥 튀어나오고 불손함은 상대의 부드러움 앞에서 발동된다. 제어되기 힘든 이러한 성격상의 결함은 늘 냉정을 유지하여 신경쇠약 따위를 저 멀리 던져버리게 만드는 부르주아의 교양 앞에서 여지없이 빈곤을 드러낸다. 그러나 신경쇠약은 지배의 관계를 뒤집기도 한다. 그것은 특히 애정 관계에서 아주 고급한 기술에 속한다. 모렐에게 어쩔 줄 모르고 끌려 다니는 것은 남작이다.

불운을 질투로 설명하는 것을 사회학적 기술이라 한다면 용기도 그렇다. 사회적 결과를 개인의 심리로 해석하는 위험을 아랑곳하지 않을 만큼 하인들은 용감하다. 모렐이 프랑수아즈나 게르망트 공작네 하인들과 같은 종족에 속한다는 것은 그 또한 '인류 불행의 유일한 원인이 질투에 있다고 믿'는 데서 알 수 있다. 이러한 사고 경향은 서민들에게 '항상 확실한 방식(8

383회)'이기 때문이다.

화자의 습관을 비추는 거울이라는 점에서도 프롤레타리아는 하나의 계급이다. 그는 '문지기, 하인들, 엘리베이터 보이와는 이미 친한 사이가 되어 있었다'고 생각한다. 그런데 친하다는 표현은 상대방이 동의하지 않더라도 쓸 수 있는 말이다. 이 사람들은 '우리 자신이 변하듯이, 우리 인생 행로에서 여러 번 변하여, 그들이 그렇게 잠시 동안 우리의 습관의 거울이' 된다. 화자가 그들에게 맛보는 다사로움이란 사실 '그들 속에 착실하게 정답게 비치고 있는(11 5)' 자신의 선물이다.

이때 화자가 능숙하게 구사하는 기술인 변증법에 따르면, 인간이 타인에게 발견하는 것은 그 자신이다. 이는 되풀이되는 정식이다. 엄밀한 분석 끝에 화자가 하인 계급에게 나타내는 친밀감에 공감하는 독자는 이 정식을 받아들인 셈이다. 애인에게 충분히 변명을 했다고 생각하는 사람이 짓는 표정은 알고 보면 매우 낯익은 것이다. 또 책이 기회가 있을 때마다 강조하듯이 상냥함이란 계급을 따져 물을 필요가 없는 미덕이 아닌가?

서민은 소설의 주인공이 살아가는 세상에 고정된 배경이다. 다른 책이 세계의 양식 안에서 그들의 자리를 더없이 분명하게 밝히고 나서 소설가가 더 써야 할 것은 무엇일까? 서민으로든 프롤레타리아로든 프루스트가 프랑수아즈를 묘사할 때 독자는 그가 무엇을 써야 하는지 누구보다 잘 알고 있음을 깨닫게 되리라.

프랑수아즈, 성가족이자 학자, 예술가이자 왕비

프랑수아즈, 그녀는 화자네 집에서 일하는 하녀다. 책에서 프랑수아즈는 그저 서민의 한 유형이나 사례에 그치지 않는다. 그녀를 묘사하고 서술하는 문장들의 수와 무게, 또 책의 균형을 생각해도 그렇다.

캐나다의 브리티시컬럼비아 산맥에서 발견된 버제스 셰일은 수많은 화석을 품고 있는 이암층이다. 그 화석들이 말해주는 캄브리아기에 일어났던 생물의 대폭발은 아직도 다 규명되지 않았다. 눈이 다섯 개인 오파비니아처럼, 고생물학자의 상상력을 형편없는 것으로 만드는 화석에 새겨진 동물들만큼 인간의 눈길을 사로잡는 것도 드물 것이다. 이와 비교할 만큼 프랑수아즈는 프루스트의 책에서 중요한 지층을 이룬다. 그녀가 없었다면 인간에 대한 작가의 묘사에 생긴 커다란 공백은 끝내 메워지지 않았을 것이다. 아무리 빼어난 소설의 주인공이라 해도 프롤레타리아이자 악녀, 화자의 원수이자 예술가인 동시에 환생한 안 드 브르타뉴 왕비를 겸하기란 거의 불가능하다.

길 잃은 성가족

심정만이 직접 다다를 수 있는 진실이 있다. 그에 접근할 수 있는 인간은 드물다. 프랑수아즈는 그 가운데 한 명이다. 그 능력을 상징하는 것은 그녀 눈의 광채, 코와 입술의 섬세한 선, 소박한 정신이다. 그것은 농부의 정신이기도 하다. 화자에게 그녀는 '분산된, 길 잃은, 이성을 빼앗긴 성가족의 일원, 가장 높은 지성을 갖추고 있으면서, 유년 시절에 그대로 머물러 있는' 인간이다. 그녀의 참된 재능은 그 눈 속에, '어디에 집중한다는 목표를 갖지 않은 그 빛, 그렇지만 주의를 기울이지 않을 수 없는 그 빛 속에 환히 나타'난다. 오직 '지식만이 결핍되어(4 18 2)' 있는 사람이 그녀다.

교양과 지식으로 이루어진 세계가 있는 한편, 진정한 품위와 참된 엘리트의 정신 곧 최고의 정신만이 다다를 수 있는 세계가 있다. 자연스러운 재능이란 오직 이 세계에서 피어난다. 피어나지 못한 재능과 스스로 깨닫지 못한 신성 속에 그녀는 살고 있다. 화자가 지오토의 성화 속에서 발견하는 여인도 프랑수아즈다.

부르주아와 프랑수아즈, 독송 미사

화자가 절대 프랑수아즈에게 들키고 싶어 하지 않는 것은 가족에 대한 속 깊은 애정과 때로 자신이 슬퍼한다는 사실이다. 새로운 발견이란 내밀한 탐구자에게는 기쁨의 원천이지만 발가벗겨지는 대상에게는 수치의 원천이다. 우리가 누리는 기쁨이란 대체로 이처럼 쩨쩨한 것이다. 삶에는 늘 균형이 필요하다. 그러므로 수치라고 해야 쩨쩨함만큼이나 사소한 것이라 여기는 사람을 비난하는 것은 부당하다. 그러므로 독자는 프랑수아즈를 대하는 화자의 태도가 늘 불퉁스러운 까닭을 금방 이해한다.

부르주아와 대결하는 프랑수아즈의 용기를 보여주는 것은 그녀의 독송 미사다. 부르주아는 물론 화자네 가족이다. 신분과 직업에서 분명히 구별되는 관계에서도 한 가정의 규칙이 어느 한쪽에 꼭 불리한 것은 아니다. 물론 프랑수아즈가 늘 당하는 자리에 서지는 않는 것은 그녀가 가진 능력 덕분이다.

'게르망트 가의 삶이 프랑수아즈의 호기심을 가장 활기차게 자극하는 동시에 가장 큰 만족감과 아픔을 주는 순간은, 정문의 두 문짝이 활짝 열리면서 공작부인이 사륜마차에 올라타는 바로 그 순간이었다.' 이는 마침 화자의 집 '하인들이 그들의 점심 식사라고 부르는, 어느 누구도 방해해서는 안 되는 일종의 경건한 부활절 의식 같은 것을 축성하고 나서 얼마 지나지 않은' 때다. 이 의식이 진행되는 동안 하인을 호출하는 일은 절대 금기임을 화자 아버지도 안다.

어쩌다 이 법을 어긴 아버지가 받는 벌은 헌법을 위반한 자에게 국가가 내리는 벌에 못지않다. 프랑수아즈는 '나이를 먹으면서 무슨 일에나 때에 맞는 얼굴을 할 기회를 놓치지' 않게 되었는데, 아버지는 하루 종일 그녀의 '작고 붉은 설형문자로 뒤덮인 얼굴을 보'아야 한다. '거의 판독하게 어려운 이 문자'는 '프랑수아즈의 불만에 대한 긴 기록과 그 심오한 이유'를 더없이 엄밀하게 서술한다.

이어 그녀의 입에서 흘러나오는 것은 '무대 뒤를 향해 말하듯이' 하는 말이다. 화자의 가족은 이것이 노래인지 연설인지 대체 무엇인지 알 길이 없다. 그녀는 이를 '노래가 따르지 않는 독송 미사'이며 '자신은 거룩한 하루를 보내고 있을 뿐이라고(5 28 희)' 설명한다. 배우가 무대 뒤에서 하는 말은 설령 그걸 알아들었다고 해도 모른 체해야 한다. 품위로 무장한 부르주아 집안의 가장이 하녀의 독송 미사를 어찌 왈가왈부할 수 있겠는가?

귀족과 프랑수아즈, 숭배와 저항

프랑수아즈를 되비치는 잘 닦인 거울에서 귀족 또한 빠질 수 없다. 귀족을 대하는 그녀는 마음속에 비빔밥을 버무리듯 숭배와 저항을 뒤섞는다. 그녀의 내면에 이는 파동은 부르주아보다 귀족을 대할 때 훨씬 커진다. 화자는 프랑스 역사에 대한 고증을 덧붙여 이를 보강한다. 저항은 숭배 속에서 싹을 틔우고, 숭배는 저항 속에서 양분을 취한다. 화자의 결론에서 독자는 역사적 통찰과 같은 집에 사는 하녀에 대한 세밀한 관찰이 종합되는 것을 본다. '귀족 숭배는 귀족에 대한 저항 정신이 섞인 채로 동화되어, 프랑스 농토에서 세습적으로 이끌어낼 만큼 민중 속에 강하게 뿌리내린 것임에

틀림없었다.'

'나폴레옹의 천재성이나 무선 전신에 관한 두서없는 얘기'에는 별다른 반응을 보이지 않는 그녀가 '벽난로 재를 퍼내거나 침대보 씌우는 동작을 조금'이라도 늦춘다면 이는 '게르망트 공작의 차남은 일반적으로 올레롱 대공으로 불린다는 등 귀족들 특징에 관한 얘기'가 나올 때다. 그녀는 이때 "'그거 참 멋있네요."라고 외치면서 마치 채색 유리창 앞에 서 있듯이 잠시 넋을(5 58)' 잃는다.

불을 껄까요?

화자가 알베르틴과 누워 있는 방에 그녀가 들어온다. 그녀는 '알베르틴과 그 '위로 불 켜진 등잔을 쳐들면서, 젊은 여자의 몸이 침대 덮개에 움푹 들어가게 한 아직도 선명한 자국을 어느 하나 놓치지 않고' 비춘다. 화자의 방에 불쑥 들어와 '불을 껄까요?'라고 묻는 프랑수아즈는 누구인가? 그녀는 '죄악을 비추는 정의의 여신'이다.

'알베르틴의 얼굴은 이런 조명에도 전혀 손상되지 않았'지만 프랑수아즈의 느닷없는 등장에 놀란 화자는 소리친다. "벌써 등잔불이라니? 불빛이 너무 강하잖아!" 물론 이때 화자의 목적은 '두 번째 말로는 혼란을 숨기고, 첫 번째 말로는' 자신이 '늦었음을 변명하는 데 있었다.' 하녀는 '잔인하면서도 모호한 말로 대답했다. "불을 껄까요?" "'끌까요'가 맞지 않나요?" 하고' 알베르틴은 화자의 귀에 속삭인다. 이 와중에도 화자는 알베르틴의 '친숙한 발랄함에 매료'된다. 그는 바보 같은 말을 하는 그녀를 조금도 원망하거나 섭섭해하지 않는다. 화자를 '스승이자 공범으로 간주하면서, 문법 질문을 하는 의문문의 억양에 심리적인 긍정을 넌지시 불어넣(6 84회)'는 그녀를 어찌 원망하겠는가. 다행히도 정의의 여신이 쳐든 등불 아래 죄악은 제 몸을 숨기는 데 가까스로 성공한다. 스승이 되는 것으로도 연인이 되기에 충분한데 공범까지 되다니, 이는 연인을 질투하는 여신에게 견디기 어려운 치욕이다.

철학자, 곤충학자, 장님 예언자

'우둔한 사람들은 광대한 사회 현상이야말로 인간의 영혼을 더욱 깊이 통찰하는 절호의 기회라고 생각한다.' 화자는 이러한 관찰에 '이와 반대로, 한 개인의 깊이 속에 내려가야만 이 사회 현상을 이해하는 기회를 얻는다'고 덧붙여 위태로워진 지성에 급히 균형추를 매단다. 여느 경우와 같이 임상 사례가 덧붙는다.

프랑수아즈는 "소화에 좋지 않은' 줄 알면서 쥐피앙이 주는 술 한 잔을 거절 못'한다. 그러므로 그녀에게 화자의 '할머니의 죽음이 아무리 절박해도, 많은 폐를 끼친 이 사람 좋은 전기공 옆에 몸소 가서 미안하다고 말하지 않'는 것은 수치다. 이는 그토록 사이좋게 지내던 러시아가 전쟁을 피할 수 없었을 때 먼저 도발한 '일본에 대해 중립을 고수한 프랑스가 저지른 죄와 똑같은 파렴치를(6 28)' 범하는 짓이다. 이러한 숙고를 가능하게 하는 것은 물론 그녀의 일관된 철학이다.

온갖 사회 현상은 프랑수아즈가 마음속에 지닌 영혼의 눈을 통해서 볼 때 비로소 이해될 수 있다. 이 점에서 그녀에 견줄 만한 이는 오직 플라톤과 곤충학자 파브르가 있을 뿐이다. 프랑수아즈는 '식사 때 우리 식구가 하는 잡담의 10분의 1도 못 되는, 우두머리 급사가 건성으로 들어 재빨리 수집하여 식기실에 부정확하게 보고하는 터무니없는 이야기들'을 가지고서도 심오한 결론을 도출함으로써 '남을 놀래고 아연케' 만든다. 이는 '실지로 조사할 방법이라곤 도무지 없었던 고대인의 어떤 지식'에 우리가 놀라는 경우와 흡사하다. 이때 그녀가 범하는 오류는 '정보 부족이기보다 옛 사람들의 그것처럼, 플라톤이 신봉한 전설같이, 오히려 그릇된 세계관이나 선입감에서 비롯'된 것이다. 그녀의 비범한 통찰은 '오늘날 아직 곤충의 습성에 관한 가장 위대한 발견이 실험실도 장치도 갖추지 못한 학자의 손으로(6 63)' 이룩한 성과에 비견될 만하다.

쓰려고 들었다면 프랑수아즈는 파브르가 곤충에 관해 쓴 것에 필적하는 글을 썼을 것이다. 당연히 관찰의 대상은 마르셀의 가족이다. 그녀는 고대의 알 수 없는 지혜로 곤충학자가 황금풍뎅이를 관찰하듯 화자의 두려움·신중·경계심·꾀를 꿰뚫어본다.

눈치로 알게 된 것이라면 구태여 눈으로 확인하지 않는 것은 그녀가 가진 통찰력의 일반 습관이다. 그녀는 점쟁이가 자신의 점괘를 이치에 맞게 설명해달라고 하는 사람에게 건네는 눈길로 상대를 건너다본다. 비범한 지혜는 그릇된 세계관이든 일반 선입관이든 진리에 이르는 통로로서 차별하지 않는 법이다. 철학자들의 철학자인 플라톤 역시 전설을 굳게 믿었다지 않는가?

그녀는 또한 장님 예언자다. 명료함을 위해서라면 침묵에 머물 줄 알고 뜻밖의 집중력을 위해서라면 속박을 기꺼이 감수하는 그녀다. 화자는 '부주의하게도 많은 편지들 가운데 프랑수아즈가 보면 거북해할 편지를, 이를테면 프랑수아즈를 비방하는 내용이어서 보내는 사람이나 받는 사람에게서 동일한 감정을 짐작케 하는 편지를 책상 위에 놓고 나갔다가 저녁에 걱정이 되어 집에' 돌아온다. 그가 자기 방에 가 보면 어김없이 '순서

대로 잘 정리된 편지 더미 위에 그 위험한 편지가' 놓여 있다. '프랑수아즈의 손에 의해 맨 위에 거의 별도로 놓인 이 편지는 분명히 어떤 언어이자 웅변인 양' 화자가 '문을 열자마자 절규처럼 그를 소스라치게' 한다. 편지를 뜯어보지 않고도 편지가 전하고자 하는 말을 아는 능력이 있다. 그것은 워낙 천재적인데다 인내심을 요할 뿐더러 감출 수 없는 능력이라 누구든지 프랑수아즈와 마주치면 화들짝 놀랄 수밖에 없다.

닭살과 미덕과 부귀와 재능

닭고기와 인간의 품격과 사회적 부와 개인의 능력, 이 네 가지를 이론에서뿐 아니라 실생활에서 한데 묶을 수 있는, 아마 거의 유일한 사람은 프랑수아즈일 것이다. 위대한 능력이란 정신의 영역에 한정되지 않는 법이다. 흔히 보기 어려운 특수한 능력은 아무래도 직업에서 발휘된다. 미덕과 닭의 살이 맺는 관계가 드러나는 것은 이때다.

'프랑수아즈는 닭을 제대로 구울 줄 아는 사람이 자기밖에 없다는 듯이, 꼬챙이에 꿴 닭을 이리저리 돌리며 콩브레 멀리까지 그녀의 가치를 알리는 냄새를' 풍긴다. 그녀가 닭고기를 식탁에 내놓는 동안 '기름지고 연하게 만들 줄 아는 살의 향기가 그녀 미덕 고유의 향기처럼' 퍼져나간다. 그렇지 않아도 인간을 대하는 데 상냥함을 최고의 미덕으로 삼는 화자가 이때 그녀의 성격에 대해 '특별한 평가(1 216)'를 내리는 것은 아주 자연스럽다.

최고의 미덕이란 인간이 다른 인간을 위해 하는 일에서 두드러지기 마련이다. 기름지고 연한 닭살의 향기를 만들어내는 프랑수아즈는 밥상을 앞에 둔 화자에게 미덕 그 자체다. 닭살은 미덕에만 그치지 않는다.

미덕을 낳는 닭의 살 또한 부귀에서 온다. 화자네 식구들이 흔히 미덕이라고 일컫는 것에서 아무것도 발견하지 못하는 프랑수아즈가 온갖 미덕을 발견하는 곳은 부귀다. 타인과 의견이 다를 때 혼란을 겪는 사람도 더러 있지만 그녀는 다르다. 미덕 속에서 재산을 찾아내고 재산에 미덕을 부여하는 그녀는 늘 굳건하다. 제때 화자의 집을 방문하여 부엌에 들르는 이가 있다면 연금술에 가까운 이 지혜의 일부는 마땅히 그의 것이 되리라.

결점과 재능은 종종 붙어 다닌다. 결점으로 빛나는 재능이 있다. '프랑수아즈의 사람됨이야 결점이 적었지만, 그 적은 결점이 그녀 가운데, 결점을 유지하기 위한 뛰어난 재능, 결점을 행할 때 이 외에는 흔히 그녀에게 없는 재능을 만들어냈다.' 그런데 이 통찰은 다음 일을 일반화한 데 지나지 않는다. 그녀 아닌 남들 때문에 주인이 쓰는 돈에 대한 지나친 호기심은 그녀의 결점이다. '한번 흘끗 보는 틈밖에 주지 않더라도, 이미 눈도 거의 어두운 여인, 셈도 거의 할 줄 모르는 프랑수아즈는, 마치 재봉사가 사람을 보자 본능적으로 옷감의 값을 산정하고, 그뿐더러 손으로 만져보지 않고서는 못 배기는 것처럼, 또는 화가가 어느 색깔의 효과에 민감해지듯이 그와 똑같은 취미에 이끌려, 내가 얼마 주었는지 흘끗 보고는 즉석에서 계산해버렸다.(9 493)' 동기가 무엇이든 그녀가 무언가를 기어코 만족시키고자 번득이는, 재봉사나 화가에게나 있을 법한 일별의 능력이 탁월한 재능이라는 데는 의심의 여지가 없다. 결점과 재능의 관계를 사회적으로 일반화하여 악은 늘 유능과 붙어 다닌다고 말하는 이라면 그 통찰의 근원을 잊어서는 안 된다.

계급 동맹의 주도자

갈등을 빚는 계급이 서로 부딪치는 불꽃 튀는 전선에서 프랑수아즈는 계급 동맹의 주도자가 된다. 그녀의 미덕 속에 계급의식이 없을 리 없다. 프루스트가 쓴 책에서 마르크스의 통찰을 증명하고 실행하는 데 그녀의 몫은 적지 않다. 관계에 대한 통찰은 보편적일수록 깊은 법이다. 철학에 능숙한 작가의 문장이 이어진다.

파리로 온 뒤 프랑수아즈는 콩브레에 있을 때와 달라진다. 그녀는 '다른 층 하인들의 의견이나 법 해석에 동조하면서 우리에게 표시해야 할 존경심을 대신하거나, 오 층 요리사가 늘 자기 여주인에게 쓰는 거친 말씨를 반복'한다. 화자는 이를 '하인다운 만족감에 도취'한 것에 지나지 않는다고 깎아내린다. 마르셀의 가족은 '생전 처음으로 그 가증스러운 오 층 아파트 세입자와 어떤 연대감을 느꼈으며, 결국 우리도 주인이었구나 하고 말(5 104)'함으로써 자기 계급의 정체성을 받아들인다. 계급 간 전선이 점점 뚜렷해지는 중에도 화자는 '누구라도 그 입장이었다면 그녀보다 더 했'을 것이라고, 아무나 가질 수 없는 중립적인 자세를 유지한다. 콩브레보다 파리가 혁명이 일어나기에 훨씬 유망한 장소인 건 분명하다. 프랑수아즈가 '색실로 유년시절 벚나무와 새들을, 아직도 그녀의 눈에 선한 어머니가 돌아가신 침상을 그려 넣을 줄(5 104)' 안다고 해도 말이다.

예술가 프랑수아즈

아첨이나 비굴에 빠지지 않으면서도 떳떳이 자신의 일을 해나가는 데도 어떤 재능이 필요하다. 아니 아첨과 비굴을 면하는 것이야말로 특별한 재능이다. 하녀가 갖춘 미덕이 반드시 그녀가 속한 계급의 필요에 그치란 법은 없다. 마찬가지로 프랑수아즈가 예술가가 될 수 없다는 법도 없다. 아니 이미 그녀는 예술가다.

다른 이가 자신이 만든 작품을 말할 때 총기를 띠지 않는 눈은 드물다.

예술의 총총한 빛은 다른 사람한테 숨길 수 없는 재능에서 나온다. 일류 요리사이자 능숙한 토끼 살해자이자 동물 생리학자이면서, 동시에 골수 평화론자인 프랑수아즈의 재능이 그림이나 음악 같은 몇몇 분야에 한정될 리 없다. 예술과 요리 사이의 거리란 생각보다 멀지 않다. 적용되는 원리도 그렇다.

화자 어머니가 묻는다. "어째서 프랑수아즈처럼 누구나 좋아하는 젤리를 못 만들까?" 그녀는 대답한다. "글쎄요, 어째서 그렇게 되는지 모르겠군요." 화자는 '프랑수아즈가 좋게 만들려고 마음먹을 때에 한'해서 라고 단서를 다는 것을 잊지 않는다. 더러 그러한 일과 자주 그러한 일, 또 늘 그러한 일은 똑같지 않다. 어쨌거나 화자는 그녀에게서 창작에 관해 일급 예술가가 내놓는 흔한 대답을 들음으로써 '명공들의 설명은 우리에게 요점을 말해주지 않는다'는 사실을 다시 한번 확인한다. '아주 맵시 있는 여인이 그 화장의, 또는 뛰어난 가희가 그 노래의 비결을 질문받았을 때와 거의 마찬가지로, 프랑수아즈는 그녀의 젤리 또는 크림의 뛰어난 가닥의 비밀을 밝힐 수가 없었다. 아니 그보다는 차라리 밝히고 싶지 않았던 것이었다.(31 84)' 화장과 노래, 그리고 요리의 공통점은 그 재능이 말을 떠나는 데 있다. 그러므로 말로써 말을 떠날 수 있는 작가만이 명공이자 예술가다.

영업상의 적수란 요리뿐 아니라 예술에서도 반드시 필요하다. 기예와 그것이 뿌리박은 전통에 대한 자존심은 예술가의 마음에서도 뺄 수 없는 것이다.

'"그럼, 베베르 말인가?" "아뇨, 마님. 저는 좋은 요리점을 두고 말하고 있어요. 베베르는 루아얄 거리에 있지만, 거긴 요리점이 아니라 비어홀입니다. 음식을 식탁에 차려놓는 꼴이란 말도 안 되고요, 테이블도 없구요, 음식을 식탁에 이렇게 덜컥 놓고 가버리죠."' 비어홀과 요리점을 엄격히 구별하고, 음식을 식탁에 차려놓는 꼴과 방문한 손님의 계급만 가지고도 요리의 격을 벌써 판정한 프랑수아즈다. '"그럼 시르로 말인가?" 프랑수아즈는 미소 짓고 "흥! 거기요, 사교계의 여인들이 즐기는 고작 명물 요리죠. 아무렴요, 젊은이에게는 그것이 필요하니까요."(3 85)' 이렇게 말하는 똑같은 지혜로 프랑수아즈는 안다. 이때 사교계란 윤락계를 뜻한다는 것을.

예술적 솜씨의 정묘함은, 화자 할머니의 자매들한테 얻은 모자와 외투가 프랑수아즈의 손끝에서 어떻게 바뀌는지 볼 때 남김없이 드러난다. 그것은 '문 위 꼭 알맞은 곳에 흰빛 또는 유황빛의 장미꽃 한 떨기를 피게 하는 농가의 정면, 혹은 민요 속에서, 꿋꿋한 심지를 가진 예술가들이 애쓴 정묘성'이다.

마침내 그녀는 예술가에서 예술 작품 속의 인물로 옮겨가기에 이른다. '샤르댕 또는 휘슬러의 초상화 속에 황홀하게 있어도 나무랄 데' 없는 사람이 프랑수아즈다. 그녀는 '버찌색의 그러나 한물간 외투 천과 모피 깃의 거칠지 않은 털에 싸여 있는'데 그 '품이, 늙은 거장이 기도서(祈禱書) 속에 그린 그 안 드 브르타뉴 왕비의 모습을 연상'시킨다. '그런 그림 속에서는 모든 게 알맞은 자리를 차지하여, 전체의 느낌이 어찌나 고루고루 각 부분에 퍼져 있는지 복장의 으리으리함과 폐지된 특이성도, 눈·입술·손과 마찬가지로 경건한 엄숙성을 나타낸다.(4 17)' 누가 알아보겠는가, 프랑수아즈가 바로 브르타뉴 왕비의 환생임을.

122. 부르주아, 자본가, 예술가

토요일의 웃음소리와 부르주아의 도덕

전기 작가 개러스 존스가 묘사하는 마르크스의 런던 생활은 프루스트의 주인공이 말하는 자기네 집 풍경과 그리 멀지 않다. 부르주아로 생활한다고 해서 그 계급의 사회적 원천을 분석할 수 없는 것은 아니다. 자기가 주인이 되어 작동시키는 생산양식의 구조를 밝히고 그 미래를 내다보는 데 부르주아만큼 재능을 보여준 계급도 없다. 부르주아 가정에서 울려 퍼지는 웃음소리에 귀를 기울일 또 하나의 이유다.

콩브레의 한 집에선 토요일마다 웃음소리가 터져 나온다. 사연은 이렇다. 화자네는 토요일에 점심을 한 시간 당겨먹는다. '생틸레르 종탑에서 종소리가 두 번 울리는 것을 듣고 "뭐라고, 아직 2시밖에 안 됐다고?"라고 말하면, 모두들 일제히 대답했다. "착각한 거야. 한 시간 일찍 점심을 먹었으니까. 오늘이 토요일이라는 걸 알잖아!'" 볼 일이 있다고 해도 토요일 오전 11시쯤에 화자네 집을 찾아오는 이는 야만인으로 취급받는다. 이 가족의 '토요일의 특별함을 모르'다니 말이다. 일주일 중 하루의 점심때를 한 시간 앞으로 당기는 것만으로 자기 계급의 정체성을 공고히 하는 것은 오직 부르주아다. 손님을 야만인으로 취급하면서 하루 내내 유쾌할 수 있는 계급은 흔치 않은 법이다.

부르주아의 규율은 이와 같이 엄격해서 그와 견줄 만한 것이라곤 국수주의자의 애국심 정도다. 프랑수아즈가 주인네의 특별한 습관이 손님에게 불러오는 혼란을 눈물까지 찔끔거리면서 즐거워하는 것은 최초로 주창된 장소에서 멀리 떨어진 변두리일수록 국수주의가 더욱 큰 열광을 불러일으키는 것과 똑같다.

도덕을 가장 높이 떠받드는 종족은 부르주아다. 그런데 이 도덕을 드높이는 사람은 다름 아닌 프티 부르주아 블로크다. 빛이든 색이든 가장 멀리 떨어져 있는 것, 반대쪽에 놓인 것을 통해 두드러지는 법이다. '점심 식사 후에 할머니께서 몸이 좀 불편하다고 말씀하시자' 블로크는 오열을 억누르며 눈물을 닦는다. 그런데 할머니의 마음을 상하게 하는 것은 이런 행동이다. "'그것이 어떻게 진심에서 우러나온 행동이라고 할 수 있느냐?"라고 할머니는 말씀하셨다. "날 알지도 못하는데, 아니면 미쳤든가.'" 할머니의 불만은 순식간에 모든 식구들에게 번지고 만다. 블로크가 '점심 식사에 한 시간 삼십 분이나 늦게, 그것도 흙탕물 투성이로 나타나서 미안하다고 하기는커녕 이렇게 말했기 때문이다. "저는 대기 변동이나 관습적인 시간의 구분에는 영향을 받지 않습니다. 아편 파이프나 말레이시아 단검을 사용하는 것은 기꺼이 되돌려놓겠습니다만, 그보다 훨씬 더 해롭고 게다가 따분한, 부르주아의 도구인 시계와 우산 사용법은 알지 못합니다."(1 166-169쪽)' 부르주아 앞에서 그 계급의 가치를 상징하는 기구와 도구를 비난하는데 주저하지 않는 블로크의 용기는 분명 칭찬받아 마땅하다.

어떤 계급이든 침범해서는 곤란한 경계가 있다. 그 경계를 살피지도 않고 상대방의 감정 따위야 개의치 않는 것을 용기로 아는 블로크는 그만 나락으로 떨어진다. 아무 데나 문학을 주워섬기는 그를, 자기 계급의 가치 혹은 리얼리즘에서 한 치도 벗어나지 않는 부르주아의 표상인 화자의 아버지가 바보로 여길 것은 보나마나다.

부르주아는 감정이나 충동에서 나온 행위를 믿지 않는다. 화자의 할머니가 몸이 안 좋다고 하자 눈물을 왈칵 쏟는 블로크에게 그의 가족이 건넬 것이 싸늘한 눈길 말고 무엇이 있겠는가. 일시적인 것보다는 맹목적인 것이 차라리 낫다. 그것이 습관이든 규칙이든 반복 위에 튼튼히 뿌리박은 행동이기만 하면 말이다. 그때그때 기분 내키는 대로 하는 프티 부르주아가 일으키는 평지풍파를 화자네 가족이 감내할 까닭이 어디 있겠는가. 이 풍파가 토요일이면 고즈넉이 울려 퍼지는 가족의 수다와 어울리기란, 블로크에게 화자의 냉철한 정신을 기대하는 것만큼이나 터무니없다.

화자네 가족의 엄밀한 도덕에 따르면 '친구에게 줄 수 있는 것 이상을 주지 않는 동반자'가 줄 수 있는 것과 줄 수 없는 것조차 구별할 줄 모르는 블로크보다 훨씬 우월한 인간이다. 그들에게 갑자기 '다정한 생각을 품게 되었다고 불쑥 과일 바구니를 보내오는 친구'야말로 야만인이다. 바람직한 친구란 '우정의 의무와 요구 사이에서 상상력과 감수성의 충동적인 움직임으로 올바른 저울을 내 쪽으로 기울일 수 없다고 해서… 해로운 쪽으로 왜곡하지 않는' 사람이다.

잘못을 의무의 면제와 뒤섞지 않는 것도 부르주아의 중요한 규칙이다. 화자의 고모할머니는 '여러 해 전부터 조카딸과 사이가 틀어져서 말 한마디 하지 않고 지냈지만, 그렇다고 해서 그녀에게 전 재산을 물려주기로 한 유언장을 바꾸지는' 않는다. 이때 발동되는 것은 법적 의무에 대한 부르주아의 날카로운 감각이다. '조카딸이 그녀의 가장 가까운 친척이었고' 다른 무엇보다 '또 '그래야만' 했기 때문이다.' 가족 안에서 한 사람이 잘못을 범했다고 해서 부르주아의 의무가 파기된다면 유산 상속과 같은 그들 체제의 근본 질서가 어찌 되겠는가?

부르주아의 도덕에서 충동이나 격정보다 맹목적일지언정 습관이 존중되는 것은, 경제적 사회 구성체가 생산관계에서 지배적 지위를 차지한 계급에게 필요한 정신이 무엇인지 말해준다. 이 계급이 특정한 시기의 생산양식을 영원하고 최종적인 사회 형태로 믿는 것은 상품 생산과 마찬가지로 반복의 형식으로 나날의 생활을 보장하는 이러한 습관 덕분이다. 그에 비하면 사기와 협잡은 일시적이고 불가피한 작은 소동에 지나지 않는다.

박정과 무심, 부르주아와 귀족

자본가의 말과 행동이 화폐라는 척도를 떠나지 않는 데 반해 부르주아의 언행은 귀족이라는 척도를 떠나지 않는다. 경제 행위와 달리 정신의 활동은 착종되기 일쑤다. 그렇긴 해도 종족을 정신의 형태로 분류하는 프루스트가 부르주아와 귀족 간의 투쟁에서 눈길을 거두기란 애초에 불가능하다.

귀족에 대한 태도는 부르주아가 들이대는 척도의 일반적 특성을 암시한다. 부르주아들이 모인 발베크의 그랑 호텔 로비에 귀족 부인이 들어온다. '공증인 부인과 재판소장 부인은, 식사 때 식당에서 이 노부인을 볼 때마다 저마다 손안경을 들고, 건방지게, 면밀하게, 의심쩍게 검사하여, 마치 이 부인을 어떤 음식으로 대하듯, 화려한 이름이 붙어 있으나, 겉으로 보기에 괴이쩍고 학리적으로 관찰한 결과가 좋지 못하여, 무뚝뚝한 몸짓으로 염오의 정에 얼굴을 찡그리면서 그 음식을 멀리하는 장면과도 같았다.' 그들이 귀족 부인에게 경멸을 나타낼 때마다 애써 자신을 설득하려는 진리는 "'가질 수 없'는 것과'가지려고 하지 않는' 것 사이에는 아무런 차이가 없다' 라는 명제로 표현될 수 있다.

관찰자의 냉정한 시선은 부르주아의 공통된 자산이다. 부르주아 부인들이 '경험해보지 못한 생활 형식에 대한 욕망과 호기심, 새로운 사람들의 마음에 들어야겠다는 희망 같은' 평소의 주된 관심사를 모조리 집어던지는 것은 이때다. 대신 '가장된 경멸, 짐짓 꾸민 희열'이 빈자리를 채운다. '만족스러운 체 꾸미는 예의범절'은 '불쾌감을 숨기는 일과, 끊임없이 자기 자신을 속이는 일'의 표면이다. 이것이 '그들을 불행하게(4 57)' 만든다.

귀족과의 싸움에서 최종적으로 승리하는 부르주아가 생겨난다. 이때 그들의 무기는 순수한 부유, 부의 크기다. '막대한 재산을 소유한 레디 이스라엘(스완의 숙모)은 크나큰 세력을 부렸는데, 그 세력을 자기가 아는 사람들이 아무도 오데트를 받아들이지 않게 하는 데 이용했다.(3 132)' 승리는 적의 주된 무기를 전리품으로 제 손에 쥘 때 확정된다. 마르상트 백작 부인은 생루의 어머니다. 오데트를 받아들이는 일을 두고 부르주아 부인의 눈치를 보는 그녀는 귀족과 부르주아, 다른 말로 옮긴다면 신분과 재산 사이에 벌어진 전쟁의 최종 결과를 보여준다. 그런데 아무리 부유한 부르주아라 해도 틈이 날 때마다 하는 일이란 집안의 족보를 샅샅이 뒤져 혹시 귀족이었던 증거를, 혹은 귀족과의 교제를 트는 데 도움이 될 만한 증거를 찾는 것이다. 종족과 계급 사이의 전투에서 승리란 이처럼 겉보기로는 다 알 수 없다. 부르주아 정신의 화원이라 할 베르뒤랭 살롱에서 독자는 그 전투의 더욱 복잡한 속내를 들여다볼 수 있다.

귀족 가운데서도 샤를뤼스와 같은 가장 탁월한 인물만이 최고의 부르주아 살롱에 맞설 수 있다. 여기서 부르주아를 대표하는 것이 경제학이라면 귀족을 대표하는 것은 시정이다. '시정(詩情)을 이해 못 하는 사교인들은 그들의 생활 속에 시정이라는 티끌조차 못 보는 위인들이라, 시정을 대신하는 것을 다른 데서 찾았고, 샤를뤼스 씨보다 훨씬 낮은 사내들로서, 사교계를 깔보는 말을 하고, 그 대신, 사회학이나 정치·경제학의 이론을 강의하는 작자들을 샤를뤼스 씨보다 월등 위로 치는 것이었다.' 꼼꼼한 독자는 부르주아적 질서를 수호하는 데 누구보다 애쓰는 사람은 바로 경제학자라고 말하는 마르크스의 목소리를 프루스트의 책에서 듣는다.

시정을 경제학에 맞세우는 것은 예술을 지성에 대치시키는 프루스트의 근본 구도의 표현이다. 사회의 지배적 지위에 있는 사람이 미래가 아니라 현실에 집착하는 것은 인간적 미덕이라 할 만하다. 인간적이 되면 될수록 이론에서 멀어지는 것은 피할 수 없지만 말이다. 마르크스가 실천으로 이론을 검증한다면 부르주아는 실천으로 이론을 대체한다. 그들이 정치학이나 경제학에 몰두하는 것은 그것들을 이론의 무기가 아니라 실천의 도구로 삼기 때문이다. 이론이란 잠시도 쉬지 않고 바깥으로 나가 안을 들여다보려는 욕망의 발로가 아닌가.

시정을 알아보지 못하는 부르주아는 새로운 예의범절과 유행으로 눈길을 옮긴다. 물론 샤를뤼스와 스완의 시적 감각과, 구태여 교활함을 동원할 필요가 없는 미소는 다 특출 난 그들의 부에서 나온다. 그러나 사회적 부 그 자체가 정신의 가치는 아니다. 겉보기에 오만과 편견으로 가득 찬 부유하기 그지없는 남자의 내면에서, 마르크스에 반세기 앞서 영국에 살았던 소설가 제인 오스틴이 끄집어내어 보여주려 한 것 또한 이 정신과 그다지 다르지 않으리라.

게르망트 살롱이든 베르뒤랭 살롱이든 그곳에서 지배 관계를 나타내는 것은 서열이다. 서열은 심리로 표현된다. 구성원의 심리를 통해 한 사회를 살피는 것은 매우 낯익은 방법이다. 번역 용어의 적절성의 문제이기도 하지만 우리말의 흔한 사용법으로 볼 때 '정신'보다 '무의식'이나 '심리'를 두는 것이 더욱 그럴듯해 보이지만, '정신'분석의 범용성은 살롱 여주인이 심리분석의 권위자가 되는 데서도 확인된다. 물론 프루스트는 한발 더 나아간다.

심리분석은 이제 문학의 일부가 된다. 베르뒤랭 부인이 극작가, 다시 말해 문학인이 되는 것은 타고난 재능 덕분이 아니라 그녀가 한 계급을 대표하는 살롱을 지배하기 때문이다. 살롱의 주요 신도인 셰르바토프 대공 부인이 위독하다는 말을 듣고 부인은 "그래도 나는 솔직히 말해서 털끝만 한 슬픔도 느끼지 않아요. 느끼지도 않는 것을 뭣 하려고 있는 체하죠"라고 대꾸한다. 작가는 기꺼이 해설을 덧붙여 방백의 역할을 자임한다.

'범죄의 경우, 범인으로서의 위험은 자백하면 유리할 줄 알고 죄를 자백하는 데에 있다. 그런데 형벌 없는 과실로서의 위험은 자존심에 있다.(9 317)'

자신이 정나미 떨어지는 인간일지 모른다는 자각은 반성할 줄 아는 인간에게 고유한 것이다. 그러나 자백은 자각과 다르다. 일반적으로 자백은 부부 사이든 친구 사이든 해롭다. 정죄 받을 위험 없이 죄를 고백하는 범인을 모범으로 삼는 신도들과 다르게 말하는 데서 베르뒤랭 부인의 특출한 지위가 드러난다. 그렇지만 심리의 법칙은 절대적이라 그녀 또한 벗어날 수 없다. 한번 내뱉은 말을 후회한들 무슨 소용이 있겠는가? 남은 것은 자신이 뱃심 있는 사람이라 인정받는 것이다. 이로써 그녀는 자신이 심리분석가로서도 극작가로서도 만만찮은 재능을 가졌음을 증명한 셈이다. 한 군데로 치우치지 않는 부인의 냉정함은 부르주아 사회의 인격적 기초를 이루는 특별한 자질을 내보이는 데 부족함이 없다.

프루스트가 펼쳐 보이는 인간 심리의 구조는 프로이트가 자랑하는 정신분석의 명제들에 견줄 만하다. 어떤 논평가는 그를 소설가인 동시에 정신분석가의 자리에 앉힌다. 물론 그 자리도 그 세계의 정상 어름이다.

현실은 잔혹함 속에 드러나고 심오함은 감정의 깊이에서 드러난다. 현실과 연극이 뒤섞인다. 베르뒤랭 부인의 박정한 말을 들은 '신도들은, 전에 잔혹하게 현실적인 희곡, 관찰이 심화된 희곡이 일으키던 감탄과 불쾌감을 섞은 기분'을 떨쳐버릴 수 없다. 무신경은 부도덕과 멀지 않고, 부도덕과 자유자재한 도덕 사이에는 무시할 만한 틈밖에 없다. 인간에게 성실의 의무를 벗겨주는 것은 바로 이런 종류의 도덕이다. 그로써 얻게 되는 것은 단순한 삶, 어쩌면 담백한 삶이다.

'대다수의 신도는, 그들이 사랑해 마지않는 파트론이 새로운 꼴의 공정성과 자주성을 보여준 데 경탄하면서, 또 뭐니뭐니 해도 자기의 경우는 그렇지 않겠지 생각하면서도, 제 자신의 죽음이 머리에 떠올라, 그것이 언젠가 찾아오는 날, 콩티 강둑에서 울어줄지 아니면 야회를 그대로 개최할지, 마음속으로 물어(9 318)'본다. 말, 더구나 여러 사람 앞에서 하는 말은 보나마나 정치적 행위다. 그 일이 있고 나서 베르뒤랭 부인의 말에 그 주인도 모르게 쫑긋 일어서는 신도들의 귀만큼 이를 잘 보여주는 것도 드물다. 잔혹과 무정함에서 공정성과 자주성을 찾아내는 재능은 마르크스가 서술하는 자본가에게도 매우 낯익은 것이다. 아니 그것은 필수적인 재능이다.

그런데 부르주아 최고의 박정이라 해도 부딪히면 상처를 입히기보다 입고 마는 상대가 있다. 무심하다 할 만큼 자연스럽고 솔직한 의도가 그것인데 그 또한 특정한 종족의 일반적인 습성이다. 부르주아의 도덕에 결정적인 한 방을 먹인다는 점에서 이러한 귀족의 능력이 하루아침에 만들어진 것이 아님이 드러난다. 베르뒤랭 살롱에 간 샤를뤼스는 그저 이렇게 말한다. '"야회를 취소하지 않게 되어 나는 매우 만족합니다. 내가 초대한 분들 때문에"(9 318)' 이 사태가 놀라운 것은 한 방을 날리는 자의 의도의 순수함과 한 방을 맞은 자의 상처 사이에 놓인 무한한 거리에 있다.

세르바토프 대공 부인이 위독하다는 말에 베르뒤랭 부인이 내뱉는 말이 복잡한 계산 끝에 나온 것임을 상기하자. 귀족의 무심한 한마디에 비하면 부르주아의 엄밀한 언사는 허술해 보일 정도다. 이런 식의 요약이 소설 속 문장들이 펼쳐내는 다채로운 무늬에 비하면 터무니없이 허술하듯.

자본가의 기로와 감독 노동의 탄생

나보코프는 『문학 강의』에서 '부르주아'라는 낱말의 쓰임을 나름대로 보여준 바 있다. '플로베르는 '부르주아'라는 단어를 단 한 번도 마르크스처럼 정치경제적인 의미로 사용하지 않습니다. 플로베르의 부르주아는 주머니 사정이 아니라 정신 상태를 가리키는 말입니다. 마르크스가 플로베르를 보았다면 정치경제적 의미에서 부르주아라고 생각했을 것이고, 플로베르는 정신적인 의미에서 마르크스를 부르주아로 봤을 겁니다.' 그는 두 사람 모두 옳다고 말한 뒤 '플로베르는 물질적으로 유복한 신사였고, 마르크스는 예술을 대하는 태도가 속물적'이었다고 덧붙인다. 사회계급을 가리키는 말의 뜻은 이와 같이 서로 다를 수 있다. 이는 다시 한번 과학과 문학의 언어가 어떻게 다른지 보여주는 것이기도 한다.

러시아의 한 독자가 혁명의 정수를 길어 올린 우물이 마르크스의 문장이었다면 프루스트의 대성당을 떠받치는 기둥 자리에는 플로베르의 문장이 놓여 있을 테다. 프루스트가 부르주아나 귀족, 그리고 여공이나 프롤레타리아를 말할 때 그들은 특정한 사회 형태를 뜻하지 않는다. 그는 내내 최상층 부르주아로 삶을 살았고 런던에서 망명 생활을 이어가던 마르크스 또한 부르주아의 생활을 추구하였다. 프루스트가 계급이든 종족이든 인간 집단을 가르는 정신에 주목했다면 마르크스는 부르주아의 경제적이고 계급적 본질을 해명하려 했다.

자본가도 일한다. 열과 성을 따진다면 노동자에 비할 바가 아니다. 그가 하는 일은 무엇인가? 노동자가 하는 일과 어떻게 다르고 왜 달라야 하는가? 그는 왜 노동자와 똑같은 노동을 하면 안 되는가?

한 인간이 자본가가 되는지 그렇지 않은지는 그가 자본의 기능을 수행할 수 있는가에 달려 있다. 자본가가 '그 자신이 자기 노동자와 똑같이 생산과정에서 직접 일을' 하는 경우 '그는 오로지 자본가와 노동자 사이의 중간물인 소장인'(小匠人, kleine Meister)에 지나지 않는다.' 왜 그런가? '자본주의적 생산이 어느 정도 고도화되려면 자본가가 자본가(즉 인격화된 자본)로서의 기능을 담당하는 전 기간을 타인의 노동에 대한 취득과 통제, 그리고 이 노동의 생산물에 대한 판매를 위해서 사용할 수 있다는 조건이 마련되어야 한다.'

소장인은 다른 소장인이나 자본가와의 경쟁에서 살아남아야 자본가가 될 수 있다. 자본의 기능을 수행하기 위해 전력을 기울이지 않는 한 그는 이 경쟁에서 승리하기 어렵다. 상법과 같은 경제를 규율하는 법률이 그를 어떻게 지칭하든 그는 노동자이거나 자본가다. 그는 잉여가치를 생산하거나 그것을 전유하거나 둘 중 하나다. 한 사회의 특정한 생산 형태의 기능을 떠맡은 인간이 어느 계급에 속할지는 오직 이 기준에 달려 있다. 대한민국의 자영업자도 예외가 아니다. 물론 낱낱의 생산 형태는 시기마다 달라질 수 있다.

그리하여 자본가의 노동은 노동자의 노동을 감독하고 지휘하는 것으로 집중된다. 또 그렇게 제한되어야 한다. 이는 자본가가 가지게 될 권위의 토대이다. 이 권위는 그에게 역사적 임무를 수행하는 지위를 부여한다. 기업가 정신이든 철학의 외투를 걸친 기투든 그 용어의 사회적 근원은 바로 이것이다.

자본이란 노동자에게 자기 재생산을 뛰어넘는 노동을 강제함으로써 존속할 수 있다. 자본가의 지휘권이 노동자에게 강제력이 되는 것은 이 때문이다. 이에 따른 결과로 '자본은, 타인의 노동을 만들어내고, 잉여노동을 수취하고, 노동력을 착취하는 점에서 직접적 강제 노동(direkter Zwangsarbeit)에 기반하는 그 이전의 모든 생산제도에 비해 그 정력이나 무절제함 그리고 그 효과에서 이들을 훨씬 능가한다.(1 431)' 정력과 효과는 대체로 절제와 반비례 관계에 있다.

노동에 대한 자본가의 지휘는 '내용상으로 보면 이중적인데, 그 까닭은 그의 지휘를 받는 생산과정 자체가 한편으로는 생산물의 생산을 위한 사회적 노동과정이고, 다른 한편으로는 자본의 가치증식과정이라는 이중성을 갖고 있기 때문이다.' 노동이 사회적 형태를 매개로 이루어지는 한 그 과정은 물적 측면에서 계획되고 통제되는 것으로 나타난다. 노동이 자기 가치의 보전에 그치지 않고 더 많은 가치를 생산해야 한다는 조건이 이 통제를 더욱 강화한다. 동시에 자본가의 지휘 기능에는 저항에 대한 제어와 회피라는 새로운 성격이 덧붙는다.

자본의 지휘가 전제적 형태를 취하는 것은 자본이 생산수단에 대한 배타적 소유에 기초해 있는 까닭이다. 타인 노동에 대한 전제적 지배는 그 노동의 산물에 대한 배타적 소유의 외관이자 원인, 동시에 결과이다.

사회적 노동의 기본 형태인 협업에서부터 지휘 기능은 두드러진다. 공장에서 내려지는 자본의 명령은 지상 명령이다. '바이올린 독주자는 자기 자신이 곧바로 지휘자가 되지만 교향악단은 별도의 지휘자를 필요로 한다. 자본에 종속된 노동이 협업화되면 이 협업의 지휘, 감독, 매개의 기능은 자본의 기능이 된다. 일단 지휘의 기능이 자본의 기능이 되면, 그것은 특수한 성격을 띠게 된다.' 바이올린 독주자가 자신의 생산 도구를 소유한 수공업자라면 교향악단은 매뉴팩처 공장이나 기계제 공장이다. 새로운 교향악단의 등장은 느닷없을 만큼 신속하다. 이 생산양식이 지배하는 세계에서 소규모 배달업에서 출발한 사업이 한순간에 부를 쓸어 담고 자본의 미래를 제시하는 새로운 비즈니스 모델, 예컨대 플랫폼 사업의 모범으로 등극하는 것은 드문 일이 아니다.

이때 악단 소유자는 지휘의 기능을 또 다른 단원에게 넘기려 한다. 특정한 악기에 얽매이지 않는 단원, 지휘자, 산업 장교가 태어난다. 분업이 노동과정을 분할하면서 발전하듯 지휘 기능에서도 새로운 노동이 출현하는 것이다. 자본가의 지휘 기능은 이제 감독 노동이 된다. 고등 교육 기관의 거의 필수적 학제로서 또 현대 도서관 한편에 보란 듯 자리 잡는 경영학 서가는 감독 노동의 발전 속도와 규모를 보여주기에 넉넉하다.

'자본가는 산업의 지휘자인 까닭에 자본가인 것이 아니라, 자본가이기 때문에 산업의 사령관이 되는 것이다. 산업의 최고지휘권이 자본의 속성인 것은 봉건시대에 전쟁과 재판에서 최고지휘권이 토지소유의 속성이었던 것과 마찬가지다.(1 461)' 무능한 사령관은 늘 있는 법이고 무능은 산업과 전쟁을 가리지 않는다. 잔인함에 있어 산업이 전쟁에 못지않은 것은 자본가란 산업 자본의 인격에 지나지 않고 사령관은 전쟁의 인격에 지나지 않기 때문이다. 역사는 이 두 가지의 발생과 발전이 서로 떨어질 수 없음을 말해준다. 근대 전쟁의 특징은 마르크스가 이 근대적인 생산 제도의 정력과 무절제함 그리고 효과를 말하면서 이미 요약한 바 있다.

자본가 곧 '권위의 담지자는 노동에 대립하는 노동조건의 인격체로서만 이런 권위를 갖는 것이며, 이전의 생산형태에서처럼 정치적 또는 신정적(神政的) 지배자로서 권위를 갖는 것은 아니다.' 권위는 출처가 숨겨져 있을 때 더욱 큰 힘을 행사한다. '이 권위의 담지자들(즉 서로 상품 소유자로서 만날 뿐인 자본가들 자신) 사이에서는 가장 완벽한 무정부 상태가 지배하고 있으며, 이 상태 속에서 생산의 사회적 관련은 오직 개인적 자의를 압도하는 자연법칙으로만 그 힘을 발휘한다.(3 1168)' 권위나 힘은 그 소유자에게 그가 그것이 어떻게 주어졌는지 눈치챈다고 해도 이를 모른 척하는 지혜를 함께 주는 법이다.

협동조합은 노동자가 생산의 전 과정을 관리할 수 있음을 보여준다. 이 생산 형태가 증명하는 것은 여기에 그치지 않는다. 자본의 강제가 없으면 그러한 일은 어렵지 않게, 자연스러운 사회 형태로서 다양하게 출현할지도 모른다. 그런데 영국의 속류 신문 「스펙테이터(Spectator)」는 '로치데일 협동조합의 실험이 지닌 근본결함으로 다음과 같은 점을 들고 있다. "이들의 실험은 노동자들의 협동조합이 매점과 공장 그리고 거의 모든 형태의 사업을 성공적으로 관리할 수 있음을 보여주었으며 또한 노동자의 상태를 크게 개선하기도 했지만, 그러나 고용주를 위해서는 어떠한 자리도 남겨놓지 않았다."'

경제 제도의 결함을 사례의 결함으로 바꿀 수 있는 능력은 중요하다. 특정한 경제 제도가 사회의 공적 기관을 어떻게 자신의 부속 기관으로 능숙하게 활용하는지 보여주기 때문이다. 고용주를 위해 어떤 자리도 남겨놓지 않는 결함에 비한다면 다른 결함들이란 아주 사소한 것이다. '이 얼마나 경악스러운 일인가.(1 460)'

예술가, 부르주아, 자본가, 아마추어

특수하고 역사적인 생산양식에 붙박힌 인간의 미래는 예술가의 길과 겹치는가, 그렇다면 두 길은 어떻게 만나는가? 잃어버린 시간을 찾아 나선 인간은 마르크스가 그 이후를 탐색하는 자본의 세계에서도 목표에 이를 수 있는가? 다시 말해 잃어버린 시간은 자본의 생산양식에서 되찾을 수 있는가? 마르크스 또한 잃어버린 시간을 찾아 나선 것인가? 두 책은 저마다의 세계, 자본 이후의 세계와 시간을 되찾은 세계에 이르는 길을 묘사하고 서술한다. 다른 책이 가리키는 표지판을 애써 외면하면서, 아니 슬며시 곁눈을 던지면서.

예술가란 누구인가? 화가의 붓질이 화폭에 고정한 빛과 색은 한 집안을 신전으로 만들기도 한다. 인상파 화가 르 시다네르의 작품으로 장식한 부르주아 집이 그렇다. 신의 권리는 자기가 불완전하게 빚어 놓은 인간에게 완전한 것을 요구하는 데 있다. '신이 자신에게 의심을 품었을 때' 이를 풀 수 있는 사람은 누구인가, 어떻게 그럴 수 있는가? '그 생애를 자기 작품을 위해 바치는 이들의 부정할 수 없는 증언(7 289)'만이 그럴 수 있다. 의심을 품은 신은 위험하다. 삶 전부를 걸지도 않고 인간이 내놓은 증거를 마주한 신은 더욱 그렇다. 위태로움에 분노가 더해진 신들의 세계에서 벌어지는 일은 서구 문학에서 상상력의 원천이 된 지 오래다. 한편 예술가에게 늘 위태로움이 달라붙는 것은 그의 생 전부가 작품에 달려 있기 때문이다.

대예술가가 발휘하는 기예란 얼핏 볼 때 자신이 하고 싶은 대로 하는 장난 같다. 광기란 흔치 않은 천재에 동반된다. 베르뒤랭 부인은 천재들은 미친 짓을 한다고 생각한다. 그러나 이는 '섬세한 생각을 하기 위해 만들어지지 않은 인간의 두뇌에 섬세한 생각이 들어가면서 생기는 결과 (8 159희)'다. 섬세한 정신은 섬세한 정신이 알아본다. 안에 섬세함을 갖춘 사람만이 바깥의 섬세함을 받아들인다. 안팎의 불일치는 부르주아에게 흔히 보이는 예술과 예술가를 대하는 편협의 원천이다. 명민을 광기로 해석함으로써 얻을 수 있는 이득은 마음의 평정이지만 그 대가는 속물의 공포다. 그러나 부르주아의 용기는 이 거래를 기꺼이 감수하는 데 있다. 부르주아 살롱 여주인이 위대한 화가인 엘스티르를 몰라보고 그와 부인을 헐뜯을 때 냉철한 관찰자 화자는 수학의 정리에 버금가는, 부르주아의 마음을 지배하는 법칙을 본다.

천재는 광기하고만 어깨를 겯는 것이 아니다. 또 다른 악덕이 천재에 달라붙는다. 천재라든가 뛰어난 재능은 '그 속에 천재를 싸서 보존하는 악덕의 겉껍질'에 싸여 있기 마련이고 '일견 대조적으로 보이는' 결합의 형태로 나타난다. 화자는 언뜻 전혀 어울리지 않는 천재와 악덕의 이 굳건한 결합을 '마치 속된 우의화(寓意畵)를 보듯 (9 349)' 간파한다. 천재는 악덕을 오랜 외투처럼 두르지만 악덕이 다 천재의 증거는 아니다. 부르주아의 혼동은 여기에 자리한다.

악덕의 출발점에 놓인 것은 선의일지도 모른다. 이 선의를 악덕으로 끌고 가는 것은 사회적 본성인가? 생산을 하지 않고 돈을 벌겠다는 것은 자본가의 일반적인 선의다. 물론 이때 지옥은 단테의 그것처럼 문학이 아니라 현실에 속한다. "다시는 속지 않을 거야. 앞으로는 상품을 내가 직접 만들지 않고 만들어놓은 기성품을 시장에서 살 거야!" 그러나 그와 한패인 자본가들이 모두 똑같이 그렇게 한다면, 그는 어느 시장에서 상품을 발견하겠는가?(1 282)'

환상을 깨달은 자본가가 그가 속한 세계에서 생산을 통한 자본의 자기증식이 유일한 부의 길임을 깨닫는다면, 여전히 환상 속에서 길을 찾는 이가 있다. 아마추어다. 잃어버린 시간을 찾아 나설 때 길잡이가 되는 것은 인상이다. 반복되는 일상의 폭류에서 인상을 보존하는 일은 어렵다. 사랑의 회상은 사랑의 시간을 대신할 수 없다. 그때가 좋았다고 말하는 간접화법은 인상을 과거의 심연으로 던진다. 이 내던짐을 방치하는 것은 습관이다. 습관 속에 머뭇거리는 자가 아마추어다. 예술의 첫걸음은 이 습관의 세계를 부수고 바깥으로 한 발을 내미는 데 놓인다.

아마추어가 난관을 뚫고 앞으로 나아가는 대신 안락으로 눈을 돌릴 때 슬그머니 열리는 문이 있다. 예술 애호가들이 몰려가는 문이다. '인상 자체인 것을 스스로 말로 나타낼 수 없는 것으로 보아 되도록 빨리 옆으로 내던지려고' 드는 태도와 '인상 속에 있는 즐거움을 철저히 알아보려고도 않고, 단박 느끼도록 만들어, 쉽게 이야기 상대가 될 성싶은 다른 예술 애호가들에게, 그 즐거움을 전달하'려는 버릇은 아마추어의 감옥이다. 그가 버리는 것은 '고유한 인상이라는 개인적인 기반'이다.

이들의 대화는 '그들에게나 우리 자신에게나 똑같은 것을(11 283)' 말하는 데 그칠 뿐이다. 말에 참된 의무를 지우는 일은 인상을 자기만의 개성으로 표현하는 것이다. 애호가들이 떼로 몰려다니는 것은 인상이 주는 기쁨의 본질을 끝까지 밝히는 일에 착수하지 못하는 불안을 떨쳐버리기 위해서다. 불안을 위안으로 대체하는 것이 개인이 사회를 형성하는 본질적 이유일지도 모른다. 그렇게 하여 남은 것은 싹이 잘려버린 인상들의 시든 잔해다.

아마추어는 촛농의 뜨거움을 참지 못하고 촛불을 지레 던져버리는 자다. 그의 재능은 예술로 피어나는 화원의 문턱 아래 맴돈다. 그들 또한 인상을 통해 열리는 길을 힐끗 보기는 한다. 그러나 그들은 그 길이 끝 간 데 없이 뻗은 쾌락의 언덕을 지나서야 다른 세계에 이름을 알지 못한다. 그러나 그에게도 도약의 기회가 있다.

'아마추어들은, 몹시 웃기기는 하지만, 그렇다고 해서 덮어놓고 깔보아서는 못쓴다.' 왜 그런가? '그들은 예술가를 창조하려는 대자연의 첫 시도'이니까. 아마추어는 '현재 살고 있는 종보다 먼저 서식했으나, 오늘날까지 존속할 수 있도록 만들어지지는 않았던 저 원시동물'과 같다. 그들은 '이 대지에서 이륙할 수 없었던 초기의 비상장치(飛翔裝置)'와 같다. 그들이 나누는 대화는 다음과 같다. "여보게, 나는 말일세, 그걸 듣기는 여덟 번째야. 그러나 맹세하지만, 다시는 안 듣겠다는 말은 아니야." 그가 '줄곧 예술의 기쁨을 필요로' 하는 것은 '예술 속에 있는 진정한 자양분을 흡수하지 못하기 때문(11 285)'이다.

자본의 길 위에도 아마추어가 있다. 소장인은 자본으로 나아가는 길 앞에서 서성거린다. 그는 기로에 선다. 자본가가 될 것인가 노동자가 될 것인가? 아마추어는 예술의 언저리를 배회할 때 생존을 위협받지 않는다. 소장인의 사정은 훨씬 다급하다.

예술 작품에 갈채를 보내는 아마추어는 마치 '이사회에 출석하거나 장례식에 참석하는 사람'과 같다. 이를 그는 '자기의 의무를 이행하고, 무슨 큰일이나 하는 줄로 생각'한다. 자본의 법인격인 회사의 사무를 처리하는 이사회든 산 자와 죽은 자를 공식적으로 갈라놓는 장례식이든 다 사회에 없을 수 없다. 그러나 법률과 의례에 따라 치르는 일이 전부 바람직한 건 아니다. 그 작용과 부작용이 모두 장례식을 재촉할 수 있다는 점에서 법의 힘이 드러나는 것이지만.

마르크스는 '기획인, 발기인, 그리고 단지 명목뿐인 이사'라 불리는 이들을 새로운 기생계급이라 적시한다. 아마추어가 예술가 주변을 서성거린다면 이들은 자본 주변을 서성거린다. 물론 아마추어는 예술가에 빌붙지 않는다. 그들은 후원자의 역할을 넉넉히 하기도 한다. 예술가들이 사는 도시로 가는 기차표를 끊으려고 북적이는 사람들 중에 그들은 선량한 다수파다.

선의로 출발하여 지옥이 아니라 천국에 이른 계급도 있다. 금융 귀족이다. 이들과 자본가의 관계는 예술가가 되려는 아마추어에게 뜻하는 바가 적지 않다. 금융업자와 토지소유자와 같이 직접 노동하지 않는 유한계급은 마르지 않는 예술가의 수원이 아닌가.

주식회사가 '사적 소유의 통제를 받지 않는 사적 생산'의 사회 형태라면 아마추어는 인상의 계시를 얼핏 보긴 했으나 자신만의 예술 형식을 찾지 못한 자다. 사적 소유 저 너머를 얼핏 보여주는 것이 주식회사라면 높이 솟은 대성당의 종탑에서 눈을 떼지 않는 자는 아마추어다. 그가 미처 예술에 이르지 못한 자라면 은행가와 토지소유자와 귀족은 때를 지나쳐버린 사회 형태의 과숙이다.

:. 123. 은행가, 토지소유자, 귀족

귀족과 금융업자는 다르다. 이 둘을 엄밀하게 구분하는 기준을 제시하는 것은 프루스트다. 이 시대에는 '토지라는 것이 사는 보람을 모르는 금융업자들의 손에 넘어가는 경향'이 파다하다. 이러거나 말거나 '지체 높은 귀족이 봉건 영주 같은 손님을 환대하는 드높은 전통을' 버릴 리가 없다. 예절을 굳게 지키는 데서 또 마음 씀씀이에서 귀족은 금융업자 따위에게 곁을 주지 않는다.

귀족이 몰락하면서도 예절에 집착하는 까닭은 무엇인가? 예절에서 나온 말들은 상대를 기뻐 날뛰게도 하고 우월감을 품게도 하며 자신이 모든 사람이 사귀고 싶어 하는 사람이라는 확신을 갖게도 한다. 지껄이는 데는 아무 비용도 들지 않는다. 투입과 산출, 지출과 이윤을 화두로 삼는 부르주아 또한 말로써 남을 기쁘게 하려는 노력을 마다하지 않는다. 예절과 감정생활에 산술을 적용하는 데서 두 계급 사이에는 차이가 없다.

그런데 부르주아의 사교에서는 우정보다 연애가 앞서지만 이런저런 상대를 가리지 않고 예절을 베푸는 것은 귀족이다. 그에게 예절의 재능은 개인의 것이라기보다 종족 유전자의 표현이다. 종족의 자질은 개인의 결점을 가리고 그의 어휘와 몸짓을 빛낸다. 예절로 얻는 품위는 귀족이 생계를 위해 잉여가치를 취득하는 데 들이는 노고에 반비례한다. 이는 금융업자가 귀족에게 배우고 싶어 하지만 쉽게 배울 수 없는 것이다.

마르크스의 시선은 바깥에서 안을 향한다. 안이 바깥을 되비치듯 인간은 제 몸에 세계를 새긴다. 프루스트의 시선은 안에서 바깥을 향한다. 바깥이 안을 되비치듯 세계는 인간을 펼친다. 프루스트가 말하는 부르주아는 마르크스가 말하는 자본가의 내부다. 그가 쓴 책은 금융업자와 토지소유자의 내면을 보여주는 데 모자람이 없다.

은행가, 신용의 방랑자 혹은 가상의 민주주의

화폐자본의 집적은 은행가가 부를 축적하는 통로다. 화폐 대부를 주업으로 삼는 그는 '자본과 수입을 언제나 화폐형태(혹은 화폐에 대한 직접적 청구권 형태)로 소지한다. 이 계급의 자산 축적은 현실의 축적과 매우 다른 방향으로 이루어질 수 있'다. 하지만 이는 어떤 상황에서든 '현실의 축적 가운데 상당한 부분을 이 계급이 챙겨 넣는다는 사실을 보여준다.(3 687)' 이는 그들이 이 체계의 기둥인 신용제도를 독점적으로 관리하는 덕분이다. 토지소유자에게 잉여가치를 취득할 권리를 부여하는 것이 자연물의 사적 전유인 것과 마찬가지로.

자본의 선대는 대부된 화폐의 선대라는 형태를 띠게 된다. 은행가가 축복을 내리는 자로 무대에 등장하는 것이 이때다. 이자는 화폐 선대의 대가인데, 이자의 크기를 결정하는 높은 이자율에 늘 비난과 찬사가 끊이지 않는 것은 화폐가 화폐를 낳은 것이 일종의 기적임을 말해준다. 기적에는 찬사와 함께 늘 의심이 따르게 마련이다.

은행가는 이자 낳는 자본의 인격이다. 자본가가 현실 자본의 인격이듯 그는 신용이 대표하는 가공 자본의 인격이다. 은행은 신용에 현실적인 힘을 부여하는 온갖 가상이 끌려 나오는 수원지다. 자본의 생산양식의 가상적 성격은 신용의 형태로 육화되어 세계로 방사된다. 은행가는 축복을 내리는 자인 동시에 신용의 방랑기사를 거느린 사령관이다. 사령관이 기병대를 편애하는 것은 너무 흔한 일이라 아무도 그 이유를 묻지 않는다.

1857년 영국 화폐공황을 묘사하면서 마르크스는 자본의 가상적 형태들이 벌이는 연극의 전모를 요약한다. '이들 방랑기사들이 높은 이자를 지불할 수 있었던 것은 그들이 그 이자를 타인의 호주머니를 빌려서 지불했기 때문이며(그와 동시에 모든 사람들에게 이자를 결정하도록 도와주었다) 그러는 동안 이들은 예상 이윤의 꿈에 부풀어 사치스러운 생활을 영위하였다. 동시에 이것은 부수적으로 제조업자 등에게도 현실적으로 매우 수익이 높은 거래를 가져다줄 수 있었다. 환류는 대부제도에 의해서 완전히 사기로 화하였다.(3 728)'

신용의 기사들은 화폐가 누구에게서 나오는지 따지지 않는다. 그들은 적어도 화폐의 세계에서 민주주의자다. 문제는 이 인류 보편의 이념이 가상 위에 세워진다는 데 있다. 여름이 가고 찬바람이 불면 나무들이 이파리를 떨구듯 텅 빈 신용의 무대가 낱낱이 드러난다.

자연에 대한 사적 소유, 한 계급의 사회적 원천

자본가와 은행가와 마찬가지로 토지소유자는 토지의 사적 소유의 인격화일 뿐이다. 그래서 샤를뤼스나 스완 같은 이들이 속한 최상류 계급이 세계에 펼치는 풍경을 마르크스의 책에서 마주하기는 어렵다. 그러나 풍경 안에는 또 다른 풍경, 그 풍경을 있게 한 풍경이 있는 법.

토지의 화폐가치는 어떻게 증식하는가? 토지소유주의 지대가 부풀려지는 것은 그들이 '새로운 임대계약을 체결하면서 토지에 합체된 자본의 이자를 원래의 지대에 추가'하기 때문이다. 사정은 '그가 그 토지를, 개량을 수행한 차지농에게 임대하든 혹은 다른 차지농에게 임대하든' 바뀌지 않는다. 그가 토지를 판매한다면 그 매물에는 '단지 그 토지뿐만 아니라 그 토지의 개량된 부분, 즉 그로서는 아무런 비용을 들이지 않았지만 그 토지에 합체된 자본까지도 포함'된다. '본래적인 지대의 운동과는 별도로 경제가 발전해감에 따라 토지 소유주들의 부가 증대하고 그들의 지대가 계속해서 늘어나며 그들 토지의 화폐가치가 증가해가는 하나의 비밀'은 바로 이것이다. 지대란 토지소유가 자본주의 생산양식의 한 기관으로 자리 잡은 데 따라 그 인격들에 주어진 잉여가치에 불과하다.

토지의 비옥도에 따라 발생 여부와 그 크기가 결정되는 차액지대와 달리, 절대지대란 토지소유가 생산관계의 한 축을 차지한 데 주어지는 잉여가치의 몫이다. 당시 영국 의회는 토지소유가 한 사회에서 자신의 권리를 강제하는 방식을 유감없이 보여준다.

공업 생산물의 생산가격의 형성은 지대의 전제이다. 한 사회의 총 이윤은 일반이윤율로 결정된다. 이를 배경으로 최열등지를 포함해 차지자본자가에게 임대된 모든 토지에 지대를 부과할 수 있도록 농업생산물의 가격을 결정하는 것은 토지소유라는 사회 형태의 독점적 힘이다.

애초에 누구의 소유도 아닌 자연에 대한 사적 전유에 그 정당성을 묻지 않는 한 토지소유자가 누리는 부와 힘이 저절로 사회의 구성원에게 골고루 돌려질 리 없다. 아니 우리는 토지 소유야말로 사유 재산의 근간이고, 사유 재산의 불가침을 공동체의 기본 규범으로 명시한 헌법을 존립 근거로 삼는 사회에 살고 있다.

자연에 대한 사적 소유는 우리가 미래로 나아가는 데 어떤 역할을 하는가? 토지 소유는 '동시에 합리적 농업의 가장 큰 장애요인 가운데 하나인데, 왜냐하면 차지농들은 자신의 임차기간 동안에 완전히 회수될 수 없다고 보이는 개량이나 투자는 모두 기피하게 되기 때문이다.(3 846)' 토지가 농업의 토대가 아니라 투기의 수단이 된 지 오래인 지금 책이 말하는 지대의 본질은 어떻게 변했는가? 부동산 가격의 폭등은 거품에 대한 일상적인 경고에도 불구하고 한 도시, 한 국가를 너머 자본주의 체제 전체의 전일적 경향이다. 파도는 국경과 대륙을 가리지 않고 밀물과 썰물을 반복한다.

프루스트의 사회학, 특히 그의 계급론을 드러내는 인물은 게르망트 공작 부부, 샤를뤼스와 생 루다. 귀족의 세계를 붕괴 중인 낡은 성채로 본다는 점에서 그의 눈길은 토지소유 계급의 미래를 바라보는 또 다른 저자의 눈길과 자연스럽게 포개진다.

귀족, 소유 계급의 표지들

귀족 사회란 미술품과 같다. 이때 작품을 채우는 것은 이름들이다. 이름은 그것이 나타내는 사람을 대신해서 자리를 차지하고 관계를 맺는다. 알고 보면 서로 사랑하고 결혼하고 자식을 낳고 늙고 죽는 것 또한 이름이다. 오래

된 숲속 잘린 나무줄기를 이끼가 덮듯 이름이 종족을 덮는다. 이름의 성채이자 무덤인 이 세계에는 내부가 없다. 이 세계의 인간들에겐 고립이 허용되지 않는다. 그러나 그들은 창이 없는 단자들이다. '귀족 사회란 묵직한 구조 안에 뚫린 창이 거의 없어 햇빛이 좀체 들어오지 않고, 로마네스크식 건축과 마찬가지로 날아갈 듯한 모양 없이, 또한 똑같이 틈새 없이 투박한 힘을 보이며, 온 역사를 넣어두고, 가두고, 뭉갠다.(6 290)' 귀족의 세계에서 역사는, 또는 시간은 오래되었고 검증된 자기 보존의 형식을 발견한다.

발레단의 예절과 일상으로서 예술, 이념의 풍미

노동자를 깔보지 않고 누구에게나 상냥하게 군다면 그는 대귀족일 것이다. 화자가 부르주아보다 그들을 더 좋아하는 이유다. 기꺼이 웃음 짓는 여인보다 찡그리거나 무표정한 여인을 좋아할 사람은 드물다. 친교의 본성과 호의의 서열이 빼놓을 수 없는 사회학의 주제임 보여주는 사람은 아무래도 프루스트다. 이 사회학의 쓸모를 더 확인해보자.

마르크스가 인간의 개성에 무관심한 것은 예니 베스트팔렌이라는 개인의 헌신 속에서 그가 책을 썼기 때문이다. 마찬가지로 프루스트가 사회계급에 관심을 두지 않는 것은 그가 금융생활자로 생활했기 때문일 것이다. 당연히 이렇게 간단히 말할 수는 없다. 소설가의 물려받은 재산은 날이 갈수록 줄어든다. 주식 거래 실패와 새로운 세기 초의 경제적 혼란에 재빠르게 대처하지 못했다고 말하기엔 그의 관심은 전혀 딴 곳을 향한다. 그는 경제적 실패마저 글쓰기의 소재로 삼았다. 마르크스가 쓴 책에 부록이 덧붙여진다면 프루스트가 쓴 책이 맨 앞자리를 차지하리라. 거꾸로 프루스트가 쓴 책에 제사를 붙인다면 마르크스의 문장이 내걸릴 법하다. 두 저자 다

부록이나 제사를 군말로 여길 것이 분명하지만 말이다. 프루스트가 글을 쓰면서 스스로의 계급을 예외로 두지 않은 것은, 부르주아의 생활을 좇으면서 그 계급의 실상을 한 치의 가감 없이 서술한 마르크스의 문장을 염두에 두었기 때문이 아닐까? 알려진 기록이 다가 아닐지도 모른다.

앞서 나보코프가 인용한, 문학의 사회학적 시선으로 볼 만한 플로베르의 부르주아를 기억하면서 물어보자. 귀족이란 누구인가? 다른 종족이 자신이 귀족임을 알게 하는 데 몰두하는, 그것만이 중요한 종족이 바로 귀족이다.

화자네는 파리로 이사하여 게르망트 공작네 옆집에 살게 된다. 어느 날 아침 공작이 그의 아버지를 보았다. '공작은 아버지 모습이 보이기만 하면 재빨리 마구간 사람들을 팽개치고 안마당으로 나오는 아버지에게로' 달려온다. 화자의 눈길은 순식간에 숙련된 족보학자의 날개를 펴고 공작의 종족적 기원 위로 비상한다. 공작은 '예전에 왕의 시종이었던 조상으로부터 물려받은 그 시중들기 좋아하는 습관과 더불어 아버지 외투 깃을 바로 잡아주고 아버지 손을 붙잡아 자기 손에 꼭 쥐면서, 수치심을 모르는 화류계 여자처럼 그 소중한 살을 접촉하는 데 인색하지 않다는 모습을 보여주려는 듯 아버지 손을 어루만지기조차 하면서, 무척이나 당황해서 도망칠 생각밖에 없는 아버지를 자기 마음대로 조종하며 대문까지 끌고 갔다.(5 55회)'

그가 속한 가문이 왕의 시종이었다는 것, 한 인간의 행동은 계통발생을 반복한다는 진실이 남김없이 드러난다. 화류계 여자와 똑같이 남의 손을 무람없이 맞잡는 행동에 부르주아는 질색한다. 이는 그들의 세계가 자아나 자립이라는 이념에 뿌리박고 있기 때문이다. 생산양식이 그러하듯 부르주아의 행동 양식 또한 역사의 산물에 지나지 않는다.

형식만 지켜지면 안에 담기는 실질은 중요하지 않다. 이렇게 믿는 게르망트 공작 부부는 친구인 스완이 죽을병에 걸렸다는 소식을 듣는다. 외식하러 갈 때 붉은 드레스에는 검은 구두가 아니라 빨간 구두를 신어야 한다는 의론이 시끌벅적 오가는 중이었다. "'그게 무슨 뜻이죠?" 하고 공작부인은 마차 쪽으로 걷는 걸음을 잠시 멈추며, 푸르고 우울한, 그러나 불안으로 가득 찬 고운 눈을 쳐들면서 외쳤다.' 공작은 '문가에서, 이미 안뜰에 나와 있는 스완한테, 눈에 보이지 않는 사람에게 하듯 큰 소리로' 외친다. "'그리고 또 여보게, 의사들의 그런 어리석은 말에 낙심 말게, 빌어먹을 의사놈들! 그건 돌팔이 의사들이야. 자넨 퐁뇌프만큼이나 튼튼해. 자넨 우리들을 모두 매장해줄 거야!"(6 364)' 게르망트네가 자랑하는 최고의 가치, '좋은 교양과 명랑한 기분'이란 이런 것이다.

이때 게르망트 공작부인의 눈에 떠오르는 빛깔들은 한두 가지가 아니지만 무엇보다 강렬한 것은 불안의 빛이다. 그녀는 '외식하러 마차에 타든가, 죽어가는 사람에게 동정을 보이든가, 이토록 다른 의무 사이'에 놓인 구덩이에 빠지고 만다. 다양한 감정을 안에 담고서 그게 무슨 뜻인지 묻는 부인과, 하기 곤란한 말을 아무렇지도 않게 내뱉는 기술을 자유자재로 구사하는 정치인 남편 사이에는 상당한 거리가 있다. 이 거리는 오래 함께 산 부부 사이에 있을 수밖에 없는 갈등을 암시한다. 겉으로 그들 부부는 원만해 보인다. 그러나 명랑한 기분을 해치지 않으려고 동원하는 교양으로 지탱하는 평화란 늘 위태로운 법이다.

조그만 차이가 만들어내는 효과를 몸에 익히는 데 귀족만큼 뛰어난 재능을 보이는 종족은 없다. 그들이 늘 이야기를 재치로 치장하려는 것은 이 효과를 극대화하기 위해서다. 그들의 냉정함을 경계하거나 섭섭하게 여길 필요는 없다. 다른 어떤 종족에게서도 기대하기 어려운 상냥함을 곧이어 무대 위에 펼쳐 보이는 것도 그들이니까. 그러나 상냥함이든 무엇이든 계산이 끝난 뒤에야 건네진다는 점에는 변함이 없다.

대귀족이 검술에 능한 것은 특수한 예법, 이를테면 자기 팔을 최대한 밖으로 내뻗는 동작을 몸과 정신에 깊이 새겨온 결과다. 여느 때와 같이 화자는 우선 일반 정식을 제시한다. '작은 무리마다 좀 세련된 자라면 자기류의 예식이 있어, 외상약의 처방과 과실의 사탕조림을 담그는 비법처럼 대대손손 이어진다.' 생 루는 '이쪽의 이름을 듣는 순간, 눈의 참여 없이, 인사의 덧붙임 없이, 무심코 하는 양 악수'한다. 잠깐의 좌절감을 떨쳐버리고 난 화자의 결론이다. '여기에 게르망트네 사람들의 이 같은 무도술의 풍부함을 샅샅이 묘사하기엔 이 발레단이 너무나 커서 불가능하다.(6 170)'

귀족의 예법을 떠받치는 것은 종족 고유의 심리학이다. 귀족 부인네들이 아끼지 않고 주는 것은 자신이 주는 것은 무엇이건 상대방을 기쁘게 하리라 믿기 때문이다. 세련됨이란 개성이 덧붙여질 때 빛을 내는 법, 그래서 가문마다 자랑할 만한 거리를 갖게 마련인데 그 유별남은 마치 고약이나 과일 조림만큼이나 서로 다르다. 생 루가 딴 데를 보면서 아무런 말도 없이 손을 내미는 것도 그들만의 비방의 일종이다. 귀족들의 살롱에나 드나드는 속물이라는, 프루스트에게 흔히 씌워지는 혐의는 그가 이 발레를 대하는 태도를 감안한다면 터무니없는 것이다. 발레에 참여한 적이 없는 그가 발레 연습을 할 리 만무가 아닌가.

부르주아가 귀족과 다른 점은 지위 상승의 전망과 태도에서도 드러난다. 부르주아는 '아무리 해본들 결국은 위험스럽지 않은 의견밖에 주장하지 않으며, 온건한 사상의 소유자들 집에 출입하는 게 고작'이다. 그들은 '그 후에 눈에 띌 만한 효과도 없이 끝나고 마는 노력을 아무리 한들 자기의 위치

를 높이지 않는 것이니 할 필요가 없다는 것을 잘 알고 있다.'

몸가짐에서든 정신에서든 귀족을 이해하는 핵심은 사회적 지위다. 그들이 문학과 예술에 보이는 관심 또한 그것이 가져올 지위 변동을 고려할 때에야 이해될 수 있다. 지위는 도덕의 원천이자 그 높이를 재는 잣대다. 이 계급은 '자기의 바로 윗자리에 있는 왕족 또는 공작네 가족들의 눈에, 자기의 권세가 나날이 커나가는 것이 보이도록 애쓰면서, 제 이름에 아직껏 담겨 있지 않은 것, 자기를 동렬의 이름보다 뛰어나게 하는 것, 곧 정치적인 세력이라든가, 문학적 또는 예술적인 명성이라든가, 막대한 재산이라든가를 덧붙임으로써 비로소 소망이 이루어진다는 것을 알고 있다.(3 12)'

부르주아가 과격한 사상을 단호하게 배제하는 것은, 시장에서 경쟁과 경기 순환에 따른 주기적 혼란을 극복하고 새로운 부를 창출해야 하는 자본가의 역사적 소임에 따른 것이다. 토지든 증권이든 소유하는 것만으로 부를 손에 넣을 수 있는 계급과 그들이 같을 수 없다. 계급에 대한 마르크스의 서술과 종족에 대한 프루스트의 묘사는 종종 똑같은 차이를 말한다. 제인 오스틴의 소설에서 대토지소유자 다아시는 오만과 편견이라는 외양 밑에 상냥함의 미덕을 감추고 있다. 책은 이를 발견해나가는 주인공 엘리자베스의 여정이라고도 할 수 있다. 이처럼, 위대한 책은 저자가 속한 세계의 진실을 자기만의 방법으로 드러낸다.

예술에 대한 견해는 귀족을 이해하는 중요한 열쇠다. 예술을 낳는 것도 종족을 나누는 기준도 다 정신이다. 빌파리지 후작부인은 '그림이랑, 음악이랑, 문학이랑, 철학을 일류이자 저명한 역사적 건물 안에서 더할 나위 없이 귀족적으로 자라난 아가씨의 부속물처럼 간주'한다. 안과 겉을 앞에 두고 주저 없이 겉을 선택하는 귀족의 일관성은 예술이라고 예외로 두는 법이 없다. 그녀는 '유산으로 물려받은 그림 말고는 그림이라고 이름 붙일 만한 것이 세상에 없는' 듯이 말한다. '부인의 옷 위에 비죽 나와 있는 목걸이 … 속에는 티치아노가 그린, 아직 한 번도 집 밖에 나돈 적이 없는, 부인의 증조모의 초상화가 들어 있었다.(4 99 2)'

쇼팽과 리스트가 스스로 작곡한 선율을 연주하고 라마르틴이 시를 낭독하는 성관에서 자란 사람은 예술에 대한 자기만의 견해를 갖는 법이다. 귀족의 교양과 겸손이 올려진 저울에서 맞은편에 놓이는 것은 철학의 결핍이다. 빌파리지 부인은 예술을 순수한 물질로 받아들인다. 독자는 예술의 길에서 만나게 되는 한 가지 장애물, 낯익은 오해를 마주한다. 형상은 소재로부터 거리를 둘 때 드러난다. 거리가 사라지고 나서 남는 것은, 쇼팽이 연주하던 악기나 티치아노가 그린 초상화를 쓰다듬는 일상이다. 예술은 정신의 형식이지 가구 따위가 아니다. 가구가 예술 작품이 되는 데 어떤 장애물도 없지만 말이다.

그리하여 귀족이 자랑하는 예술에서 남는 것은 시정과 사상이 사라진 빈자리, 일상의 관례들이다. 그들의 '상상력은 악보에 표시된 늘 다른 곡을 연주하는 고장 난 배럴 오르간과 비슷'하다. 그들은 자신의 입을 통해 나오는 말이 그들이 속한 세계의 시대착오를 묘사한다는 것을 알지 못한다. '게르망트-바비에르 대공부인 얘기를 들을 때면' 화자의 마음속에는 '매번 몇몇 16세기 작품에 대한 추억이 노래를 부르기 시작(5 70)'한다. 그런데 이런 어긋남, 착오에 길든 정신이야말로 어떤 현실이건 당혹해하지 않고 대범하고 멋지게 대처하는 능력의 원천이다. 반대로 시정과 원대한 사상을 담은 작품은 빌파리지 부인에게 견딜 수 없는 권태를 불러일으킨다.

게르망트 공작이 그렇듯이 귀족은 정치 무대의 주된 배우다. 정치에 대한 귀족의 견해는 그 종족의 특성을 말해줄 뿐 아니라 정치란 무엇인가 하는 복잡한 물음에도 그 뜻을 되새길 만한 대답을 준다. 사실 자유주의와 공화주의, 그리고 반교권주의가 무엇인지는 그들이 하는 말을 듣지 않고는 구별하기가 거의 불가능하다.

특정 이념의 가치를 그것을 말할 때 입에서 느껴지는 풍미로 아는 사람, 계급이 있다. 빌파리지 부인이 자유주의와 공화국과 노동을 말할 때 단언의 강도는 엄밀한 추론 뒤에 이끌려 나오는 결론의 강도와 동렬에 놓인다. '부인은 예수회의 사람들을 교원 계에서 추방한 데에 대한 항간의 분격을 오히려 놀라워하여, 그런 일은 군주 정치 아래에서도 늘 있던 일이며, 에스파냐에서도 일어난 일이라고 말하였다.' 그녀의 균형 감각은 놀라울 정도다. 이어 이렇게 말하기 때문이다. '"미사에 참례하고 싶어 하는 걸 못 하게 하는 것은, 참례하고 싶지 않은 걸 억지로 참례시키는 것과 마찬가지로 나쁘다고 생각됩니다."' 부인은 또 이렇게 말한다. "'오늘날의 귀족이라니, 도대체 뭐 하는 것들이죠!", "나한테는, 일하지 않는 인간이란 무가치해요." 그녀의 어조는 다른 책의 저자와 똑같을 만큼 비슷하다. 토지 소유에서 나오는 수입으로 살아가는 계급의 입에서 나올 때 더욱 빛나는 진실이 있다. 이렇게 말하도록 이끄는 마음 깊은 곳에 있는 그녀의 동기를 되짚으며 화자는 말한다. 같은 말도 '부인의 입에서 나오면, 뭔가 짜릿한 풍미 있는, 잊혀지지 않는 것이 되는 것을 스스로 느끼는, 단지 그 이유만으로 필경 말했을 것이다.'

할머니와 화자는 '부인의 그런 이야기를 듣는 중에' 사람의 '마음속에 만사에 관한 진리의 척도와 본보기가' 있다는 걸 마침내 믿게 된다. 두 사람은 '부인이 그 티치아노의 그림과 그 성관의 주랑(柱廊), 루이 필리프의 말 재주에 대해 비평하는 동안(4 100)' 그 말을 곧이듣는다. 보수주의는 가장 보수적인 사람에 의해 부정되거나 비난받을 때 가장 공정하게 평가된다. 그런데 비난이 혹독할수록 말하는 사람이 얻게 되는 선물인 풍미가 진해진다는 것 또한 잊어서는 안 된다.

풍미가 제아무리 매혹적이라 해도 함부로 맛보려 해서는 안 되는 것이 있다. 바로 사회주의 같은 사상이다. 티치아노의 그림과 성관의 주랑, 루이 필리프에 대한 비평을 멋지게 끝냈다고 해서 사회주의에 대한 후작부인의 경계심 또한 느슨해졌다고 믿는다면 바보를 자인하는 꼴을 면키 어렵다.

한 계급의 세계는 다른 계급이 볼 때 매우 혼란스러워 보이게 마련이다. 귀족의 세계도 예외가 아니다. 아니 특별히 그렇다. 그 세계에서는 겸허와 거만이, 사상과 권력이, 예술과 지성의 결여가 아무렇지도 않게 뒤섞인다. 그러나 겉으로 보이는 혼란 밑에는 일관된 지대가 놓여 있다. 표면의 돌출, 표피의 융기가 전부는 아니다. 아무리 들어도 내부를 알 수 없이 그들이 쏟아내는 말, 말의 번제, 샤를뤼스의 요설이야말로 한 세계, 한 종족의 알맹이를 지시하는 보지 않을 도리 없는 표지다.

게르망트 공작부인, 재치의 왕국과 미친놈의 약을 올리는 용기

하녀 프랑수아즈가 노동자 계급이나 서민 종족을 대표하는 데 그치지 않는 것처럼, 게르망트 공작부인은 토지소유 계급이나 귀족이라는 종족을 대표하는 데 그치지 않는다. 공작부인을 통해서 드러나는 프루스트의 세계는 대성당의 널찍한 측랑을 이룬다. 부인은 부르주아든 귀족이든 모든 살롱의 여주인이 선망하는 인물이다. 왕국은 왕의 지위에 오르려고 애쓰는 이들이 쌓아 올린 성채로 정의할 수 있다. 이 정의를 빌려 살롱의 지속을 설명하는 가장 좋은 방법은 게르망트 공작부인의 사례를 인용하는 것이다. 하긴 왕국의 지속을 어찌 달리 설명하겠는가? 그녀가 내뱉는 말과 옷차림과 몸가짐은 왕이 신하의 마음속에 불러일으키는 것과 똑같은 효과를 불러일으킨다. 이를 누구보다 잘 아는 부인의 머릿속은, 그녀를 마주하는 이가 누구든 그들에게 놀라움을 불러일으키는 말과 행동을 찾느라 늘 들끓는다. 자기가 가진 권력을 확인하는 일에 누군들 발 벗고 나서지 않겠는가? 그러나 부인의 왕국은 재치가 고갈될 때 붕괴하고 만다.

'"사람들은 언제나 게르망트 사람들의 재치라고 말들 하지만 저는 결코 그 이유를 모르겠어요. 장군님은 우리 말고 '다른 재치 있는 사람들'도 아시나요?"'라는 그녀의 말을 전하면서 화자는 그에 못지않게 중요한 점을 빠뜨려선 안 된다는 듯 덧붙인다. '그녀는 즐거운 웃음을 잔잔한 물결처럼 뿌리면서 활기라는 망에 얼굴 특징들을 집중해 한데 모았고, 두 눈은 반짝반짝 빛나며 기쁨으로 환하게 불타올랐'다. 이어지는 짧은 심리 분석, 혹은 비평. '비록 그 말이 그녀 입에서 나왔다 할지라도 그녀 재치나 미모를 찬양하는 말에만 그렇게 그녀를 빛나게 하는 힘이 있었다.(2 261)'

자기 재치나 아름다움을 찬양하는 말에 아무 반응을 보이지 않는 사람은 바른 수행에 매진했던 요기이거나 바보, 둘 중 하나일 것이다. 공작부인이 빛을 발산할 때 가장 빛나는 것은 발광체 자신이다. 광학은 심리학의 주된 일부다. 표면에서 나오는 빛은 내면을 숨긴다.

'"안 돼요, 바쟁, 그건 안 돼요, 여기 있어야 해요, 집에서, 꼼짝 말아야 해."' 부인은 공작이 외출하려는 것을 말린다. 주인이 장기 외출을 하게 됨으로써 고용인인 문지기가 그 틈을 이용하여 맛볼 애정의 즐거움을 도저히 참을 수 없는 까닭이다. 그가 아무리 성실하다 해도 자신의 소임이 무엇인지도 모르고 일을 하는 문지기가 오래 그 자리를 지키길 바랄 수는 없다. 남이 갖지 못한 자유가 그녀의 자유이듯, 남이 가진 행복은 부인에게 불행이다. 부인은 '자기가 모르는 사이에 숨어서 누리는 남의 행복을 보자, 화가 나고 질투가 나서, 가슴이 죄어드는 듯한, 사지가 근질근질한 느낌이 들었다.' 화자는 공작부인의 이런 마음 씀씀이, 혹은 결단력 있는 행동을 '사람들이 오랫동안 교권주의, 프리메이슨, 유태인의 화근을 이용(6 355)'해 온 전통과 연결 짓는다. 남의 행복을 희생으로 삼아 자신의 불행을 위로하고자 하는 그녀의 도덕은 오래 전 이 전통을 지상에 확립한 그녀 선조에게서 유래한 것인지도 모른다.

파리의 게르망트네 별채에 입주한 뒤 화자에게 게르망트 공작부인의 매력은 점점 사라진다. 부르주아의 아들인 화자는 이제 화려하게만 보이던 외관을 뚫고 삐져나오는 귀족 계급의 살림살이를 들여다본다. 재봉사를 부르거나 얼음을 주문할 때 무심코 집어드는 전화기처럼 부인은 마침내 지상의 이웃이 된다. 두 계급 모두에게 생활의 안팎을 가리지 않고 지배적 힘을 미치는 것은 이제 부르주아의 현실 감각이다.

생활의 진실, 특히 결혼한 부부의 관계의 속내는 대체로 무참하다. 게르망트 공작부인이 처한 현실을 발가벗기는 것 역시 그녀의 결혼 생활이다. 그녀의 '관객들은 세상에 이같이 좋은 남편이 따로 없고, 공작부인만큼 부러운 여인이 따로 없다고 여기고 만다.' 그러나 공작의 삶의 흥밋거리는 늘 '이 여인의 밖에 있'다. 알고 보면 부인은 남편의 사랑을 받지도 못하고 '늘 속아만 온 이 여성'일 뿐이다. 공작부인은 남편의 뜻밖의 '자상한 시중을 한갓 예절로밖에 안 보는 사교 부인다운 냉담한 태도로, 때로는 모든 것에 환멸을 느끼고 체념을 배운 유부녀의 약간 냉소어린 못마땅한 태도로 받아들였다.(6 214)' 이때 그녀가 무기로 삼는 것은 고난을 헤치고 살아온 사람만 이 가지게 되는 지혜다. 그녀의 무기는 인류 공통의, 여성 공통의 무기와 다르지 않다.

예절이란 거죽으로 옮겨진 의무다. 공작부인은 그 의무 속에 갇힌 채 살아간다. 게르망트 공작은 정치에 분주하고 바람을 피우고 부인은 내내 그에게 속는다. 이러한 생활은 어떤 종류의 대담성을 길러내는 법. '공작의 얼굴이 흐려졌다. 그는 아내가 함부로 비평을, 특히 샤를뤼스 씨에 관해 하는 것을 싫어하였다.' 남편이 제 동생을 험담하는 아내를 두고 편들 곳이란 뻔하다. 그 동생이 매사에 문학과 구분할 수 없는 수다를 늘어놓는 눈치 없는 인간이라 해도. '"당신은 까다로워. 동생의 비탄에 다들 감화됐는걸" 하고 공작은 거만한 말투로 말하였다.' 그러나 즉시 그의 거만함을 보기 좋게 짓뭉개는 반응이 돌아간다. '공작부인은 남편에 대해 야수를 놀리는 사람 같은 또는 미친 사람과 함께 살아 겁내지 않고 미친놈의 약을 올리는 사람 같은 대담성을 가지고 있었(6 250)'던 것이다. 그리하여 공작부인은 마침내 용기 있는 여인이 되고 말았다. 그 용기에는 미친 사람에게밖에 쓸 수 없다는 씁쓸한 용도 제한이 붙지만 말이다.

∴ 124. 계급 혼합

사교계는 계급이 붕괴하고 뒤섞이는 무대다. 프루스트는 귀족 계급의 붕괴와 그들이 부르주아와 뒤섞이는 사태를 해부학적 시선으로 우리 앞에 펼쳐 보인다. 그 시선에서 마음의 간헐과 인간관계의 범속에서 비롯되는 비애를 발견하는 것은 독자의 몫이다.

시대와 세계가 바뀌었다. '옛 사회 법전에 비추어보면, 여기에 와선 안 될 이들이' 대공부인 댁에 와 있다. 귀족 가문의 여자가 데려온 남자 친구들은 지겨워서 몸을 비튼다. 선망의 왕국이 어찌하여 권태의 거처가 되었을까? 사교계가 변했다. '사교계의 두드러진 특징은, 계급 혼합에 대한 놀라운 적응력에 있'다. 시간의 파도는 사회의 엔트로피를 최대로 끌어올린다. '풀려선지 아니면 끊어져선지, 그 압착기의 용수철은 작용을 하지 않게 되고, 생면부지의 무수한 이분자들이 침입하여, 동질적인 모든 것, 온갖 색깔을 없애고 말았다.'

두 계급이 혼합되는 과정은 마치 물리학이나 화학의 법칙을 따르는 것처럼 보인다. 성단과 성좌가 한데 뒤섞여 열적 죽음을 맞이하듯 계급들이 뒤섞인다. 계급 변화의 동역학이야말로 마르크스의 펜이 밤낮없이 내달린 목적지가 아닌가. 이 변화에 휩쓸린 귀족 계급의 숙명적인 자세를 묘사함으로써 마르크스가 쓴 책이 방사하는 빛을 더욱 먼 데까지 퍼 나르는 것은 프루스트다. '마치 노망든 부자 미망인처럼, 포부르 생제르맹의 사교계는 마치 상속받은 재산을 향유하는 망령든 과부처럼 건방진 하인들에게 그 살롱은 점령당하고, 오렌지 술을 퍼마시고, 자기들의 정부를 의기양양하게 소개하는 그들에게, 그저 겁먹은 미소로 대답하는 재주밖에 없는 형편이었다.'

야회에 참석한 화자에게 '아무개가 극히 당연한 과정에 의하여 지시된 자기 자리에 앉아 있는데, 그 옆자리에 있는 아무개에게는 어쩐지 수상쩍은 새로움이 있다는 생각'이 든다. 그는 그동안 살롱에 드나들지 않아 어떻게 이런 일이 벌어지는지 알 수 없다. 사교계에서 새로움을 느끼는 자는 그 세계에서 배제된 자다. 앎은 새로움을, 새로움을 낳는 차이를 분쇄한다. 이 세계에서 앎의 수단은 수다이다. 누구든 수다에 끼이지 못하는 순간 자신이 이 세계 바깥에 팽개쳐졌음을 깨닫는다. 인식은 차이를 동일성으로 바꾼다. 계급의 테두리를 나날이 확장하는 것은 인식의 이런 운동이다. 수다로 더 이상 메꿀 수 없는 거리에 이르기까지. 귀족과 부르주아, 두 계급의 교집합의 영역이 점차 자라난다. 애초의 울타리가 지워진다. 인간에게는 수십억 년 뒤에 우리은하와 충돌하게 될 안드로메다보다 계급의 뒤섞임이 더 시급한 과제다.

화자는 이제 새로움이 앎의 소멸을 증명하는 세계, 사교계의 바깥에 있다. 파리의 밤하늘을 비추는 탐조등처럼 사교계를 환하게 비추는 것은 그로 인해 그가 거기서 추방당한 바로 그 무지다. 무지야말로 인식의 조건이자 무기다. 부르주아적 생활에 대한 무지가 부르주아를 분석하는 가장 날카로운 무기가 되듯. 무지에 의한 인식, 앎의 소멸로 열리는 앎은 사교계만을 비추지 않는다. '이와 같은 앎의 소멸은, 단지 사교계뿐만 아니라 정치나 그 밖의 전반에 걸쳐서 볼 수 있었다.(11 374)' 내부의 앎은 계급의 신분증이다. 다다이즘이나 초현실주의 같은 의혹에 찬 눈길과 기존의 질서를 뒤집으려는 함성이 계급과 종족의 낡은 신분증을 집어던지는 것도 이때다.

계급이 뒤섞이는 혼란 속에서 새로운 계급, 중간 계급이 생겨난다. 이들은 귀족 계급보다 부유하면서도, 부르주아와 달리 예술적 소양을 지녔다. 그 계급은 미소를 지을 줄 안다. 그러나 이 '돈을 늘여 시적으로 펼 줄 아는 계급'도 곧 사라질 것이다. 현재는 우리가 쉬지 않고 잃어버린 시간의 썰물 너머로 몸을 던진다. 계시의 빛을 던지던 인상이 습관의 심연 속으로 가라앉는 데는 들숨과 날숨이 단 한번 오고가는 것으로 충분하다.

2

2. 세계

프루스트가 말하는 세계는 우리 바깥에 있지 않다. 그런데 바깥 세계와 안의 세계가 이어져 있다는 것을 확인할 때 느끼는 감정이 도취다. 소설 속의 화자는 '알베르틴의 적나라한 목, 지나치게 장밋빛인 두 볼'에 도취한 채 깨닫는다. '나라는 존재 속에 유전하는 광대무변하고도 파괴할 수 없는 삶과, 이에 비해 너무나 빈약한 외적 세계의 삶 사이'에 벌어진 메울 수 없는 틈을.

세계는 분열되어 있다. 이 분열은 그가 알베르틴을 욕망하면서 그녀 안에서 '창 속의 골짜기 곁에 보이는 바다, 메느빌의 첫 절벽의 불룩한 젖가슴, 달이 아직 중천에 올라 있지 않은 하늘, 이 모든 것'을 마치 '나의 동공으로서는 깃보다 더 가볍게 휴대할 수 있을 것'으로 느낄 때 사라진다. 그는 생각한다. '가슴을 부풀게 하는 광대무변한 호흡에 비하면 자연이 내게 가져다줄 수 있는 어떠한 생명도, 나에게 얇게 보이며, 바다의 숨결도 너무나 짧(4 402)'다고.

이와 같이 안과 밖, 삶과 세계는 분리되고 합쳐지면서 끊임없이 자리를 바꾼다. 마르크스의 세계가 모순의 변주 위에 구축되듯.

한편 프루스트의 세계는 믿음과 사실의 세계로 나뉜다. '사실이란 우리 믿음이 존재하는 세계로는 들어오지 못하며, 사실은 믿음을 낳게 한 적이 없지만 파괴하지도 않는다. 사실은 믿음을 끊임없이 거부할 수는 있어도, 믿음을 약화하지는 못한다.' 작가는 독자에게 반박을 허용하지 않을 작정으로 엄밀한 증거를 들이민다. '불행이나 질병이 눈사태처럼 연이어 한 가정에 들이닥쳐도 가족들은 신의 자비나 의사의 능력을 의심하지 않을 것이다.(1 260 희)'

신용을 프로테스탄트에, 금과 화폐를 가톨릭에 귀속시키는 마르크스는 이렇게 말하는 프루스트가 사실은 믿음만을 앞세우는 스코틀랜드인이 아닐까 의심할지도 모르겠다. 불행과 질병을 너끈히 감내하는 믿음이 한 세계의 실존을 증명한다면 불행과 질병 그 자체는 또 다른 세계의 실존을 증거하는 게 아닐까?

믿음의 세계, 곧 마음의 세계는 '물질의 짓누르는 듯한 압력에서 벗어나 사념의 유동적인 공간(9 71)'이다. 마음과 물질, 이 두 세계는 어떻게 연결되는가? 알베르틴과 같은 바깥 세계의 존재가 화자에게 애정의 대상이 되는 것은 그의 공상의 능력 덕분이다. 예술에 꼭 필요한 공상력은 물질세계에 속하는 존재를 사념의 세계로 옮긴다. 엘스티르의 그림이나 베르고트의 책, 뱅퇴유의 악보는 화자가 알베르틴에 대한 애정을 지속하는 데만 필요한 것이 아니다.

자연 역시 철학이 관조하는 대상에 머물지 않는다. 화자는 '종소리를 통해 콩브레의 정오를, 스팀의 딸꾹질 소리를 통해 동시에르의 아침을 알아차'린다. 자연이 이런 식으로 우리 감각에 제시하는 것은 잃어버린 시간이다. 자연의 사물 자체는 '평범하고, 문체는 서투'르다. 그러나 프루스트의 세계에서 '이 관계를 빼면 아무것도 없다.(11 281/3 107)' 문학이란 무엇인가 물어온 화자가 중요한 실마리를 얻는 지점이다.

프루스트에게 외부와 내부, 사실과 믿음, 물질과 마음, 자연과 사념의 세계를 이어주는 것은 감각이다. 프루스트는 사념의 세계를 책이라는 대성당으로 일으켜 세우려 한다. 그에게 문학이란 감각과, 그에 주어지는 외적 세계의 표상인 인상에서 출발한다.

한편 마르크스의 세계는 인간 내부가 바깥에 되비친 것이 아니라 오히려 그 반대다. 객관적 세계를 특정한 내용과 형식으로 생산하는 동시에 재생산하는 것은 특정한 사회적 역사적 형태, 이 시기에 한정해서 말하자면 곧 자본이다.

자본은 어떻게 한 사회의 지배적 생산 형태, 생산양식이 되었는가? 자본은 어떻게 세계 전부를 자신의 활동무대로 삼게 되었는가?

그것이 어떤 과정을 통해 만들어졌든 '상품은 … 산업자본의 순환은 물론 상품자본에 포함된 잉여가치의 순환에도-이 잉여가치가 수입으로 지출될 경우-들어간다. 즉 그것들은 상품자본의 두 유통영역 모두에 들어간다. (2 139)' 자본의 생산이 상품의 생산인 한 자본은 세계 전체를 시장으로 삼는다.

자본이 세계를 원료 조달과 상품 판매 시장으로 삼을 때 다른 생산 형태를 필요로 하는가? 마르크스의 책이 세상에 나온 뒤 끊이지 않고 논쟁을 불러일으킨 물음이다. 제국주의 국가들의 식민지 경영과 로자 룩셈부르크의 자본 축적론, 나아가 종속이론과 세계체제론 등은 이 물음에 제출된 저마다의 응답이다. 자본이 지역과 세계, 역사적 시기를 막론하고 다른 생산 형태를 자신의 부속 기관으로 삼는다는 것은 자본주의 생산양식의 실존을 부정하기보다 거꾸로 이 생산양식에 대한 마르크스의 규정을 확증한다. 그는 한 사례로써 자칫 번잡해질 수 있는 자신의 대답을 대신한다.

선정 또한 이 생산양식의 한 상품에 지나지 않는다. 세계 시장에서 거래의 정상 여부는 사실 별 의미가 없다. 1855년 대 인도 영국의 무역수지는 225만 파운드스털링 적자였다. 하지만 동인도회사는 이 적자에 해당하는 금액을 인도로 송금하지 않고 도리어 인도에서 총액 325만 파운드스털링의 어음을 발행하여 차액을 청산한다. 그뿐 아니다. 회사는 여기다 일백만 파운드스털링의 잉여를 만들어낸다. 공황의 원인을 밝히려 열린 은행 청문회에서 뉴마치는 영국인이 그 대가로 인도에 수출한 것은 선정(善政)이라 말한다. 대은행가가 보기에도 자본주의 생산양식이 국가 간 상품 유통에서 선한 정치를 빼는 것은 말이 안 된다. 그러므로 선불리 은행가의 지성이 편파적이라 예단하지 마시라. 또 선정이 수출된다면 선한 문화, 선한 종교가 제외될 리 없다.

이 경제 형태에서는 '외국으로부터의 수입(輸入)이 영국의 수입(收入)에 포함되는 한-이 수입(輸入)은 어떠한 등가도 필요 없는 공물로 간주될 수도 있고 아니면 무상의 공물과 교환(즉 보통의 거래 경로를 통해서)될 수도 있다.(3 797)' 청문회에서 은행가와 인도 총독이 나누는 대화는 이심전심이 선가만의 비전이 아니었음을 보여준다. 국가 간에 이루어지는 자본 순환에서 공물을 빠트리지 않는 세계에선 청문회 같은 격식을 차린 대화일수록 커다란 지적 소득을 안기는 법이다.

:: 21. 세계, 양식과 무늬

생산양식 또는 예술 형식

한 사회의 본질은 그 사회가 생산하고 유통하는 가치, 또 잉여가치를 '단순한 노동시간의 응결이나 단지 대상화된 노동으로' 파악할 때 비로소 드러난다. '여러 경제적 사회구성체(예를 들어 노예제 사회와 임노동 사회)를 구별해주는 것은 오직 이 잉여노동이 직접적 생산자인 노동자에게서 강탈되는 형태가 어떻게 다른지를 통해서일 뿐이다.(1 312)'

생산양식이란 범주는 사회를 가치를 생산하고 분배하는 체계로 다룬다. 가치란 사회적인 평균 노동시간이라고 마르크스가 쓸 때 따르는 어려움은 그의 책이 나온 뒤 가치가 무엇인지를 두고 쓰인 수백 권에 이르는 책들로 헤아릴 수 있다. 그 책들은 또 마르크스의 문장에 실린 추상과 구체적인 것, 연구와 서술 간 긴장을 암시한다.

노동을 공통된 척도로 환산하는 것, 노동자 개인의 숙련도와 그 생산물의 소재적 특성에 따르는 차이를 추상하는 방법은 무엇인가? 마르크스는 노동을 대상화된 양, 가치로 파악하고 그것을 두 부분, 지불받는 부분과 지불받지 않는 부분으로 나누는 데서 출발한다. 자본가가 대가를 지불하지 않은 노동시간인 잉여가치는 가치의 특수한 사회적 형태다. 생산물의 더미 가운데 어떤 상품이, 혹은 한 상품에서 어느 부분이 잉여가치를 대표하는지는 문제가 되지 않는다. 자본이 지배적 사회 형태가 되는 것은 그것이 잉여가치를 생산하고 분배하며 스스로를 재생산하기 때문이다.

생산양식이 잉여가치의 생산과 분배의 체계라면 예술 형식이란 무엇인가? 생산물이 상품 형태를 취하는 것은 자본이 독자적 생산양식이 되기 위한 전제다. 그렇다면 어떤 물건을 작품으로 만들고 어떤 인간의 활동을 예술로 만드는 것은 무엇인가? 상품이 그 소재나 외관과 상관없이 상품인 것은 그것이 인간 노동의 응결물이기 때문이다. 연주든 그림이든 공연이든 책이든 어떤 사물이나 인간의 특정한 활동을 예술 작품이 되게끔 하는 것은 무엇인가?

작품은 예술가의 개성을 표현한다. 예술에서 개성이라 무엇인가? 공연을 알리는 포스터에서 '페드라'는 '드미 몽드'와 '마리안의 변덕' 사이에 자리 잡고 있다. 위대한 작품은 다른 평범한 이름과 함께, 더구나 똑같은 어조로 불릴 때 가장 빛나는 법이다. 배우 라 베르마는 자신이 공연하는 작품의 질을 신경쓰지 않는다. 연기가 곧 그녀의 작품이다. 대본은 질료에 지나지 않는다. 그녀는 '평범한 예술가라면 따로따로 드러나게 했을 단어들을 녹여 똑같이 평평하게 만들거나 들어 올리면서, 그 위에 두려움이나 다정함의 광대한 천을 펼쳐(3 23)' 보인다. 여기서 예술 작품 일반이 가지고 있는 공통의 형식, 이를테면 예술 형식이 드러난다.

문학의 형식에서 구별되는 차이를 라 베르마는 공연 형식에서 그저 질료의 차이로 바꿔놓고, 엘스티르는 학교 건물과 대성당을 그리면서 동일한 예술 형식을 표현한다. 소재의 차이를 아무것도 아닌 것으로 만드는 데 예술의 가능성과 비밀이 있다.

소재와 형식의 차이가 예술에서 본질적인 것과 마찬가지로 마르크스의 책에서는 소재와 사회적 기능의 차이가 중요하다. 한 책, 한 세계에서는 예술의 형식이, 다른 세계에서는 생산의 양식이 문제다.

'자본주의적 생산양식의 기초 위에서는 노예제도가 정당하지 않으며 상품의 품질을 속이는 것도 마찬가지로 정당하지 않다.' 상품을 속여서 판매하는 것을 금지하고, 계약의 철회에 배상을 강제하는 것은 국가다. '법률적 형태는 그 형태만으로는 이들 내용 그 자체를 규정할 수 없다. 그들 형태는 단지 그 내용을 표현하고 있을 뿐이다.(3 447)' 국가의 법률은 한 사회의 생산과 재생산양식를 유지하고 지속시킬 때, 오직 그때만 정당화된다.

부랑자를 끌고 가 노예처럼 부리다 발각되면 처벌받는다. 노동자가 일터에서 다치거나 사망하는 일이 되풀이되어도 기업의 실제 주인을 처벌하는 데 인색한 국가가 갓 태어난 아이를 유기한 어머니를 처벌하는 데 발 벗고 나설 때, 여기에 그치지 않고 아이의 출생에 느닷없이 관심을 보일 때 우리가 확인하는 것은 무엇인가? 법이 커다란 목소리로 외치는 인간의 기본적 권리와 의무뿐 아니라 거래, 지불, 범죄와 같은 낱말의 뜻은 한 사회가 어떤 경제 형태인가 따져 물을 때 비로소 분명해진다.

자본가는 생산물을 판매하고 나면 생산하기 전보다 더 많은 화폐를 손에 쥔다. 어떻게 이런 일이 생기는가? 그는 상품과 화폐를 등가로 교환했을 뿐인데 말이다. '상품세계의 모든 신비, 즉 상품생산의 기초 위에서 노동생산물을 둘러싸고 있는 모든 마법과 요술은 우리가 다른 생산양식으로 옮아가는 즉시 곧바로 사라져버린다.(1 139)' 지불되지 않은 노동의 생산물이든 지불된 노동의 생산물이든 똑같이 상품의 형태를 취한다. 생산된 상품이 노동자가 살아가는 데 필요한 노동만을 대표한다면 자본가가 그 상품을 생산할 이유가 없다. 잉여가치가 화폐가 아니라 현물이나 부역 노동의 형태를 띠는 이전의 생산양식과 달리, 자본주의적 생산은 노동의 산물에 마법을 덧씌운다. 화폐의 요술이다.

화폐가 상품 세계의 마법과 요술을 빚어낸다면, 작품에 예술 세계의 시민 자격을 부여하는 것은 무엇인가?

화폐는 자본가의 재능을 펼치고, 개성은 예술가의 작품을 한데 묶는다. '위대한 작가는 신과도 같아서, 저마다 자기만의 영토를 다스린다.(3 176)' 이때 작품이 신민임을 증명해주는 것은 거기 부여된 작가의 개성이란 신분증이다. 연극에서 예술 형식을 드러내는 것은 배우의 억양이다. 배우의 대사에서 사상과 운율을 결합하는 것은 바로 이 억양이다. 화자가 라 베르마의 연기에서 느끼는 아름다움은 여기서 나온다. 그녀는 고전극이든 현대극이든 '그녀만의 걸작이라 할 수 있는 고통과 고귀함과 정념의 광대한 이미지를 끌어들일 줄' 안다. 관객은 그녀의 연기에서 '여러 다른 모델을 그린 초상화에서 화가를 알아보듯 그녀를 인식한다.(5 84)' 작품의 요소들을 이처럼 하나로 결합하는 개성이야말로 예술의 형식이다. 시인이 낱말을 만지작거리면서, 작곡가가 오페라의 선율에 대사를 얹으면서, 화가가 붓질 속에 형상을 살려내면서 맛보는 기쁨은 이렇게 똑같이 예술 형식을 펼쳐놓는 데서 온다. 다른 시기, 다른 형식의 예술 작품에서 감상자가 똑같은 사념을 만나는 것은 다른 개성이 동일한 사념을 표현하기 때문이다.

예술가는 창작을 멈추는 순간 예술가의 지위를 잃는다. 한편 자본의 생산이 순환을 멈춘다면 더 이상 자본이 아니다. 자본의 생산은 자본의 재생산, 자기 생산이다. 생산양식의 재생산은 생산관계를 구성하고 있는 요소들, 관계들의 재생산이다. 프루스트는 유사와 유추, 그리고 그에 기초한 은유가 예술 형식의 본질이라 말한다. 유추에 의한 문학의 창작에 비한다면 자본의 생산은 엄밀하게 재생산 조건에 속박되어 있다. 그러나 유추는 동일한 예술가의 개성을 되풀이하여 표현한다는 점에서 가치의 재생산과 유사하다.

생산의 특정한 사회적 형태가 자리 잡는 과정은 작가가 최종적인 문체에 이르는 과정에 비할 만하다. '모든 생산양식은 생산과정과 그에 상응하는 사회적 관계가 정체되어 있을 때 그 자신의 단순한 반복적 재생산에 의해 이 형태에 도달한다. 이 형태가 일정 기간 지속되면 그것은 관습과 전통으로 안정되어 굳어지고, 결국은 명시적인 법률로 신성시된다.(3 1059)' 반복되는 생산을 통해 사회적 관계들이 뿌리를 내린다. 이어 법률이 그 관계들을 사회 제도로 강제한다. 역사는 입법과 집행을 가리지 않고 법적 형태가 경제 형태에 앞서는 것이 아니라 뒤따른다는 것을 보여준다.

화자에서 이제 작가가 된 프루스트는 소설을 쓰기 시작하고 마르크스는 초고에서 새로운 걸음을 옮겨『자본』을 쓰기 시작한다.

노동 혹은 예술

인류는 지질학의 새로운 시대, 인류세에 들어섰다고 한다. 지구 과학은 대기의 구성과 지각을 이루는 지층이 생명 활동과 무관하지 않음을 말해왔다. 지구라는 행성은 생물이 살아가는 환경이라기보다 과거에 살았거나 지금 살고 있는 생물 활동의 결과이자 생물권 자체다. 진화의 역사에서 생물의 단일한 종이 지금과 같이 번성한 적이 있었을까, 그 범위라 해야 아직 행성의 얇디얇은 거죽을 벗어나지 않지만 말이다. 또 핵융합을 계속하여 앞으로도 오십억 년을 빛날 태양의 시간에 비하면 인간의 지위란 보잘것없다. 그렇지만 자신의 과거가 불러일으킨 결과를 절멸의 위기로 진단하는 인간이 자신의 활동을 곱씹어보는 데는 어떤 의미가 있을지도 모른다. 그 활동을 노동과 예술로 한정한다 해도.

인간은 노동하는 존재다. 자본가 또한 나날의 생산을 유지하고 확대하기 위해 애쓴다. 협동조합 공장은 자본가 없는 생산이 가능할 뿐 아니라 훨씬 효율적임을 보여주었다. 토지소유자나 은행가 역시 특정한 생산양식이 사라질 때 허공을 딛는 서커스 단원이 될 수 있다.

책의 낱말은 문장들을 통과하고 나서야 그 뜻이 제대로 밝혀지게 마련이다. 자주 쓰인 말일수록 그렇다. 두꺼운 책에서 낱말은 문장으로 거듭 붓질된다.

두 가지 노동이 있다. 생산과정에서 덧붙여지는 살아 있는 노동과 이 노동이 대상으로 삼아 한 상품에서 다른 상품으로 이전시키고 재현하는 낡은 노동이 그것이다. 살아 있는 노동은 과거 노동이 대상화되어 있는 상품에 새로운 가치가 덧붙임으로써 그 상품의 가치를 현재로 이전·보존·재현한다. 옷감을 썩지 않게 하고 기계를 녹슬지 않게 만드는 것은 살아 있는 노동이다. 그러므로 노동시간, 가치도 두 가지로 구별되어야 한다.

생산물에 새로 부가되는 노동이 처리하는 과거 노동의 양은 항상 동일한 것이 아니다. '같은 노동량은 언제나 같은 양의 새로운 가치만을 생산물에 부가'한다. 그러나 '일정 노동량에 의해 움직여지는 생산수단의 가치와 양은 노동 생산성이 증가함에 따라 비례적으로 증대한다. 따라서 그것이 생산물에 이전하는 낡은 자본가치는 노동생산성이 높아짐에 따라 함께 증가한다.(1 829)'

지불되지 않은 노동자의 노동시간, 즉 잉여가치는 상품으로 대상화되면서 그 사회적 형태가 지워진다. 여기에 그치지 않고 화폐가 모든 자본을 대표할 때, 대부 자본이 자본의 일반 형태가 될 때 지불된 노동시간과 그렇지 않은 노동시간의 구별은 더욱 희미해진다. 개념 대신 환상이 들어선다. '잉여가치가 이자라고 하는 무개념적인 형태로 파악되어버리면, 그 한계는 단지 양적인 것이 되어 온갖 환상이 만들어지게 된다.(3 524)' 이와 함께 노동의 사회 형태 가운데 하나일 뿐인 임노동이 노동의 유일하게 가능한 형태로 출현한다. 노동이 취할 수 있는 다른 사회 형태는 특정한 생산양식을 벗어던지기 전에는 한낱 공상에 불과하다. 사회적 관계가 사회적 형태를 강요한다.

자본이 은행 자본, 이자 낳는 자본의 형태를 취함으로써 가치의 원천인 노동은 더욱 깊숙이 모습을 감춘다. 노동의 유일한 실존인 노동자가 하루하루 재생산되어야 하는 유기체라는 사실도 함께 사라진다. 착취의 한계가 지워지면서 산업재해가 일상이 된다. 노동은 자신이 과거에 만들어낸 산물 앞에 마주 선다. 피조물이 창조자를, 과거가 현재를 지배한다.

자본가는 '기계 자체의 생산에 필요한 노동이 기계의 사용으로 대체될 노동보다도 적'을 때만 기계를 사용한다. 기계의 사용 여부는 작업의 효율이나 노동자의 안전과 무관하다.

'광산에서 부녀자와 어린이(10세 미만)의 노동이 금지되기 전에는 거의 나체 상태인 부녀자와 소녀들을 때때로 남자들과 함께 탄광이나 다른 광산에서 사용하는 방법이 자본에게 자신들의 도덕률은 물론 그들의 회계 장부에도 합당한 일이었기 때문에, 그것이 금지되고 나서야 비로소 자본은 기계를 채용하였다.' 세계의 유일한 제국, 문명의 정점에 이르렀던 빅토리아 시대 영국에서 윤리와 성도덕을 결정한 것은 무엇인가? '영국에서는 지금도 수로의 배를 끄는 데 말 대신 여자들을 종종 사용하는데' 물론 이는 영국의 여성들이 영국의 말보다 더 강한 근력을 가져서가 아니다. '말과 기계를 생산하는 데 필요한 노동은 수학적으로 주어지는 양이지만 과잉인구 중에서 여자를 부양하는 데 필요한 노동은 아무렇게나 계산될 수 있기 때문이다.(1 533)' 영국보다 북미에서 먼저 돌 깨는 기계가 발명된 데는 그럴 만한 까닭이 있었다.

게다가 '자본은 사용되는 노동만큼 지불하는 것이 아니라 사용된 노동력의 가치만큼 지불하기 때문에, 자본에는 기계의 가치와 그 기계가 대체하는 노동력의 가치 사이의 차이가 한계로 주어진다.(1 531)' 기계의 가치와 달리 노동력의 가격은 생필품의 가치 이하로 내려가기도 한다.

프루스트도 서민을 묘사하지만 그들의 생계가 달린 노동에 거의 무관심하다. 그러나 그의 펜 또한 어떤 종류의 일반 형식을 향한다. 직업적 기예를 소개하는 '생활의 달인' 같은 오락 프로그램은 아예 노동과 예술을 뒤섞는다. 고흐는 노동과 예술이 얽히는 한 가지 방식을 보여준다. 예술이 밥벌이에 실패하는 것은 임노동과 달리 강제되지 않아서일까? 강제가 반드시 바깥에서 주어지는 것은 아니라 해도 말이다. 창틈마다 코르크로 틀어막고 두꺼운 커튼을 드리워 밤을 낮으로 바꾸어 글을 쓰는 프루스트는 노동자인가?

노동의 피로와 소모를 말하는 책의 맞은편에 예술의 곤란, 초고의 피로를 말하는 책이 있다. 프루스트의 주인공은 이제 막 문학의 문턱을 넘는다. 일에 착수한 뒤 그에게 누적되는 피로는 예술에 속하는가, 노동에 속하는가?

글쓰기가 부과한 인생의 피로를 가중하는 것은 초고다. 이제 소명을 의심치 않는 화자는 아스라이 벋어나간 길 끝을 내다본다. 우유부단이란 대개 어떤 종류의 필연의 형식이다. 글을 쓰는 이는 거듭해서 무엇을 써야 할지 회의한다. 문학의 의심은 종교의 발흥만큼이나 갑작스럽다. '신자가 서서히 참을 배우고 조화를 발견하는 그런 성당, 곧 앙상블의 대계획이 되느냐, 아니면 외딴섬의 꼭대기에 있는 드루이드교의 유적처럼 영영 찾는 사람도 없는 것이' 되느냐?

사교계 부인에게 안부를 묻는 편지를 쓰는 일을 의무로 여기며 살던 사람도 위대한 작가가 될 수 있음을 보여주는 데 프루스트가 쓴 소설의 한 효용이 있다. 그의 책은 인생을 부질없다 여기는 사람에게도 요긴하다. 위대한 작가가 세상에 이바지하는 방식은 예술의 장르적 제약을 가벼이 뛰어넘는 법이다. 이런 뜻밖의 기여마저 활자의 형식으로 드러내는 재능이야말로 예술 형식의 힘을 증명하는 것일 테지만 말이다.

어쨌든 화자가 쓰려는 글이 부인들에게 보내는 안부 편지가 아님은 분명하다. 신심으로 똘똘 뭉친 몇몇 신도에게만 읽혀져선 안 된다. 집단에서 이단과 정통을 가르는 것은 주도자가 내세우는 주장의 진실함이 아니다. 얼마나 많은 신도가 모이는가가 중요하다. 그에 따라 정통성이 주어지고 대성당의 높이가 결정된다. 또 책이 다 성당이 되는 것도, 성당이 다 책인 것도 아니다. 신의 뜻을 읽으려는 신자는 활자를 읽는다는 점에서 문학의 독자와 같지만 다른 사람을 똑같이 믿도록 하는 데서 최고의 기쁨을 얻고자 하는 법이니까.

화자가 작가가 되려 한다면 소장인 혹은 소농은 자본가가 되려 한다. 프루스트의 화자는 문학의 문을 찾아야 하고, 소장인은 노동자를 고용하고 원료와 생산수단을 구입해야 한다. 미적거리거나 미루기만 해서는 작가도 자본가도 될 수 없다. 초고에 따른 피로는 첫 상품을 생산한 자본가의 불안에 비할 수 있다. 생산의 반복 너머 거대한 부가 있고 초고의 피로 뒤에 소설이라는 대성당이 있다.

대성당은 얼기설기 뼈대만 세워졌다. 초고를 쓴 뒤에도 의심은 화자 주변을 맴돈다. 화자가 애써 끌어모은 힘은 성당의 외부가 대충 완성되자 '관 뚜껑'을 닫을 만한 여유나마 남겨주려는 듯이, 아쉬움을 남긴 채 쇠잔해' 간다. 화자는 초고 일부를 지인에게 보여주지만 '아무도 전혀 이해해주지 않았다.'

가중되는 피로에 화자는 다시 주저앉으려 한다. 글 쓰는 것을 그만두고 사교계에 나가 다시 사교인의 신의라도 되돌리는 것이 낫지 않을까 하고. 이 퇴행에서 그를 구출해주는 것은 더욱 무르익은 무기력이다. 그가 느끼는 인생의 피로는 인간의 힘으로 어떻게 할 수 없을 정도다. 그런데 그 피로를 안긴 것은 자신이다. '나는, 죽어가는 나의 생명에, 인력을 초월한 인생의 피로를 강요하여 나 자신을 괴롭혀왔다.' 문학이 엄살이라는 것을 증명하는 일을 해내는 것 또한 문장임을 증명하는 데 문학의 위엄이 있다.

피로는 기억마저 잃게 한다. 그런데 망각이 불러오는 효과는 기대 이상이다. '기억 상실은 인간에 대한 나의 의리를, 인간에 대한 나의 의리를 끊어버리는 데에 약간의 도움이 되었고, 그 대신 나의 작품에 대한 의무가 들어섰던 것이다.(11 491)' 그동안 사교계에 나가지 않은 탓에, 아니 덕분에 화자는 거기서 벌어진 일을 모르게 되었던 것이다.

노동자에게도 작가에게도 그만의 의무가 있다. 차이라면 작가의 의무는 사교계를 배척하나 노동의 의무는 아예 사교계가 무엇인지 모르는 사람에게 자동적으로 부과되는 데 있다. 또 사교계로부터 튕겨져 나오는 데 드는 노력은 자본의 지배에서 탈출하는 데 드는 노력에 비할 수 없다.

사교계 사람들이 발길을 끊은 자신을 배은망덕하다 여길까 화자는 걱정한다. 그들에게도 친절을 베풀어야 한다. 그러나 이때 친절은 사교계의 야회에 참석하는 것이 아니다. 화자의 의리를 증명하는 것은 무엇인가? 완성된 작품밖에 없다. 피로가 일깨우는 것은 작가의 이기주의다. 사소하기 그지없는 기억을 자산으로 평가하는 사교계에서 화자를 떼어놓는 것은 사교계에 대한 그의 흐리멍덩해진 기억, 더욱 바람직하게는 사라져버린 기억, 무지다.

⁚. 211. 자본주의 혹은 사랑

사랑은 욕망이 피워 낸 꽃무리다. 한 사회 형태가 새로 자리 잡고 지배하고 다른 사회 형태에 자리를 넘겨주듯, 사랑도 태어나고 꽃피우고 시든다. 사랑이 밀물과 썰물이란 두 개의 리듬을 타고 흔들리듯 자본주의는 확장과 위기, 활황과 공황을 반복한다. 사랑의 치유는 사랑의 종말이다. 자본의 종말은 자본의 치유인가?

출발, 노동력 판매와 알 수 없는 그녀의 삶

오늘에 이어 내일도 노동자가 노동력을 팔아야 할 때, 살아가기 위해 그렇게 할 수밖에 없을 때 자본은 지배적 생산양식이 된다. 그녀의 삶을 꿰뚫어 볼 수 없어 궁금증을 주체할 수 없을 때 시작되는 것, 그것이 사랑이다.

생산이 끝나고 노동자에게 지불된 화폐는 그가 생활수단을 구매할 때 자본가에게 환류한다. 겉으로 볼 때 이 과정은 노동자와 자본가가 각각 자신의 상품을 판매하는 연속적인 흐름으로 나타난다. 외관의 본성이란 무엇인가 가리는 데 있다. 가려지는 것이 외관에서 추측할 수 없는 것일수록, 외관에 더욱 넓은 자리를 내줄수록 외관은 빛나는 법이다. 창조된 것은 창조하는 주체를 대체할 뿐 아니라 그 과정을 자동화하기에 이른다. '이를 통해서 자본은 상품(즉 가치를 갖는 유용물품) 의 창조자로 나타나고 또한 노동력을 구매하는 자본 부분은 노동력 자신의 생산물에 의해 끊임없이 생산됨으로써 결국 노동자는 자신에게 지불되는 자본 재원을 스스로 끊임없이 만들어 내는 셈이 된다.(2 474)'

자본이 노동자의 과거 노동시간의 자동화된 축적 체계임을 아는 데는 추상의 힘이 절대적이다. 그러나 사랑을 탐구하는 데는 추상과는 다른 능력이 필요하다.

미지의 존재가 사랑을, 알지 못하는 삶이 욕망을 불러일으킨다. '한 존재가 어떤 미지의 삶에 참여하고 있어서 사랑이 우리로 하여금 그 미지의 삶 속으로 뚫고 들어가게 해줄 수 있다고 믿는 것, 바로 이것이 사랑이 생겨나기 위해 필요한 전부(1 180)'다. 일드프랑스의 언덕과 노르망디 평원이 자기 밖에 있는 세계일 뿐 아니라 내면의 고장임을 아는 지혜야말로 사랑이 무엇인지 파악하는 데 필수적이다. 외관에서 본질에 이르는 길을 뚫는 것이 마르크스의 경로이듯 외계의 혼란을 내부의 질서로 번역하는 것은 프루스트의 일관된 전략이다.

그러나 사랑에서는 다시 한번 안팎이 뒤집힌다. 그래서 사랑이 시작될 때는 감싸이는 몸보다 감싸는 외투가 더 중요한 역할을 한다. '남자를 외모로만 판단하는 여자들조차도 이 외모에서 어떤 특별한 삶이 발산되는 것을 본다. 그렇게 해서 그녀들은 흔히 군인이나 소방수를 연모하는데, 제복이 얼굴에 덜 까다롭게 해주기 때문이다.' 그래서 '젊은 군주나 황태자가 그들이 방문한 외국에서 가장 멋있는 여인을 정복하는 데에는 주식 중개인에게는 필수적인 균형 잡힌 얼굴 따위는 필요가 없다.(1 180)' 외투는 몸을 많이 가릴수록, 몸과 하나가 될수록 여인의 사랑을 불러일으키는 데 유리하다. 황태자가 제복을 즐겨 입고 생 루 같은 상류 귀족이 군문에 종사하려 애쓰는 동기는 흔히 알려진 것과 다를 수 있다. 애인을 사귀는 길이 애국의 길이 되지 말란 법은 없다.

플라토닉과 자본가의 선의

자본가는 생산에 드는 비용을 '그 최저한으로까지 줄이려는 충동'을 억제하지 못하는데 이는 '사회적 생산력을 증대하는 가장 강력한 지렛대이다.(3 1167)' 비용의 최저화는 곧 이윤의 최대화다. 어떤 사람이 사랑에 빠진 표지 가운데 끝없이 부풀어 오르는 그의 욕망만 한 것도 없다. 플라토닉이란 그러한 욕망의 '부단한 증대'의 좌절이다. 순환에 실패한 자본이 더 이상 자본이 아니듯 그것은 펼쳐지지 못한 욕망의 대체물이다. 둘 사이의 결정적인 차이라면 욕망이 거세된 사랑이 실패한 사랑인 것과 달리 생산에서 분리된 자본, 이자 낳는 자본은 자본의 이상적인 형태가 된다는 점이다.

상대방의 감정을 플라토닉으로 유도하는 두 가지 경로가 있다. 여인들은 본능적으로 '만일 자기가 사내에게 동반이나 우정을 가납하면, 그런 은혜가, 그것을 금해진 것으로 여겼던 사내에게 그만해도 어지간히 고마운 것으로 보일 테고, 더 이상의 것을 주지 않아도 무방하고, 또 남자가 여자를 만나지 않고서는 더는 못 참게 되어, 무슨 수를 쓰든 싸움을 끝내고 싶어

하는 그런 시기를 잘 잡아서, 플라토닉한 관계를 첫째 조건으로 삼는 강화를 남자에게 수락시키는 그런 요령을 터득(11 186)'한다. 외교나 전쟁에 관한 정치학자의 논평처럼 들리는 이 분석이 얼마나 실제 상황에 도움이 될지는 알 수 없다.

사랑하는 여인과의 관계가 플라토닉에 머물고 만 남자는 욕정을 지그시 누르지 못해 안달한다. 여자가 베푸는 친교와 우정에 감지덕지하는 것 말고 그가 할 수 있는 일이란 무엇일까. 사랑에서 지배하는 쪽은 늘 덜 욕망하는 쪽이다. 플라토닉은 실패한 자의 지옥이거나 적어도 실패를 인정하지 않는 자의 연옥이다. 연옥은 때로 지옥 이상의 고통을 안긴다. 중재의 여지를 남기기 때문이다.

그러나 정신이 중재에 나서는 순간 사랑은 실패를 다시 한번 확증할 뿐이다. 생산을 거치지 않고 잉여가치를 손에 넣으려는 선의로 포장된 길은 지옥에 이른다는 마르크스의 경고를 아무것도 아니라는 듯 뛰어넘은 이자 낳는 자본은, 플라톤의 철학에서도 제자리를 마련하는 자본의 비범한 능력, 개인의 재능을 초월하는 사회 형태의 힘을 보여주는 것일까?

사랑의 썰물, 자본의 파괴

자본의 밀물은 '생산자들의 자기 노동에 기초하거나 단지 잉여생산물만을 상품으로 판매하는 데 기초한 모든 상품생산 형태(2 54)'를 쓸어버린다. 그것은 낡은 것을 휩쓸면서 나아간다. 사랑의 해변에도 밀물과 썰물이 그치지 않는다. 팔리지 않은 상품이 폐기되듯 사랑받지 못한 애인은 잊힌다.

사랑하는 사람은 눈앞에 있는 사람이 제 욕망의 분출 앞에 그저 우연히 놓인 대상이 아닐까 의심한다. 상대방도 마찬가지다. 욕망의 대상이 갖는 모호성이 낳은 이 불안은, 사랑한다는 말이 자기만 사용하는 것은 아니라는 데서 증폭된다. 말은 누구의 것도 아니다. 사랑을 표현하는 유일한 수단은 언어다. 사랑은 언어로 표현되는 순간 개별성을 상실한다. 이는 마치 특수한 사용가치를 가진 상품과 그것을 생산하는 능력인 특별한 노동이 화폐라는 외관 뒤로 사라지는 것과 마찬가지다.

욕망의 해변에서 물러서는 썰물은 연민이 되어버린 사랑이다. 연민은 '사랑과 대립되지만 어쩌면 무의식 속에서는 동일한 원인을 가지며, 어쨌든 늘 같은 효과를(7 405회)' 낸다.

여기서도 확인되듯 지속이란 반복의 형식으로만 가능하다. 반복의 리듬, 혹은 밀물과 썰물은 인간이 다른 인간과 맺는 관계의 고유한 형식이다. 그러나 시간에 얽매인 개별 인간에게 종결의 형식은 늘 밀물이 아니라 썰물이다. 그러나 골과 마루를 이루면서 넘실거리는 물이 바다의 일상적인 몸이듯, 개별 자본의 몰락에도 불구하고 상품에서 화폐로, 화폐에서 상품으로 바뀌는 형태 변화가 계속되는 한 사회 형태로서 자본의 운동은 멈추지 않는다.

그 자체가 운동인 자본이 파괴하는 것은 경쟁 상태에 놓인 다른 생산양식만이 아니다. 자본의 생산양식은 인간과 자연 사이의 물질대사의 체계이기도 하다. 자본에 의한 생산에서 자연의 변형과 파괴는 피할 수 없다. 열대 우림의 돌이킬 수 없는 훼손은 한 생산양식이 지구적 규모로 자리잡은 결과다. 생산의 무계획성이 남김없이 드러나는 것은 이때다. '오랜 생산기간(비교적 많은 노동 기간을 포함한다) (따라서 오랜 회전기간) 때문에 임업은 사적 경영(그리고 자본주의적인 경영-설사 개별 자본가 대신 결합자본가가 이를 경영한다 하더라도 그것은 본질적으로 사적인 경영이다)에 불리한 사업 부문이다.(2 305)' 삼림을 산불처럼 먹어치우는 자본은 수목이 일정한 자원으로 성장하는 데 필요한 생화학적 기간 따위를 문제 삼지 않는다.

산은 날씨에 영향을 미치지만 아주 큰 산은 그 자체가 기후다. 규모와 속도에서 히말라야를 뛰어넘는 자본은 그러므로 인간이 창조해낸 기후다. 한 시기가 지질학적으로 구분되기 위해서는 기후의 지속이 필수적이다.

공황과 복원, 종말과 치유

불안을 동반한 평화에서 우리는 사랑의 고유한 리듬을 느낀다. 이를 누구보다 잘 보여주는 이는 스완이다. 프루스트가 쓴 책의 두 번째 권 제목은 '스완의 사랑'이다. 여기서 사랑은 '불안'으로 옮길 수 있겠다. 스완은 어느 날 오데트에게서 평화를 느낀다. 늘 그를 신경증으로 내몰던 기운이 온데간데없다. 그녀의 부재가 주던 불안이 애정에 대한 감사로 바뀐다. 광기는 사라졌다. 그녀가 스완 몰래 포루슈빌에게 보낸 편지도 더 이상 그의 지성을 자극하지 않는다. 그에게 게으른 명철을 되돌려준 것은 무엇인가? 무관심이다.

병은 치유되었다. 그러나 '사실 그의 병적인 상태에서 그가 죽음만큼이나 두려워한 것은 그가 처한 모든 상황의 죽음이나 다름없는 바로 그 치유였다.(2 197)' 사랑이란 병이다. 스스로 치유를 거부하는.

치유가 곧 사랑의 죽음이라는 것은 질베르트에 대한 화자의 사랑에서도 확인된다. 그녀와 이별하고 나서 그는 지성을 되찾는다. 화자는 '현재에 하고 있는 것뿐만 아니라, 그것에 따르는 미래의 결과를 뚜렷하게 통찰하면서, 계속해 열중하고 있는' 것이 무엇인지 묻는다. 그는 주저 없이 답한다. '나 자신의 마음속에서 질베르트를 사랑하고 있는 자아의 길고도 잔혹한 자살(3 263)'이라고. 일찍이 사랑하는 자아가 자살하기 전에 육체의 죽음이라는 의외의 길을 연 베르테르는, 사랑의 죽음이 얼마나 두려운지 앞질러 말했다.

사랑에서 치유가 죽음이라면 가치 증식의 중단은 자본의 죽음이다. 사랑에서 병은 자본에서 가치다. 둘 다 증식이 멈추는 순간 종말을 맞는다. 증식은 개별 자본에게 운명처럼 따라야 하는 법칙, 경쟁의 강제로 나타난다.

가치 증식은 자본의 집적으로 귀결되고 이는 가변자본에 대한 불변자본의 상대적 증가로 귀착한다. 사회 형태에서도 병의 징후는 뚜렷하다. '집적의 증가는 다시 어느 정도의 수준을 넘어서면 새로운 이윤율의 하락을 유발한다. 그리하여 소규모의 많은 자본들이 모험의 장으로 몰려들게 된다. 즉 투기, 금융사기, 주식 사기, 공황 등이 바로 그것이다.(3 331)' 지구 규모에서 연이어 발생하는 금융사기는 이 병의 대표적 징후이자 일반 증상이다.

사기의 빈발에도 세계 자본주의가 내일 또 새로운 걸음을 내딛듯이, 화자 또한 아직 최종적인 치유에 이르지 못하였다. 인간의 생명은 '단지 거기에서 벗어날 줄 모르는 묵은 관계에 지나지 않는다. 그 힘은 영속성에 있다. 그러나 그것을 끊는 죽음은 우리의 불사하려는 욕망을 쾌유시키리라.(10 293)' 죽음만이 치유인 병, 그것은 불사의 욕망이다. 죽음만이 욕망의 장소를 폐쇄한다.

인간은 살아 있는 한 영속을, 치유할 수 없는 병을 꿈꾸듯, 자본은 영원한 증식을 꿈꾼다. 차이라면 자본은 자살하지 않는다는 것. 그렇다면 자본의 죽음으로 쾌유되는 상태란 어떤 것인가?

로렌스와 프루스트, 프루스트와 마르크스

도리스 레싱은 『채털리 부인의 연인』 서문에 이렇게 쓴다. '섹스와 사랑의 권력 투쟁에 대해 로렌스보다 더 잘 쓴 사람은 아무도 없다. 이는 참으로 역설적이다. 로렌스는 섹스의 기교에 관해 말도 안 되는 허튼소리를 종종 글로 썼지만 이 글에는 남자와 여자에 대한 통찰력이 가득하다. 프루스트만이 유일하게 남자와 여자의 권력 투쟁에 관해 로렌스만큼 분명한 통찰을 가졌고, 그에게는 때로 매우 재미있다는 장점이 있었다. 로렌스도 재미있을 수도 있었지만 그의 유언장이라고 할 수 있는 『채털리 부인의 연인』에서는 그렇지 않은 것이 분명하다.'

레싱이 로렌스를 말하면서 프루스트를 함께 말하는 것은 우연이 아니다. 프루스트가 묘사한 남녀 관계를 그녀의 말대로 권력 투쟁으로 볼 것인가엔 다른 말들을 보탤 수 있을 테지만 로렌스의 소설보다 그의 소설이 더 재미있다는 말에는 이의가 없으리라. 이를 염두에 둔 것인지는 모르나 로렌스는 프루스트를 소설 속에 끼워 넣어 그에 대한 이의와 반감을 에두르지 않고 말한다. 민음사에서 펴낸 이인규 역본에서 옮긴다.

> 그녀의 태도로 인해 이렇게 말다툼을 하는 것은 처음 있는 일이 아니었다. 그는 그녀가 하인들을 너무 친밀하게 대한다고 여겼고, 그녀는 그가 다른 사람들이 관계된 사안에서 무감각할 정도로 냉담하고 모질며 고무처럼 완고하다고 여겼다.
>
> 저녁식사 무렵이 되자 그녀는 다른 때와 다름없이 얌전한 태도로, 조용히 아래층으로 내려갔다. 그는 아직도 노여움으로 귀밑까지 노래져 있었다. 그가 정말로 속이 뒤집힐 때면 일어나는 간장 발작 현상 가운데 하나였

다. 그는 프랑스어로 쓴 책을 하나 읽고 있었다.

"당신 프루스트'를 읽어본 적 있어?" 그가 그녀에게 물었다.

"읽어보려고 한 적이 있긴 하지만, 따분하기만 하더군."

"그는 정말로 아주 비범한 작가야."

"그럴 수도 있겠죠! 하지만 나에겐 따분할 뿐이에요. 복잡하게 늘어놓은 그 궤변들이란 정말! 그에겐 진정한 감정이 없어요. 그저 감정에 대한 말의 흐름만이 있을 뿐이죠. 난 뻐기며 잘난 체하는 정신성 따위는 지겨워요."

"그럼 당신은 뻐기며 잘난 체하는 동물성이 좋다는 건가?"

"그렇다고 할 수도 있죠! 하지만 뭔가 뻐기며 잘난 체하지 않는 것이 있을 수도 있지요."

"글쎄, 어쨌든 나는 프루스트의 정교한 섬세함과 무질서가 마음에 들어."

"그런 건 정말이지, 사람을 생기 없이 죽은 존재로 만들 뿐이라고요."

"귀여운 마누라님의 복음 전도사 같은 말씀이 또 나오시는군."

이어서 채털리 경의 부인 코니는 사냥터지기 멜러즈를 만나러 밤에 집을 나선다. 로렌스가 이 소설을 마무리한 해는 1928년으로 프루스트의 소설이 완간되고 한 해가 지난 때였다. 그의 소설은 프루스트의 소설에 이의를 제기하는 최초의 문학적인 응답일 것이다. 로렌스가 책을 쓰게 된 동기는 프루스트의 소설을 비판하기 위해서가 아닐까 싶을 정도다. 사상이란 소설이라는 예술 형식의 부스러기라 볼 때 로렌스의 표적은 조금 엉뚱해 보인다. 아무튼 그의 시도가 성공했는지는 순전히 독자가 판단할 몫이다.

프루스트는 말할 것도 없고 마르크스는 책에다 로렌스처럼 개인 감정 따위를 남겨놓지 않았다. 다음과 같은 사정 때문일까? 스물일곱 살의 예니는 스물세 살의 마르크스에게 다음과 같이 쓰고 있다. "나의 소중한 카를, 제발 말해주세요. 제가! 온전히 당신의 것이 될 수 있을까요? … 오, 카를, 나는 너무 형편없고, 내게 내놓을 만한 것이라고는 당신에 대한 사랑 말고는 아무것도 없답니다. 하지만 이 사랑만큼은 크고도 강하고 영원한 것입니다." 그녀는 나중에 '카를의 비서로서 일하는 것을 즐겼으며, 카를의 도저히 읽을 수 없는 손 글씨 원고를 깨끗한 정서본으로 만들어냈다.'

삼촌인 리온 필립스의 말에 따르면, 마르크스는 1864년 여름 빌헬름 볼프의 유산을 상속했다는 사실을 숨긴 채 미국 공채와 영국 주식에 투자하여 400파운드를 벌었다고 자랑한다. 그는 '강고하게 결속된 행복한 가족생활'(개러스)을 누렸을 뿐 아니라 주식 투기를 마다하지 않았다.

예니 베스트팔렌이 없었다면 마르크스의 책은 세상에 나오지 못했을지도 모른다. 아내의 사랑은 그가 책을 쓰는 데 없어서는 안 되는 것이었다. 안정된 생활은 그가 분석하고 서술한 부르주아의 세계를 떠받치는 요람이자 균형추다. 그가 얻으려 애썼고 기꺼이 누린 부르주아적 생활양식은 사상의 물질적 토대가 무엇인지 묻게 만든다. 잃어버린 시간을 찾아 나선 화자의 여정을 뒷받침해준 것 또한 물질적 유복이다. 인간을 인격화된 사회 형태로 보는 마르크스와 달리 그의 눈길은 인간의 바깥으로 향하지 않는다. 바깥으로 나가는 문을 닫아버림으로써 인간에게 열리는 미래는 무엇인가?

:. 212. 자본 혹은 예술 작품

반사하는 천재, 증식하는 자본

자본이 한 생산양식의 지휘자라면 천재는 아직 전개되지 않은 예술의 몸이다. 자본은 가치를 증식하고 천재는 사물을 반사한다. 자본이 그저 화폐가 아니듯 천재는 반사된 사물이 아니다.

스스로 증식하는 가치이자 자기 재생산의 결과인 자본은 시간에 따른 주기적 자기 전개, 순환의 형태로 이 규정을 실현한다. 상품이든 화폐든 그 외관이 취하는 형태가 무엇이든 관계없이. 반면 천재는 하늘로 날아오르는 기계다. 지상을 지배하는 시간이 더 이상 그의 비행을 방해하지 않을 때 천재의 계기판은 가리켜야 할 곳을 가리킨다. 천재의 재능은 대화에서 주목받는 재기와 아무 상관도 없다.

천재 또한 사회적 존재다. 그는 '자신만을 위해 사는 것을 급작스럽게 중지하면서, 그들의 개성을 거울과도 같은 것으로 되게 하는 능력을 갖고 있는 이들'이다. 자본이 사회의 한 형태이듯 천재는 사회를 비추는 거울이다. 천재는 겉보기에 시시해도 자신의 삶을 '거울에 반사시킨다. 천재란 사물을 반사하는 능력에 있는 것이지, 반사된 구경거리의 내부의 질에 있는 것이 아니다.(3 184)'

마르크스의 문장을 반사하는 프루스트의 문장에 이어, 프루스트의 문장을 예기하는 마르크스의 문장이 이어진다. '자본은 물적 존재가 아니라 일정한 역사적 사회구성체에 속하는 특정의 사회적 생산관계이며, 이 생산관계는 어떤 물적 존재를 통해서 표현되고 이 물적 존재에 하나의 독자적인 사회적 성격을 부여한다.' 자본은 '물적 생산수단의 합계'나 '자본으로 전화된 생산수단'으로 나타나지만 생산수단 그 자체는 아니다. 이는 마치 '금과 은 그 자체가 화폐가 아닌 것과 마찬가지다.(3 1088)'

천재의 반사는 대상을 그저 재현하는 데 그치지 않는다. 천재란 반복함으로써 차이를 산출한다. 순환과 반복은 또한 자본의 근거다. 자본의 생산은 살아 있는 노동이 불변자본을 보존·재현하는 과정이기도 하다. 이는 동시에 살아 있는 노동의 일부가 자본으로 전화하는 가치의 자기 생산이다.

자본과 소재, 악절과 건반

부의 소재적인 요소들은 '잠재적으로 이미 자본이 될 수 있는 속성을 지니'는데 이는 '이들의 대립물, 즉 이들 요소를 자본으로 만들어주는 바로 그것(임노동)이 자본주의적 생산의 기초 위에서는 이미 존재(3 468)'하기 때문이다. 임노동이라는 노동의 특별한 사회적 형태 위에서만 자본은 한 사회의 주된 생산양식이 된다. 노동에 부과된 사회적 형태의 산물이면서 동시에 그 형태를 반복하도록 강제하는 것이 곧 증식하는 가치, 자본이다.

소악절을 묘사하는 글을 마무리하기 위해 일터인 침실로 실내악단을 부른 작가의 주인공은 말한다. '음악가에게 열린 영역은 일곱 음의 초라한 건반이 아니라, 아직 거의 알려지지 않은 무한한 건반'이다. 그는 피아노의 건반이 울릴 때 나는 소리가 다른 세계에 속한다는 것을 알아챘다. '피아노에 대한 기억 자체가 음악의 요소들을 보는 관점을 왜곡한다.' 건반이 내는 소리는 외부에 존재하는 음이 아니다. 악절은 작곡가와 감상자의 기억을 잇는다. '건반을 구성하는 애정, 정열, 용기, 평정의 수백 만 건반 중 단지 몇 개만이, 여기저기 아직 탐색되지 않는 채 짙은 어둠 탓에 분리되어서는, 하나의 우주가 다른 우주와 구별되듯 각각 서로 다른 모습으로 몇몇 위대한 예술가들에 의해 발견(2 276)'된다.

예술이 우리에게 일깨우는 것은 저마다의 예술의 형식이 여러 양상으로 풀어내는 세계의 다채로움이다. 음과 음이 어울리고 짜이면서 만들어내는 세계는 건반을 이루는 물질의 분자들이 속한 세계가 아니다.

악절을 연주하는 몇 개의 건반이 우주를 소리로 채우고 자본은 순환운동을 계속하기 위해 선대할 대상을 찾아 세계를 모조리 살핀다. 소재가 무엇이든 세상을 자신으로 채운다는 점에서 자본과 음악은 똑같다. 자본은 생산의 천재다. 그렇다면 유일한 천재인가?

화폐에서 자본으로, 초고에서 책으로

화폐의 순환에 눈길을 고정하는 상인의 관점에서 자본이 어떻게 증식하는지는 불가사의다. '화폐의 자본으로의 전화나 잉여가치의 형성을 유통 그 자체로부터 설명할 수는 없기 때문에 등가물끼리 교환되는 순간 상업자본이라는 존재는 불가능한 것으로(1 247)' 보인다. 이는 "전쟁은 약탈이고 상업은 사기이다"라는 프랭클린의 말에 대한 마르크스의 논평이다. 자본으로서 화폐는 순환 과정을 마쳤을 때 증식된 가치로 나타난다. 상업활동을 전쟁에 빗대는 프랭클린은 막연하긴 하나 무언가 눈치챘음이 분명하다.

'아직 자본가의 애벌레에 불과한 우리의 화폐소유자는 상품을 그 가치대로 구매하고 그 가치대로 판매하며, 나아가 그 과정의 끝부분에서는 그가 투입한 것보다 많은 가치를 회수하지 않으면 안 된다.' 덧붙여진 이 가치는 대체 어디서 오는가? 즉, 화폐는 어떻게 자본이 되는가?

'애벌레로부터 나방으로의 성장은 유통영역에서 일어나야 하며 또한 유통영역에서 일어나서는 안 된다. 이것이 문제의 조건이다. 여기가 바로 로도스 섬이다. 여기서 한번 뛰어보아라.(Hic Rhodus, hic salta!)' 이천사백여 년을 거슬러 올라가 소크라테스와 동시대 사람인 아이소포스의 얘기를 통해 그 비밀을 전하는 저자의 목소리는 조금 들뜬 듯하다.

로도스 섬에서 가능했던 도약을 바로 여기에서 보여주기 위해서는, 『자본』의 방법에서 평균이 무엇이며 어떤 역할을 하는지 파악해야 한다. 시장에서 거래되는 상품의 가격은 끊임없이 수렴하는 점을 만들어내는데 그때그때의 가격은 이에 따라 정해진다. 이것이 평균 가격이다. 평균은 그것이 일정한 소재와 고정된 양으로 특정되지 않는다는 점에서 추상이면서 가격을 결정한다는 점에서 객관적 힘이다. 자본 순환의 외관을 이루는 상품과 화폐 간의 형태 교환은 동시에 이 추상이 가치를 가격으로, 개별 가격을 평균가격으로 매개하는 과정이다.

자본가가 자신이 생산한 상품의 가치를 실현하기 위해 다른 자본가와 시장을 공유한다면, 작가는 자신의 채석장을 독자들과 공유한다. 작가가 쓰는 것은 자기 내면의 번역이고 책이란 그 내면을 비치는 거울이다. 또 독자의 손에 들려진 책은 읽는 이의 내면을 되비친다. 그러므로 책은 보편적인 광학기계이다. 이 책을 쓰기 위해 작가는 '공격에 대처하듯이 끊임없이 힘을 재집결하고, 세심하게 그 책을 준비하고, 고생을 견디듯이 이것을 견뎌내고, 이것을 법칙처럼 받아들이고, 성당처럼 건축하고, 섭생을 준수하듯이 이를 준수하고, 장애물을 극복하듯이 이를 극복하고, 우정을 정복하듯이 이를 정복하고, 어린애에게 영양을 주듯이 이것에 영양을 주어'야 한다.

작가의 애벌레에 지나지 않는 화자가 책을 써서 밝히고자 하는 것은 무엇인가? '한 우주를 창조하듯이 이를 창작하는 동시에, 아마도 다른 세계에서나 설명을 찾을 수 있(11 477)'는 신비가 그것이다. 작가는 자신의 재능이 책으로 꽃피도록 하기 위해, 자본가는 화폐를 자본으로 전화하기 위해 온갖 난관을 무릅쓴다.

웅대함에는 자잘하고 세부적인 거칢 혹은 불완전함이 따르기 마련이다. 성당의 북쪽 기단 외진 모서리에 끼워진 화강석은 이끼 속에 채 마무리 짓지 못한 다듬질을 슬며시 가린다. 하늘로 치솟은 종탑을 떠받치는 기단에서 발견되는 눈에 익은 표정이다. 자신을 대표하는 교향곡에 당당하게 미완성이라 이름 붙인 슈베르트와 백 년 넘도록 짓고 있는 성가족교회를 설계한 가우디의 용기는 예술가의 표지다. 그것을 프루스트가 알아보지 못했을 리 없다. '그리고 이처럼 위대한 책에서는, 그 건축가의 계획이 웅대하기 때문에, 밑그림이 그려질 만한 여유밖에 없는 부분도 있고, 어쩌면 영원히 완성되지 않는 부분도 있으리라. 사실, 미완성인 채로 있는 장대한 성당이 얼마나 많은가.'

책도 베스트셀러라는 상품으로 기획되고 팔리는 시대다. 어떤 책이 세상에 나오는지, 얼마나 팔릴지 그리고 얼마나 오래 살아남을지 결정하는 비밀을 알기 위해서는 프루스트가 아니라 다른 저자가 쓴 책으로 눈을 돌릴 필요가 있다.

로도스의 비밀, 화폐가 스스로 증식하는 비밀을 알기 위해서도 시점 이동은 필요하다. 유통에서 생산으로! '자본이 어떻게 생산하는지에 대한 것뿐만 아니라, 자본 그 자체가 어떻게 만들어지는(1 262)'가는 생산 과정을 살필 때 밝혀진다. 그 비밀은 생산에서 소비됨으로써 추가적인 가치를 덧붙이는 상품에 있다.

생산을 위해 화폐는 우선 상품으로 바뀌어야 한다. 자본은 생산수단과 노동력을 구매한다. 생산물은 상품의 가치, 그 가치를 대표하는 화폐량으로서 그 가치가 표현된다. 이는 상품이 다시 화폐로 바뀌는 과정이다. 생산의 앞뒤에서 관찰할 수 있는 것은 상품과 화폐 간 자리바꿈, 등가교환이다.

생산은 구매한 생산수단과 노동력이 결합하는, 노동력이 소비되는 과정이다. 노동수단과 노동대상으로 이루어진 생산수단은 소비됨으로써 자신의 가치를 생산물에 이전한다. '이 변동은 상품의 사용가치 자체에서, 다시 말해 상품의 소비에서만 발생할 수 있다. 어떤 상품의 소비에서 가치를 뽑아내려면 우리의 화폐소유자는 운 좋게도 유통영역 내부(곧 시장)에서 다음과 같은 특성을 갖는 하나의 상품을 발견해야 한다. 즉 자신의 사용가치가 곧바로 가치의 원천이면서 동시에 그것의 현실적 소비가 곧 노동의 대상화이자 가치의 창출이 되는 그런 상품을 발견해야 하는 것이다. 그리고 화폐소유자는 시장에서 실제로 바로 그런 특수한 상품을 발견한다. 노동능력(즉 노동력)이 바로 그것이다.'

자본가가 구매한 노동력은 노동자라는 인간의 육체적 정신적 능력의 총체이다. 그 노동력이 소비됨에 따라 가치 증식이 이루어지는데, 이때 관건은 그 상품의 소지자가 그것을 팔 수밖에 없도록 만드는 것이다. 화폐소유자는 이를 어떻게 강제할 수 있는가?

화폐가 자본이 되는 비밀이 이와 같이 상품 교환이라는 베일에 가려져 있듯 문학의 진리는 대낮이 아니라 밤, 요설이 아니라 침묵, 어스름 속에서 발견된다. '인간이 제 자신 가운데서 다다른 진실 주위에는 항상 시적 분위기가 감돌고, 우리가 거쳐야만 했던, 다름 아닌 어스름이 남긴 그 신비로운 향기가 그윽하여, 심도계(深度計)로 잰 듯이 정확하게 표시된 작품의 깊이가 명백히 나타날 것이다.(11 293)' 반면 자본의 비밀은 상품과 화폐의 정상적인 자리바꿈, 등가 교환, 경제 형태들 간의 무차별적 교환이라는 외관을 걷어내고 나서, 속류경제학의 헛소리를 꿰뚫는 추상의 힘을 통해 비로소 드러난다.

로도스 섬의 도약을 통해 밝혀지는 것은 자본이 노동자의 과거 노동시간, 그 응결물이란 점이다. 그렇다면 진리의 책을 읽을 때 우리가 얻는 것은 무엇인가?

다른 시대에 속하는 사물을 대할 때 현재를 대신하여 그 자리에 서는 것은 과거다. 화자가 어릴 때 읽었던 조르주 상드의 소설『프랑수아 르 샹피』를 다시 읽을 때 되살아나는 것은 그 책을 읽던 뜰 안의 날씨와 그때 품었던 꿈, 내일에 대한 불안이다. 그는 말한다. '오늘의 나 자신은 버려진 하나의 채석장에 불과하며, 거기에는 모두가 비슷비슷한 단조로운 석재밖에는 없는 줄로 오늘의 나 자신이 여긴다. 그러나 거기에서 하나의 추억이, 그리스의 조각가처럼 무수한 상을 새겨낸다.(11 276)' 사물들이 폐기 상태에서 깨어난다. 이 버려진 채석장을 온기로 채우는 것은 진리다. 이 진리는 어디서 온 것인가?

창밖을 날던 눈발이 그때 읽던 책 속의 문장 끝에 마치 구두점처럼 찍혀 있다. 위대한 책은 행간마저 텅 비어 있지 않다. '도대체 그런 대목에서 발견했던 아름다움은 어디로 갔는가? 하지만 그것을 읽던 날 샹젤리제를 덮고 있던 눈은, 책 자체에서 떨어져버리지는 않아, 나는 언제까지나 그 눈을 보는구나.(11 276)'

책을 다시 읽을 때 독자는 무언가를 잃는다. 처음 읽을 때 그를 황홀하게 만든 구절은 어디서도 찾을 수 없다. 대신 살아나는 것이 있다. 책을 읽던 봄날의 시린 바람과 거리에 남아 있던 거무스름한 눈 더미 같은 것들. 문장 속에는 책을 읽던 날의 공기와 응달의 푸른 그림자가 자리 잡고 있다. 책은 과거의 보관 창고다.

현재를 치유하는 것은 과거다. 그러나 지난날 가본 적이 있는 고장과 즐겁던 생활, 그리고 꿈과 불안, 이런 것들을 돌아볼 기회가 모든 사회계급에게 허락되는 것은 아니다. 어떤 책이 모든 진리라 할 수 없듯이 한 사회 형태를 영원한 것으로 여겨서도 안 된다.

:. 213. 금과 화폐, 혹은 이름

이름, 금의 휘장 혹은 시간의 명패

금은 다른 상품의 일반적인 등가물, 가치 척도로 기능하는 상품이다. 마르크스는 파운드·탈러·프랑·두카트를, 우리는 원·달러·유로·엔·위안을 말한다. 다 화폐의 이름이다. 이제는 유통 과정에서 금화와 같은 화폐 형태, 주화로서 금을 볼 수 없다. 태환의 국제적 폐기에서 보듯 금은 화폐 뒤편으로 몸을 숨기고 말았다. 그러나 지난 세기가 끝날 즈음 한 국가를 애국의 열기로 뒤덮던 금 모으기 운동은, 영원할 듯 이름이 부여된 화폐가 흔들리고 뿌리 뽑힐 때 가치의 마지막 수호자가 무엇인지 남김없이 보여준 바 있다. 화폐를 가리키는 모든 이름들은 제가 딛고 선 발 밑에서 금의 안위를 수시로 확인한다.

금이 다른 상품, 즉 특정한 사용가치를 갖고 사회적 노동시간으로 그 크기가 서로 비교되는 상품들과 다른 것은 무엇인가? 금이나 은의 가치는 다른 상품의 가치와 마찬가지로 '금은에 대상화되어 있는 노동량에 의해서 결정'된다. '금은의 구별은 그것이 부의 사회적 성격을 표현(즉 그 부의 자립적인 화신)한다는 점에 있다.(3 784)'

금은 어떻게 이런 지위를 갖게 되었는가? 경제 제도는 특정한 생산양식에서 떠맡은 기능의 사회적 형태다. 자본주의 생산양식에서 금의 사회적 본질은 화폐를 포함한 모든 신용 형태의 궁극적 토대라는 것이다.

이름은 사물과 사회 형태 간의 연관을 함축한다. 또 사물에 임의적인 관념을 들씌운다는 점에서 이름은 물신의 창조자다. '어떤 물품의 명칭은 그 물품의 성질과 아무런 관련이 없다. 어떤 사람의 이름이 야곱이라는 것을 안다고 해도 우리가 그 사람에 대해 알 수 있는 것은 아무것도 없다. 마찬가지로 파운드·탈러·프랑·두카트 등등의 화폐 명칭에서는 가치관계의 어떤 흔적도 찾아볼 수 없다. … 가격은 상품 속에 대상화되어 있는 노동의 화폐 명칭이다.(하비, M115에서 재인용)'

이름이 일으키는 파장, 매혹, 물신성을 프루스트가 모른 척할 리 없다. 소설의 화자는 보는 사람마다 스완이라는 이름을 말하게 하려고 한다. 스완의 딸인 질베르트와 더 가까워지는 데는 그 방법밖에 없다고 생각하는 것일까? 누군가의 이름을 부를 때 일어나는 일의 미묘함은 소설가의 펜을 한참 동안 빈 종이 위를 내닫게 한다. 스완이란 이름이 다른 이의 입에서 불릴 때마다 마르셀의 영혼은 제 이름이 불린 개가 저절로 제 꼬리를 흔들 듯 이리저리 춤을 춘다.

이름이 만들어내는 환상보다 그것이 숨기는 것에 주목하는 것은 마르크스다. 가격은 가치의 그림자에 지나지 않는다. 금의 가격도 그렇다. 가격은 파운드·탈러·프랑·두카트와 같이 입에서 발음되는 화폐의 명칭이 아니라 인간의 노동으로 거슬러 오를 때에야 그 본질이 밝혀진다.

이름을 탐구의 실마리로 삼는다는 점에서 다르지 않으나, 이름의 배후를 밝히기는커녕 먼저 화자의 눈길과 정신을 온통 빼앗는 것이 있다. 이름의 망각이다. 살롱에서 그는 자신의 '이름을 부르면서 인사하러 온 어느 부인'을 마주친다. 그런데 그녀의 이름은 기억 저편으로 숨어버리고 만다. '그녀와 식사한 일'이나 '그녀가 했던 말'은 아주 기억이 잘 난다. 하지만 '그런 추억이 담겨 있는 내 내면의 지대를 아무리 주의 깊게 둘러봐도 이름은 찾을 수 없'다.

누구든 의아함과 당혹감에 휩싸여 한번쯤은 서성거렸을 이름의 숨바꼭질. 우리는 이렇게 저렇게 나열해보던 두음들, 그 감질의 표면을 뚫고 불쑥, 전혀 다른 곳에서 이름이 떠오르는 순간, 무가 현실이 되는 순간을 잊지 못하리라. '무(無)에서 현실로 넘어가는 이런 정신 작용은 매우 신비스러워서, 이 가짜 자음도 결국은 우리가 정확한 이름을 포착할 수 있도록 도와주기 위해 서툴게 내밀어진 예비 장대인지 모른다.(2 103)'

밤을 새운 연금술사의 내밀한 기록 같은 묘사가 이어진다. '그렇지만 이름은 거기 있었다. 내 생각은 이름의 윤곽을 파악하고, 첫 글자를 찾아내어 마침내 이름 전체를 밝히기 위해 이름과 더불어 어떤 놀이를 시작했다. 덩어리와 무게는 대략 느낄 수 있었지만, 그 형태로 말하면 내가 아무리 마음의 어두운 내면에 웅크린 그 이해할 수 없는 포로와 대조하면서 "이건 아닌데."라고 말해봐야 소용없는 일이다. 마침내 이름 전체가 단번에 나타난다. "아르파종 부인."' 한번 숨고 나면 좀처럼 모습을 드러내지 않던 이름이 수면 위로 솟아오른다. 심해에 가라앉아 있던 숨이 찬 고래처럼. 이 순간 우리가 마주하는 것은 무엇인가?

이름이 떠오르지 않을 때 느끼는 당혹감은 이름이란 처음 붙이는 것 못지않게 기억하는 것이 더 어렵다는 것을 말해준다. 그러므로 기억에 한도가 없는 신은 인간을 이해할 수 없다. 시간은 인간 앞에 망각이란 척후를 내세운다. 시간과의 싸움에 임하는 인간에게는 믿음과 인내라는 허술한 무기가 주어질 따름이다. 막연하긴 하나 이름이 언제인가 떠오르리란 믿음을 보상하는 것은, 아르파종이란 이름이 장마철에 두꺼운 구름을 뚫는 햇살처럼 망각이라는 장막을 찢을 때 느끼는 행복이다.

잊어버린 이름을 되살리는 일에서 하나하나 단계를 밟아가는 추론은 별 소용이 없다. 이러하거나 저러하리라 아무리 상상력을 발동해도 예측과는 딴판이다. 이는 마치 오데트가 떠났다고 여기면서 파리의 거리를 스완이 헤매 다닐 때 그녀가 파리에 있었던 것과 같다. 이름이 머무는 곳은 망각과 기억 사이 어디쯤, 중간 지대 혹은 무의식일까?

이름을 기억해내려고 이리저리 나열해보는, 이름을 되찾고 보면 뜬금없는 가짜 자음과 모음들이야말로 망각을 파헤치는 우리가 딛는 드문 징검돌이다.

이름이란 실재의 명패다. 망각을 뚫고 솟아올라 이름이 우리에게 던지는 것은 우리가 잃어버렸던 시간이다. 그러므로 이름은 과거의 수면 위로 튀어 오르는 포말이다.

어떤 이름으로 부르든 금이야말로 화폐의, 또 상품의 일반적 등가물이다. 공황에 휩싸인 생산양식이 가치척도나 유통 수단을 넘어 지불 수단을 요구할 때 우리는 홀로 우뚝 서 있는 금의 위엄을 본다. 마르크스가 화폐에서 벗겨버린 이름이라는 휘장은 프루스트에게 날아와 본래의 권능을 되찾는다. 소설 또한 휘장만으로는 부족하다. 그러나 휘장에 싸인 세계야말로 문학의 빛을 머금은 세계다. 드러낼 광맥이 없는 세계는 문학의 사막이다. 그 광맥에서 금을 캐는 존재도, 광맥을 이름이란 휘장으로 다시 덮는 존재도 다 인간이다.

금에서 화폐로, 게르망트란 이름 밑으로 가라앉는 여자들

베르뒤랭 부인은 남편이 죽은 지 얼마 안 돼 몰락한 늙은 공작 뒤라와 결혼하는데 이로써 그녀는 드디어 게르망트 대공과 사촌지간이 된다. 남편은 또 2년 만에 죽는다. 그녀가 이번에 결혼하는 상대는 게르망트 대공이다. 게르망트라는 이름이 마침내 부르주아 부인의 머리에 씌워진다.

게르망트라는 이름이 한 사람에게 고정되지 않듯 금도 하나의 상품을 대변하지 않는다. 물적 대상임에도 금은 어떻게 상품 일반을 대표하는가? 금이라는 소재가 가진 균질성 덕분이다. 물질의 속성을 벗어던진 상품의 일반적 등가물은 화폐다. 화폐는 모든 상품의 가치를 양적으로 비교할 수 있는 척도가 된다. 이 비밀이 밝혀지기까지 오랜 시간이 걸렸다. '어려움은 화폐가 상품이라는 점을 파악하는 데 있는 것이 아니라, 어떻게, 왜 그리고 어떤 과정을 거쳐서 상품이 화폐가 되는지를 파악하는 데 있었다.(1 158)' 금의 생산과 거래가 급격히 증가한 시점에 주목할 때 그 비밀이 드러난다. 세계의 원리는 대개 역사에 뿌리는 묻고 있다.

실제 거래에서 금은 단지 종이쪽에 지나지 않는 신용화폐로 대체된다. 이는 게르망트라는 이름은 그대로지만 그 이름으로 불리는 사람은 수시로 바뀌는 것과 같다. '이름의 계승은 모든 것의 계승, 모든 재산 횡령만큼이나 슬프다. 그리고 끊임없이 항상 물결처럼, 새로운 대공부인이 잇달아 나타나리라.' 질시와 선망을 주고받으며 서로 모방하던 두 계급이 뒤섞인다. 횡령과 정당한 거래를 엄밀하게 구별하는 부르주아 고유의 본능은 드높은 귀족의 이름을 손에 넣었을 때 온데간데없다. 마침내 '이름은 이따금 물결 밑으로 가라앉는 여자들 위를 늘 한결같은 태고의 고요로 덮(11 371)'는다.

게르망트라는 이름은 '그 이름이 지속되는 각 시기에 그것이 이처럼 허다한 쇠퇴를 겪으면서 새로운 요소를 보충해왔다.' 그래서 이 화원은 '새로 피는 꽃을 거들떠보지도 않고, 이미 져버린 꽃의 모습을 똑똑히 기억에 간직한 사람이 아니고서는(11 391)' 언제나 같아 보인다.

상품과 화폐의 교환은 모든 여인이 게르망트 공작부인이 되고 싶어 하지만 그 이름은 아무에게나 허락되지 않는 것과 같다. 금이나 화폐는 늘 상품으로 변신할 수 있으나 상품은 그렇지 않다. '상품 가치가 상품의 육신에서 금의 육신으로 건너뛰는 것은 목숨을 건 도약이다. 이 도약에 실패하면 상품이야 아무렇지도 않겠지만 상품 소유자는 확실히 심한 타격을 받는다.(1 174)'

게르망트라는 이름에 대한 화자의 애정은 그 이름으로 불리는 실제 인물의 미모나 덕성, 혹은 재능과 무관하다. 마찬가지로 금에 대해 인간의 관념은 금의 소재나 그 쓸모와 상관이 없다. 상품이 교환되는 것은 그들이 서로 다른 쓸모를 가지기 때문이다. 쓸모없는 것이 쓸모들을 제자리에 놓는다.

이름이 붙여지고 나서야 지상에 모습을 드러내는 대성당이 있다. 프루스트의 세계, 그의 책이다.

주화에서 가상으로, 실재에서 이름으로

실제를 가상으로 바꾸는 것은 자본의 생산양식에서 일반적 경향이다. 그

가운데 하나는 '주화 속에 들어 있는 실제의 금을 가상의 금으로 전화시키려는 경향, 다시 말해서 주화를 상징적인 공식적 금속중량으로 전화시키려는' 것인데 이는 자본 운동에서 유통의 필요 때문이다. 이 경향은 '어느 정도 마멸되어야 주화로서 더 이상 통용되기 어려운지를 규정한 최근의 법률을 통해서도 인정받고 있다.(1?197)' 뉴턴의 천재성은, 런던 화폐 발행을 책임지는 공무원으로서 그가 주화 속에 들어가는 금은의 양을 줄이려는 위폐범을 적발하고 처벌하는 데서도 빛을 발했다. 전 역사를 통틀어 그때만큼 불운했던 위폐범도 없을 것이다. 우주의 질서를 엄밀하게 밝혀내는 재능과 공무에 헌신하려는 성실성은 서로를 끌어당기는 법이다. 태양이 행성을, 행성이 위성을 그렇게 하듯이.

주화는 관념으로서 금과 달리 현실의 유통에서 마멸을 피할 수 없다. 유통수단으로서 이러한 한계는 마침내 주화를 금이 아닌 동으로, 나아가 그저 상징에 불과한 종이로 바꾼다. 이는 명목으로 실질을 대체하고 기능에서 질료를 떼어내는 사회 형태의 일반적 발전 경로를 보여준다. 명목상의 표지, 한갓 이름들이 자본주의 생산양식을 떠받치는 사회 형태가 되는 것이다. 사용가치를 벗어버린 상품의 가치에서 출발한 이 생산양식의 예견된 행보다.

그렇지만 이름은 그저 환상이나 외관에 그치지 않는다. 시가를 어슬렁거리는 사람이 있다면 그는 제 머릿속의 텅 빈 이름에 채워 넣을 무언가를 찾고 있기 십상이다. 골목과 가로등 그리고 눈에 익은 듯 낯선 건물에서 이미 사라져버렸지만 거리나 주소의 이름 같은 것에는 남아 있는 어떤 것을. 도시는 사라지고 도시의 영혼은 이름에 흔적을 남긴다. 그렇기에 어느 나이에 이르면 인간은 '도시가 담을 수는 없지만 그 이름과 분리될 수 없는 영

혼을 찾아 떠나야 한다.(5 17 희)'

사교계에서 이름이 그토록 드높이 받들어지는 것은 이름만이 물질에 불어넣을 수 있는 개성이 있음을 암시한다. 그러므로 이름이란, 그것을 터트리면 '그 해의 콩브레 향기를, 바람에 살랑거리는 산사나무 꽃향기가 섞인 그날의 콩브레 향기를, 광장 한 모퉁이서 비를 알리는 전조인 바람이 차례로 햇살을 날아가게' 하는 것을 볼 수 있을지도(5 19희)' 모르는 풍선이다. 콩브레라는 이름이 화자를 떠미는 곳은 '햇살을 성구실의 붉은 모직 융단 위에 펼쳐, 장밋빛에 가까운 쥐손이풀꽃의 눈부신 혈색과, 축제의 고귀함을 간직하는 희열 속(5 10)'이다.

산사나무와 아가위는 같은 나무다. 역자마다 다른 이름으로 소설 속의 나무, 나무의 이름을 옮긴다. 서로 다른 이름으로 불리는 나무는 다른 꽃을 피운다. 산사나무는 산사 꽃을, 아가위나무는 아가위 꽃을. 상념의 꽃이라고 어찌 같겠는가?

상품에서 화폐로, 이름 부름에서 소유로

동일한 화폐 명칭, 혹은 똑같은 가격으로 표시되는 상품들은 자본 공화국의 동등한 시민이다. 시장이란 상품들의 보통선거에 의해 실현된 민주주의의 광장이다. 가격은 오직 화폐의 크기, 양적 차이를 말해줄 뿐이다. 화폐를 주고 건네받은 상품은 대의자를 선출하고 나면 곧바로 정치적 권리가 아무것도 남지 않은 국민과 다름없다. 희망과 의지에도 불구하고 화폐와 다시 교환될 수 있다는 보장은 어디에도 없다.

상품은 다른 상품과 그 가치 크기를 비교됨으로써만, 상대적인 크기로 환산됨으로써만 자신의 가치를 표시할 수 있다. 화폐가 없다면 이 비교는

영원히 계속된다. '상품들은 일반적 상품으로서의 화폐에 대하여 특수한 상품으로 관계한다.(1 156)'

아무리 특출 난 상품도 화폐의 위엄 앞에선 빛을 잃는다. 샤를뤼스는 주변의 시선을 아랑곳하지 않고 광인과 같은 기행을 일삼아 자시의 위엄을 과시한다. 이는 그가 게르망트라는 가문의 이름을 갑옷인 양 두른 덕분이다. 소돔의 종족에 속한 천재임에도 앨런 튜링의 죽음은 루트비히 비트겐슈타인의 죽음에 비할 수 없을 만큼 비참했다. 이름의 힘이 이론에만 그치지 않는다는 것을 보여주는 사례다. 그러나 오랜 흐름에서 보면 이름의 광휘도 시간이 지남에 따라 사그라든다. 이름과 부의 관계는, 프랑수아즈가 미덕을 부와 결부시키면서 밝혀놓은 똑같은 사회적 연관 위에 놓여 있을지도 모른다. 사회 형태 간 우열도 그렇다.

화폐가 상품으로 상품이 화폐로 자리를 바꾸는 운동이 되풀이되면서 상품은 생산자의 손에서 멀어져간다. 이때 거꾸로 이 유통의 원인으로 등장하는 것은 상품 유통의 표현에 지나지 않던 화폐의 운동이다. 유통에서 태어난 화폐가 유통을 낳는다. 화폐를 아무리 파헤쳐도 그것이 교환을 매개했던 상품들이 나타나지 않는 것처럼 이름의 외피를 아무리 벗겨도 그 이름으로 불리는 이의 삶을 뚫고 들어갈 수 없다.

이름을 부르는 것은 기억 속의 누군가를 그 이름에 싣는 일이다. 화자가 질베르트의 이름을 부를 때 그녀의 이름과 함께 그녀에게 이르는 것은 그의 기억이다. 그러므로 이름에 응답하는 것은 그 이름을 부른 사람의 기억에 응답하는 일이다. 이름이 불린 사람은 대개 감사의 정을 함께 받기 마련이다. 구두시험에 나간 학생이나 사형수처럼 예외는 늘 있기 마련이지만.

이름의 경로는 마치 능숙한 투수가 던진 변화구와 같다. '이름은 그렇게 내 곁을 활동 중인 상태로, 말하면 내 곁을 따라 던져진 이름의 곡선을 따라 이름의 표적인 질베르트의 귀에 가까워지면서 힘이 더 커진 상태로(2 353)' 지나간다. 이름을 부를 권리는 부르는 사람이 자기 안에 그 이름의 거처를 얼마나 크고 화려하게 지어놓았는가에 달려 있다. 당연하게도 스스로 부여한 권리란 위태롭다.

다른 이의 이름을 대놓고 다정스럽게 부를 수 있는 경우란 오히려 드물다. 화자는 질베르트를 그렇게 부르지 못하는 것을 몹시 아쉬워한다. 나중에 그가 알베르틴을 자신의 집에 가두는 것은 그녀의 이름을 그렇게, 또 언제든 그렇게 부르기 위해서일지도 모른다. 누군가의 이름을 부르는 것은 그 누군가를 소유하고 있다는 선언이다. 화자가 앙드레에게 "내일 알베르틴을 데리러 오시죠?"라고 말할 때 그의 마음이 자랑스러움으로 가득 차는 것을 이해하는 열쇠가 바로 이것이다.

성을 빼고 부르는 이름, 혹은 절대적 소유

성을 빼고 이름만 부르는 데는 믿음과 용기 이상이 필요하다. 그렇게 불린 이름은, 마치 아무도 그의 소유임을 의심하지 않는 사람이 어루만지는 자신의 금덩이와 같다. 스완이 오데트의 이름을 부르는 것을 듣고 화자는 '모든 이의 눈에도 오데트 자신에게도, 스완의 입이 아니고서는 지니지 못하는 절대적인 소유의 뜻을 띠고 있(9 228)'음을 깨닫는다.

스스로 마르셀주의자임을 자처하는 롤랑 바르트는 프루스트를 그의 성이 아니라 마르셀이라 부른다. 또 개러스 스테드먼 존스는 두꺼운 전기에서 줄곧 마르크스를 칼로 표기한다. 이때 두 사람의 마음속에 일어나는 일은 서로가 누구보다 잘 알리라. 존스가 아니라 개러스가, 스스로 마르크스주의자가 아니라 칼주의자라 주장하지 않는다 해도 말이다.

성서를 쓰게 한 신이 인간에게 창조가 아니라 이름 붙일 권리만을 준 것은 피조물이 창조자로부터 멀어지는 것을 막기 위해서일 것이다. 신이 노여운 목소리로 아브라함의 이름을 부를 때 신의 의도는 어딘가 어그러졌음에 틀림없다. 신이 이름을 붙일 권리마저 거두려 할 때 인간에게 남는 것이 반항 말고 다른 무엇이 있겠는가.

예술가는 이름 붙일 권리에 만족하지 않는다. 이런 점에서도 예술가는 별수없는 급진주의자다. 화가 엘스티르는 사물에서 그 이름을 없애버림으로써 세상을 다시 창조하려 한다. '사물을 가리키는 이름씨는 우리의 참된 인상과는 아무 관계없는, 이성의 개념에 호응하는 게 상례이고, 이성은 그 개념에 일치하지 않는 모든 것을 우리의 인상에서 없애(4 272)'버리기 때문이다.

인상을 이름과 관념의 세계로부터 지키려는 프루스트는 신에게 항의하는 셈일까. 이름 붙일 권한에 만족하지 않고 다른 피조물과 직접 교감하려는 예술가의 시도는 신이 받아들일 만한 일인가. 어떻든 이름의 바다 너머 실재의 돛대를 얼핏 본 프루스트의 화자가 나아갈 길은 더없이 분명하다.

성이 아니라 이름을 부름으로써 상대에 대한 절대적 소유를 나타내듯이, 모든 임대된 토지에 지대를 부과하는 것은 절대지대다. 반면 가장 낮은 비옥도를 초과하는 비옥도의 토지에 주어지는 것이 차액지대다. 마르크스를 칼이라 부르는 것과 프루스트를 마르셀이라 부르는 것 사이에는 이처럼 메울 수 없는 차이가 있다. 혹은 아무 차이도 없다.

이름과 화폐, 착오와 혼란의 근원

이름에 따르는 착오는 한 사람을 몹시 흥분한 배우로 만들기도 한다. 이는 이름을 부르는 이의 잘못이라기보다 이름이 발휘하는 효과다. 같은 이름을 부를 때만 착오가 잇따르는 데서 이는 명백하다.

파름 대공 부인의 시녀는 화자를 쥘리앙 드 라 그라비에르의 조카라 여긴다. 아무리 아니라 해도 그녀는 고집을 꺾지 않는다. '그 후에도 파름 대공부인의 견책과 나의 항의에도 불구하고, 내가, 나와 안면조차 없는 그 아카데미 회원인 제독과 어떤 인척이 된다는 관념을 이 부인의 머리에서 제거할 수 없었다.(6 237)' 타인의 곤혹은 지켜보는 사람의 기쁨이다. 다른 이가 우리에게 안기는 즐거움이란 대체로 이와 같다.

착오와 혼란을 불러일으킨다는 점에서 화폐는 이름에 뒤지지 않는다. 이는 화폐가 일반적 등가물에 이르게 된 모든 과정을 쉽게 벗어버리는 데 있다. '금 1온스는 철 1톤의 가치와 마찬가지로 3파운드 스털링 17실링 10과 1/2펜스로 표현'된다. 이로부터 '금(또는 은)은 자신의 재료로 측정되고 다른 모든 상품과는 달리 국가로부터 고정된 가격을 부여받는다는 기묘한 생각(1 168)'이 태어난다. 금 중량의 계산 명칭과 금의 가치를 혼동한 탓이다. 화폐는 자기 자신에 대해서조차 등가물로 마주선다. 가치척도로서 화폐는 관념상의 가치를 가질 뿐이다. 화폐가 대표하는 가격은 그것이 등가물로서 대변하는 상품의 가치, 그 가치에 해당하는 상품의 단위 양을 표현할 뿐이다.

여인의 이름도 화폐의 이름만큼이나 혼란을 초래한다. 우리가 머릿속에서 여인의 이름으로 뒤덮인 낙서장을 찾아낼 때 알게 되는 진실은, 사랑이란 사랑하는 사람을 그 이름으로 바꿔치는 과정이라는 것이다. 이름은 마음속에 있다가 머릿속으로 이동한다. 아니 머릿속에 흔적을 남기고 다시 돌아온다. 마치 물고기가 떠올라 수면에 점을 찍어 파문을 일으키듯.

이름이 화자에게 불러일으켰던 신비를 벗기는 것은 만찬에서 실제로 마주친 이름의 주인들의 체구와 몸짓, 몇 마디 말로 드러나는 지능 같은 것들이다. 유명한 이름에 걸맞는, 아니 적어도 버금가는 실제 인간이란 몹시 드물기 마련이다. 이름에서 무성하게 자라난 숲과 솟아오른 종루를 살아 있는 사람과 연결 짓는 지성만큼 인간의 품위를 손상하는 것도 없다. 멀리 있거나 몽상 속에서 더욱 효과를 발휘하는 이름이 주는 행복의 상실을 무엇으로 보상할 것인가?

마침내 화자는 그저 이름으로 존재했던 베르고트를 만난다. '나는 금방 그 작품에다, 이를테면 기구의 끈에 매다는 것처럼, 더구나 그 무게를 이겨 낼 만큼 상승력이 있는지 여부도 알지 못하고, 그 턱수염 난 남자를 잡아매지 않으면 안 되었다.(3 175)' 그의 책을 읽고 상상하던 작가의 풍모는 온데간데없다. 턱수염 덥수룩하고 그저 사람 좋아 뵈는 그가 바로 위대한 작품을 쓴 작가 베르고트라는 이름을 채워 넣을 유일한 가죽 푸대라니. 그러므로 만난 적 없는 사람의 이름은 개봉되지 않은 영화에 대한 기대와 같다.

'내가 그의 이름을 불러 주었을 때 그는 나에게로 와서 꽃이 되었다.' 세상 모든 것을 꽃으로 만드는 것도, 한 인간의 모든 행위를 악으로 만드는 것도 다 사람의 이름이다. 사랑하던 그녀도 제국의 총통도 이름에 실려 지금 여기 이른다.

게르망트라는 이름, 화폐를 낳는 화폐

생각으로 행동을 가로막는 것이 불가능한 까닭은 생각의 명령을 거부할 온갖 이유를 찾는 것도 생각이기 때문이다. 글쓰기에 착수할 의무와 게르망트 대공부인 댁에서 열리는 야회에 가는 일을 두고 번민에 빠진 화자를 보라. 초대장에서 게르망트라는 이름을 발견한 화자의 머릿속에 '지난날 콩브레에서 귀가하기에 앞서 루아조 거리를 지나는 길에, 게르망트 대감, 질베르 르 모베의 그림 유리를 어렴풋한 칠처럼 바깥에서 보았을 때 느꼈던(11 236, 237)' 감정이 금세 되살아난다. 현실에서 양도논법의 결론은 논리적 우회가 아니라 추론하는 두뇌 내부에서 균형이 깨지면서 정해진다. 이때도 제 몫을 해내어 균형을 깨뜨리는 것은 이름이다.

야회의 초대장을 받아 든 화자는 '콩브레라는 이름처럼 친숙하고도 신비로운 이 게르망트라는 이름의 철자가 반향을 일으켜, 다시 독립해, 피곤한 그의 눈앞에 나와 친지가 아닌 이름을 그려낸 듯한 착각이 들 때까지' 계속해서 다시 읽는다. 익숙한 이름을 되풀이해 부르다 보면 마치 모르는 사람 이름처럼 바뀌기도 한다. 게르망트라는 이름이 화자가 자란 콩브레라는 이름을 뒤덮는다. 한 이름이 다른 한 이름을 뒤덮고 대체하는 현상은 한 사람의 머릿속에 머물지 않는다. 상품이 됨으로써 화폐 자신을 낳는 화폐가 있다.

화폐는 상품이자 자본이다. 화폐의 이 이중성이야말로 한 생산양식의 전제이자 결과다. '화폐(일반화하자면 가치)의 자본으로의 전화가 언제나 자본주의적 생산과정의 결과물인 것과 마찬가지로, 자본으로서 화폐의 존재는 언제나 자본주의적 생산과정의 전제조건이다.(3 498)' 자본으로 전화한 화폐는 이윤의 생산, 즉 가치의 증식이라는 사용가치를 갖는 화폐다. 화폐는 이때 교환을 매개하는 일반적 등가물, 유통수단이 아니다. '화폐는 화폐로서 가지고 있는 사용가치 이외에 하나의 추가적인 사용가치를, 즉 자본으로서 기능하는 사용가치를 갖게 된다. 여기에서 화폐의 사용가치란 바로 그것이 자본으로 전화하여 생산한 이윤 그 자체이다.(3 445)'

화폐는 특별한 사용가치를 갖는 상품이다. 그 사용가치는 소재와 형상에서 비롯된 특별한 성능이 아니라 스스로 가치를 증식하는 기능이다. 다시 말해 이 화폐는 자본으로 기능하는 상품이다. 이 상품은 생산과 유통이라는 산업 자본의 순환으로부터 분리되어 나온다. 그것은 이자 낳는 자본이다. 생산하지 않고 이윤을 얻으려는 자본가의 선의가 마침내 현실이 된다. 돈이 돈을 낳는다는 속언만큼 속 깊은 비밀을 고스란히 드러내는 것도 드물다. 자기증식하는 화폐의 비밀을 여지없이 폭로하는 이 말은 자본의 최종적이고 순수한 형태를 군더더기 없이 정식화한다.

이자 낳는 자본이 생산에서 분리된 자본이라면 인간에게서 떨어져 나온 이름이 있다. 게르망트라는 이름은 그 이름을 가져다 쓰는 개인의 자질이나 재능에 따라 펴지지도 구겨지지도 않는다. 앞엣것이 자본의 일반 형식이라면 뒤엣것은 인간 종족의 일반명사다.

⁚. 214. 신용 혹은 말

국어와 신용, 불완전한 발음과 축적의 보조자

다른 나라 다른 민족의 언어를 불완전하게 발음한 것이 한 나라의 언어를 이룬다. '득의양양한 듯이 정확한 발음에 유의하고 있는 프랑스어 단어 자체가, 라틴어나 색슨어를 엉터리로 발음하는 갈리아인의 입에 의해 만들어진 '연음의 오류'에 지나지 않'는다. 화자가 '프랑수아즈가 잘못 말한 실수'에서 '살아 있는 언어의 진수, 프랑스어의 미래와 과거(1786민)'를 찾아낼 때 국어의 정의는 확고해진다. 고유한 말과 다른 데서 들어온 말을 구별해내기란 쉽지 않다. 또 원래 있던 것과 대체된 것을 구분하는 것은 거의 불가능한 법이다.

신용도 그렇다. 무대가 말에서 사회 형태로 바뀔 뿐이다. '신용제도는 처음에는 축적의 겸손한 보조자로 슬그머니 들어와서 사회의 표면에 분산되어 있는 크고 작은 양의 화폐수단을 개별 자본가 (또는 결합자본가)의 손에 보이지 않는 실로 끌어들이지만, 얼마 지나지 않아 경쟁에서 새로운 가공할 무기로 변신하며, 그 결과 각종 자본의 집중을 위한 하나의 거대한 사회적 메커니즘으로 전화한다.(1 854)'

자본 순환은 노후화된 노동수단의 교체와 함께 원료와 보조재료, 노동력의 구입에서 시작되어 생산된 상품을 판매함으로써 한 주기가 끝난다. 그런데 이 순환은 각 과정의 계기마다 생길 수 있는 지체와 불일치로 방해받는다. 이를 해소하는 매개가 신용이다. 여러 형태의 화폐는 신용을 담당하는 은행가와 금융가의 손에 집중되고 개별 자본이 경쟁에서 살아남는 데 신용을 조달하는 능력이 관건이 된다. 보조자가 결정권을 쥔다. 신용은 이제 자본을 집중시키는 메커니즘으로 자리 잡는다.

잠재적 화폐자본은 신용제도를 발전시키는 토대를 이루며, 거꾸로 신용은 그 자본이 이윤을 낳는 수단이 된다. 신용제도를 창출하고 유지하는 힘은 바로 이로부터 이익을 얻는 계급의 요구다. '영국의 근대 신용제도의 형성을 이론적으로 뒷받침하고 그것을 촉진하는 저술들의 실제 내용을' 추적한 마르크스는 '거기에서 발견할 수 있는 것은 이자 낳는 자본(즉 대부 가능한 생산수단)을 자본주의적 생산양식의 한 조건으로 이 생산양식에 종속시켜야 한다는 요구 외에는 아무것도 없다.(3 825)'고 결론짓는다.

신용제도의 수익자는 생산수단을 대부 가능한 화폐자본의 형태로 제공할 수 있는 계급, 은행가다. 그는 이자 낳는 자본의 인격이다. 은행가는 한 사회의 공동자본을 관리하는 자리에 오른다. 신용을 연구하는 이론의 임무는 이 계급의 요구를 현재의 생산양식과 조화시키고 정당화하는 것이다. 이때 이론의 정당성은 그것이 낳는 실제적 효과에 있다. 이자 낳는 자본은 이로써 이 생산양식의 필수적 기관이 된다.

사회를 구성하는 계급은 말을 통해서도 서로 구별된다. 다른 언어를 불완전하게 베끼는 데 지나지 않는 말들이 한 나라의 공식 언어로 정착될 때 이익을 얻는 계급은 누구인가? 병상에 누워 머리맡에서 다른 이가 하는 말을 멍하니 듣다가 '갑자기 이야기 속에 나오는 어떤 말이 자기가 앓고 있는 병명임을 알고 흥미와 기쁨을 느끼는(1786민)' 소설 속 화자라면 지치지도 않고 답을 찾아 나설 법한 물음이다.

한마디 말의 힘과 신용의 역사적 임무

경제제도에서 발휘하는 힘과 누리는 지위로 볼 때 신용은 사회적 관계에서 말에 비할 만하다. 말 역시 현실을 그대로 반영하지 않는다는 점에서 이 비교는 더욱 쓸모가 있다. 소설 속 화자는 말의 전문가다. 작가가 소설의 시점을 일인칭으로 정한 것은 화자로 하여금 말에 대해 가장 자유롭게 말하도록 하기 위해서일지도 모른다. 그런 화자가 말의 어긋남과 미끄러짐을 놓칠 리 없다.

예컨대 한 여인이 미지의 베일을 벗는 데는 그녀가 던지는 한마디 인사로 족하다. 그녀의 말은 '보는 눈앞에서 5분 동안에 흉상을 만들어내는, 밀랍 세공사처럼 날래게, 여인의 형태를 명확하게 할 것이며, 이제껏 우리의 욕망과 상상력이 골몰하던 가정을 모조리 일소해버릴 결정적인 뭔가를(4 322)' 스스로 덧붙인다. 매력적인 여인일수록 말을 아끼는 까닭이다. 모르는 남자가 상상력으로 그녀에게 달아 준 날개를 꺾어버리는 것이 한마디 말임을 그녀만큼 잘 아는 이도 드물다. 말을 하기 전 여인과 하고 난 여인 사이에 놓인 틈이란 쉽게 메우기 어렵다. 더구나 그 여인에게 특별한 욕망을 품은 이라면 더욱.

예리한 지성이 내놓은 심리 분석을 여지없이 무너뜨리는 것도 한마디 말이다. 화자에게 심리 분석은 평정을 지키는 자랑할 만한 무기다. '자신의 두뇌가 예민하다는 생각도 하고, 이제 나는 그녀를 보고 싶지 않다, 이제 그녀를 사랑하지 않는다고 확신하고 있었다. 그러나'알베르틴 아가씨가 떠나셨습니다'라는 한마디는 내 마음속에 더는 배겨 낼 수 없는 고통을 불러일으켜, 당장 그 고통을 가라앉히지 않으면 안 되었다.(10 7)' 프랑수아즈가 무심코 던진 한마디가 알베르틴과 화자 사이에 건널 수 없는 해자를 파는 데 걸리는 시간은 1초를 넘지 않는다. 일이 벌어지기에 앞서 행한 심리 분석은 일이 끝난 뒤의 고통스러운 언어 분석에 한참 못 미친다.

프루스트의 세계에서 현실을 지배하는 말의 힘은 이와 같다. 한편 자본이 주도하는 세계에서 생산을 극한까지 밀어붙이는 것은 신용이다. 신용이 과잉 생산과 투기를 불러오는 것은 신용을 통해 끌어온 자본이 자본가의 소유가 아니라는 데 그 한 원인이 있다. '사회적 자본의 대부분이 그 자본의 소유주가 아닌 사람들–따라서 이들의 사업방식은 자본소유주가 손수 사업을 운영할 경우 조심스럽게 자신의 사적 자본의 한계를 가늠하면서 수행하는 방식과 완전히 다르다–에 의해 사용'된다. 자본의 집적은 더 많은 위임과 위탁을 함축한다. 집적된 자본은 더 큰 사회적 힘을 갖는다. 신용은 자본 집적의 주요 수단이다. 소유와 사용이, 사적 성격과 사회적 성격이 더욱 거세게 부딪힌다.

신용을 거쳐 집적된 자본은 법인격이라는 외투를 두른다. 시민으로서 개인에 따라붙는 법의 규율에서 자본은 더욱 자유로워진다. 마침내 '신용제도는 생산력의 물적 발전과 세계시장의 형성을 촉진하는데, 이런 세계시장의 형성을 새로운 생산형태의 물적 기초로서 일정한 수준까지 이루어내는 것은 자본주의적 생산양식의 역사적 임무다.'

생산양식을 구성하는 사회 형태는 애초의 필요가 충족되었다고 해서 사라지지 않는다. 한편 역사가 그에 부여하는 임무도 바뀐다. '그와 동시에 신용은 또 이런 모순의 강력한 폭발(즉 공황)을 촉진하고, 그럼으로써 낡은 생산양식을 해체하는 요소들을 촉진한다.(3 591)'

프로테스탄티즘과 가톨릭, 억양과 삶의 철학

신용이 프로테스탄티즘이라면 화폐는 가톨릭이다. 전자는 구원은 개인의 신앙에 달려 있는 것이지 미사의 전례나 교황의 면죄부 따위는 상관없다고 믿는다. '스코틀랜드인은 금을 싫어한다'는 말은 그들의 신념을 간명하게 표현한다. 신용만 있으면 화폐나 금은 있으나 없으나 한 가지다.

'지폐로서, 상품의 화폐적 현존재는 단지 사회적 현존만을 갖는다.(지폐로서 상품의 화폐적 존재는 순전히 사회적 존재이다 : 김수행의 영어판 번역)' 구원을 가져다주는 것은 믿음이다. 즉 상품의 내재적 정신으로서의 화폐가치에 대한 믿음, 생산양식과 그 예정조화에 대한 믿음, 자신을 증식하는 자본의 단순한 인격체로서의 개별 생산담당자들에 대한 믿음이 바로 그것이다.'

지폐에 사회적 생명을 부여하는 것, 그것은 신용이다. 어음에서 기원하는 지폐는 그 자체가 신용의 산물이다. 인쇄된 종이에 지나지 않는 지폐가 유통과정에서 상품에 대해 등가물로 기능하는 것은 특정한 사회적 관계를 전제한다. 신용은 한 사회의 기능과 관계를 매개한다.

'프로테스탄티즘이 가톨릭교의 기초로부터 해방되지 않은 것처럼, 신용제도도 화폐제도의 기초로부터 해방되어 있지 않다.(3 810)' 프로테스탄티즘과 가톨릭은 다 함께 영혼 불멸의 기반 위에 서 있다. 가톨릭이 의례와 교황을 내세워 이를 최종적으로 보증한다면, 자본의 생산양식은 화폐와 금으로써 상품의 불멸을 확인한다. 그렇다고 해서 화폐가 항상 상품의 영혼을 대변하는 사도의 지위를 지키는 것은 아니다.

신용제도의 기초가 화폐이고 화폐의 기초가 금이라는 것은 『자본』이후 세계적 규모에서 자본주의 제도의 변화, 자기 교정의 역사가 말해준다. 1970년 금본위제의 공식적 폐기는 이 생산양식이 위기를 내면화하는 방식이 어디까지 이를 수 있는지 보여준다. 그것은 해결이 아니라 회피이자 일시적 모면이다. 이는 신용이 위기에 빠질 때마다 드러나는 금이라는 토대에서 증명된다. 한 국가의 경제가 파탄 날 때 그 국민이 내지르는 외마디 비명과 함께.

신용과 금이 서로를 의지하면서 한편으로는 배제하듯 말과 목소리도 그렇다. 듣는 이를 혼란에 빠뜨리는 데는 말이 따로 필요 없다. '목소리는 얼굴 못지않게 감각적인 기묘한 표면을 보일 뿐더러, 또한 희망 없는 입맞춤의 현기증을 일으키는 가까이 갈 수 없는 심연의 일부(382 3)'다. 낱말을 적절히 골라 속마음을 숨기려는 말의 휘장을 걷어버리는 것은 목소리다. 물론 목소리만으로 입맞춤을 상상하는 재능은 아무한테나 있는 것이 아니다. 현기증을 일으킬 정도라면 더욱 그렇다.

말과 목소리, 그리고 억양은 다 같이 말하는 이의 깊이 감춰진 내면과 삶의 철학을 보여준다. 그런데 이때 뒤에서 이들을 감독하는 것은 따로 있다. 습관이다. '자연은 폼페이의 최후처럼, 요정의 변신처럼, 우리를 습관적인 동작 속에 고정시켰다. 마찬가지로 우리의 억양은 우리의 삶의 철학을, 다시 말해 인간이 사물에 대해 줄곧 생각하는 바를 품고 있다.(4 368)' 억양이 뚜렷하지 않은 한국어를 쓰는 우리가 남도의 사투리를 들으면서 눈을 반짝이는 까닭이다.

마르크스와 프루스트는 똑같이 기초와 상부, 속과 겉이 어떻게 얽히는지 살피는 데 빼어나다. 한 책이 신용이라는 사회 형태를 종교 형태와 맞세운다면 다른 한 책은 전혀 새로운 방식으로 폼페이의 옛 도시를 발굴한다.

신용과 화폐, 거짓말과 일반 체계

신용의 발전에는 금과 화폐를 대체함으로써 자본 축적을 극대화하려는 욕망이 놓여 있다. 신용이 필요하기만 하다면 조작과 거짓을 마다하지 않으면서 생산의 체계를 뒤흔드는 것은 예견된 일이었다. 그러나 자본 순환의 어떤 국면에서 신용이 금이나 화폐와 일대일로 마주서는 정산의 시간은 피할 수 없다. 개별 자본의 순환은 다른 개별 자본, 나아가 총자본의 순환과 필연적으로 연루되기 때문이다.

'화폐의 유출과 회수, 차액 부분의 정산(즉 신용제도에서 화폐유통의 진행을 의식적으로 규제하기 위해서 나타나는 모든 계기)이 신용제도와 독립된 것으로 나타나고, 문제가 사후에 조정된 형태가 아니라 자연스러운 본래 형태로 나타나(2 622)'게 하기 위해서는 '금속화폐의 유통을 가장 단순하고 본원적인 형태로 가정'할 필요가 있다.

1847년과 1857년의 공황을 분석하는 중에 마르크스가 신용의 토대가 화폐와 금이라는 사실을 마주하였다면, 프루스트가 속한 세계의 인물 스완이 마주한 곤경은 비슷하면서도 색다르다.

스완은 오데트의 거짓말을 무너뜨리지 못한다. 그녀에게는 체계라든가 토대가 없기 때문이다. 체계 속에서 사태를 판단하는 스완이 가톨릭을 대변한다면 그저 당장의 말이 전부인 오데트는 프로테스탄트를 대변한다고 할 수 있다. 세부적인 것과 일반 체계의 전투에서 승부를 결정짓는 것은 거짓말이다.

거리를 방황하다가 도저히 참지 못하고 오데트의 집에 이른 스완은 추측한다. "'그녀는 내가 초인종을 울리고 유리창을 두드린 것을 들었다고 고백하는구나, 그리고 그것이 나라는 것을 알았고 나를 보고 싶었다고 말하는구나." 지성은 추론을 이어간다. "그런데 문을 열어주지 않았다는 사실과는 잘 맞아떨어지지 않는구나."(2 162)' 질투가 벼리는 정신의 특질은 많다. 그 중에 가장 날카로워지는 것은 지성일 것이다. 그런데 지성의 문제는 적당한 지점에 멈춰 서지 못한다는 점이다. 지성이 균형을 잡는 데 결정적 장애물 또한 지성이다. 똑바로 보는 대신 제 눈을 가린다고 지성이 활동을 멈출 리 없다.

'그냥 내버려두면 오데트가 아마도 진실의 미미한 실마리가 될 만한 거짓말을 할지도 모른다'고 스완은 생각한다. 그러나 세부 사항을 말하지 않는 데 거짓말을 하는 사람의 일반적인 지혜가 있다. 반면 언제든 기밀을 수집할 준비가 되어 있는 첩자의 관심은 세부 사항을 벗어나지 않는다.

오데트가 사교 클럽인 '클레오파트라의 하룻밤'에 가지 않기를 바라는 간곡한 마음을 전하려는 스완은 지성인의 말, 글로 써도 즉시 완벽한 문장이 되는 말을 구사한다. "'다만 당신 대답을 고려하여, 당신 대답에서 어떤 결론을 끌어내기로 결심했기 때문에 이 점을 미리 알려두는 편이 보다 신의 있다고 생각한 거요."라는 식으로. '오데트는 조금 전부터 감동과 망설임을' 드러낸다. '그녀는 이러한 말의 뜻을 잘 이해하지 못했기 때문에, 막연하게나마 그것이 일반적으로 '짧은 연설'이라는 장르에, 그리고 비난 또는 애원 장면에 들어갈 수 있다고 생각'한다.

상대방이 무시할 때 한없이 무력해지는 것이 지성이다. 사랑하는 여자에게 지성이라는 무기를 사용하는 사람이 어리석은 까닭이다. 이에 비한다면 사랑받는 여자의 통찰력은 지성 따위로 훌쩍 뛰어넘는다. 물론 스완의 어리석음은 그가 지성을 남용하는 데만 있는 것이 아니다. 사랑하는 사람의 자리나, 전쟁에서든 전투에서든 열세가 운명인 자리에 있는 사람의 어리석음을 탓하는 것은 지나치다. 지성의 결핍 혹은 과용과 지정학의 문제는 엄밀히 구분되어야 한다.

지정학에 얽매일 수밖에 없다는 점은 자본도 예외가 아니다. 자본가의 근면이나 상품의 품질보다 신용 제도를 이용하는 능력이 중요하다. 그런데 '신용제도는 사적인 개인에 의한 사회적 생산수단(자본과 토지소유의 형태로)의 독점을 전제로 하며, 신용제도는 한편으로는 그 자체로 자본주의적 생산양식의 내재적 형태이면서 다른 한편으로는 이 생산양식을 가능한 한 최고의 형태로까지 발전시키는 추진력(3 827)'이다.

신용의 본질은 타인 노동에 대한 청구권이다. 신용이 떠받치고 그것을 주요한 기관으로 삼는 생산양식이 자본에 의한 생산이다. 그것은 사회적 생산물을 사적으로 전유하는 체계이다. 이 체계에서 신용은 잉여가치를 분배하는 기준인 동시에 자본 축적의 토대다. 체계는 토대를 갖춤으로써 일화적인 저항으로 파괴되지 않는다. 반대로 체계로써 허물 수 없는 개인의 재능이 있다. 사랑의 지정학에서 힘은 다른 한쪽으로 기운다.

스완은 오데트 앞에서 '거짓말을 해서는 안 되는 이유를' 열심히 늘어놓는다. 그런데 '그런 이유들은 오데트에게서 거짓말에 대한 일반 체계를 무너뜨릴 수는 있었겠지만, 오데트에겐 그런 일반 체계가 없었다(2 182).' 스완의 당혹과 곤란은 여기에 있다. 영혼과 말과 행동이 유기적인 일체를 이룬 오데트의 종합적인 재능을 오직 지성으로 맞서야 하는 스완의 노력은 애처로울 정도지만 결과는 뻔하다. 애원은 예정된 패배로 굴러떨어진다. 그가 얻은 것이 없진 않다. 어쨌거나 그녀가 진실을 말하지 않았다는 사실은 여지없이 확실해졌으니까.

애정을 다투는 두 사람 사이에 한정하기에는 거짓말의 쓸모는 지나치게 크고 다채롭다. 금과 화폐와 상품이 신용의 요구에 맞설 때 신용 뒤로 늘어서는 것은 스완이 오데트의 말과 표정에서 읽는 것과 그다지 다르지 않다.

공황과 사투리, 신용의 붕괴와 말의 변질

신용은 화폐를 밀어내고 부의 일반 형태가 된다. 신용이 부의 실체다. 우리가 사는 세계는 일상적인 구매와 지불을 현금이 아니라 플라스틱 혹은 휴대 전화기에 심어진 칩으로 한다. 신용의 사용 한도가 사회적 부의 지표다. 플라스틱과 칩을 생산하는 데 드는 비용과 그것이 대변하는 사회적 힘을 비교할 때 우리는 신용이 인간의 노동에서 얼마나 멀리 떨어져 나왔는지 깨닫는다.

그러나 신용이 위기에 빠지자마자 사회적 부가 자신의 등가물로서 요구하는 것은 화폐와 금이다. '신용이 흔들리면-그리고 이 국면은 근대산업의 순환에서 항상 필연적으로 출현한다-갑자기 일체의 실물적 부가 현실적으로 화폐(즉 금과 은)로 전환하지 않으면 안 되게 된다.(3 785)' 1997년 대한민국의 외환위기는 현실 세계에 펼쳐진 마르크스의 문장이었다. 프로테스탄트에 대한 가톨릭의 신앙고백 요구는 밀레니엄이 바뀌고 난 십일 년 뒤에도, 소위 엔론 발 금융위기로 되풀이되었다. 자본의 무대가 한 국가나 사회에 한정되지 않는다는 것을 말해주는 것으로 발작적인 저 금융 공황만 한 것이 없다. 탐정 소설이 막바지에 살인범을 밝히듯 공황은 경제 제도의 가면을 벗긴다. 가면 아래 드러나는 것은 신용의 맨얼굴이다.

신용의 위기가 공황으로 표출되는 반면 화자네와 함께 파리로 옮겨온 프랑수아즈의 언어에도 어떤 변화가 일어난다. 바람직한 것과 거리가 멀다는 점에서 이 또한 위기에 가깝다. 그녀의 언어에서 순수함이 사라진다. '모든 언어는 이와 같이 새 말의 첨가로 그 순수성을 잃어간다.' 박물관의 희귀한 소장품에 못지않던 그녀의 말은 오염되어 너절한 표준어로 변해갔던 것이다. 프랑수아즈가 모르는 중에, 함께 와 있던 딸이 쓰는 말투, 사투리를 흉내 내면서 생긴 비극이다.

화자의 설명이다. '모녀가 다 내 곁에서 뭔가 비밀이야기를 할 때, 부엌으로 농성하러 가는 대신에 내 방 한가운데서 꼭 닫은 문보다도 더 넘기 힘든 방어벽(防集壁)을 쌓아올렸다. 곧 사투리를 쓰곤 하였다.' 그런데 화자는 금방 그들의 언어를 습득하는데 이는 그에게 식은 죽 먹기다. '그게 사투리인 게 나로선 돌이킬 수 없는 유감이었다. 까닭인즉, 만에 하나라도 프랑수아즈가 늘 페르시아 말을 지껄였다면 나는 페르시아 말도 못지않게 썩 잘 배워 능통하고 말았을 테니까.' 자기 분석을 아무데나 덧붙이는 것뿐 아니라 아무도 부정할 수 없는 자기 자랑을 늘어놓는 것도 다 천재의 권리다. 여기에 스스로를 예외로 두지 않는 윤리적 감각을 덧붙임으로써 화자의 인격에 균형을 부여하는 것은 물론 프루스트다. '나는 프랑수아즈의 말씨의 좋은 시절을 알고 있었는데, 그것이 이처럼 타락한 데는 나에게도 간접적인 책임이 있었다.'

프랑수아즈는 화자의 진보를 눈치 채고는 말을 더 빨리 하고, 이에 뒤질세라 딸도 그렇게 한다. 예상한 대로 결과는 무위다. 이때 프랑수아즈가 느끼는 감정은 이중적이다. 그녀는 화자가 '사투리를 알아듣는 데 몹시 슬퍼하'다가 기뻐하기도 한다. '고생 끝에 내가 그녀와 거의 엇비슷하게 발음하게 되었다고 하지만, 그녀가 보기에는 우리 둘의 발음 사이에 천양지차가 있어서, 이 점이 기쁘기 그지없었기 때문'이다. 이때 화자가 가장 견디기 어려운 것은 '사투리를 엉망으로 지껄이는 걸 그들이 들으면 배꼽이 빠지도록 웃을 테니, 그 웃음소리가 귀에 쟁쟁(9 202, 203)' 울린다는 것이었다.

프랑수아즈 모녀가 화자에게 비밀을 지키기 못하게 된 사연은 이와 같다. 그들의 말이 '가장 너절한 시절의 프랑스어가 되'고 만 것은 여러 모로 아쉬운 일이다.

무상 신용과 프루동, 요크 햄과 프랑수아즈

'자본주의적 생산양식으로부터 결합노동(associated labour)의 생산양식으로 이행하는 데 신용제도가 강력한 지렛대로 사용될 것이라는 점은 조금도 의심할 여지가 없다.' 마르크스는 경고를 덧붙이길 잊지 않는다. '하지만 그것은 생산양식 자체의 다른 큰 유기적인 변혁들과의 관련 속에서 단지 하나의 요소로만 사용될 것이다.'

신용의 대표 기관인 은행이 자동적으로 자본의 생산양식을 바꾸리라 기대하는 것은 환상에 불과하다. 신용의 본질이란 이자 낳는 자본의 잉여가치에 대한 청구권에 지나지 않기 때문이다. 그러나 역사는 현실의 자리에 환상을 놓는 것을 마다한 적이 없다.

프루동의 용기는 '상품생산은 존속시킨 채 화폐를 폐기하려'는 그의 시도에 있다. 무지와 오류 위에 선 용기만큼 위태로운 것도 드물다. 그가 말하는 무상신용은 '소부르주아적 시각에서 헛된 소망의 실현'일 뿐이다. '자본주의적 생산양식이 존속하는 한 이자 낳는 자본은 그 생산양식의 갖가지 형태 가운데 하나로서 존속하며 실제로 이 생산양식의 신용제도의 기초를 이룬다.' 특정 생산양식에서 그 사회적 기능을 부여받는 점에서 신용은 상품이나 화폐와 마찬가지다. 자본주의 생산양식에서 신용제도란 이자 낳는 자본이 취하는 사회 형태일 뿐이다. 그것이 자본의 일반 정식, 일상의 얼굴로 등장한다고 해서 사정이 바뀌지 않는다.

사적 소유가 폐지되었을 때 신용이 뜻하는 바는 무엇인가? 이는 오지 않은 미래, 아니 어쩌면 지나가버린 과거에 놓인 물음이다. 조금 다르지만 조금 더 답하기 쉬운 물음을 살펴보자. 요크 햄을 자기만의 법칙대로 발음하는 프랑수아즈의 확신을 한 사회 계급의 무의식적 소망으로 해석할 수 있을까? 믿음의 강도에서 프루동에 뒤지지 않는 그녀다. 프루동이 당시 자본주의에 대한 견해를 대표했다면 프랑수아즈는 프랑스어를 보존하는 대표자였다.

프랑수아즈는 '말을 그다지 풍부한 것으로 믿지 않을 뿐만 아니라, 그다지 확실하지 않은 제 귀를' 믿는다. 그녀는 '요크 햄이라고 딴 사람이 말하는 것을 처음으로 들었을 때 동시에 요크와 뉴욕이 존재할 만큼 어휘의 바다가 넓으리라고는 믿을 수 없'었다. '부엌 하녀에게 "올리다의 가게에 가서 햄을 사 와요, 마님이 네브 요크 햄이 좋다고 말씀하시니" 하고' 말하는 그녀의 말씨에서 얼씨구나 쾌재를 부르는 것은 어김없이 화자다.

요크 햄이 영국 요크셔 지방에서 생산되는 햄이라는 것을 알지 못하는 사람이 뉴잉글랜드라는 지명이 있다는 것을 인정하지 않는다고 해서 뭐라 할 수 없다. 천연덕스러운 평결을 덧붙이며 화자는 말을 잇는다. '이날, 프랑수아즈의 운의 몫이 위대한 창조자의 불타는 듯한 확신을 품는 데 있었다면, 내 몫은 진리 탐구자의 참혹한 불안이었다.(3 28)'

요크 햄 사건은 잠시의 무안을 무시한다면 아무 일도 아니다. 또 무안쯤이야 그것을 유발한 사건 자체를 지워버림으로써 그 뿌리까지 캐내버리는 프랑수아즈가 아닌가. 무상 신용이 불러일으킨 사회적 혼란을 요크 햄이 불러온 부엌의 사소한 소동과 비교할 수는 없다고 해도 말이다.

은행제도와 거짓말, 화폐의 대체와 진실의 은폐

자본의 생산양식에서 노동력은 교환을 통해서만 그 가치를 돌려받고 재생산될 수 있는 상품이다. 이때 화폐가 교환의 유일한 수단은 아니다. 은행제도는 '화폐를 다양한 형태의 유통하는 신용(유통신용, 김수행)으로 대체'하고 이로써 '화폐는 사실상 노동과 그 생산물의 사회적인 성격을 나타내는 특수한 표현에 지나지 않는다는 것, 그러나 이 성격은 사적 생산의 기초에 대립하는 것으로서 항상 결국은 하나의 물적 존재 (즉 다른 상품들과 나란히 존재하는 특수한 상품)로서 나타날 수밖에 없다는 것을 보여준다.(3 828)' 사적 소유에 기초한 사회적 생산이 물적 존재로 표현될 때 뒤로 숨는 것은 사회 형태의 계급적 본질과 사회 형태들 간의 연관이다.

은행제도가 화폐를 다양한 형태의 신용으로 대체한다면 진지한 변명을 대신하는 것은 거짓말이다. 한마디 말의 위력이 최고점에 이를 때는 대개 그 말이 거짓말일 때다. '마침'이라는 흔히 쓰는 부사가 그렇다. 거리에서 화자는 알베르틴의 친구 지젤을 만난다. 한마디 말로 우주의 기미를 너끈히 짐작하는 화자는 그녀가 건네는 말 중에 있는 부사 하나로 즉시 추론에 착수한다. '이름조차 모르는 옛 친구에 관한 것이라면, 어찌하여 '마침' 알베르틴에게 지껄여댈 필요가 있다는 거냐?(9 233)' 이어 자체가 사전과 다름없는 그의 두뇌가 빠르게 회전한다. '코타르 부인의 입버릇인 '때마침 잘됐어요'와 사촌뻘인 이 '마침'이라는 부사는 일정한 인물에 대한, 특별한, 때맞은, 어쩌면 긴급할 때만 쓰이는 부사가 아닌가.' 화자는 이내 "마침'이라고 말했을 때 긴장되고 생기가 넘치며 적극적이던 표정(9 237)'이 전하는 모종의 진실을 잽싸게 낚아챈다.

지젤이 알베르틴에 대해 지껄인 말 가운데 한마디, '마침'은 거짓말만 하는 신하를 거느린 왕과 같다. 그의 영토 안의 말은 죄다 거짓이다. 거짓말은 그 말이 거짓이라는 걸 드러내는 온갖 장신구를 걸치는 법이다. 애인에 대한 화자의 의혹이 사실이 되는 순간 장신구 '마침'은 요란한 방울소리를 울려댄다. 인간 내면에서 일어나는 화학 반응의 일반적 촉매는 거짓말이다.

사기와 협잡의 체계와 거짓말 상사

한 생산양식의 역사적 임무를 완수하고 나서 신용이 하는 일은 사회적 부를 극단적으로 소수의 손에 집중시키는 한편 그 양식을 도박과 협잡의 체계로 만드는 것이다. 그렇게 함으로써 신용제도는 '새로운 생산양식으로의 과도적 형태를 형성한다.'

로(J. Law)에서 페레르(I, Péreire)에 이르기까지 신용의 대변자는 '협잡꾼과 예언자의 얼굴이 함께 뒤섞인 모습을(3 592)' 하고 있다. 두 가지 얼굴은 동시에 나타난다. 예언이 협잡을 통해 실현되기도 하고 협잡은 예언을 내세워 처벌을 피한다. 예언을 전조등처럼 치켜 든 말에 대한 경계는 늘 역사의 금언에 속했다.

주식 매수자에게 대가로 주어지는 증권 증서는 더 이상 자본에서 그의 몫의 크기를 나타내는 화폐가 아니다. 그것은 자본으로 선대된 화폐에 대한 지분, 즉 이자에 대한 청구권을 나타낸다. 소유권 증서는 그들만의 시장에서 거래되고 그것이 창출하는 실제 가치와 상관없이 가격 변동을 겪는다.

자본 소유가 수익의 일반적 원천이 되고, 투기가 경제활동의 일반 형태가 된다. '투기는 노동을 대신하여 자본소유의 본원적인 수익 획득 방식으로 나타나고, 또 직접적인 폭력을 대신해서 나타나기도 한다.' 투기는 노동에 대한 폭력적인 강제를 은폐한다. 그런데 이 생산양식에서는 투기 자본이 '개인뿐만 아니라 이미 언급한 바와 같이 은행가 자본에서도 그 화폐 자산 가운데 매우 중요한 부분을 차지한다.(3 653)' 노동에 대한 폭력은 은행가의 선의로 바뀐다.

투기가 주된 생존의 기술이 되는 시장에서 경제 정책을 좌우하는 은행가와 경쟁하는 개인에게 맡겨지는 몫은 당연히 희생자의 배역이다. 자살에서 차지하는 금융 투자자들의 비율은 그 사회의 자본주의 발전 정도를 나타내는 지표다.

타인 노동에 대한 청구권을 사고파는 데 기초한 주식회사는 '새로운 금융귀족을 재생산하는데, 이 금융귀족이란 곧 기획인, 발기인, 그리고 단지 명목뿐인 이사 등의 형태를 띤 새로운 종류의 기생계급이다.' 기획과 발기와 임원의 선임은 사회적 결사의 일반적 절차다. 그렇지만 그 활동이 한결같은 것은 아니다. 이로부터 다시 '발기, 주식발행 그리고 주식거래 등과 관련된 사기와 협잡의 전 체계를 재생산'하는 것은 금융의 세계다. '그것은 사적 소유의 통제를 받지 않는 사적 생산이다.(3 588)'

이 세계에서 상사의 운명은 애초부터 정해져 있었는지도 모른다. 상사의 경영자는 알베르틴과 지젤과 앙드레이고 내걸린 간판은 출판사다. 적용 범위가 주식회사와 금융을 뛰어넘는 데 경영 이론의 보편성이 있다. '그녀들의 거짓말은 제각기 커다란 다양성을 보이면서도, 서로 어찌나 잘 들어맞고 있는지, 이 작은 동아리는 예컨대, 물샐틈없이 꽉 짜인 어떤 유의 상사·출판사·신문사같이 뚫고 들어갈 수 없는 견고성이 있었다.'

극히 제한된 몇몇이 아니면 뚫고 들어갈 수 없는 체계의 내부자들끼리 나누는 미소는 특별하다. 침투가 불가능한 이유는 두 가지다. 일부러 미로처럼 구성되었거나, 거짓말의 두꺼운 커튼을 치는 경우다. 창틈을 코르크로 틀어막고 틀어박혀 글을 쓰는 소설가는 당연히 약자인데 알베르틴 상사가 화자에게 할당한 배역 또한 작가다. 그 상사는 신문 잡지 회사를 본으로 삼는다. '신문 잡지의 사장은 '성실'의 깃발을 선명하게, 다른 신문사 사장이나 극장 지배인, 출판업자에게 보란 듯이 높이 올리고 나서는, 자기 입으로 비난한 바와 정확히 똑같은 짓을 하고, 사리(射利)적인 실행에 골몰하는 것

을 많은 기회에 숨길 필요가 있는 만큼 더욱더 과장된 성실성을 짐짓 꾸미는 태도로 거짓말한다.'

이때 편집장이 빠져서는 안 된다. '편집장은 천사와도 같은 마음씨의 소유자로, 다른 세 사람 사이를 뛰어다니면서 무슨 일인지도 모른 채 동지적인 의리와 마음씨 착한 연대 의무감에서, 수상쩍게 생각하려고 해도 그런 낌새가 하나도 나지 않는 말로 그들에게 귀중한 도움을 가져다준다.' 작가가 소설 첫째 권을 내려고 뛰어다닐 때 출판계가 보여준 모습은 소설 안 어딘가에 반드시 자리 잡게 마련이다. 그의 좌절과 낭패가 깊었을수록 그렇다.

'이들 네 사람은 끊임없는 의견의 갈등 속에 지내지만 작가의 모습이 나타나자 당장 구름 사라지듯 사라진다. 개개의 싸움을 초월해, 저마다 위태롭게 된 '부대'를 구원코자 온다는 위대한 군사적 의무를 상기하는 것이다. 그런 줄 알아차리지 못한 채, 내가 이 '작은 동아리'에 대하여 이 작가의 역을 맡아 한 지가 오래였다.(9 236)'

주식회사는 파산하기도 한다. 파산한 거짓말 주식회사가 간판을 바꿔 달고 영업을 다시 시작하는 데는 긴 시간도 특별한 수고도 필요 없다. 업종의 존폐는 한 회사만의 폐업으로 결정되지 않는다. 자본은 여러 생산 부문과 다수의 회사에 골고루 집적되기도 하고 한 부문과 기업에 집중되기도 한다.

평화 시기 말고도 거짓말이 할 일은 많다. '거짓말은 야전 진지처럼 방위하던 이름이 함락되자, 재회의 가능성으로 이동한다.(9 549)' 거대한 자본을 끌어들이는 주식회사와 막 붕괴한 진지에서 탈출하여 이동하는 거짓말 상사 사이에 놓인 틈이란 무시해도 될 정도다.

주식제도와 도박, 증권거래소의 허세와 예의범절

가공자본들이 거래되는 증권거래소의 풍경을 그 자신 증권거래자였던 프루스트가 못 본 척 지나칠 리 없다. 채권과 주식의 가격이 오르락내리락 정신이 없는 중에도 그의 눈길은 여느 투자자처럼 시세판에 머물지 않는다. 허세와 예의범절이야말로 증권거래소에 늘 피어나는 열대의 꽃이다. 아니 그것은 거래 기술의 뺄 수 없는 일부다.

온갖 계급과 직업에 속한 이들이 지혜와 기술을 겨루는 증권거래소에서 볼 수 없는 계급이 있다. 노동하는 계급이다. 노동하는 인간은 노동하는 인간의 미래를 팔고 사는 이들의 거래에 끼일 수 없다.

주식제도의 본질은 타인 자본의 절대적 처분권을 사유화하는 것이다. 자본이란 노동자의 잃어버린 노동시간의 자립과 외화라는 점에서 주식제도는 타인 노동에 대한 취득권을 사유화한다. 처분권이 부여된 자본인 신용은 사회적 자본을 사적으로 사용하는 일반적 매개다. 그러므로 '자본의 원천이 저축이라는 말도 마찬가지로 여기에서는 무의미하게 된다. 왜냐하면 그런 말을 하는 사람이 있다면 그 사람은 다른 사람들에게 자신을 위해 저축하라고 요구하는 꼴이 되기 때문이다.'

사회적 생산수단에 대한 극단의 사적 수탈을 가능하게 하는 것이 주식제도이다. 그 결과 나타나는 것이 과도하고 과시적인 사치다. 사치는 신용의 일반적 외관이 된다. 사회적 자본을 수중에 끌어 모으는 능력은 선망의 눈길을 사로잡는다. 성공과 실패의 뜻도 일변한다. 성공은 자본의 집중과 그에 따른 가능한 수탈의 크기로 측정된다. '이들 소수자들에게 순수한 도박꾼으로서의 성격을 점점 더 부여해'주는 것이 신용이다. 주식제도에서 '소유는 주식의 형태로 존재하기 때문에, 그것의 운동과 이전은 순전히 주식매매의 결과로 이루어지며, 이들 주식매매에서는 작은 물고기가 상어에게 먹히고 양이 이리들에게 잡아먹히는 약육강식의 법칙이 작용한다.'

이 무자비한 전장에서 벌어지는 전투가 얼마나 잔인한지 잠시 지켜보자. 그런데 잔인은 때로 품위와 함께 한다는 데서 인간, 혹은 그가 속한 사회의 깊이가 드러난다. 증권거래소에선 '에드워드 7세건, 빌헬름 5세건 무릇 병든 국왕은 모조리 죽은 것으로 되고, 포위 직전에 있는 도시는 모조리 함락한 것으로 된다. "그걸 숨기는 건" 하고 블로크가 덧붙인다. "독일놈의 사기를 떨어뜨리지 않기 위해서지. 하지만 놈은 어젯밤에 죽었어. 내 부친께서 확실한 소식통한테서 입수했네."' 이 세계에서 병은 곧 죽음이요 동시에 꾀병이다. 포위는 곧 함락인 동시에 공성전의 실패다.

최고 귀족 로베르 생 루는 블로크의 말을 받아 '빌헬름 황제'라고 정정한다. 분이 치밀어 오른 블로크를 다독이며 중재에 나서는 사람은 역시 화자다. '그러나 목이 단두대의 넓적한 칼 밑에 있을망정, 생 루와 게르망트씨는 그 밖에 달리 말을 하지 못했을 거라고.' 이 귀족들은 '바른 예절의 표시를 보일 상대가 아무도 없는 무인도에 외롭게 살아남'는다고 해도 '베르길리우스 시구를 정확히 인용하는 두 라틴 문학자처럼, 그런 바른 교양의 흔적으로' 서로 알아보리라고. 이는 사기가 부에 이르는 유일한 길이라 믿으며 한몫을 노리는 프티 부르주아 블로크와는 전혀 다른 생 루의 경제적 토대를 암시한다. 채권이든 주식이든 토지든 온갖 가공자본으로부터 생활의 다양한 물자를 뽑아내는 재능은 아무 계급에나 허락되는 것이 아니다.

생 루가 적국의 황제 이름에도 반드시 호칭을 붙이면서 허투루 다루지 않는 것은 종족을 가르는 정신의 높이를 보여준다. 그 정신은 국채나 주식 가격의 등락에 무심한 반면 예법의 오랜 전통이 내리는 명령에 훨씬 민감하다. 귀족의 관용과 용기는 프티 부르주아의 탐욕과 속됨에 비하면 향기로울 정도다. 증권거래소라고 지켜야 할 인간의 품위가 없겠는가? 병역 시험에 합격했다는 소식이 전해지자 반군국주의자의 신념을 끝도 없이 늘어놓지만, 얼마 전 근시로 병역이 면제되는 줄 알았던 때는 누구보다 맹목적으로 애국주의를 부르짖던 블로크 역시 종족의 정신에 충실하다는 점을 덧붙여야겠지만 말이다.

주식제도는 한편 형식적이긴 하나 생산수단의 독점을 생산자들의 결합적 소유로 만든다. 그것은 사회적 생산물에 대한 사회적 소유의 한 형태, 과도기적 형태다. 생산수단의 사용을 결정하는 것은 개개의 소유자들이 아니라 이사회의 이사 같은 소수다. 사회적으로 소유하되 사적으로 사용된다. 소유와 사용, 사회적인 것과 사적인 것의 대립은 절정에 이른다. 이 사회 형태들은 대립을 해결하지 않고 봉합하고 매개하고 내재화한다.

주식회사에서 소주주의 권리는 위임이라는 형식을 통해 지배 주주에게 이전된다. 위임이 실제로는 권리의 포기일 때 위임 받은 자가 도박꾼의 유혹을 참아내기란 쉬운 일이 아니다. 도박꾼과 독재자는 외관상의 소속이 다를 뿐이다. 정치계가 주주 민주주의를 경탄의 눈빛으로 참조하는 이유다.

∴ 215. 소유

소유, 경제학과 심리학

자본에 의한 생산이 지배적 질서로 자리 잡는 과정은 수탈의 역사다. 수탈되는 것은 노동수단, 그리고 직접 생산자다. 수탈은 피수탈자가 임노동자로 바뀔 때까지 계속된다. 본원적 축적은 자신을 재생산하는 생산관계가 정립되면서 소임을 다한다.

이로부터 자본의 생산양식에 고유한 소유 개념이 이끌려 나온다. 직접 생산자가 빼앗기는 노동 조건에는 노동수단 외에 그의 신체 바깥에 있는 모든 것이 포함된다. 그런데 노동자가 '모든 활력을 다 발휘하고 전형적인 형태를 취하게 되는 것은 노동자가 자신이 다루는 노동조건의 자유로운 소유주일 때 즉 농민은 자신이 경작할 땅의, 수공업자는 그가 숙련된 손으로 다룰 용구의 자유로운 소유주일 때뿐이다.'

소규모 토지소유나 수공업에 기초한 경제 형태는 협업과 분업의 사회화된 노동에 기초한 대공업과 경쟁할 수 없다. 열세는 생산과 유통을 가리지 않는다. '본원적 축적에 따른 자본의 수탈에 자영농이 대항할 방법은 현실적으로 존재하지 않는다. 이는 사회적 노동의 생산력과 개인적 노동에 의존하는 생산력 간의 경쟁에 애초부터 정해져 있던 결과'이다.

부르주아 경제학이 애써 구분하지 않는 것, 아니 숨기려는 것이 있다. 사적 소유의 두 가지 형태다. '경제학은 원리에서 매우 다른 두 가지 사적 소유를 혼동하고 있다. 하나는 생산자 자신의 노동에 기초한 것이고 다른 하나는 타인의 노동에 대한 착취에 기초한 것이다. 후자는 전자의 정반대일 뿐만 아니라 오직 전자의 무덤 위에서만 성장한다는 사실을 경제학은 잇고 있다.(1 1024)' 이 생산양식을 옹호하는 경제학의 이론적 깊이는 이 구별을 얼마나 훌륭하게 얼버무리고 뒤섞는가에 있다. 다양한 미디어에 출현하여 번드레한 논평을 쏟아내는 지금의 경제전문가들 또한 누구보다 이를 잘 안다.

소유란 배제를 함축한다. 이는 생산양식에서든 사랑에서든 똑같다. 연인의 얼마간의 부재는 사랑하는 이에게 영원한 공백이다. 화자는 알베르틴을 가둔다. 그럼에도 그는 그녀의 단 몇 시간의 외출도 견디지 못한다. 사랑하는 사람은 상대방의 모든 시간을 소유하려 한다. 소유의 관점에서 사랑의 욕망은 자본의 증식 욕망과 다르지 않다. 프루스트의 문장은 끝없이 이어지며 이를 증명하고자 한다.

오데트는 며칠 동안 이별을 제안하는 스완의 편지에 동의하는 답장을 보낸다. 참혹한 결과일수록 제안한 사람에게 귀속되는 것이 사랑의 일반 문법이다. '스완의 계산과는 반대로 오데트의 동의가 그의 마음속 모든 것을 바꾸어놓았다. 뭔가를 소유한 사람이 자신이 소유한 것을 잠시 소유하지 못하게 되면 어떤 일이 생길지 궁금해서 나머지 모든 것은 그대로 둔 채 그 한 가지만을 자기 마음에서 없애보는 것과도 같았다. 그러나 이 한 요소의 부재는 그것만으로 끝나지 않았으며, 단순히 부분적인 결핍도 아닌 다른 모든 것의 전복이며, 예전 것에서는 예측할 수도 없었던 새로운 상태인 것이다.(2? 206)' 사랑에 빠진 남자의 계산은 그가 아무리 고등수학에 능통하다 해도 외계 은하까지의 거리를 더하기로 셈하는 어리석음에서 벗어날 수 없다. 사랑하면서 이별을 제안하는 편지를 쓰는 남자의 어리석음이란, 사흘을 굶은 뒤에 식사에 초대되어 스스로 채식주의자라 밝히는 짓을 빼고는 비교할 만한 것이 거의 없다.

이별의 통보는 소유에 대한 포기 선언이다. 사랑에서 선언은 오직 덜 사랑하는 사람이 더 사랑하는 사람을 향할 때만 효과적이다. 그렇지 않다면 이별의 선언은 상대방으로 하여금 연민마저 내던지게 만든다. 한꺼번에 다 잃는 방법은 무수한데 현재 상태를 유지하는 것마저도 온 몸을 내던져야 하는 것이 사랑이다. 내일의 사랑을 위해서는 오늘 특별한 기예가 발휘되어야 할지 모른다. 오늘의 분배가 내일의 생산을 보장하듯이 말이다.

분배는 소유형태를 재생산하는 필수적 계기다. 따라서 분배관계는 소유관계로 바꾸어 읽을 수 있다. 엥겔스는 제3권 끝에 '분배관계와 생산관계'라는 장을 배치하였다. 체계적으로 편집되었다기보다 차라리 갈무리해둔 원고를 덧붙인 데 가깝다. 책은 이어지는 '제52장 계급'에서 끝난다. 여기서 특정 생산양식에서 소유가 수행하는 역할, 다시 말해 소유의 사회적 형태가 드러나는데 이를 통해 독자는 사회 형태를 다루는 마르크스의 방법의 핵심인 추상의 힘을 다시 한번 마주한다. 생산과 분배의 상호 전제를 들추어내는 것은 추상이다. 생산관계란 '인간이 그들의 사회적 생활과정(즉 그들의 사회적 생활의 생산)에서 맺는 관계이며 … 하나의 특수하고 역사적이며 일시적인 성격을 지닌다.' 그렇다면 분배관계란 무엇인가? '분배관계는 본질적으로 이 생산관계와 동일한 것이면서 그것의 이면(裏面)이며, 따라서 이들 두 관계는 모두 역사적으로 일시적인 성격을 똑같이 지닌다.(3 1165)'

생산관계는 생산이 이루어지는 토대인 동시에 생산물의 귀속을 지시하는 소유관계를 포함한다. 예컨대 절대지대는 토지소유라는 사회 형태가 특정한 계급에게 잉여가치를 귀속시키는 사회 형태이다. 이는 소유가 자본의 생산양식의 한 기관으로서 행사하는 힘을 보여준다. 마찬가지로 이자란 자본 소유가 이 생산양식에서 제 몫으로 요구하는 잉여가치다.

소유, 이윤과 사랑의 원천

화폐자본이 기능하는 자본에 제 몫의 이자를 요구하는 것은 그것이 속한 생산양식이 신용 위에서 작동하기 때문이다. 자본의 신용 형태, 곧 대부된 자본은 자본의 일반 형식이 된다. 소유의 사회적 형태가 자본이 행사하는 힘의 비밀이다. 소유가 이윤을 낳는다.

'이자와 기업가수익이라는 이들 두 형태는 단지 각자의 대립물로서만 존재한다.' 기업가 수익을 제하고 남은 것이 이자가 아니라 '이윤의 일부가 이자로 전화하기 때문에 이윤의 다른 부분이 기업가수익으로 나타'난다. 마침내 '이자는 재생산과정의 바깥에 머물러 있는 단순한 대부자에게도, 그리고 자기자본을 손수 생산적으로 사용하는 소유주에게도' 동일한 것으로 출현한다. 즉 이자란 '자본소유 그 자체가 낳는 순이윤(Nettoprofit)이다.(3 497)' 화폐자본은 기능 자본으로 대부되기 전에 자기 몫을 이자율로 명시한다.

화폐가 최종적으로 물신을 완성하는 것은 소유 그 자체가 이윤의 원천, 일반적 원천이 될 때다. 이제 화폐는 자본으로 대부되든 그렇지 않든 이윤을 낳는 사물로 표상된다. 경제학의 궁극적 통찰을 군더더기 없이 요약하는 것은 돈이 돈을 낳는다는 말이다. 이자는 이윤의 순수한 형태가 되고, 소유는 분배를 요구하고, 국가는 그 실행을 법으로 강제한다.

부르주아 경제학에서 소유가 이윤의 원천이 되는 것처럼, 기원과 과정이 뒤로 숨고 원인과 결과가 뒤섞이는 것은 인간의 삶 도처에서 관찰된다. 사랑에서는 양의 착오, 계산의 혼란이 덧붙는다. 최소한이 곧 전부라 여겨지기만 하면 사랑은 시작될 수 있다. 측량의 착오야말로 사랑의 가능성이다. 또 가능성만으로 무한한 욕망을 낳는 것이 소유다. 통과하는 사람마다 자기만이 유일하다고 여기는 데 사랑이란 터널의 특징이 있다. 스스로 느끼는 통증과 다른 사람이 짐작하는 통증 사이에 심대한 차이에서 존재한다는 점에서 사랑은 몸살에 비할 만하다.

어디서든 시작될 수 있다는 것이 사랑의 공통점이다. '사랑하는 데는, 스완 아가씨의 경우에 내가 그렇게 생각한 것처럼, 여인으로부터 멸시의 눈으로 보이고, 그 여인이 절대로 자기 것이 되지 않는다고 생각하는 것만으로 때로는 충분할 수도 있고, 또한 때로는 게르망트 부인의 경우처럼 여인으로부터 호의의 눈으로 보이고, 그 여인이 자기 것이 될지도 모른다고 생각하는 것만으로 충분할 때도 있'다. 여인의 눈길이 성당 안에 있는 사람을 차별하지 않는다는 것을 안다면 그는 그 여인을 사랑하는 사람이 아니다. 화자는 생각한다. 게르망트 부인은 성당을 나온 뒤에도 나를, 내 눈길을 잊지 못하리라. 그녀가 맞는 오늘 저녁은 쓸쓸하리라. 그녀가 쓸쓸할 것이라는 믿음과 자기가 그녀를 사랑한다는 사실 가운데 무엇이 앞서는가? 무엇이 원인이고 무엇이 결과인가? 믿음과 사실의 화합물을 분해하기 위해 필요한 것은 현대의 화학이 아니라 셰익스피어가 살던 시기의 연금술일지도 모른다.

소유의 가능성이 사랑을 불러일으킨다면, 화폐가 또 다른 화폐를 낳을 가능성은 투기를 부추긴다. 주식 거래자의 대다수가 기꺼이 동의하듯 투기는 투자의 일반 범주이고 소유는 사랑의 요람이다.

불가능성이 가능성과 똑같은 일을 한다는 데 사랑의 불가해성이 있다. 화자가 질베르트와 사랑에 빠지는 것은 그녀가 절대로 자기 것이 되지 않으리란 생각 때문이다. 이것이 사랑의 추론이 수학의 추론과 다른 점이다. 그렇다고 수학의 우위를 곧바로 단정할 수는 없다. 양도논법을 가장 능숙하게 구사하는 사람은 논리학자라기보다 사랑에 빠진 사람, 특히 방금 그렇게 된 사람이다. 논증이란 대개 사후의 외마디에 지나지 않는다는 것을 가장 잘 아는 이도 사랑하는 사람이다. 화자는 자기도 모르게 공작부인의 눈빛, 단 하나로밖에 해석되지 않는 그 빛깔에 그녀의 걸음걸이가 퍼뜨리는 다사로움을 애써 덧붙여 논증의 흠결을 가린다.

사랑에서 추론이 수학의 추론과 다르듯 부르주아 경제학자의 추론도 그렇다. 그에 따르면 자본과 소유는 분리될 수 없다. 자본은 소유의 효과이다. '소재적 부의 대립적인 사회적 성격-임노동으로서의 노동과 소재적 부의 대립-은 생산과정과는 별개로 이미 자본소유 그 자체를 통해 표현되어 있다. 이 자본소유는 자본주의적 생산과정 그 자체와는 별개의 한 계기이며, 언제나 그 생산과정의 결과물이면서 또한 그 생산과정의 전제(생산과정의 결과물)이기도 하다.(3 468)'

생산은 특정 소유관계를 전제한다. 생산물의 분배를 결정하고 자본의 그다음 순환을 조건 짓는 것이 소유다. 그것은 또한 노동에 대한 지휘권과 타인 노동에 대한 청구권을 자본에 귀속시킨다. 소유는 노동과 맞교환되는 등가물이 아니라 노동에 대한 자본의 절대적 지배를 보장하는 사회 형태이다. 한쪽에는 생산수단과 생활수단을 소유한 계급이, 다른 한쪽에서는 자신의 노동력, 그 유기적 실체인 신체만을 소유한 계급이 마주설 때 자본은 생산양식의 지배자가 된다.

부의 생산이 자본의 소유가 아닌 다른 사회적 형태로 가능하다면 사랑 또한 소유가 아닌 다른 형태로 가능하지 않을까? 그렇다면 사랑이 먼저 새로운 길을 열어 보일 수 있을까?

⁚. 216. 지대 혹은 사교

지대란 자본의 생산양식에서 임금·이윤과 함께 수입이 취하는 한 가지다. 수입의 형태에 근거해 사회구성체를 분석하려는 것은 추상과 소재를 뒤섞는 부르주아 경제학의 불가피한 시도지만, 마르크스는 그들의 용어와 관점을 이용하는 데 거리낌이 없다. 이 선택은 전략적이다. 그의 책 3권 전체는 부르주아 경제학의 용어와 개념, 그리고 관점과 전제를 받아들이고 분석의 대상으로 삼는다. 촘촘한 그의 문장들은 부르주아 경제학이 숨기거나 거꾸로 세워놓은 것이 무엇인지 낱낱이 폭로하면서 가까스로 마침표를 찍곤 한다.

토지소유자는 지대를 수입으로 하는 계급이다. 사회의 부를 생산하는 데 있어 아무 역할도 하지 않는 계급임에도 그때와 지금, 영국과 대한민국에 이르기까지 그들은 불로소득자의 전형이다. 무주택자 혹은 임차인의 분노와 정치인들의 큰소리에도 이들이 사회 일반의 자유로운 동의를 얻거나 몰락했다는 소식은 영영 들리지 않는다. 불로는 자본의 앞날을 밝히는 불멸의 등대인가?

제인 오스틴이 쓴 『오만과 편견』의 주인공 엘리자베스가 처음 보면서 오만한 남자라 여기는 다아시는 대토지를 소유한 귀족이다. 오만이란 보는 이의 편견임을 밝히기 위해서도 반드시 쓰여져야 하는 것이 장편소설이다. 책은 19세기 초 영국 중산층 처녀가 행복한 삶을 살 수 있는 사회적 조건을 집요하게 파헤친다. 요컨대 지대 생활자의 오만은 그 생활을 공유할 여자의 편견으로 드러날 가능성이 매우 크다. 오만와 편견이 심화되는 곳도 해소되는 곳도 다 사교의 공간이다.

지대의 성립과 사교계 진입

마르크스가 페티와 같은 시대에 살았다면 우리는 그를 중농주의를 대표하는 인물로 여길지도 모른다. 부르주아 경제학의 범주인 지대 또한 예외가 아니다. 지대가 토지소유 계급에게 귀속되는 이윤의 일부라는 주장은 주어진 사회의 총이윤을 자본의 규모에 따라 배분하는 일반이윤율을, 다시 말해 생산가격을 전제하고 이는 또 특정한 수준에 이른 자본주의적 생산을 함축한다. 사회를 표현하는 개념과 범주, 그 분석 도구로서 가치는 역사적으로 결정된다.

토지소유의 역사를 살피면서 그 속에서 자본주의 이후 사회 형태의 실마리를 찾고자 애쓴 마르크스의 연구는 『자본』에 반영되지 않았고 여러 가지 추측을 낳았다. 이를테면, 고대 게르만 공동체나 러시아의 촌락 코뮌은 자본주의 이후를 조망할 때 어떤 참조의 빛을 던지는가? 미래란 과거와 어떻게 이어지는가?

지대는 자본의 생산양식에서 특정 계급에 분배되는 가치의 사회적 형태다. 그것은 화폐액으로 표시되고 농지, 대지, 광산, 어장, 산림에 부과된다. '지대는 여기에서 토지소유가 경제적으로 실현되고 가치를 증식하는 형태이다. 또한 여기에서는 근대사회의 골격을 이루는 세 계급-임노동자, 산업자본가, 토지소유주-이 한데 어우러져 나타난다.(3 844)' 지대 수익자가 근대 사회의 세 계급 가운데 하나라는 것은 토지소유가 근대적 생산양식의 필수 기관임을 뜻한다.

진지한 물음은 대개 고통스러운 현실에서 나온다. 지대로 살아가는 계급이 있다면 그들을 위해 자신이 생산한 것을 빼앗겨야 하는 계급이 있을 테니까. 다른 종류의 고통이 있다. 이 고통은 지대 수익자나 금리 생활자가 누구보다 잘 알지 모른다. 그러나 그 또한 보편적인 고통이다. 질투에 사로잡힌 스완이 오데트가 다녀갔음직한 곳을 샅샅이 살필 때 독자가 공감하는 까닭이다. 진리란 고통과 짝한다. 이를 말한다는 점에서 두 책은 그리 멀리 놓여 있지 않다.

프루스트도 땅을 말한다. 그것은 인간이 저마다 소유하고 자기만 알아보는 그늘이 드리워진 지대다. '한 가문의 어느 일원이 상류사회에 이주할 때 … 그 사람은 자기 주위에 그늘진 지대, 곧 terra incognita(알려지지 않은 땅)를' 그린다. 이 땅은 '그와 함께 사는 모든 사람들에게는 그 사소한 명암까지 훤히 보이지만, 거기에 깊숙이 들어가지 않고 더구나 그런 것이 자기들 가까이 있다고는 꿈에도 생각지 않고서 그 변두리를 따라가는 사람들에게는 어둠이며 순수한 무에 지나지 않는다.(3 131)'

노동과 상관없이 살아가는 것은 상류사회에 속하는 인간의 한 표지다. 노동자의 눈에 보이는 지대 생활자의 '순수한 무'는 곧 노동의 부재다. 근대사회에서 토지소유자는 사교계 인사들의 수원이다. 사교계에도 알려지지 않은 땅의 선점은 본원적 축적의 주된 방법이다. 어둠이자 순수한 무의 그늘은, 토지를 소유하는 것에서 거저 주어지는 부와 사치를 숨기는 두꺼운 커튼에 지나지 않는다. 순수한 무지를 유지하는 데는 순수한 지혜가 필수적이다. 그러나 그림자가 키를 키울 때, 한낮이 아니라 저녁이야말로 어둠과 무지의 참된 모습이 드러나는 때다.

스완과 결혼하여 사교계에 진입하게 된 오데트는 '전에 살아온 세계와는 다른 세계에 깊이 꿰뚫고 들어가는 데에서' 무한한 기쁨을 얻는다. 그녀는 '마치 들뜬 곤충이 윙윙대며 꽃을 찾아가듯 새롭고 매혹적인 세계 속으로 들어가서, 그때부터 방문하는 집집마다에서 소문, 선망과 감탄의 은밀한 씨앗을 퍼뜨려주는 목격자가 한 사람 필요하게 된다.(11 60)' 지켜보는 눈은 범죄의 목격에만 필요한 것이 아니다. 안과 밖의 대조가 사교계의 등급을 결정한다. 안팎의 역전, 바깥에 있던 이가 전혀 새로운 지대로 진입하기 위해서는 만장의 공인이 필요한 법이다.

공물로서 지대, 하면서도 하지 않는 사교의 기술

지대란 토지의 배타적 소유가 가져다주는 공물이다. 공물은 수취자 말고는 그것이 세상에 어떻게 출현하는지 모를 때 빛을 발한다. 지대는 '현실에서는 토지 이용을 허가해준 데 대해 임차인이 토지소유주에게 차지료의 형태로 지불하는 모든 것'이다. 이런 지대의 본성에서 볼 때 '이 공물(貢物, Tribut)이 무엇으로 구성되어 있고 또 어디에서 생겨난 것'인지는 중요하지 않다. 중요한 것은 독점권 자체다. '독점권이 이른바 토지소유주들로 하여금 그런 공물을 징수할 수 있게 하고 또 그런 부과금을 부과할 수 있게 해준다는 점에서, 이 공물과 본래적인 지대는 동일하다. (3 852)'

어떤 지대든 지구의 일부에 대한 독점에서 유래한다. 지대가 그 출처를 따지지 않는 공물로 다루어질 때 뒤로 홀쩍 물러서는 것은 그 지대가 어디서 온 것인가 하는 물음이다. 즉 지대라는 사회 형태의 엄밀한 표현인 잉여가치가 어디서 오는가 하는 물음, 사회의 부를 수입의 형태로 환원하는 속류경제학자 세를 추종하는 경제학자들이 애써 외면하는 바로 그 물음이다.

경제학자라고 사교계 주변을 어슬렁거리지 말란 법은 없다. 프루스트는 부르주아 살롱의 풍경을 묘사하면서 시정보다 경제학을 거론하는 데서 정체성을 확인하는 어떤 계급의 내면을 보여준 바 있다. 이는 지식이라는 사회적 자산이 생산양식과 공모하는 한 가지 방식을 보여준다. 생산양식의 요구에 자신의 존재 이유를 증명해야 하는 의무는 객관성을 내세우는 학문이라 해서 면제되지 않는다. 경제학을 더 말해 무얼 하겠는가?

물론 이론과 사교의 관계는 일방적이거나 일의적이지 않다. 한 저자는 사교의 재능을 배척하는 이론적 재능을, 다른 저자는 사교에 대한 분석에서 빛나는 이론적 재능을 유감없이 보여준다. 이와 같이 아주 드문 재능을 제외한다면 이론적 재능이란 특정한 사회계급의 이해와 얽혀 있게 마련이다. 인간관계를 형성하는 데 동원되는 기술과 기예는 말할 것도 없다.

화자는 수브레 부인에게 게르망트 대공에게 '소개해달라고 부탁할 참'이다. '그녀는 집주인이 우리 쪽을 보지 않는 틈을 이용하여 어머니처럼 내 어깨를 붙잡더니 자신을 볼 수 없는 대공의 돌린 얼굴을 향해 미소를 지었으며, 또 자칭 후견인인 척하면서도 의도된 불필요한 동작으로 나를 대공 쪽으로' 민다. '이 동작은 진퇴양난에 빠진' 화자를 거의 원점으로 되돌려놓는다. 탄식을 억누르며 화자는 말한다. '사교계 인사들의 비겁함이란 바로 이런 것이다.(7 100쪽)' 사교계에서 흔하디흔한 이런 행동을 비겁하다고 무지르기엔 중요한 뭔가가 빠져있다. 생활수단의 출처를 물을 때 답변을 준비하는 토지 소유 계급이 면밀하게 찾고 있는 것은 아마 동일한 기술일 것이다.

사교의 기술에서 두드러지는 것은 이중성이다. 이는 사교의 세계가 안과 밖의 분리, 구별과 대립에 기초하고 있기 때문이다. 이 세계에서 추천은 추천의 만류와, 신용은 채무의 면제와 함께 오간다. 사교계 부인이 '청탁자의 눈에는 청탁자를 추천하는 듯 보이지만, 고위층 인사의 눈에는 청탁자를 추천하지 않는 것처럼 보이게 하는 기술'로 보여준 바와 같이. 그녀의 '이 이중의 의미를 담은 몸짓은 청탁자에게는 자신에 대한 감사의 신용 대출을 트게 하면서도 후자에게는 어떤 채무도 지지 않게 했다.'

토지소유 계급의 운명, 혹은 사교계의 어스름

사교 생활을 채우는 것은 지속의 부재 혹은 대상의 대체다. 이는 공물로 살아가는 계급의 운명이다. 게르망트 공작부인의 농담에는 그 계급의 생활의 비밀이 담겨 있다. 이웃에 살면 귀족이라고 해도 자신의 생활을 다 가리기 쉽지 않다. 부인은 나들이를 앞두고 말한다. "비 안 온다고 누가 장담하지요, 우산을 가지고 가는 게 좋아요, 멀리 가니까 마차 삯이 내겐 너무 '비싸게' 치일지도 모르니까요." 경제 분석에 이른 화자의 해설이다. '어쩌면 이것은 오히려 부인의 생애의 한 시기의 입버릇, 이미 부유하지만, 많은 소유지의 유지비에 비추어서 아직 부족하여, 어느 정도 금전의 궁색을느낀, 게다가 그 사실을 감추는 기색을 보이기 싫어서 입에 담은 말버릇인지도 몰랐다.(9 37)'

가난하지 않으면서 가난하다고 말하는 사람의 머릿속에는 나름의 정연한 의도의 체계가 있게 마련이다. 재치를 내보이거나 우아하게 보이기를 바라는 것일까? 궁색함을 감추려는 것일까? 재치와 우아함 뒤에 숨겨진 현실이 조금씩 드러난다. 몰락하면서도 겉으로 아무런 표정도 드러내지 않는 데 위대한 계급의 품위가 있다.

단지 부유하기만 한 쿠르부아지에네 사교 클럽이 아니라 망해가는 게르망트 공작부인의 살롱에 발을 들이려고 그토록 사람들이 애쓰는 까닭은 무엇인가? 부인의 사치는 오로지 물질적인 풍요에서 생기는 사치와 다르다. 그것은 바로 '매력적인 말들과 친절한 행동과 진정한 내적인 풍요로움으로 부양되는 온갖 언어적인 우아함'으로 발산되는 사치다.

이 특별한 사치 속에서도 부인은 덧없음을 느낀다. 고귀한 사치도 관능의 욕망을 대신하지 못한다. 음악에 도취하는 것으로 관능의 욕구를 대신할 수 없는 것처럼. 부인은 사치가 욕망을 대체할 수 없음을 쓰라린 가슴으로 확인한다. '스스로 코르사주에서 꽃이나 메달을 떼어내 함께 파티를 계속하고 싶은 누군가에게 주어보지만 이런 시간의 연장도 활기찬 쾌락이나 덧없는 감동으로부터 전해지는 것은 아무것도 없'다. 그녀는 '그 뒤에 남는 나른함과 서글픔의 인상이 마치 봄의 첫더위와도 비슷한 그런 공허한 담소밖에는 어떤 것으로도 이르지 못할 것 같다는 우울한 느낌을' 받는다.

화자는 다소 비판적인 주석을 덧붙인다. '여인들은 한순간의 달콤함을 너무도 강렬하게 느낀 나머지 보통 사람들은 알지 못하는 그런 섬세하고도 고귀한 마음으로 이 순간을 호의와 친절의 감동적인 걸작으로 만들지만, 다른 순간이 찾아오면 그녀들에게서 줄 것이라곤 하나도 남아 있지 않' 다. 봄의 첫 더위 같은 담소는 우울의 안개 속으로 사라진다.

빚과 자신의 돈을 애써 구분하지 않는 것은 사치와 쾌락을 태어날 때부터 주어진 것으로 여기는 이 계급의 일반적 지혜에 속한다. '어떤 사회계급도 이 계급만큼 그렇게 호사스럽게 살아가지 않으며, 다른 어떤 계급도 이 계급만큼 전통적인 신분에 걸맞은 사치를(이에 소요되는 화폐가 어디에서 조달되든 상관없이) 요구하는 권리를 가진 계급은' 없다. '그럼에도 그들은 언제나 오뚝이처럼 다시 일어서곤 한다. 그것은 곧 토지에 들어간 타인 자본이, 자본가가 그 자본으로부터 얻어내는 이윤과는 전혀 무관하게, 이 계급에게 지대를 가져다주기(3 972)' 때문이다.

지구에 출현한 생명에게 몰락은 피할 수 없는 것이다. 사회계급도 예외가 아니다. 편집자 엥겔스는 덧붙인다. '그러나 이 법칙은 또한 대토지 소유주들의 이러한 생명력이 점차 고갈되어가는 이유도 설명해준다.(3 973)'

곡물관세가 폐지되고 나서도 차지농은 50퍼센트의 지대를 더 내게 된다. 당시 영국 의회의 결정이었다. 이는 토지 소유 계급이 어느 정도까지 국가 기관의 힘을 사유화할 수 있는지 보여준다. 어느 때보다 부유해진 지주들의 실상은, 그러나 겉보기와 다르다. 거대한 궤적은 변화를 판별하기 어렵다. 이 계급의 운명은 겉보기와 반대 방향으로 선회하고 있었다. '유럽의 토지 가운데 일부는 곡물 경작의 경쟁에서 완전히 탈락하였고 지대는 도처에서 하락하였으며 … 그 결과 지주들의 죽는 소리가 스코틀랜드에서 이탈리아에 이르기까지, 남프랑스에서 동프로이센에 이르기까지 만연하였다.(3 974)' 마르크스는 노동자의 실질 임금이 상승할 때야말로 공황이 앞에 와 있는 시기라고 경고한 바 있다.

이후 역사는 선회의 궤적이 순환에 가깝다는 것을 말해준다. 지가와 임대료의 폭등은 버블과 사기라는 맥없는 비판을 동반한 채 세계 경제의 일반 문법이 되었다. 자본의 생산양식은 자신의 기관을 일신하는 것이 아니라 거대한 순환의 주기에 맞추어 반복함으로써 자신을 교정하는가? 그러나 토지소유 계급의 내면 풍경은 이러한 교정이 영원할 수 없다는 것을 말해준다.

사교계를 멀리했던 화자는 다시 야회에 참석한다. 세월이 흘러갔다. 그는 한 세계의 어스름을 본다. 화자의 과거에 깊이 뿌리를 내린 게르망트 집안 사람들과 질베르트도 이제 권태로울 지경이다. 그는 '가장 아름답게 여겼고 가장 가까이 가기 어려웠던' 어린 시절 공상 속의 여성들을 바라보며 '어느 장부에 적었는지 뒤죽박죽 찾는 상인처럼, 오직 그녀들을 친구로서 갖는 가치'와 그의 욕망이 '그녀들에게 매긴 값을 혼동하면서 마음을 달래곤'한다. 사교의 무대에서 그들과 어울리는 꿈은 이루어졌으나 이제 어떻게 '이토록이나 가늘고, 곱고도 빛바랜 리본 같은 친교, 그들의 신비성과 열과 다정스러움을 이루고 있던 것이라고는 찾아볼 수도 없는 서먹서먹하고도 시들한 친교가 되고 말았는지(11 399)' 알 수가 없다. 그가 다시 발견하는 것은 부풀어 있던 자신의 꿈이다. 그 꿈은 한번 이루어지고 나서 다시 부풀지 않는다. 꿈이 더 이상 부풀지 않을 때 우리는 새로운 문을 두리번거린다. 우리 어깨를 또 다른 세계로 떠미는 것은 한 세계의 어스름이다.

프루스트가 쓴 글을 사교계에 대한 레닌의 논평에 대한 주석으로 읽는 것은 들뢰즈다. 거꾸로 말할 수도 있다. 레닌의 논평은 프루스트가 쓴 글에 대한 빈틈없는 요약이다. '프루스트는 드레퓌스 사건부터 1차 대전까지 살롱의 변화에 관련하여 사회적 망각의 위력을 분석한다. 레닌은 '부패한 낡은 편견'을 더 추잡하고 더 어리석은 완전한 새로운 편견으로 대체하는 한 사회의 재능에 대해 말한 바 있는데 이에 대해『잃어버린 시간을 찾아서』만큼 훌륭한 주석을 달아준 텍스트는 찾아보기 어렵다.(들126)'

:: 22. 세계, 공간

공간은 세계의 몸이자 형식이다. 달리 보면 세계라는 말은 채 파악되지 않은 공간에 대한 임시적 지칭일 뿐이다. 자본이 주조해내는 세계는 공간에 펼쳐진다. 생산양식이 공간의 형태를 결정한다.

프루스트에게 공간은 무엇인가? 인간의 기억에 자리 잡는 공간이 장소다. 안에 놓인 사물의 윤곽보다 드리워진 시간의 무게가 더 짙어진 장소가 고장이다. 그러므로 공간은 세상에 살고 있는, 살았던 인간의 수만큼 존재한다. 그것은 수시로 모습을 바꾸기도 하고 나뉘고 합친다.

소설 속의 화자는 갈림길에 설 때마다 메제글리즈 쪽과 게르망트 쪽을 분별하려 한다. 방향을 지정할 수 없는 장소는 아직 고장이 아니다. 이때 방향이란 거대한 구면 상의 두 좌표 간 상대적 위치와 무관하다. 장소와 고장은 데카르트의 좌표가 아니라 기억의 경도와 추억의 위도로 표기된다. 소설은 기억의 해석기하학을 기술한다.

살롱은 욕망이 펼쳐지는 무대다. 한편 살롱은 예술로 들어서는 문을 숨기고 있다. 귀족을 대표하는 게르망트 공작부인과 부르주아를 대표하는 베르뒤랭 부인이 감독하는 극장 안에서 화자는 문학의 문을 발견하려고 한다. 욕망과 질투, 우정과 정치, 예술가와 아마추어라는 대위 선율이 변주되는 시끌벅적한 무대를 그의 눈길이 끊임없이 배회하는 이유다.

세계는 또한 과거가 무시로 출몰하는 장소다. 폭풍우 치는 밤 번개가 사물의 전모를 드러내듯, 인상은 화자의 눈앞에 잃어버린 시간을 계시한다.

알지 못하던 지대를 발견했을 때 인간의 반응은 두 가지다. 토지를 빌리려는 농업 자본가라면 환호성을 지를 테지만, 오데트 안에서 낯선 땅을 발견한 스완이라면 더욱 시큰거릴 것이다. 땅은 농업 자본가에게 지대를 치르지 않는 순수한 이윤의 원천이자 사랑하는 자에게 고통의 원천이다.

기억 속의 알베르틴이 그 여자의 일부에 불과하다는 것을 깨달은 화자는 그녀와 같은 집에서 지내온 날들에 뚫린 휑한 구멍을 본다. 그녀는 조약돌의 표면보다 단단해서 안으로 뚫고 들어갈 수 없다. 아무리 매만져보아도 입구는 감지되지 않는다.

사랑을 추억하는 인간은 고장을 배회하고 토지소유자는 자본에 공물을 청구할 더 많은 토지를 갈망한다.

작업장은 매뉴팩처 단계에 들어선 자본의 공간이다. 노동자의 수명은 유례를 찾아볼 수 없는 수준으로 곤두박질한다. 한편 처음 간 그랑 호텔의 로비에서 프루스트의 주인공은 낯선 공간이 주는 공포에 짓눌린다. 그곳에 공장주가 있었는지는 분명치 않으나 활보하는 부르주아는 그에게 공포 그 자체다.

그곳에서 태어난 로즈몽드의 억양만으로도 그 고장이 어딘지 알 수 있다. 화자뿐 아니라 가사 노동자 프랑수아즈도 파리에 살면서 콩브레를 그리워한다. 하녀에게는 또 다른 이유가 있다. 콩브레와 달리 파리라는 도시는 도련님인 화자가 종을 울리면 바로 달려가야 하는 빌어먹을 공간이다.

증기기관의 맥박에 따라 약동하는 도시에는 드디어 기계가 주인인 공화국의 주권이 골고루 미친다. 세계대전이 벌어진 파리의 하늘에 새로운 성좌를 그리는 것도 기계다.

공장은 기계들의 고향이자 보금자리, 새로운 민주주의의 싹이 자라나는 공간이다. 대공업이 지배하는 공장에서 노동자는 보편적이고 전인적 인간을 향한 일보를 내딛는다. 공장에 더 오래 노동자를 묶어두려는 자본가와, 자본이 지배하는 공간의 구속을 벗어던지려는 노동자의 투쟁 속에 공장법이 제정된다. 노동자의 소모를 제한하는 자본의 합의는 노동자에게 미래의 등대다.

하루의 노동시간, 표준 노동일의 법적 제한이 자본의 공간에서 벌어진 계급투쟁의 산물이라면, 인간은 그 자체 과거와 현재, 두 개의 시간이 싸움을 벌이는 장소다.

욕망의 공간, 자본의 공간

상대가 다른 사람과 나누었을지도 모르는 쾌락의 장소를 상상하는 것만큼 사랑하는 사람이 견디기 어려운 것도 드물다. 그가 이 장소를 탐구하는 것을 멈출 때 함께 멎는 것, 그것이 사랑이다. 장소는 사랑이 실존하는 필요충분조건이다.

알베르틴은 화자의 기억 속으로 수많은 사람과 장소를 들여보낸다. 이 장소란 '그녀가 쾌락을 맛보았을지도 모르는 곳, 수많은 사람이 들끓어 살이 닿는 곳'이다. 그녀의 이런 행동은 마치 공짜 관람객들을 잔뜩 데리고 온 극장 문지기가 '자기가 데리고 온 많은 사람을 자기보다 먼저 개표구를 통과시켜 극장 안으로 들여보내는' 것과 비슷하다. 이 장소들은 화자에게 고통을 넘어 경련을 불러일으킨다. 강렬한 경험은 강력한 정의를 낳는다. '사랑, 이는 마음에 느끼게 된 공간과 시간을 말한다.(9 520)'

시간은 공간의 변형을 통해 지각된다. 사랑은 공간 전체로 퍼진다. 지각할 수 있는 다른 차원이 있다면 사랑은 그마저 가득 채울 것이다. 그러므로 사랑의 탐구는 무엇보다 공간에 대한 탐구다.

화자는 아무리 알베르틴을 애무해도 '단지, 내부에서 무한으로 잇닿는 한 존재의, 닫힌 껍질만 만지는 느낌이' 든다. 그에게 그녀의 내부는 무한한 공간이다. 화자의 육체를 빼면 그녀의 외부는 그의 외부이기도 하다. 그녀의 내부는 따라서 이중의 외부다.

공간을 탐구할 때 화자가 감수하는 고통은 진리에 이르기 위해 치러야 할 비용이다. 소유하려는 욕망에 휩싸인 인간에게 소유의 대상은 여신과 다름없다. 여신에 대한 사랑은 일반적으로 '절박하고도 잔혹한, 출구 없는 형태'를 띤다. 더구나 그녀를 곁에 두기 위해 가둔 그가 아닌가? 갇힌 것은 알베르틴이 아니라 그녀를 가둔 마르셀이었다. 갇힌 여인은 여신이 되고 가둔 자는 포로가 된다. 안은 밖이 되고 입구가 출구가 된다. 고통은 이런 식으로 진리를 완성한다.

질투란 '한 인물이 거쳐 간 어떤 장소, 어떤 시간(9 2290)'을 소유할 수 없다는 데서 오는 불가피한 감정이다. 그러나 이 감정이야말로 사랑의 엔진이다. 사랑은 질투라는 기관차에 매달린 객차에 지나지 않는다.

한 인물을 소유한다는 것은 그 사람이 점유하는 장소를 자유로이 출입하는 일이다. 무지의 지층에 묻혀 있던 타인의 공간을 햇빛 아래 펼치는 일이다. 인간은 모든 공간을 점할 수 없다. 데카르트가 제안한 두 개의 실체, 두 개의 세계는 이 딜레마를 해결하려는 철학적 시도가 아닌가. 육체의 몸부림을 억누르고 욕망의 폭주를 다스린 인간에게 선물로 주어진 것이 평화다.

프루스트의 공간이 우리 내부, 기억의 세계를 가리킨다면, 토지는 우리 바깥에 펼쳐져 있다. 그것은 자본의 생산 요소를 낳는 동시에 인간이 살아가는 공간이다. '하나는 재생산이나 채취를 목적으로 하여 토지를 이용하는 측면이고, 또 하나는 모든 생산과 모든 인간 활동의 한 요소로서 요구되는 공간으로서의 측면이다.' 앞엣것은 자본의 공간이고 뒤엣것은 삶의 장소다. '토지소유는 이 두 가지 측면에서 모두 공물(貢物)을 요구한다.(3 1033)' 자연의 일부인 토지는 인간이 자본의 생산양식에 포섭되는 한 소유라는 사회 형태의 지배를 벗어날 수 없다.

자본으로서든 인간의 생활 터전으로서든 지구 표면에 대한 사적 소유가 법의 기초가 되는 것, 토지가 인간 노동이 덧붙지 않은 자연물임에도 마치 가치를 지닌 상품으로 대접받는 것은 특정한 생산양식이 유일하고 보편적인 질서로 받아들여지기 때문이다. 이는 마치 정복 전쟁에 승리한 군주의 명령이 정복된 영토에서 법의 권위를 갖는 것과 같다.

이제 자본의 정복지에서 공간의 일반 시민인 공장을 살필 때다.

자본이 주조한 공간과 고향 자체로서 인간

마르크스는 지옥으로 가는 길은 선의로 포장되어 있다는 말로 생산과정을 건너뛰고 잉여가치를 취득하려는 자본가의 헛된 망상을 경고한다. 인간을 노동의 지옥에 빠뜨리지 않으려는 그의 의도는 분명 선한 것이다. 치밀한 기획과 과감한 결단, 그리고 탁월한 감독의 재능은 자본가의 기본 자질이다. 현실에 붙박은 그의 지혜가 자본의 생산양식이 펼쳐놓는 공간이 지옥을 닮았다는 것을 모를 리 없다.

인간의 생활은 사회적 관계 안에서 펼쳐지고 재생산된다. 노동자의 재생산은 먹고 자고 쉬는 것을 통해 그의 신체적 정신적 능력을 다시 살려내는 일이다. 하루하루 반복되는 노동에서 이러한 자기 경신에 문제가 생기면 그의 생존은 금방 위태로워진다.

노동력의 구매자이자 사용자인 자본가도 언제든 시장에서 퇴출될 수 있다. 그가 발동하려는 인간 보편의 선의에 경고의 호루라기를 불어대는 것은 바로 이 경쟁의 강제다. 누군가는 지옥으로 가야 한다. 지옥은 세계의 일부다. 이 세계의 조물주는 자본이다. 인간은 자본의 요구에 따라 스스로를 짜맞추어야 한다.

프루스트에게 인간은 장소 그 자체다. 세계를 장소로, 공간을 고장으로 만드는 것은 그 세계를 살아가는 인간이다. 마르크스가 말하지 않은 공간의 여백, 또 다른 공간이 드러난다.

어떤 장소는 거기서 태어난 사람만이 내는 목소리로 되살아난다. 앙드레의 음성에 페리고르 지방의 숲을 지나가는 소나기 한 조각이 들어 있는 것처럼. 화자는 로즈몽드의 짓궂은 농담을 듣는다. 그는 '그런 시골과, 그런 억양을 내는 젊은 아가씨의 타고난 기질'에서 '아름다운 대화 같은 것을' 느낀다. 이어지는 결론, '그녀는 또한 그 고향 자체이기도 하다.(4 371)'

자본이 사회에서 전제적 지위를 얻는 과정은 새로운 생산양식이 낡은 생산 형태를 얼마나 능숙하게 포섭하는지 보여준다. 가내공업은 매뉴팩처가 지배하는 세계에 다시 출현한다. '아일랜드의 런던데리에 있는 틸리 사의 셔츠 공장은 1,000명의 공장 노동자와 시골에 산재한 9,000명의 가내공업 노동자를 고용하고 있다.' 공장의 신체는 하나의 공간에 한정되지 않는다. 분리된 사지가 몸통의 아홉 배에 달하기도 한다. 공장이라는 공간 제도에서 매뉴팩처와 가내공업이 결합할 때 착취 또한 차등화된다.

공장이 팔과 다리, 손과 발을 확장하는 데는 여러 이점이 있다. '왜냐하면 노동자들의 저항능력은 그들이 분산될수록 더욱 감소하는데다 여기에서는 고용주와 노동자 사이에 약탈적인 기생충들이 끼어들며, 또한 가내공업은 같은 생산부문의 기계제 경영이나 적어도 매뉴팩처 경영과 경쟁을 해야 하기 때문이다.'

공간의 절약은 공장의 확장된 사지의 숨겨진 이면이다. 자본주의에서 건물의 절약은 '노동자들을 비위생적이고 좁은 공간으로 쑤셔 넣게 되는데 … 자본가의 입장에서 본다면 위생과 보건 시설 따위는 '완전히 무의미하고 쓸데없는 낭비일 것이다.(3 119)' 이 생산양식이 인색함에 맞세우는 것은 적절한 투자 혹은 인간애가 아니라 낭비다. 기계와 원료의 낭비는 어김없이 단죄하고 인간의 손실은 문제 삼지 않는다. 과잉 상태로 늘 공장 바깥에 널려 있는 것은 노동자, 즉 인간이다. 자본가의 이익은 이 인색과 낭비를 어떤 비율로 조합하는가에 달려 있다. 19세기 중반경 영국 노동자의 수명은 채 스무 살도 되지 못했다고 한다. 소년 노동자의 수명은 17세였다.

위계적 분업과 노동자에 대한 착취, 아니 노동자의 낭비는 기계제 공장이 출현하기 전과 같은 수준에 이른다. 자본은 어린이와 청소년, 여성을 차별하지 않는다. '도살장'의 칭호를 얻은 매뉴팩처 공장은 불야성을 이룬다. 소년 노동자들은 밤새 비단을 생산하기 위해 직기를 돌리지만, 소설의 화자는 밤마다 하늘의 서명을 음미한다.

낮 또한 자신의 서명을 들판에 핀 수레국화에 남긴다. '꽃들과 나의 먼 추억이 함께 형성한 것은 하나의 막막한 성운(星雲)의 별자리였다.(4 102)' 화가가 그림을 다 그리고 나서 심상에 따라 서명을 고르듯 들판도 계절이 바뀔 때마다 제 서명의 획과 색깔을 바꾼다. 하늘의 서명은 한밤이 되어서야 뚜렷해진다. 가느다란 달이 어두워지기도 전에 모습을 감추고 났을 때 더욱 그렇다. 별자리가 축에 끼운 바퀴살처럼 천구에 붙박여 회전하듯 프루스트의 성좌도 마음의 시계판을 따라 회전을 멈추지 않는다. 지상을 떠난 하늘, 거기 붙박인 성좌를 품에 안고 펼쳐지는 것은 프루스트의 공간이다.

작업장의 출현과 낯선 장소의 공포

생산자의 독립에 기초하는 수공업에 종사하는 노동자는 정해진 기능에 평생 결박된다. 다른 예술 작품과 나란히 수공품이 차지하는 자리는 예술에 이른 노동의 기능을 보여준다. 수공업이야말로 예술에 주어질 마지막 영예이고 자본의 폭류에 저항하는 레지스탕스의 진지라는 외침도 귀에 익다. 2차 세계대전이 끝나고 수십 년 뒤 동남아시아의 외딴 섬에서 홀로 성전을 수행하다 발견된 일본군 병사의 사례는 인간의 영혼에 지워지지 않는 흔적을 남기는 생산양식의 어떤 힘을 보여준다. 아니 전쟁에서도 살아남는 수공업의 끈질김일까?

수공업이 트로이라면 매뉴팩처는 목마다. 일터가 공동의 작업장이 되는 것은 이 목마를 들여오면서다. 매뉴팩처 분업이 낳은 기계는 수공업의 원리와, '바로 그 원리가 자본의 지배에 대하여 부과하고 있던 제약들(1 503)'을 폐기한다.

작업장과 달리 프루스트의 공간은 자못 한가하다. 그러나 비명이 들리긴 마찬가지다. 익숙하지 않은 장소가 선전포고도 없이 걸어오는 전쟁을 마주한 소설의 주인공에 내는 소리다. 되풀이하여 벗어나는 예상에는 모종의 즐거움이 끼어드는 법이다. 화자의 전술은 전투에 나서기도 전에 전사자를 흉내 내는 것이다. 화자의 지혜는 역시 만만치 않다.

낯선 장소의 공포를 가중하는 것은 같은 장소에서 다른 사람이 누리는 익숙함과 편안함이다. 흥분이든 불편이든 감정이란 똑같은 장소에서 다른 사람이 내보이는 반응의 함수다. 화자의 미묘한 신경은 그들의 반응을 남김없이 불쏘시개로 삼는다.

지배인은 지나가는 멋쟁이 부인의 강아지에게까지 말을 걸고, 계단을 올라가는 숙박객들의 발걸음은 제집인 듯 스스럼없다. 게다가 도저히 그만한 지식이나 판단력을 가졌으리라고는 상상할 수 없는 신사복을 빼입은 사내들이 훑듯이 화자를 살핀다. 그들의 눈길은 제우스의 배다른 아들이자 현명한 왕들인 지옥의 세 판관의 그것과 조금도 다르지 않다.

발베크 호텔의 로비 한쪽 독서실에서 사람들이 책을 읽고 있다. 화자는 할머니가, 지배인과 이야기를 나누는 동안 책 읽는 것을 누구보다 좋아하는 자신에게 저기 가서 책을 읽으라고 할지도 모른다고 생각한다. 책읽기의 행복과 낯선 장소의 공포가 얼마나 공존하기 어려운지는, 이를 정확히 묘사하기 위해서는 '단테의 작품에서, 그가 천국과 지옥에 준 색채를 번갈아 빌려와야만 했(4 37)'다는 화자의 신중한 표현에서 알 수 있다. 처음 방문한 호텔 로비에 단테의 지옥을 떠받치는 기둥을 우뚝 세우는 프루스트가 작가가 되지 않을 때 발생하는 손실이란 지옥으로 천국을 대신하는 것으로도 다 측량할 수 없다.

공장 혹은 콩브레

소설가가 낯선 공간에 처한 주인공의 곤경을 묘사하기 위해 단테의 지옥을 불러온다면 다른 책의 저자는 꼼꼼한 실증을 덧붙여 새로운 세계를 묘사한다. 기계 간 단순한 협업은 기계의 일관된 체제인 기계제로 이행한다. 한 제품을 만드는 데 필요한 여러 공정을 단 한 대의 기계, 예컨대 봉투 제조기 한 대가 처리할 때 기계제 생산이 완성된다.

기계제에서 비로소 출현하는 공작 기계는 매뉴팩처에서 여러 단계로 나뉘어 있던 노동과정을 자신의 단일한 신체 속에 통합한다. 그것은 여러 가지 수공업 도구를 재현하는 동시에 매뉴팩처 방식에서처럼 한 가지 작업에 특화된 단순 도구를 하나의 기계 안에 결합한다. 공장이란 이러한 기계제 경영이 이루어지면서 완성된다. 그곳은 자본의 재생산 공간이며 '동시에 함께 움직이는 같은 종류의 작업 기계의 공간적 집합(1 514)'이다. 방직공장과 재봉공장이 한 도시의 얼굴이 될 때 그 도시의 보통 시민은 인간이 아니라 기계다.

작업기계들에 똑같은 힘을 배분하는 것은 하나의 동력원이다. 공장의 심장 소리는 동력기에서 전동장치로, 전동장치에서 작업기계로 퍼져나간다. 들뢰즈가 이야기하는 기관 없는 신체란 뜻하는 바가 무엇이든, '텅 빈 공장'으로 이어진다. 기계의 파괴에 대응하여 자본가가 폐쇄해버린 공장인가? 물론 '기관'이라는 낱말이 가질 수 있는 의미를 반드시 공장이나 공작기계 혹은 유기체의 기관과 연결할 필요는 없다. 철학이란 마음만 먹으면 아무데나 어떤 논증이든 명석하게 덧붙이는 정신의 공작기계가 아닌가. 그러나 이와 같이 철학을 공장에서 이루어지는 활동으로 묘사할 때에도 그 밑바닥에 놓이는 것은 여전히 마르크스가 묘사하고 분석하는 공간이다.

한 생산양식이 주조한 공간이 공장이라면 프루스트의 공간은 무엇보다 콩브레다. 콩브레는 고향이자 세계로 흘러나가는 물길의 근원이다. 어떤 장소를 고장이라 일컫을 때 우리는 어느새 프루스트의 공간 속으로 들어와 있는 것이다.

'초원에는 콩브레 옛 백작들 성의 유적들이 반쯤 풀밭에 묻힌 채 여기저기 흩어져 있었는데, 중세 때 게르망트 제후들과 마르탱빌 수도원장들이 적의 공격에 대비해 비본 내를 장벽 삼아 세운 성이었다.' 고장도 나이를 먹는다. '지금은 총안이 풀밭 가까이 닿아, 수업을 하러 오거나 쉬는 시간에 놀러오는 신학교 아이들 차지가 되었다.' 제후와 수도원장은 화자가 몽상에 잠겨 콩브레를 생각할 때마다, '지금은 작은 마을에 불과한 콩브레라는 이름에 아주 다른 도시를 덧붙이면서 금빛 미나리아재비 꽃 아래 반쯤 가려진 그 불가사의한 옛 얼굴로(1 290)' 그의 상념을 사로잡는다.

제후와 수도원장이 몽상에 불을 지피는 콩브레가 화자에게 그렇듯, 공장은 노동자에게 불가사의한 공간이다. 그러나 공장은 노동자에게 고장도 장소도 아니다. 수공업이나 매뉴팩처와 달리 공장에서는 노동자와 기계의 관계가 뒤집어진다. 이에 따른 변화를 엥겔스는 이렇게 묘사한다. '똑같은 기계적 과정을 계속해서 되풀이하는 끝없는 노동의 그 견딜 수 없는 단조로움은 시시포스의 고통과 흡사하다. 노동의 무거운 짐은 시시포스의 바위와도 같이 극도로 피곤한 노동자에게로 계속해서 다시 굴러 떨어진다.(엥겔스, 『영국 노동자계급의 상태』 186)'

강제되긴 했어도 육체와 정신이 함께 이용되던 노동이 모습을 감춘다. 근육의 힘을 덜 사용한다는 뜻에서 노동 강도는 낮아졌지만 이는 노동에서 인간의 활동성을 제약한 대가다. 근육의 고통을 신경의 피로가 대체한다. 근육과 신경, 육체와 정신이 서로를 소외시킨다. 자본의 생산양식에서 노동과정은 인간 활동의 실현이 아니라 가치증식의 과정이다. 이는 노동조건과 노동자의 전도, 전자에 의한 후자의 강제와 지배를 통해 이루어진다. '모든 자본주의적 생산은 노동자가 노동조건을 사용하는 것이 아니라 거꾸로 노동조건이 노동자를 사용한다는 점에서 공통점을 갖는다.(1 570)'

프랑수아즈에게 노동이 어떤 형태로 나타나는지는 소설가의 주된 관심이 아니다. 그러나 여기서도 전도된 노동의 한 양상이 드러난다. 작가가 글을 쓰는 것은 곧 누군가의 고장을 일으켜 세우는 일이다. 누구든 그 고장의 주민이 될 수 있으나 당사자는 모를 수도 있다. 노동자인 프랑수아즈에게 어떤 장소가 그녀를 고용한 화자네가 느끼는 것과 똑같은 고장일 리 없다. 그런데도 그녀는 콩브레를 증오의 감정으로 기억하지 않는다. 물론 이것이 다는 아니다.

파리에 살게 된 프랑수아즈는 수시로 "아! 콩브레, 콩브레" 하고 외치는데 이는 마치 '노래를 부르듯 기도문을 낭송하는' 것과 진배없다. 콩브레는 그녀가 택한 두 번째 고향이다. 고향이란 태어난 곳이었다가 생활의 고장이 된다. 지중해를 면한 마르세유 근방 그녀가 태어난 마을은 이제, 파리에서 그리 멀지 않은 콩브레보다 더 멀게 느껴진다.

'아! 콩브레, 콩브레'로 시작하여 애타게 이어지던 프랑수아즈의 혼잣말, 흥얼거림, 정다운 노래가 문득 멎는다. 긴장이 고조된다. 화자가 그녀를 부르는 종이 세 번 울리고 난 직후다. '아! 불쌍한 콩브레! 어쩌면 내가 죽고 나서야 무덤구덩이에 돌멩이를 던지듯 나를 처넣을 때라야 널 보게 될지 모르겠구나! 그러면 네 하얀 산사꽃 향기를 다시는 맡을 수 없겠지. 하지만 죽음의 휴식을 취하면서도 생전에 날 괴롭히던 저 세 번의 종소리는 여전히 들리겠지!"(5 30)' 본인의 의도와 무관하게 그녀가 늘어놓는 사설은 소설 속에 우뚝한 종탑이 되기도 한다.

프랑수아즈의 가슴 깊이 영영 잊을 수 없는 고장을 다시 일으켜 세우고 일시에 산사꽃을 피워내는 것은 콩브레에 있는 성당의 종소리다. 그렇다면 그녀가 일했던 콩브레의 부엌이 파리 아파트의 부엌보다, 또 파리의 부엌이 기계들이 밤낮없이 수족을 절그럭거리는 공장보다 훨씬 견딜 만한 곳임을 말해주는 것은 화자가 울리는 빌어먹을 종소리일까?

하늘의 전쟁 기계, 기계들의 공화국

화자네 가족과 함께 시골 마을 콩브레에서 근대의 최첨단 도시 파리로 온 프랑수아즈는 좀처럼 정을 붙이지 못한다. 그런데 파리의 주인이 인간이 아닌 것은 화자에게도 마찬가지다. 그는 시내를 바라보다가 '그 그림 가장자리 쪽에는 푸르스름한 윤곽이 아련히 솟아 있었는데, 찔끔찔끔 감질나게 보여주는 그 감미로운 색조가 아쉬워서, 여기저기 두리번(9 548)'거린다. 도시를 캔버스 삼아 무심하게 붓질하는 것은 달이다. 달은 색상 따위 개의치 않고 선묘에 열중한다. 화자는 턱을 괴고 그림을 감상한다. 파리는 지금 전쟁 중이다.

1914년 파리의 밤하늘에 '몇 시간 전 푸른 저녁 하늘에 갈색 반점을 곤충처럼 뿌리고 있는 것을 내 눈으로 보았던 비행기가 이제, 여기저기 가로등이 꺼져 더 한층 깊어진 듯한 어둠 속을, 적선에 횃불을 던지러 가는 고대의 화선(火船)처럼' 지나간다. 그 불의 배가 자기 머리에다 폭탄을 가득 실은 적의 폭격기일지라도 감동의 눈길로 올려다보지 않고는 배겨낼 수 없는 인간은 늘 있게 마련이다.

작가가 군대에서 놀다시피 하면서 일 년을 보낸 때문일까, 전쟁이 일으킨 불꽃마저 꽃이나 성좌로 읽는 눈을 가졌기 때문일까? 화자 옆에서 똑같은 눈으로 하늘을 쳐다보는 이는 샤를뤼스다. 두 사람에게 고대의 화선이 찍어놓은 점과 그어진 금은 하늘을 캔버스로 삼아 그린 그림이 된다.

달은 독일의 폭격선인 체펠린이 떨어뜨린 폭탄이 채 허물지 못한 파리의 건물들을 비추고 있다. 대공포가 하늘로 내쏘거나 회피 기동을 하며 폭격을 감행하는 비행기의 불빛, 그리고 에펠탑의 탐조등의 불빛은 화자의 마음에 감사와 평안을 가져다준다. 그는 '그러다가 비행기는 성좌의 한가운데로 빠져 들어가 '그런 새 별'을 보고 있으려니 어쩐지 자기가 다른 반구(半球)에 있'는 게 아닐까 생각한다. 별들 사이로 불화살처럼 비행기가 유영한다. 탐조등이 온 하늘을 훑고 있다. 마치 별똥별처럼 움직이던 비행기의 불빛이 별자리 사이에서 갑자기 사라진다. 별자리가 변화를 보이는 것은 전쟁이 제 무대로 하늘을 마다하지 않을 때다.

전쟁은 새로운 비행 기계를 낳고 동력기는 근대 도시를 낳는다. '공장은 증기의 생산에 필요한 석탄과 물이 충분한 도시나 지방으로 모여들었다. 증기기관은 산업도시의 어머니이다.(1 514)'

기계 제도는 자동체계의 완성이자 근대 도시의 구성 원리다. 노동이 겪는 변화는 노동하는 인간 바깥에서 강제된 것이다. '기계제 생산에서는 총노동 과정이 그 자체 객관적으로 즉 노동자와는 무관하게 고찰되고 그것을 구성하는 여러 단계로 분해된다.(1 517)' 전체에 동일한 리듬을 부여하는 동력기는 기계 유기체를 자동장치로 만들고 자동 정지 장치는 시동과 가동과 멈춤의 전 과정을 자동화한다.

자동화는 생산 과정에서 노동자를 양적으로 또 질적으로 배제한다. '인간은 다만 감독으로서만 필요하게' 된다. 도시는 기계의 자동체계로서 자신의 표상을 완성한다. 근대 사회의 세 계급은 자본의 활동인 산업의 소산이다. 근대라는 관념도 그렇다.

근대의 무기가 비행 기계로 출현하는 것은 적의 도시, 또 다른 기계 공화국을 파괴하는 가장 효율적인 방법을 탐구한 결과다. 아직까지 충분히 이용되지 않은 공간을 근대적 기계가 놓칠 리 없다. 이를 누구보다 예민하게 알아채는 것은 최상류 계급인데, 이때 남다른 통찰력을 제공하는 것은 추상의 힘이 아니다. 게르망트 종족의 일원인 샤를뤼스는 최초로 산소마스

크까지 갖춘 독일 고타 폭격기와 비행선 조종사에게 경의를 표한다. 하긴 유럽의 왕족들은 서로 피를 나눈 혈족이 아닌가. 실언을 깨달은 그는 애국자일지도 모르는 화자에게 적기가 무서운지 묻는 것으로 위기를 벗어나려 한다. 방종을 자유의 모범을 삼는 대귀족마저 옹졸하게 만드는 전시에도 화자의 평정심은 조금도 흔들리지 않는다. '그 비행기 중의 한 대로부터 우리 쪽으로 낙하하는 폭탄의 몸짓을 목격하기에 이르기까지 어떠한 비극적인 느낌도 가미되지 않았다.' 부르주아의 냉정함은 이와 같다.

제 머리 위로 폭탄을 던지기 전까지 적의 비행기를 그저 움직이는 별로 여기는 평정은 대체 어디서 오는가? 비행기의 궤적을 바라보던 화자는 문득 생 루를 떠올린다. 적기가 그리는 선 또한 '동시에르의 병영에서 지낸 하룻밤처럼, 참으로 놀라운 정확성으로 우리를 위한 경비에 애써주는 그 믿음직스러운 힘에 내가 감사하는, 그 현명하고 억센 사람들의 치밀한 수호 의도로 가득한 선이었다.' 균형 감각이란 어떤 것이든 작가라면 그 과잉을 걱정할 필요가 없다. 아니 부르주아의 균형 감각에 빠질 리 없는 애국심의 발로일까? 적의 신형 전폭기가 머리 위로 날아올 때도 무서워하지 않는 사람이 가진 용기란 내일 모레만 있고 오늘이 없는 사람한테나 기대할 만하다. 이 용기를 뒷받침하는 것은 숙고로 뒷받침되는 빈틈없는 논리다.

달은 이제 방돔 광장과 콩코르드 광장을 비춘다. 탐조등이 저 광장 위의 하늘을 비추는 것은 오늘이 마지막일지도 모른다. 왜냐하면 고타 폭격기가 광장과 건물을 오늘밤에 부수어버릴지도 모르니까. 달은 파괴되기 전의 파리를 마지막으로 어루만진다. 마치 과거로 침몰하기 직전 사물들이 인상을 던지듯. 화자는 죽음이 닥치기 전에 이 인상들을 어딘가 안전한 곳에 옮겨놓아야겠다고 생각한다. 그 장소란 어디인가? 저 성좌, 영원의 장소가 아니라면.

달의 눈길과 손길을 빌려 묘사하는 화자에게도, 사랑하는 여자 때문에 질투에 불타는 스완에게도 파리가 똑같은 장소일 리 없다. 스완은 '오데트가 파리에 있는 동안, 또는 오데트가 없을 때조차도 파리를 떠난다는 것은 너무도 잔인한 계획이었기에 … 그는 자신이 그 계획을 결행할 결심을 결코 하지 못하리라는 걸 잘 알았으므로, 오히려 끊임없이 그 계획에 대해 생각할 수 있다고(2 284)' 생각한다.

스완의 시선은, 최초의 공중전이 벌어지는 현장에서 성좌를 감상하던 화자와 샤를뤼스의 그것보다 위태롭다. 한 장소를 짓밟는 데 첨단 폭격기보다 두 우수한 성능을 가진 것이 습관이기 때문이다. 파리를 떠나볼까, 그렇게 함으로써 오데트를 조금이나마 불안에 빠뜨릴 수 있지 않을까 하는 스완의 생각은, 습관이 장소에 덧씌우는 장막은 웬만한 적기의 폭격 따위에 끄떡없다는 것을 말해준다.

습관의 힘은 고통에마저 인간을 둔감하게 만든다. 파리가 아닌 낯선 장소라니, 실행되지 않으리란 걸 뻔히 알면서 끊임없이 파리를 떠나리라 생각하는 스완은, 인류 최초의 전쟁 형태인 진지전에서 저쪽 참호에 엎드린 적을 바라보면서 이쪽 참호를 더욱 깊게 파는, 스스로 전략가의 지혜를 가졌다 여기는 사람과 비슷하다. 반복함으로써 고통을 지속하는 것은 고통을 최소한으로 줄이는 유일한 길이기도 하다. 현실에서 극복 불가능한 부재에 따른 고통은 반복을 통해서만 무력화할 수 있다. 적기의 강습 아래서도 지껄임으로 삶을 채우는 샤를뤼스가 보여주는 것도 다르지 않다. 방만을 해방으로 자유를 의무로 여기는 사람의 철학 또한 그 일관성에서 모범이 될 만하다. 어쩌면 철학과 습관 사이에는 전투기의 불꽃과 성좌의 회화 사이에 있을 법한 차이밖에 없을지 모른다.

기계들이 건설한 새로운 공화국인 근대 도시와 최초의 세계대전이 서로 무관할 리 없다. 마르크스가 쓴 책을 현실에 펼친 혁명가가 제국주의가 무엇인지 밝힌 책에서 말하듯 그 관계가 하나의 뜻으로 확정할 수 없을지라도. 또 프루스트가 증명하듯이.

대공업 공장과 파리, 민주주의의 새 밀물

기술 발전은 새로운 세계를 여는 없어서는 안 될 열쇠다. '이전의 모든 생산양식의 기술적 기초는 본질적으로 보수적인 것인 데 반해 근대적 공업의 기술적 기초는 혁명적인 것이다.(1 306)' 이는 기계에 도달한, 혹은 기계와 결합한 기술은 '결코 어느 한 생산과정의 현존형태를 최종적인 것으로 간주하지도 않고 또 그렇게 다루지도 않'기 때문이다.

대공업이 창출하는 것은 전혀 새로운 세계다. 그것은 주거와 이동, 통신 수단, 생활환경 전체를 일신한다. 산업자본의 사활은 기술적 혁신에 달려 있다. 무한 경쟁 속에서 생존의 길을 찾아내야 하는 자본가 계급이 이전의 다른 계급이 갖지 못했던 진보성을 갖는 이유다. 대공업은 또한 특정한 자본이 한 생산부문에서 부문으로 옮겨가거나 새로운 사업 형태를 만들어 내도록 강제한다. 자본이 취하는 형태의 윤곽은 불투명해진다.

노동자는 기술이 요구하는 새로운 형태의 노동에 적응해야 하는데 이 과정은 그의 신체적 정신적 능력을 끊임없이 확장한다. 그는 보편적 노동자가 되어 수공업 노동자가 가지고 있던 복합적 노동능력을 되찾는다. '이는 곧 하나의 사회적 세부 기능을 담당하던 개인을 다양한 사회적 기능을 번갈아 가면서 수행하는 전인적 인간으로 대체하는 것을 뜻한다.' 이는 대공업이 생산과정을 역학이나 화학의 원리에 따라 분해하고 재구성한 결과다.

다면화한 노동은 기존 생산양식에 따른 분업과 충돌한다. 노동자라는 유기체 내부에서 이론과 실천이 자연스럽게 결합한다. '시계장이 와트가 증기기관을, 이발사 아크라이트가 날실 직기를, 보석공 풀턴이 기선을 발명(1651)' 하게 되는 것은 분업의 협소한 장벽이 사라지고 나서다.

의도하지 않은 결과는 급격하고 근본적인 변화를 낳는다. 기술 발전에 따른 새로운 생산 형태인 대공업이 위기의 진원지가 된다. 새로운 기술은 낡은 생산관계와 부딪힌다. 기술의 강제가 사회적 생산의 일반 법칙이 된다. 자본이 일자리를 얻지 못한 노동자, 상대적 과잉인구의 일부를 다시 공장으로 불러들인다.

기계제 공업이 근대 도시 파리에 초래한 변화를 소설 또한 놓치지 않는다. 게르망트 부인 저택과 이웃하는 별채에 살게 된 화자는 새로운 민주주의의 싹을 본다. 물론 그 깊숙한 배경에는 발전한 대공업이 있다. 파리는 게르망트 공작이 속한 낡은 계급이 변화한 시대에 맞서 저항하고 적응하는 모습을 보여주는 무대다. 귀족이 점차 몰락하고 부르주아들이 그들의 영지를 침범해 들어온다. '이 집 대문을 열고 들어서면, 안마당 옆쪽에는―민주주의가 밀물처럼 밀려오며 쌓인 충적토인지, 아니면 봉건 영주 주위로 다양한 생업이 몰려 있던, 보다 옛 시대의 유산인지―가게 뒷방이나 작업실, 구두 수선점이나 양복점이 마치 대성당 측면에 기대진 것들이 복원자의 미학적인 노력 덕분에 치워지지 않고 그대로 있듯이 자리 잡고 있었으며, 또 닭을 키우고 꽃을 가꾸는 구두 수선공 겸 문지기가 있었다.' 부르주아에게 영지를 침범당한 봉건 영주의 뜰에는 쉬지 않고 자지러지는 닭울음소리가 들린다. 닭조차 무시할 수 없는 것이 민주주의다.

썰물 없는 밀물은 없다. 민주주의는 봉건시대 수공업과 섞이고 밀물은 썰물과 뒤섞이며 바다의 호흡을 내뱉는다. 그리하여 저택 안쪽에 사는 백작 부인이 외출하면서 던지는 단 한 번의 미소 속에는 온갖 것이 버무려져 있다. 여기서 경멸과 친절과 오만과 함께 어쩔 수 없이 받아들여야 하는 서글픈 평등주의가 빠질 수 없다.

공장법과 과거의 도래, 공장 투쟁과 장소들의 투쟁

자유주의와 자유무역의 신조는, '이해가 서로 대립되는 사회에서는 각 개인이 자신의 사적 이익을 추구하는 모든 행위가 공익을 촉진한다'고 말한다. 그러나 자유는 제물을 요구한다. 자유는 자본가의 불가침의 권리이고 제물은 노동자의 신체다. 아일랜드의 '킬디난(코크 지방)에는 스커칭 밀이 단 하나 있었는데, 1852년부터 1856년 사이에 사망이 여섯 건, 불구에 이르는 중상이 60건 발생했다. 이들 재해는 모두 겨우 몇 실링 정도의 극히 간단한 설비만 있어도 막을 수' 있었다.

자본가는 가능한 한 오래 노동자를 공장에 묶어두려 한다. 공장에 추가로 머무는 노동자의 시간이야말로 이윤임을 누구보다 그는 잘 안다. 공장법은 이런 자본가와 공장을 벗어나려는 노동자 간 투쟁의 산물이다. 노동이 임노동의 형태를 취하는 것은 이 생산양식의 전제다. 따라서 이 싸움은 피할 수 없다. '그리하여 자기들을 괴롭히는 뱀으로부터 자신들을 보호하기 위해 노동자들은 동료들을 규합하여 하나의 계급을 이룬 다음 강력한 국가법(즉 사회적 방지책)을—스스로 자유의지에 따라 자본과 계약을 맺음으로써 자신과 자기 종족을 죽음과 노예상태 속으로 팔아넘기지 못하도록 방지

하는—쟁취해야만 하게 되었다.'

노동과 자본 간의 계약이 자유의지에 따른 것이 아니라는 것이 드러나는 때는 화폐로 교환된 생산물의 분배가 완료되고 나서다. 자본가는 필요에 따라 구입하고 노동자는 어쩔 수 없이 판매한다. 한쪽의 자유는 다른 한쪽의 족쇄다. 예속의 반복으로부터 스스로를 지키려는 계급의 목소리가 그치지 않는 메아리가 되어 울려 퍼진다.

인권이란 계급의 권리 선언이다. 자본가는 양도할 수 없는 인권을 주장한다. 그것은 내게 판매된 너의 노동력을 배타적으로 사용할 수 있는 나의 권리다. 자본가에게 인권의 요구는 노동자에게 생존의 관건이다. 노동자는 자신이 판매한 노동력의 시점과 종점을 명시하려 한다. 공장법은 국가와 법에 새겨진 노동자의 목소리인 동시에 이윤의 원천을 안정적으로 보장받기 위한 자본의 자기 교정이다.

공장은 노동자의 시간을 두고 그 주인과 사용자 간의 투쟁이 벌어지는 공간이다. 프루스트의 세계에서도 투쟁은 시간을 두고 벌어진다. 그것은 현시하는 과거와 이를 억누르는 현재 사이의, 하나의 장소를 두고 벌어지는 투쟁이다.

게르망트 대공 댁 마티네에 가서 응접실에서 기다리던 화자는 소리를 듣는다. 수도관에서 나는 딸그락거리는 소리, 이를 포착하는 것은 감각이다. 감각이 촉발하는 기억은 사념에서 억지로 끄집어낸 기억이 아니다. 그 기억은 의지와 무관하다. 과거가 현재라는 딱딱하고 견고한 거죽에 틈을 내는 것은 이 비의지적 기억을 통해서다.

두 장소 간의 싸움은 마치 폴터가이스트처럼 소란스럽다. '석양을 맞이하기 위해 제단의 깔개처럼 무늬를 넣어 짠 린네르로 꾸민 발베크의 바닷가 식당은, 이 게르망트 저택의 튼튼한 건물을 열심히 흔들어 대고, 억지로 문을 밀어 열기 위해, 한순간 내 주위의 소파를, 어느 날의 파리의 레스토랑의 식탁을 그렇게 했듯이 잠시 덜거덕거리게' 할 정도다. 이 소동은, 발베크의 바닷가 식당이라는 과거를 현시하는 장소와 게르망트 대공네 응접실이라는 현재가 장악한 장소 간의 싸움이 얼마나 격렬한지 보여준다.

인간은 이 싸움에서도 중요하다. 과거는 인간의 몸을 통해 스스로를 재생시키려고 시도하기 때문이다. 과거에 장악된 화자의 눈은 '가까운 방을 보는 일을 잊'고 콧구멍은 '아득히 먼 옛날 장소의 공기를 마시'고 그의 몸은 '그러한 장소와 현재의 장소 사이에서 비틀거(11 260)'린다.

'이와 같은 부활에서는, 공통된 감각의 주위에 재생한 옛날의 아득한 장소는, 번번이 씨름꾼처럼, 한순간 현시의 장소에 덤벼들었다. 현시의 장소가 번번이 이기고, 나에게 가장 아름답게 생각되는 것이 번번이 지고 말았다.' 인상은 과거를 현재로 확장하는데 이를 포착하는 것이 공통된 감각, 비의지적 기억이다. 이때 화자는 과거가 현재를 꿰뚫고 솟아오르는 장소가 된다.

그러므로 장소란 펼쳐진 시간의 몸이다. 어떤 장소는 과거에 점령되었다가 현재의 영토로 복구된다. 비의지적 기억은 인간의 공통 감각을 통해 드러난 과거의 몸부림이다. 기억의 주인은 인간이 아니다. 잃어버린 시간이란 자기를 점령했던 과거에 대한 우리의 희미한 기억이다. 자신의 몸을 장소로 하여 현재에 출현했던 과거, 그것이 우리가 느끼는 그리움의 정체다.

따라서 인상이란 과거가 현재에 다시 몸을 나타낼 자리를 구축하기 위해 보낸 척후다. 인상이 건네는 열쇠를 건네받아 과거를 지금 바로 이 장소로 진입시키는 일, 예술 활동의 본질이란 이와 다르지 않다.

인상의 부름에 이끌린 감각을 통해 현시한 잃어버린 시간의 세계가 인간을 벗어나지 않는다면, 그 인간을 피부라는 괄호로 싸고 난 외부 세계야말로 사회의 실체이자 자본의 공간이다. 노동자의 시간을 두고 투쟁이 벌어지는 곳은 인간의 바깥이다. 공장은 자본의 의지를 관철하기 위해 노동자의 감각 따위를 빌리지 않는다.

공장법은 자본에 가해진 실제적 제약이다. 그 제약을 낳는 것은 낡은 생산 형태를 교정하려는 생산양식의 자기 검증이다. 노동자의 즉자적 소모가 자본의 재생산을 위협할지도 모르는 무정부적 위기를 회피하려는 외부적 강제다.

그런데 이 법은 자본의 자기 교정에 머물지 않고 사회적 생산 일반을 규제한다. 신용제도인 은행이 총자본의 관리자의 역할을 떠맡는 것과 마찬가지로, 국가를 구성하는 행정과 입법 그리고 사법 체계들이 자본주의라는 역사적 생산양식의 충실한 기관임이 드러난다.

한편 개별 자본은 '끊임없이 반복된 경험에서' 배우기를 게을리 하지 않는다. 그리하여 '국가의 통제가 사회의 변두리 몇 군데에서만 이루어지면 자본은 다른 곳에서 훨씬 더 과도한 보상을 얻어낸다.'

표준노동일의 제정으로 상대적 우위에 서게 되는 것은 기계제 공장이다. 그들은 한 사회 전체의 잉여가치 가운데서 더 많은 몫을 챙긴다. 그렇게도 반대하던 공장법이 시행되고 나서 영국 자본의 이윤율은 금세 회복되었을 뿐 아니라 더욱 상승하였다. 총체로서 자본과 개별로서 자본은 이처럼 다르다.

자본가들이 요구하는 평등은 '경쟁조건(즉 착취의 제한)'(1 654)'에서의 평등이다. 인간의 정신에 반영된 평등의 이념이란 이처럼 특정 생산양식의 요구와 분리될 수 없다.

공장법은 개별 자본을 뛰어넘어 한 국가, 경제적 사회구성체의 수준에서 자신의 이해를 관철하는 총자본의 모습을 보여준다. 사회 전체 이윤은 더욱 커진다. 또한 자본은 국경을 넘나들면서 한 국가의 법적 제약을 뛰어넘고 지리적 차별을 통해 보상을 얻는다. 데이비드 하비가 풍부한 사례를 통해 보여주었듯이 세계를 단일한 공간으로 삼아 이루어지는 자본의 이동은 더 많은 타인 노동에 대한 청구권을 획득하려는 자본의 근본 경향의 표현이다. 그러나 노동자에게 지불되지 않은 노동의 사회적 형태라는 자본의 본질에는 변함이 없다. 노동자 계급으로 대표되는 인간은 자본이 끊임없이 부활하는 장소다.

한편 프루스트의 세계에서 시간이 부활할 때, 그 장소가 되는 인간은 '시간이라는 것으로부터 벗어난 실재의 단편'을 맛본다. 그것은 '관조(觀照)하기란 영원한 염원이면서도, 오래 계속되지는 않았고, 달아나기' 쉽다. 그러함에도 화자는 이를 '이제까지의 생활에서 동안을 두고 어쩌다가 주어진 이러한 기쁨이, 진실하고도, 자신을 살찌워주는 유일한 것'이라 느낀다. 인간이 경험하는 완전성이란 소생한 과거의 선물이다.

그러므로 잃어버린 시간의 소생은 곧 그것을 되찾는 장소로서 인간 자신의 부활이다. 인간 자신이 과거와 현재가 투쟁하는 장소가 될 때, 바로 그때 그가 붙드는 것, 그것이 실재다. 캔버스 앞에 서서 붓을 쥐거나 피아노 건반 위에 손가락을 올려놓거나 활자를 백지 위에 늘어놓아 실재를 붙들려는 자는 누구인가?

3

3. 역사 혹은 시간

『자본』은 세계를 시간을 두고 투쟁이 벌어지는 공간으로 파악한다. 이때 시간이란 노동자의 노동시간이다. 한쪽에는 자본이 그 맞은편에는 노동이 있다. 이러한 사태는 노동의 사용이 전적으로 노동자의 바깥, 즉 자본에 내맡겨지는 임노동이라는 사회 형태를 띤 데서 나온 귀결이다. 자본이 주도하는 이 생산양식에서 타인의 시간에 대한 지배는 어제로써 오늘을, 오늘로써 내일을 지배할 뿐 아니라 동일한 형식을 반복하게 하는 본질적 계기다. 우리가 발을 딛고 선 지구는 자본이 노동자의 시간을 짜서 펼친 세계다.

프루스트에게 시간은 잃어버린 무엇이다. 소설의 화자 마르셀에게 시간은 계시처럼 다가드는 인상을 단서로 삼아 복원해야 할 낙원이다. 그 과정이 글쓰기이고 되찾은 낙원이 소설이다. 낙원이란 잃어버렸기 때문에 낙원이다. 에덴의 이야기는 소설가의 시간을 되풀이한다.

시간을 잃어버린다는 감각은 시간이 관념으로 표상되는 한 피할 수 없다. 시간은 잃어버림으로써만 지각되고 포착될 수 있다. 지각이 미래가 아닌 과거에 뿌리를 묻고 현재라는 지평에서 고개를 드는 한, 그리고 그러한 지각의 연속으로 삶이 채워지는 한 인간은 시간, 그러니까 잃어버림의 근본 형식과 연루될 수밖에 없다.

밤늦도록 아이들은 잠들지 않으려 애쓴다. 어서 잠자리에 들라는 엄마의 채근을 피하는 아이의 놀라운 지혜는 하루 중 일부를 잠으로 채우는 두려움이 어떤 것인지 말해준다. 일찍 잠자리에 드는 것은 내일을 보다 이른

때부터 충실히 채우기 위함이라는 공리주의가 아이들에게 먹힐 턱이 없다. 시간 상실의 심연을 그들만큼 잘 알기란 어렵다. 사실 공리주의란 습관의 커다란 외투에 숨은 채 잃어버린 시간을 외면하는 두려움에서 벗어나 보려는 어른들의 얄팍한 수에 지나지 않는다. 이 공리주의 혹은 합리주의의 연원과 구조는 당연히 다른 책, 마르크스가 환히 밝힌다.

소설 『잃어버린 시간을 찾아서』는 시간을 잃어버리는 일상의 계기인 잠과, 잠에 드는 과정을 지루하게 묘사하면서 시작하는 것으로 악명이 높다. 이 서두는 독자 앞에 놓인 가장 높은 장벽일지도 모른다. 그러나 이제 독자는 소설가가 왜 그렇게 책을 시작하는지 안다. 그렇지 않고서야 평생을 바쳐 쓴 책과 독자 사이에 부비트랩을 설치하는 이 어리석은 시도를 어찌 이해하겠는가?

낮과 밤은 하루를 두 세계로 나눈다. 하지만 그 두 세계가 똑같은 무게를 지닌다고 느끼는 사람은 드물다. 지구의 회전이 만들어내는 두 세계 가운데 태양을 향한 쪽을 편애하는 것이 공정하지 않다고 누구보다 진지하게 눈을 흘기는 것은 프루스트다. 여기에는 마피아와 소방관과 청소원과 소위 환락 산업에 종사하는 사람들 또한 아무런 문학적 수사 없이 거들 말이 있을 테지만 말이다.

잠드는 것과 잠을 깨는 것은 한 세계에서 다른 세계로 옮겨가는 국경의 출입과 비슷하다. 세계가 이렇게 제 몸의 반을 뉘고 다른 반을 일으키면서 갈마들 때 특별한 의식이 빠질 리 없다. 프루스트가 하루에 두 번씩 무속인의 접신 의식을 능란하게 치르는 것을 독자가 모른 척하기란 어렵다. 그는 이렇게 시작한다.

'오랜 시간, 나는 일찍 잠자리에 들어왔다. 때로 촛불이 꺼지자마자 눈이 너무 빨리 감겨 '잠이 드는구나.'라고 생각할 틈조차 없었다.' 이 대목에서 독자는 내일은 올 것이고 그때도 지금처럼 존재하리라 여기면서도 인간이 떨치지 못하는 어떤 불안을 읽는다. 아이는 피로에 나가떨어져 잠에 곤두박질하지만 어른은 그저 잠들기 위해서라도 때로 약물이나 알코올에 기댄다.

소설에서 시간과 공간은 내면의 좌표계다. 이를 기준 삼아 이동과 회전을 일삼는 것은 인간의 욕망이다. 스완의 경우다. '오데트에 대하여 이미 질투를 느끼지 않게 되고 나서도, 오후 라 페루즈 거리의 작은 처소의 문을 헛되이 두드리던 날의 추억만은 계속해서 그의 마음속에 질투를' 일으킨다. 이탈리엥 대로의 가스등이 꺼지던 날 밤이라는 시각은 스완에게 세계가 분기하는 기준점이다. 그 세계는 스완 안에 세워지지만 객관적이다. 바깥의 세계보다 훨씬 더 큰 영향을 미친다는 점에서도 그렇다. 인간의 관념 혹은 추상이 세계에 행사하는 힘에 대한 프루스트의 언급은, 투자한 자본의 크기에 따라 자기 몫의 이윤의 크기를 계산하는 자본가의 관념과 금세 이어진다.

이때 스완이 느끼는 시새움의 대상은 '오데트 자신이라고 하기보다는 오히려 그가 오데트의 처소의 문이란 문을 모조리 헛되이 두드리던, 이제는 흘러가버린 과거의 그날, 그 시간이었다.(3 141)' 질투는 사랑하는 여자의 육체로부터 시간이라는 좌표계로 옮겨와 둥지를 튼다. 어떤 시간은 인간에게 질병원 그 자체다.

시간은 인간의 내면에서 벌어지는 사건의 범주이자 그 의미를 읽어내야 할 탐구의 대상이다. 과거와 미래의 순서도 정해져 있는 것이 아니다. 과거는 '미래보다 뒤에 이뤄지'며 '오랫동안 자기 안에 고이 간직해온' 것이자 '갑자기 해독이 가능(2277 9 113)'해지는 것이므로.

회상이 눈앞에서 벌어지는 사건처럼 돌연 힘을 행사하는 일이 있다. 그 힘은 질투의 힘이다. 이때 회상은 실제와의 거리를 한꺼번에 지워버린다. 질투는 우리가 도피처로 삼는 고독 안에까지 따라온다. 비슷하게, 우리를 나날이 새롭게 일으켜 세우는 것은 사랑이 아니라 배신이다.

과거를 미래 뒤에 배치하는 것도 질투다. 해독되지 않은 과거, 아직 내게 배신을 불러일으킨 적 없는 과거는 여전히 미래다. 사건의 시제를 결정하는 것은 발생한 시점이 아니라 그것이 촉발하는 질투의 강도다.

지구 바깥으로 나가지 않고서도 우리는 지구의 모양과 크기를 안다. 월식은 중요한 실마리다. 프루스트의 과학적인 관찰에 따르면 질투는 시공간의 고유한 특성을 확인해주는 세계식(世界蝕)이다. 질투는 그 이상이다. 아인슈타인보다 여덟 해 먼저 태어난 프루스트가 상대성에 대해 물리학자만큼 알았는지는 단언하기 어렵다. '목표에서 우리를 떼어놓는 시간이 짧으면 짧을수록, 도리어 때가 긴 것 같다. 우리가 더욱 짧은 단위를 때에 적용하기 때문이거나 또는 때를 재려고 생각하기 때문이다. 교황 통치는 세기로 센다고 하는데, 아마 아무도 세려고 생각지 않으니, 그 목표가 무한에 있기 때문이다.' 물리학의 천재라 해도 교황의 통치를 세는 단위를 생각해보진 않았을 것이다.

쥐라기나 백악기를 말하거나 교황의 계보를 따질 때 적용하는 기준이 있는 한편, 화자가 스테르마리아 부인과 약속한 만찬 날까지 남은 시간을 재는 기준이 있다. '나의 목표는 단지 3일의 거리에 있었다. 나는 초로 세지 않고, 애무, 여자 자신에 의해서 해내도록 만들 때에 느끼는 그 안타까운 애무의 시작인 공상에 탐닉하였다.(6 93)' 함께 쾌락의 불꽃을 피워 올릴 여자를 만날 시각까지 남은 시간은 태양이 적색거성으로 부풀기까지 남은 시간만큼이나 측정하기 어려운 법이다.

적색거성이 지구를 삼키기 전에 그 일을 생각하는 두려움만으로 삶을 포기하게 만들 수 있는 것이 인간의 지성이다. 물론 이런 일이 흔치 않은 것은 예견에 따른 공포를 막아 줄 통찰 또한 똑같은 지성이 주기 때문이다. 물론 분이나 초가 아니라 애무와 공상으로 시간을 재는 사람은 흔치 않다. 아무나 프루스트가 쓴 책과 같은 책을 쓸 수 있는 것은 아니다.

열 개의 문장을 통과한 낱말과 천 개의 문장을 통과한 낱말은 다르다. 제 뜻을 의심하거나 놓일 자리를 찾지 못해 문장 속을 서성거리는 낱말이 있는 한편, 주인의 자리를 굳게 지키며 동사와 부사, 접속사가 놓일 자리를 늠름하게 지정하는 낱말이 있다. 문장을 넘어 책 안에서 주인의 몫과 지위를 넉넉히 감당하는 낱말을 알아보는 즐거움은 독서의 돛을 활짝 펼치기도 한다. 마르크스가 쓴 책에서는 더욱 그렇다. 아마 가치가 그런 낱말일 것이다. 그러나 소설 속의 낱말들은 가치나 노동이 쓰이는 방식으로 놓이지 않는다. 이 낱말과 문장들은 다른 세계에 속한다. 책이야말로 세계다.

『잃어버린 시간을 찾아서』는 잃어버린 시간을 찾아 나선 소설 속 화자의 여정을 그린다. 그렇다면『자본』도 똑같이 말할 수 있을까? 소설이 말하는 시간이 인상을 통해 포착되는 개인의 지나간 시간이라면, 마르크스가 말하는 시간은 인간의 근육과 신경을 상품으로 응결시키는 노동자의, 낱낱의 사람이 아니라 사회 계급의 시간이다. 첫 번째 시간은 인간의 내면, 기억에 펼쳐지고 두 번째 시간은 산업의 공간, 공장에 펼쳐진다.

두 가지 시간은 얼마나 또 어떻게 다른가? 토요일 오후 프루스트의 주인공은 공장 문밖으로 쏟아져 나오는 여공들을 두리번거린다. 그의 눈길은 쾌락과 욕망의 대상을 좇는다. 저쪽에서 노동의 시간이 끝날 때 이쪽에선 욕망의 시간이 시작된다. 여공들과 마르셀의, 노동자의 시간과 필시 속물이라 할 한가한 부르주아 청년의 시간 사이에 놓인 틈은 이처럼 깊고 서로 어긋남은 날카롭다. 마르크스의 시간은 위험과 피로, 타율과 억압, 고통과 의무라는 매질을 통과하면서 노동자의 신체 바깥에 자본으로 마주서고 프루스트의 시간은 사랑과 쾌락, 사교와 우정, 감각과 예술이라는 매질을 통과하면서 작가로 육화한다.

마르크스는 책을 시작하면서 자신의 책이 말하는 가치란 화가나 음악가 혹은 소설가의 창작 시간이 아니라 상품을 생산하는 데 드는 사회적 평균 노동시간, 다시 말해 상품의 가치임을 분명히 밝힌다. 그의 책은 가치의 운동과 역사 그리고 그것이 주조해내는 세계상을 추적하고 해명한다. 화자가 잃어버린 시간이 문학의 문장을 통해 되찾아진다면 노동자의 잃어버린 시간은 자본으로 끊임없이 되살아난다. 문학은 대성당으로 우뚝 서고, 자본은 세계의 엔진이 된다.

사회적 생산을 달리 말하면, 노동자의 지나간 노동시간 곧 자본이 현재를 통과하는 운동이다. 이는 한편 노동자의 현재 노동시간이 그로부터 분리되어 과거로 함몰하는 과정이다. 노동의 소외란 이러한 사태를 한마디로 요약한다.

프루스트의 시간은 게르망트라는 귀족의 살롱과 베르뒤랭 부인의 부르주아 살롱을 넘실대는 공허한 미소 속으로, 우정이라는 겉보기의 이타주의 속으로, 쾌락을 찾아 줄달음치는 욕망 속으로 쉬지 않고 가라앉는다.

노동자의 시간은 공장에서 소비·소모되면서 그 일부가 자본의 몸이 된다. 그것은 살아 있는 노동이라는 원천에서 흘러나와 과거로 집적되는 시간, 자본이라는 타자로 정립되는 노동의 시간, 곧 노동자의 과거다.

소설의 주인공은 쾌락이나 사교, 우정이나 지성으로 맞설 수 없는 압도적인 힘을 깨닫는다. 그것은 시간 상실의 힘, 망각의 힘이다. 마르크스의 책에서 자신의 시간을 잃어버리는 것은 노동자다. 그러므로 프루스트의 명명법으로 마르크스의 책에 이름을 붙인다면 그 또한『잃어버린 시간을 찾아서』가 될 것이다.

:: 31. 시간, 세계와 인간의 척도

역사와 시간, 이론의 척도와 장소의 척도

자본가가 생산물을 처분하고 손에 쥐는 것은 화폐다. 노동자는 시장에서 하나의 특수한 상품으로 자본가 앞에 놓인다. 그는 포장된 밀이나 가지런히 정렬된 아마포와 다름없다. 자본가는 어떻게 이런 일이 생기는지 알려고 하지 않는다. '이 자유로운 노동자가 무엇 때문에 유통영역에서 화폐소유자와 대면하는가 하는 문제는 노동시장을 상품시장의 한 특수한 부분으로 찾아내는 화폐소유자에게는 관심 밖의 일이다.'

마르크스는 두 가지 태도를 대비시킨다. 최대한의 잉여가치 창출을 목표로 하는 자본가의 실천적 태도가 그 하나이고 세계를 총체적으로 파악하려는 저자의 이론적 태도가 다른 하나다. '화폐소유자가 실천적으로 사실에 집착하듯이, 우리는 이론적으로 사실에 집착한다.' 노동자 바이틀링을 비판할 때 특히 그러한데, 이론은 마르크스가 한 번도 벗어난 적 없는 굳건한 진지다. 노동이 무엇인지 가장 잘 아는 사람은 노동자가 아닐 수 있다는 언명은 오직 이론만이 내놓을 수 있는 견해다. 물론 이때 노동이란 소재로서가 아니라 사회 형태를 뜻한다. 그러므로 이론 활동이 노동인지는 이론만이 밝힐 수 있다.

'한편으로 화폐소유자 또는 상품소유자를 만들어내고 다른 한편으로 자신의 노동력만을 소유한 자를 만들어내는 것은' 무엇인가? 다윈은 종의 기원을 탐구하면서 현재 생물의 상태를 자연사적 결과로 파악한다. 반면 마르크스는 역사에 발을 딛고 서서 질문에 답한다. 생산수단이 배제된 채 노동력만을 가진 인간을 만들어내는 사회적 '관계는 결코 자연사적인 것도 아니며 또 역사적으로 모든 시대에 공통되는' 것도 아니다.' 낡은 사회 형태는 몰락하고 새로운 사회 형태가 출현한다. '그것은 분명히 선행한 역사적 발전의 결과이며, 많은 경제적 변혁의 산물이자 일련의 낡은 사회적 생산의 구성체들이 몰락하면서 만들어낸 산물이다.(1 253)'

사실에 집착하는 화폐소유자가 실천적일수록 그 실천을 분석하는 마르크스는 이론적이 된다. 이론 또한 역사의 결과물이다. 실천 앞에 놓인 장애물의 두께는 오직 역사의 이론, 이론의 역사로만 꿰뚫을 수 있다.

현존하는 사물, 제도, 관념 모두 시간의 산물이다. 한쪽에서는 시간이 취하는 사회적 형태가, 다른 한쪽에서는 시간이 몸을 빌리는 인간이 주된 관심사이다.

한 장소, 하나의 이름은 다른 인간에게 동일한 장소, 동일한 이름이 아니다. 화자에게 알베르틴이라는 이름은 발베크라는 고장의 척도다. 장소는 추억 속에서 한 인간의 이름으로 표상되면서 낱낱의 기억과 서로 다른 시간으로 분해된다. 두 번 머문 적이 있는 바닷가 마을 발베크는 화자에게 서로 다른 장소이자 시간이다. 또 서로 나뉘지 않은 채 한 덩이를 이루면서 화자의 욕망을 들끓게 만들던 꽃피는 처녀들은 어느새 하나하나의 인격으로 분리된다. 세월은 처녀들의 외모에 돌이킬 수 없는 흔적을 남기지만 전혀 빛을 잃지 않는 것은 탐구자인 화자의 빛나는 눈길이다. 그런데 탐구의 시선은 곧 욕망의 눈길이기도 하다.

시간의 경위와 결과를 뺀다면 문학의 부피는 눈에 띄게 줄 것이다. 시간이 얼마나 흘렀는지 묘사하는 문장만큼 소설가의 개성을 나타내는 것도 없다. '그녀들의 커다란 눈은 옴팡눈이 되고 말았지만, 이는 아마도 그녀들이 이미 어린애가 아니어서 그런지 모르려니와, 또한 로마네스크한 첫해의 여배우들, 내가 끊임없이 이것저것 캐어보고 싶어 한 넋을 빼앗는 여성들이 이제 신비의 존재로 보이지 않은 탓인지도 모른다.'

로마네스크라는 말은 지라르가 책 '낭만적 거짓과 소설적 진실(Mensonge romantique et verite romanesque)'에서 알차게 일구어 쓴 바 있다. 지라르는 '낭만적'인 것과 '소설적'인 것을 구분하고 '낭만적(romantique)이라는 용어를 중개자의 존재를 결코 드러내지 않은 채 그 존재를 반영시키는 작품들에 … 중개자의 존재를 드러내는 작품들에는 소설적(romanesque)이라는 용어를(지라르, 59)' 쓴다. 그는 '주체가 욕망의 대상과 직접 관계를 맺지 못하고 그 대상이 중개자로 대체된, 혹은 대체된 중개자를 향하게 된 욕망의 왜곡'을 '간접화'라 일컫는다. 우리는 문학 이론가가 뿌리를 내린 지점을 문학 안에서 확인한다.

신비와 매혹의 원천이던 꽃피는 처녀들은 이제 낱낱으로 분리되어 저마다 그저 낭만적인 젊은 아가씨가 된다. 내가 변덕을 부려도 실망하지 않는 사람에게 건넬 유혹의 미소란 없다. 처녀들은 더 이상 화자의 눈길을 사로잡지 않는다. 왜, 어쩌다 이렇게 되었을까? 화자가 그 가운데 가장 예쁜 알베르틴을 가두고서 함께 살기 때문일까?

두 번의 발베크 체류 사이에 알베르틴은 화자를 찾아온다. 그때마다 화자의 내면에서 그녀의 위치는 조금씩 바뀐다. 사랑하는 여자, 욕망하는 여자의 변화야말로 가장 정밀한 시간의 척도다. 그녀가 부재하던 섬과 같은 시간들을 서로 이으며 알베르틴은, '이 시간의 투명한 깊이 속에서, 내 눈앞에 있는 장밋빛 아가씨가 신비한 그림자를 띠면서 힘찬 돋을새김으로 형성되어'간다.

화자 안에 부조처럼 새겨진 알베르틴은 이미지·지성·감정·성격과 같은 다양한 층으로 이루어져 있다. 그 층들은 알베르틴의 육체가 개화하면서 함께 성장하고 증식한다. 그녀의 본성은 가려져 이제 알아볼 수 없다.

이 변화는 화자가 그녀에게 비춘 조명, 또 끊임없이 변해온 그와 그녀 사이의 거리, 그리고 그녀와의 동거 생활이 덧칠한 결과다. 덧칠은 모든 인간관계의 보편적 형식이다. '그 변화를 단지 그들을 바라보는 이쪽 위치, 거리, 또는 조명의 탓으로만 여기게 된 사람들마저 우리들과의 관계로 변하는 동시에 그들 자신에게서도 변하기 때문이다.(9 88 89)' 변화에서 주체와 객체를 가려내는 일은 몹시 어렵다. 둘은 서로 얽혀 있으며 그 경계란 모호하다. 수시로 번득이는 변증법의 투과하는 빛만이 전모를 밝힌다.

자본의 시간과 마음의 시계판

자본은 그 자체 하나의 시간적 전개이자 운동이다. '자기증식하는 가치인 자본은 … 하나의 운동으로서 여러 단계를 통과하는 순환과정이며 … 따라서 자본은 멈춰 있는 물적 존재가 아니라 단지 운동으로만 이해될 수 있다.'

마르크스는 자본에서 존립의 조건과 현존 형태를 구분한다. 계급관계와 운동이 그것이다. 자본은 고유의 속성을 가진 실체가 아니라 관계다. 산업자본의 개별적이고 가시적인 형태들은 모두 가치의 사회적 형태인 자본의 자기 운동의 표현이다. '가치의 자립화를 단순한 추상으로 간주하는 사람들은 산업자본의 운동이 현실에서 바로 이 추상이라는 것을 잊고 있다. 여기에서 가치는 여러 형태와 여러 운동을 통과하면서, 이런 운동을 통해 자신을 유지하는 동시에 증식, 확대해나간다.(2 134)' 현실에서 추상을, 추상에서 현실을 봄으로써 자본은 이론적 표현을 얻는다. 이는 지상과 천체의 운동이 모두 중력이라는 수학적 추상의 표현인 것과 마찬가지다.

자본은 한 사회, 국가를 넘어 지구적 규모의 시장에서, 또 수천 년의 시간, 역사 안에서 고찰된다. 자본의 시간이 인간의 바깥을 흐른다면 프루스트의 시간은 인간을 채운다.

노동에 대한 자본의 엄밀한 관리와 통제는 공장에 커다란 시계를 내걸면서 가능해졌다. 한편 인간의 내면에도 저마다의 시계가 있다. 인간을 하나의 계급, 자본의 기관으로 변형시키는 것이 바깥의 시계라면, 인간에게 저마다의 개성을 부어넣는 것은 내면의 시계다. 이 '마음의 시계판'은 재판관과 죄인에게 같은 시각을 가리키지 않는다. '어떤 글자판이 재판관에 의한 처형 시간을 가리키고 있는데도, 죄인 쪽에서는 그보다 오래 전부터 회개(悔改)의 시간이 울리고 있었을 수도(11 413)' 있는 것이다.

소설의 화자는 자신의 소명이 남들과 다르다고 믿지만, 할 일이 문학밖에 없다고 믿는 병약하고 예민한 아들을 무조건 칭찬하고 격려하는 부모는 흔치 않다. 남부럽지 않은 부르주아 집안에서도 그런가 보다. 아들은 회개한 지 오래지만 아버지는 재판관으로서 이제야 판결을 내린다. 하긴 아들의 회개를 제때 알아보는 아버지란 아주 드물다. 아니 회개를 재범의 의지나 확신범의 자기주장으로 모는 것이 아버지들의 흔한 버릇이 아닌가. 도서관의 인문학 서가는 프로이트와 그 제자들이 주장하는 비슷한 이론들에 자리를 넉넉하게 내준 지 오래다. 널리 알려지지 않았다고 해서 프루스트의 시계판이 이론적 효용에서 그에 뒤진다고 할 수는 없다. 공장에서 자본의 오케스트라를 지휘하는 것이 벽시계라면 매순간 호흡하는 인간의 시간과 분과 초를 정확히 재는 데는 소설가의 시계만 한 것도 없으리라.

화자가 게르망트 공작부인을 기억할 때 사용하는 것이 바로 이 시계다. 그녀는 '처음에는 이름뿐이었다가 이윽고 사랑의 대상으로 된 시기와, 평범한 사교계 부인에 불과해졌던 시기(11 447)' 각각의 세계에 고유한 개성으로 존재한다. 한편 부인 또한 비슷한 시계를 가지고 있다. 부인은 그 시계를 통해 골목에 숨어 자신을 훔쳐보던 망할 놈의 이웃집 소년이 살롱에서 기이한 문학적 교양을 자랑하는 박식한 젊은이로 바뀐 것을 안다. 아니 그 둘이 전혀 다른 사람임을 안다. 두 세계가 각각 주민에게 그어놓은 기억의 국경선은 저마다 신성불가침이다. 드물지만 두 나라 간 우발적인 전투가 벌어지더라도 큰 문제는 아니다. 그곳이 어딘지 좌표를 특정할 수 없는 까닭에서다. 한 인간이 다른 인간과 유지하는 평화란 대개 이처럼 저마다의 시계가 어긋난 덕분이다.

가치와 작품, 자본으로 후세로

자신이 생산한 상품이 무엇이든 그것 자체가 화폐이길, 더 많은 화폐를 낳길 바라는 것은 자본가의 한결같은 소망이다. 상품이 그런 기적을 행하지 않는다면 그가 왜 상품을 생산하겠는가? '자본가는 모든 상품이-비록 그것이 아무리 초라해 보이고 악취가 난다 해도-맹세코 진실에서는 화폐이며 내면적으로는 할례를 받은 유태인이고 나아가 화폐를 더 많은 화폐로 만드는 기적을 행하는 수단임을 알고 있다.(1 235)' 자본가는 상품이 어떻게 이렇게 되는지 알려 하지 않고 알 필요도 없다고 생각한다. 이는 할례를 받은 사람이라면 누구든 의심 없이 동족으로 받아들이는 유태인의 관용과 비슷하다. 이는 할례를 받지 않은 개종한 유태인의 언명이라 특히 믿을 만하다.

상품으로 응결된 인간의 노동은 어떻게 자본, 스스로 증식하는 화폐가 되는가? 단순유통에서 상품은 그것에 포함된 노동시간, 즉 가치에 따라 교환된다. 이 등가교환과 달리 생산과정을 고찰하면 가치는 '과정 전체를 거쳐 가며 스스로 운동하는 실체로서 홀연히 나타난다.' 사회적 평균 노동시간이라는 가치의 추상적 규정이 생산과정을 통과하면서 운동하는 실체가 된다. 추상이면서 동시에 실체인 자본이 수행하는 생산의 본질이 이때 드러난다. 노동의 사회적 응결물인 상품과 유통과정에서 그와 등가로 교환되는 화폐 사이를 왕복하면서 관계의 표면에 머물던 눈은 비로소 가치의 본래 모습과 마주친다.

이제 가치는 자신과의 관계만을 대표한다. 눈앞에 남는 것은 출발점에 서 있던 가치와 그것이 낳은 가치의 일체화된 육신이다. 화폐는 낳는 것과 낳은 것을 차별하거나 구별하지 않는다. 원래 있던 것과 그것이 낳은 것을 구별하는 출발점은 선후의 구분이다. 시간이란 계기를 포착한 이론의 눈에 자본은 '본원적 가치로서의 자신과 잉여가치로서의 자신을 서로 구별 짓는다. 즉 그것은 아버지 신으로서의 자기와 아들 신으로서의 자기를 구별하는데, 아버지와 아들은 나이가 같고 사실상 한 몸을 이루고 있다. 왜냐하면 선대된 100파운드 스털링은 오직 10파운드 스털링이라는 잉여가치에 의해서만 자본이 되며, 그것이 지본이 되는 순간, 즉 아들이 태어남으로써 아들에 의해 아버지가 태어나게 되는 순간 양자의 구별은 다시 소멸해버리고 양자는 하나(110파운드 스털링)가 되기 때문이다.(1 235)'

이와 같이 시간을 통과하면서 증식하는 가치인 자본은, 생산과정에서 나온 상품이 유통과정에 들어서는 순간, 즉 증식된 가치를 합체된 단일한 몸으로 표상하는 순간 그 기원을 베일 속에 감춘다. 운동의 토대이자 계기인 시간은 사라진다. 물체의 운동을 명백히 기술하기 위한 수학적 공간이 좌표는 지워지고, 그 위에 번성하는 것은 물신이다.

자본은 인간의 노동을 그 소재적 측면에서가 아니라 사회적 형태로 다룰 때 이르게 되는 필연적 개념이다. 프루스트가 묘사하는 인간 또한 늘 사회적 존재다.

이론의 독창성은 어떤 낱말에 새로운 뜻과 쓰임새를 주는 데서도 드러난다. 프루스트에 따르면 세계란 나의 바깥에 존재하는 객관적 환경이다. '이런 환경이야말로 완전한 단일성(unité)이며, 인간 개인은 한낱 구성 분자에 지나지 않는다.(11 394)'

개인이 구성하는 환경이란 무엇인가? 나의 삶이 자은 실은 다른 사람이 자은 실과 만난다. 두 실의 만남이 내가 짜려는 삶을 직조하는데 모자랄 수도 있다. 나와 만나지 못한 사람들 간의 실들은 타래를 이루며 저마다의 가정과 세계를 짜나간다. 내가 공유한 실이 그 세계에서 올조차 되지 않을지도 모른다. 중요한 것은 내가 그들과 공유하는 시간의 매듭들이다.

영원히 허물어지지 않을 것 같던 환경도 끝내 이끼로 덮인다. 이끼의 덮개가 에메랄드로 빛난다고 해서 변화를 피할 수 있는 것은 아니다. 화자는 '스완의 회색 모자나 스완 부인의 보랏빛 망토를 보거나, 어느 살롱에서나 게르망트라는 가문의 이름이 공작부인을 싸고 있던 그 신비'를 떠올린다. 그것은 사물에서 오는 것도, 특별한 이름에서 오는 것도 아니다. 그 신비는 현재에 드리운 과거의 그림자다. 현재는 과거가 범속과 권태라는 벼랑 아래로 추락하는 장소다. 추락 뒤에는 무엇이 남는가? 파리의 봄날 저물녘의 어스름은? 발베크의 바다를 비추던 오후의 하늘은?

시간의 위협에서 화자를 지켜내는 것은 기억 속에서 차례차례 자리를 차지하는 사람들이다. 인생 전체를 끊이지 않는 시간 안에 다시 배열하는 방법을 찾던 화자는 마침내 답을 찾는다. 문학의 길이 한 뼘 더 열리는 순간이다.

이리하여 문학은 심리학, 그것도 입체적인 심리학이 된다. 화자의 내부를 차지하는 인간들의 몸피는 기억의 부피다. 문학은 그 기억을 서술한다. '기억은 과거에 조그만 수식도 가하지 않은 채, 과거가 현재였던 순간의 모습을 고스란히 현재로 데리고 와서, 인생이 거기서 전개하는 저 시간의 망망한 차원을 바로 없애기 때문이다.(11 476)' 과거가 현재이던 순간을 기억해 내는 것, 그것이야말로 문학의 길이자 잃어버린 시간을 복구하는 길이다.

시간은 이렇게 문학의 몸이 된다. 단순히 현재에 불려온 과거에 그친다면 그것은 문학이 아니라 신문 기사가 될 것이다. 문학에서 시간은 미래, 후세로 확장된다. 작품의 두께는 시간의 두께로만 잴 수 있다. 저무는 해는 사물의 그림자를 잡아 늘리다가 그림자마저 지우지만, 문학은 세계의 그림자를 지상에서 거두어 후세라는 성좌에 다시 배열한다. 그림자가 다시 자신을 길게 드리웠던 주인이 되는 것, 색채를 다시 얻고 벌떡 일어나는 것은 문학의 기적이다.

후세란 또 작품이 자신의 빛을 주위에 뿌리는 시간이다. 두 가지 후세가 있다. 하나는 작품 스스로 창조한 후세이고 다른 하나는 숨겨진 빛이 늦게야 인정되어 작품에 덧붙여진 시간이다. 파묻혀 있었으나 발견과 동시에 빛을 발하는 작품이 있다. 이 드문 경우를 제외하면 주목할 후세는 작품 안에 도사려져 있다.

비평의 발은 당대만을 디디려 한다. 비평의 빛은 오직 현재를 비춘다. 비평에서 예언을 조심하라는 격언은 비평의 무기력과 한계를 웅변한다. '미의 총계에 시간적 인자를 가산하지 않으면, 우리의 판단에 온갖 예언과 같이 어떤 우연한 것, 따라서 진정한 흥미가 없는 것을 끌어들이게 되는 것이다. 예언이 실현되지 않는다고 해서 그것이 예언자의 정신의 무능을 뜻하는 것은 아니다.(3 151)' 비평가가 예언의 빛을 비추는 작품에는 유보의 눈길을 보내는 것이 마땅하다.

작품의 미래는 비평가의 안목 너머에 있다. 그림이든 악절이든 소설이든 예술에 달아주는 날개는 근해를 출렁이는 비평의 파도 너머 난바다를 향해 돛을 올리는 자에게 돋는 법이다. 비평가는 돛이 아니라 닻에 집착한다.

예술가는 시간을 작품으로 육화시킨다. 노고 없이 이루어지는 일은 없다는 격언에 더해, 작품이란 인간이 자신에게 주어진 시간, 그 시간의 전개인 자신의 삶의 응축이란 점에서 그렇다. 작품은 시간의 지층이자 삶의 지층의 일부다.

그러므로 작품을 이루는 예술의 몸은 예술가를 통과한 시간이다. 한편 상품은 노동자의 근육과 신경, 삶의 응결물이고 그 가치는 그것을 생산하는 데 든 노동자의 시간, 그의 과거다. 예술 세계의 시민권은 인간이 그의 시간을 작품으로 만들 때 주어진다. 마찬가지로, 아니 거꾸로 노동자가 자본이 만드는 세계의 주인이 될 때는 언제인가? 그가 자신의 시간을 되찾을 때, 스스로를 자본으로부터 해방시킬 때다.

:: 32. 역사와 시간, 표상들

신대륙의 발견, 자본과 잠의 세계

자본이 노동자에게 노동을 강제하기 위해서는 노동력에 대한 자본의 지불이 주든 월이든 일정한 시간 단위로 되풀이되어야 한다. 이 반복은 현재의 자본이 여전히 미래에도 자본이 되고 지금의 노동이 여전히 미래에도 임노동이 되는 조건이다. 그 지불 수단은 현물이 아니라 화폐다. 이는 노동자의 자급자족을 불가능하게 만든다. 노예제 혹은 봉건제에서와 달리 노동자의 생활 수단이 상품 형태로 존재한다는 것은 이 생산양식의 전제다.

마르크스는 자본제적 생산양식이 성립하고 발전하는 데 남아메리카로부터 은의 유입이 어떤 의미를 갖는지 살피면서 이를 당시 화폐 수요와 연결 짓는다. '16세기와 17세기에 지리상의 발견이 가져다준 상인자본의 급속한 발전과 상업부문의 대혁명이 봉건적 생산양식에서 자본주의적 생산양식으로 이행을 촉진하는 데 하나의 주요한 계기가 되었다.' 하지만 그는 이어 '그리고 바로 이런 사실이 완전히 잘못된 견해를 만든 원인이기도 하다(3 436)'라고 단서를 붙인다.

화폐량이 충분하다면 기존의 생산 형태가 곧바로 자본의 생산 형태로 바뀌는가? 귀금속은 필요한 화폐량을 대체할 수 있으나 자본주의적 생산양식의 토대는 따로 있다. '근대적 생산양식이 그 초기에(즉 매뉴팩처 시기)에 발전했던 것은, 그런 발전을 위한 조건이 이미 중세시기에 창출되어 있었던 경우에 한한'다. 마르크스에게 근대란 자본이 지배적 생산양식이 되는 시점에서 시작된다. 그것은 자본이 열어놓은 세계의 새로운 역사적 단계다.

이미 창출되어 있던 자본의 요람이란 무엇인가? '상업의 지배권도 이제는 대규모 공업의 제반 여건이 얼마나 지배적인지의 여부와 결부된다'고 쓴 뒤 마르크스는 '지배적인 상업국가로서 네덜란드의 몰락의 역사는 상인자본이 산업자본에 예속되어가는 과정의 역사'라고 쓴다. 인도와 아라비아 반도의 앞바다를 거쳐 아프리카에 이른 명나라의 정화 선단은 신대륙의 발견보다 100여 년 앞선다. 그 빛나는 사건 뒤를 잇는 것은 수백 년 동안 근대에 이르지 못한 채 자본주의 국가들의 시장 쟁탈전으로 낱낱이 찢겨진 청나라의 멀지 않은 미래였다.

탐험가들로 하여금 신대륙을 찾아 나서게 한 것은 새로운 생산 형태로서 모습을 갖추어가던 자본의 요구, 세계시장에 대한 수요다. 이는 생산력의 무제한적 발전 경향으로 나타나는 자본 운동의 결과다.

탐험가들이 새로 발견한 것이 자본이 이끌던 선진 국가가 알지 못했던 지구의 반쪽이라면, 프루스트가 찾아낸 것은 무엇일까? 지구의 표면에는 하루마다 낮과 밤이 갈마든다. 지구의 절반은 늘 밤의 어둠 속에 잠긴다. 자본은 대양을 넘어 새로운 대륙에 제 그림자를 드리우고, 밤을 이끌고 오는 저녁은 사물의 그림자를 동쪽으로 늘인다. 다가오는 밤을 그저 낯익은 손님으로 맞는다면 사천 쪽에 이르는 소설을 쓰지는 않으리라. 무언가 잃어버린 사람만이 작가가 되는 건 아닐 테지만.

저녁은 프루스트에게 밤이라는 다른 세계로 들어가는 문이고 잠은 그 세계의 새로운 삶이다. 밤과 잠을 묘사하는 데 그가 들이는 공은 지옥을 묘사하는 단테의 정성에 견줄 만하다. 문학의 고유 영토는 지상이 아닌 다른 세계를 눈앞에 보여주는 데서 늘어나는 것이 아닐까 싶을 정도다.

대양을 건너 새 대륙을 발견하는 모험만큼 설레는 일도 드물 테지만 다른 할 말이 어찌 그리 많은지 몇 마디로 스치고 지나가는 마르크스와 달리 프루스트는 오월 논일에 나선 농부라도 된 듯 바지를 걷어붙인다.

'몸을 일으켜 시계 쪽으로 손을 뻗어, 그것이 표시하는 시간과 몹시 피로한 내 다리가 준비하고 있는 풍부한 자료에 의해 표시되는 시간과 대조해보기 전에 또다시 두세 번 베개 위에(4 253)' 쓰러진다. 화자가 잠에서 깰 때 겪는 일은 선원이 일렁이는 물결에 흔들리며 뭍에 배를 대려는 것과 비슷하다. 다리는 아직 피로를 떨치지 못하고 주저앉는다. 배를 고정하는 말뚝에 매듭을 던지지만 겨냥한 대로 되지 않는다. 베개가 머리에 행사하는 중력은 블랙홀을 이해하는 데 도움이 될 만큼 크다. 어둠을 틈타 가만히 펄럭이는 것은 프루스트가 낮이든 밤이든 창에 쳐놓았다는 검은 커튼의 미동일까? 화자를 사로잡은 잠은 영토 확장에 몰두한다.

두 개의 시간, 두 개의 세계가 있다. 아니 거꾸로인가? 구의 표면에 경계가 없듯이 낮과 밤이 서로 이어지듯이 두 개의 시간, 두 세계도 그러한가? 시침과 분침과 초침으로 지금 시각을 알려주는 시계가 있는 한편 추억과 상념으로 시각을 재는 시계가 있다. 잠에서 막 깨어나 시계를 보라. 후다닥 다른 시계를 숨기지 않는가? 이처럼 두 시간, 두 세계는 겹쳐 있다. 독자는 두 시간, 두 세계에서 선후와 우열을 구분하는 데 어려움을 겪는 화자를 충분히 이해할 수 있다. 게다가 그동안 사람들이 모르는 세계를 그만큼 잘 보여준 이도 없지 않은가.

프루스트가 펼쳐 보이는 세계는 다소 혼란스럽긴 하나 고통스럽거나 위태롭지 않다. 그러나 두 시간, 혹은 두 세계의 만남이 늘 그런 건 아니다. 자본이 세계를 하나의 시장, 유일한 활동 무대로 만드는 풍경은 꿈속에서 기억과 상념이 펼치는 풍경과 비교할 수 없다. 그 풍경 속에 드러나는 것은 변화하는 시기의 경제적 사회 구성체의 눈 뜨고 차마 보기 어려운 속내다.

자본이 세계의 주인으로 등장하는 역사는 발작의 역사에 가깝다. 영국이 자본의 실행자이자 대리자로서 식민지에 있던 기존의 생산 형태에 새겨놓은 흔적들이다. '벵골 지역에서 그들은 영국식의 대토지소유제라는 만화를 그려보았으며, 남동부 인도 지역에서는 분할지 소유제라는 만화를 그려보았고, 북서부 인도 지역에서는 인도의 경제공동체를 토지의 공동 소유제라는 그들의 고유한 제도로 다시 변형하려고 갖은 노력을 다 기울였다.' 만화는 때로 여가의 읽을거리에 그치지 않고 문자가 차마 묘사할 수 없는 인간의 비참한 상태를 그려냄으로써 고유한 면모를 자랑한다.

자본의 발작이 급속히 전염될 때 이를 피해가는 것은 불가능하다. 영국인의 상업이 인도에 혁명적인 영향을 미친 경우는 인도의 '농업과 공업이 결합된 생산단위 가운데 하나의 원시적 구성 부분을 이루는 직조업을 궤멸(주51)'시켰을 때뿐이다. 자본이 장악한 국가가 타국에 사는 인간에게 자비를 베푸는 일은 좀처럼 관찰하기 어렵다. 또 식민과 피식민을 가리지 않고 모든 국가에 한결같다는 점에서 자본은 평등하다.

자본은 삶에 유일한 형태를 강요한다. 대안이라 단정하긴 어려우나 프루스트의 화자는 세계의 다른 차원을 묘사한다. 그가 '우리의 삶이 아닌 다른 삶의 실존'을 증명하는 방법은 꽤 미묘하고 엉뚱할 뿐 아니라 왠지 딴 데를 보는 척하게 만드는 데가 있다. 소설 속의 화자는 '잠을 자는 동안 느끼는 즐거움'을 말한다. 이른바 '모든 즐거움 중 가장 속되고 관능적인 즐거움'이다. 그의 어조는 천연덕스러우면서 진지하다. '우리 가운데 어느 누가 몸을 그렇게 혹사시키는 것만 아니라면 무한히 반복하고 싶은 즐거움을, 잠에서 깨어나면서 반복할 수 없다는 생각에 기분 나빠하지 않을 수 있단 말인가?' 그 끝은 심지어 '재산을 잃었을 때의 느낌과도 같다.' 그가 세계의 이원성을 논증하는 데는 경제적 기술도 필요하다. '꿈의 괴로움과 즐거움을 (보통 잠에서 깨어나는 순간 매우 빨리 사라져버리는) 뭔가 예산서 같은 데다 표기해야 한다면, 그것은 틀림없이 일상생활에 관한 예산서는 아닐 것이다.(8 234)'

전기 작가 타디에는 굳이 한 절을 할애하여 이를 자세히 다룸으로써 독자들의 눈을 가늘게 뜨게 만들었다. 그는 방 안에 혼자, 혹은 이불 속에 있을 때를 문학이 서술해야 하는 인간의 상태에서 배제하지 않는 프루스트의 차별 없음을 애써 강조하고 싶었으리라. 어쨌거나 이로써, 인간의 삶을 낮의 세계로 한정하는 것이 어느 정도 편협할 수 있다는 것이 분명해졌다.

화자는 잠을 이루지 못할 거라고 스스로 암시한다. 그 암시는 곧 '잠들고 있다'는 자각으로 바뀐다. 데카르트의 숙고가 다시 동원된다. 그는 '거의 어둠 속의 한 가닥 미광에 지나지 않으나, 우선 내가 잠 이루지 못할 거라는 생각을 졸음 가운데 반영시킬 만큼 환하여, 다음에 이 반영의 반영, 곧 잠들지 않고 있다는 생각을 품으면서 실은 잠들고 있었다는 생각이 반영돼, 그 다음에 새 굴절로 깨어난다.(5 185)' 그는 잠 속에서, 자기 방에 들어온 친구에게 잠들었으면서도 잠들지 않은 줄 여겼다고 말함으로써 스스로가 잠들지 않았음을 주장한다. 꿈 속의 꿈을 말하는 이 일화들은 백여 년 뒤 영화가 즐겨 다루는 소재가 된다.

깨어 있을 때와 잠들었을 때 시간은 서로 다르다. 잠 속에서 열 번 벨을 눌렀는데 깨어 있을 때 한 번도 벨 소리가 나지 않은 일이 그 증거다. 잠은 모호한 덩어리여서 오 분을 세 시간으로 잡아 늘릴 수도 있다. 물리학에 조예가 있는 독자라 해도 시간을 서른여섯 곱으로 늘리는 세계가 일상의 세계와 동일하다고 주장하는 데는 지성 이상의 용기가 필요한 법이다.

자리에 누워 몽상에 잠기는 화자를 방해하는 것은 바뀐 털 이불, 처음 보는 작은 기둥, 저 자리에 있을 리 없는 작은 벽난로 같은 것들이다. 사물은 몽상 속으로 추억을 불러들이는 데 사물이 놓인 장소가 바뀌면 추억도 바뀐다.

졸음은 잠의 거실로 가는 길에 있는 정원이다. 그 '정원 구석에는 수도원이 있으며, 그 열린 창문을 통해 잠들기 전에 배운 학과를, 또 잠에서 깨어난 후에야 알게 될 학과를 반복하는 소리가 들린다.' 졸음의 정원에는 독말풀, 인도 대마, 벨라도나, 아편, 쥐오줌풀이 무럭무럭 자란다. 그 풀들이 어떤 꽃을 피울지는 지나는 사람이 어떤 욕망을 품는지, 어떤 꽃망울을 어루만지는지에 달려 있다.

자명종이 울리기 직전 깨어나는 경험은 누구나 겪게 마련이다. 잠든 내내 시계를 쳐다보는 보초는 누구인가? '그동안 깨어남의 전조가 우리 관심사로 맞추어진 내적 자명종을 울리게 하여 가정부가 7시라고 말하러 올 때면, 이미 우리는 자리에서 일어날 준비가 되어 있다.'

현실과 분간할 수 없을 만큼 뚜렷하던 꿈이 잠을 깨자마자 사라지는 것은 수백 년 동안 한 자리에 꽂혀 있던 책을 만질 때 바스러지는 것과 같다. 큰 실수를 저지른 유물 복원자처럼 오후 내내 멍하니 앉아 있는 사람 중에는 한 세계를 통째 잃어버린 사람이 있다. 망각의 공평함은 슬픔뿐 아니라 악몽마저 지우는 데 있다. 이를 상기하는 것은 사라진 꿈의 허망함을 메우는 한 가지 방법이다.

천식 환자였던 프루스트는 창틈을 코르크로 메꾸고 두꺼운 커튼을 쳐 바깥세상으로부터 스스로를 차단한 채 밤에 글을 썼다. 이는 어쩌면 바깥 공기에 스며 있을지 모르는 꽃가루 때문이라기보다 그만의 세계, 밤과 잠과 꿈의 세계를 지키려는 고투였는지도 모른다. '잠은 젊음과 사랑을 닮아, 잃으면 두 번 다시 찾지 못한다.' 대성당은 밤에 조금씩 솟아오른다. 그러나 대성당의 종탑은 밤낮없이 울린다.

고리대와 날씨, 이행의 계기와 습관의 해방자

역사는 미래를 과거 속으로 던지며 나아간다. 영주의 성루와 대성당의 종루를 뒤에 남긴 채. 그럭저럭 견딜 만하던 시기가 지나고 자영농과 소규모 장인은 두 갈래로 뻗은 길 앞에 서 있다. 길 안내판은 서로 반대쪽을 향한 화살표로 그들의 행선지를 가리킨다. 자본가가 될 것인가, 아니면 노동자가 될 것인가? 새로 형성되는 생산양식으로 내뻗은 신작로에는 더 이상 그들의 자리가 없다. 자본의 생산은 사회적 관계를 동시에 재생산하면서 필요하지 않은 생산 형태를 구축하는 과정이다.

다른 길이 있긴 하다. '은행가는 존경을 받지만 고리대업자는 증오와 경멸을 받는데, 이는 전자가 부자에게 대부를 하는 반면 후자는 가난한 사람에게 대부를 하기 때문'이다. 대은행가 뉴먼의 말은 생산양식에 뿌리박은 한 계급, 화폐를 자본가에게 대부하고 그 이자로서 살아가는 계급의 자의식을 보여준다. 누리는 자의 거짓은 존경을 부르지만 빼앗기는 자의 무지는 경멸을 부르는 것이 이 은행가의 정의다.

그러나 은행가가 모르는 것은 '두 가지 사회적 생산양식의 차이, 또 이들 생산양식에 대응하는 사회 질서의 차이'다. '가난한 소생산자를 착취하는 고리대는 부유한 대토지소유자를 착취하는 고리대와 손을 마주 잡고 있'다.

은행의 이자율을 고리대의 이자율보다 낮추는 것이 도덕이라 말하는 은행가에게 선의가 없다고 하긴 어렵다. 착취의 차이를 도덕의 차이로 설명함으로써 특정한 질서의 비밀을 숨길 수 있다고 믿는 것도 선의라면 말이다. 선의의 기대지 않고 역사적 사례에서 이론의 근거를 마련하는 마르크스는 착취의 차이란 주어진 생산양식에서 그것이 필수적인 구성 부분인가, 생산과정에서 재생산되는가에 있다는 것을 적시한다. '로마 귀족의 고리대가 로마의 평민과 소농민을 완전히 파멸시켜버리자마자 이 착취 형태는 종말을 고했고, 순수한 노예경제는 소부르주아 경제로 대체되었다.(3 813)'

고리대는 지불수단으로서 화폐에 대한 요구에 따라 생겨났다. 동시에 고리대는 지불수단의 수요를 창출한다. 고리대의 파괴적이고 역설적인 힘은 지불수단이면서 동시에 채무자의 지불을 불가능하게 만드는 데 있다. 고대 로마에서 근대에 이르도록 징세인이 고리대업자였던 이유다.

자본이 생산양식의 주된 사회 형태가 되는 과정에서 고리대와 상인자본은 어떤 역할을 했는가? 고리대의 역사적 의미는 '화폐자본의 축적을 촉진한다'는 데 있다. 화폐가 유일한 지불수단이 되고 산업이 상업을 지배하게 되면서 고리대금업자에서 화폐자본가가 분리된다. 고리대는 '첫째 일반적으로 상인 신분과 나란히 독립적인 화폐자산을 형성하도록 작용하고, 둘째 노동조건을 탈취하도록 (즉 과거의 노동조건 소유자를 파멸시키도록) 작용하는 한, 고리대는 산업자본을 위한 전제조건의 형성에 강력한 지렛대 역할을 수행한다.(3 832)' 고리대는 노동수단을 소유한 가난한 소생산자를 파멸시킨다.

이는 한편에는 생산수단을 소유한 자본가가, 그 맞은편에는 노동력만을 지닌 임노동자가 마주서게 한다.

고리대가 금융 부채라는 새로운 이름으로 나날의 생계를 옥죄는 이 세계에도 인간은 살아간다. 그런데 이는 살 만해서가 아니라 우리가 사는 데 길들여졌기 때문이라고 말하는 이가 있다. '습관의 도움 없이 정신이 가진 수단만으로는 우리의 거처를 살 만한 곳으로 만들 수(1 24)' 없다고 소설의 화자는 단언한다. 진화가 자연선택의 결과라면 인간의 선택은 습관의 결과다. 낯선 호텔에서 화자를 구해주는 것도 습관이다. 여름 오후 실내를 앵앵거리는 파리는 두 가지 습관의 힘을 동시에 보여준다. 도발과 인내, 둘 다 그 근본에선 차이가 없다. 대단한 것을 이루고 나서 우리는 정신의 진력을 내세우지만 하나하나 따지고 보면 대다수가 습관의 도움에 기댄 것에 불과하다. 단념함으로써 얻게 되는 마음의 평화도 사실은 생활을 떠받치는 습관이 안기는 감각일 뿐이다.

연정의 운명을 결정하는 것도 습관이다. 절망과 희망 사이를 쉬지 않고 오가면서 오데트의 사랑을 갈망하던 스완은 자기도 모르는 사이에 평화를 찾는다. 습관은 잔혹한 신령으로부터 우리를 지키는 수호천사가 되기도 한다. 작가가 자기 고유의 문체를 만들어내는 것은 습관 덕분이고, 아마추어가 재능이란 한계에 스스로를 가두는 것 또한 습관 탓이다. 그러나 습관은 기껏해야 삶에서 과도기의 수탁자이다.

습관의 파괴적인 힘에서 우리를 구출해주는 것은 무엇인가? 날씨는 시간이 자연에 새긴 판화다. 습관에 젖은 인간은 그 판화에서 망각 속에 파묻어버린 자화상을 찾아낸다. 여름이 전나무 숲에서 누리는 쾌락을 발견하는 화자는 이미 습관을 벗어나 있다. 날씨가 주는 즐거움은 집을 나서기만 하면 누구든 가질 수 있다. 그것은 배신을 염려하지 않고서도 즐길 수 있는 거의 유일한 쾌락이다. 날씨가 선물하는 즐거움 속에 새로 열리는 문이 있다.

작가는 창을 틀어막고 낮과 밤을 바꾸지만, 책 속의 주인공은 사랑을 얻기 위해 여인을 가둔다. 작가는 천식을 유발할지도 모르는 꽃가루를 두려워하고, 화자는 알베르틴을 유혹할지도 모르는 여인의 눈빛을 두려워한다. 둘 다 바깥의 대기에 속한다. 대기가 주관하는 것이 날씨다.

프루스트의 주인공에 따르면 대기의 주성분은 질소와 산소가 아니라 연상과 추억이다. 우리는 저마다 자신의 추억으로 대기를 채운다. 어느 날 화자는 알베르틴이 산책을 나가자마자 대기가 즉시 달라졌음을 감지한다. 화자는 알베르틴이라는 대기를 더 이상 호흡하지 않는 데서 상쾌함을 느낀다. 대기의 날씨든 마음의 날씨든 예측할 수 없다는 점에서 똑같다.

맑고 추운 날 음파의 증폭 현상을 간파하는 데 물리학에 못지않은 문학의 재능이 있다. '맑게 갠 날에는, 어찌나 춥고 거리의 소음이 잘 들려오는지 마치 집 벽을 떼어놓은 듯한 느낌이 들고, 전차가 지나갈 때마다 그 소리는 은장도로 유리집을 두드리는 것처럼 울린다.' 바깥세상을 묘사하는 프루스트의 글이 대개 그렇듯 이 문장 역시 마음속에서 벌어지는 일을 말하려는 도입부다. '하지만 나는 특히 내 안에서 마음의 바이올린이 켜는 새로운 소리에 도취되었다. 그 바이올린의 현은 바깥 기온이나 빛의 간섭과 굴절에 따라 죄어들기도 하고 늘어나기도 한다.' 물리학은 일반적으로 마음속의 악기를 다루지 않는다. 드물게 명민한 물리학자라면 바이올린 현의 울림에서 마음의 파동이 공명하는 것을 알아챌 것이다. 뛰어난 소설가가 물리 현상의 본질을 간파하듯이.

습관의 두꺼운 지층에 파묻혀 있는 마음은 소리 내는 법을 잊은 악기와 같다. 화창한 날의 한 줄기 빛이든 구름이 내려앉는 오후 한 줌의 바람이든 그 악기를 깨우는 데 모자람이 없다. 산책의 즐거움은 지금 이곳, 현재가 주는 매혹이다. 이때만큼은 정오의 태양 아래 그림자가 몸을 웅크리듯 습관도 모습을 감춘다. 이럴 때면 '습관이라는 지우개로 지운 과거와 미래의 생활을 희생해도 후회치 않았을 것이다.(9 2215)'

참된 길과 반동의 길, 망각과 상인자본

소설 속에서 쉬지 않고 힘을 겨루는 두 전사는 기억과 망각이다. 시정(詩情)과 지성은 각각 두 전사의 무기다. 이 싸움은 한편 과거와 현재의, 잃어버린 시간과 한 장소를 순서에 따라 점령한 시간 사이의 충돌이다.

바람은 스스로 소리 내지 않는다. 우리는 바람에 흔들리는 사물이 내는 소리를 들을 뿐이다. 시간은 장소에 놓인 사물을 통해 지각된다. 마찬가지로 시의 정취는 재치로 포착되지 않는다. 살롱에 있는 사람들의 귀를 사로잡는 게르망트 공작부인의 말은 시간의 표면에서 튕겨 나오거나 미끄러진다. 그녀의 말은 소생하려는 과거를 파묻거나 그렇게 다시 파묻고 만 잃어버린 시간의 잔해일 뿐이다.

알베르틴이 떠나자 슬픔이 화자를 휩싼다. 이는 그녀가 머리가 어찔한 향수를 바른 채 속눈썹을 그의 속눈썹에 섞던 그 시간, 그 장소를 잊지 못하기 때문이다. 그녀를 잊으려고 비슷하게 생긴 여자를 만나 보지만 허사다. 연정은 육체와 감각이 아니라 그들이 불러일으킨 환상의 산물이다. 환상을 불러일으키기만 하면 무엇이든 상관없다. 뱅퇴유의 피아노곡과 생시몽의 회상록이 화자에게 더없이 소중한 것은 그들이 알베르틴이 쓰던 향수, 그녀와 하던 장난과 동일한 효과를 불러오기 때문이다.

이과 같이 공간의 기하학에 대응하는 것은 시간의 심리학이다. 이 심리학은 불완전한데, '시간'이라는 것을 고려하지 않고, '시간'이 지닌 하나의 형태, 즉 망각이라는 것을 고려하지 않기 때문(10 180)'이다. 자기도 모른 채 앙심을 용서로, 감사를 증오로 바꿔버리는 우리는 망각의 포로다.

블로크는 떠벌이다. 그가 내뱉는 말의 끝은 처음 나오는 말로는 도저히 짐작할 수 없다. 그런데 그러한 그를 공작 가문에서 태어난 아이로 둔갑시키는 것이 있다. 공작부인의 상상력을 한없이 부풀리는 그녀의 영민한 망각이다. 블로크를 스무 해 전에 만난 적 있는 그녀는 그가 '자기와 같은 사회 출신이고, 그가 두 살 적에는, 샤르트르 공작부인의 무릎 위에 안겨 색색 잠들었다고 단언(11 394)'한다. 자기 종족과 다른 종족 사이에 뛰어넘을 수 없는 금을 긋는 능력이야말로 사교계를 지탱하는 비밀 가운데 하나인데, 이 점에서 최고의 재능을 가진 부인마저 이렇게 말한다.

망각은 연정을 두고 두 개의 마음이 겨룰 때 그 승패를 결정짓는다. 당연히 승리는 먼저 망각한 마음의 몫이다. 망각은 한편 서로 반대 방향의 힘을 미묘하게 행사한다. 망각은 파괴하는 힘인 동시에 불완전한 기억으로부터 과거를 보존한다.

채우지 못한 욕망 속에 새로운 싹이 돋는다. 인간의 삶이란 애타게 좇던 사랑을 망각 속에 던져두고 눈앞에 타오르는 욕망의 대상을 향해 줄달음치는 쳇바퀴다. 삶의 미혹을 떨치고 문학의 길을 찾아 나선 화자에게 얼핏 비치는 빛, 그 또한 망각에서 온다.

우리가 잃어버린 시간을 습관 속으로 던지는 것을 막고 참된 인상을 통해 되살릴 때까지 보존하고 간직하는 것이 망각이라면, 상업은 자본이 태어나고 자라는 요람이다. 그러나 당장은 망각이 현재를 과거 속으로 내던지듯 상업은 자본의 형성을 훼방한다. '자본이 상인자본으로 독립해서 우세한 형태로 발전해간다는 것은 생산이 아직 자본에 예속되지 않고 있다는 것'을 뜻한다. 자본은 아직 생산의 주된 사회적 형태가 되지 못했다. 그러므로 '상인자본의 독립적인 발전은 사회의 일반적인 경제발전과 반비례 관계에 있다.(3 429)' 이 책은 따로 상인자본의 시선으로 바라본 자본의 '철학적 측면'을 다룬다.(43. 보론-철학적 독법 참조)

기존의 생산 형태에서 자본주의적 생산양식으로 옮겨가는 두 가지 길이 있다. '하나는 생산자가 상인이자 곧 자본가가 됨으로써, 농업의 자연경제와 춘프트 조직으로 된 중세 도시공업의 수공업자들과 대립하는 것이다. 다른 하나는 무엇인가? 그것은 '상인이 생산을 직접 장악하는 방식이다.' 이 가운데 첫 번째 길이 '참된 혁명적인 길이다.'

산업자본이 생산양식의 지배적 형태가 될 때 여전히 낡은 방식으로 이루어지는 생산과정에서 더 큰 고통을 받는 것은 노동자다. 이 고통은 상인자본과 같은 낡은 생산 형태가 새로운 생산양식으로부터 자기 몫의 잉여가치를 취하면서 치러야 할 불가피한 대가다.

한편 또 다른 세계에서는 참된 것은 오직 과거에 속한다. 과거에서 되살아나는 것만이, 잃어버렸다가 되찾은 것만이 현재의 삶을 참되게 채울 수 있다. 자본주의 이후를 전망하면서 과거에 출현했던 공동체를 면밀히 살폈던 마르크스는 누구보다 이러한 주장에 동의했을지도 모른다.

베르뒤랭의 살롱에서 뱅퇴유 소나타의 소악절을 듣고 스완은 귀를 막는다. 오데트와 나누었던 추억들이 '사랑하던 시간의 그 갑작스러운 빛에 속아 사랑이 돌아온 줄 알고 잠에서 깨어나 날개를 치며 올라와서는 현재 그의 불행 따위는 아랑곳없이 잊어버렸던 행복의 후렴구를 미친 듯이 노래하기 시작'했기 때문이다. 추억의 빛 아래 노래하고 날뛰는 것은 그의 과거다. 스완이 기억을 애써 뿌리치는 것은 과거에 고통이 들러붙어 있기 때문이다. 과거가 가져다주는 것은 행복만이 아니다.

소악절이 스완에게 환기한 인상은 시간의 표정이다. 웅덩이를 함부로 휘젓는 아이의 손놀림처럼 인상은 스완의 과거를 헤집어 그의 마음을 온갖 부유물로 가득 채운다.

인상은 때로 통증으로 강렬함을 표현한다. 반면 일상적으로 쓰이거나 추상적인 말은 통증을 불러오지 않는다. 우리가 본능적으로 '내가 행복했던 시절'이나 '내가 사랑받던 시절'이라 얼버무리는 이유다. 일상의 말은 일종의 진통제다.

이렇게 얼버무릴 때 잃는 것은 무엇인가? 인상은 그것을 마주하는 사람에게 행복을 주기도 하고 고통을 안기기도 한다. 과거는 인상의 계시를 통해 소생한다. 고통을 마주하면서 진리를 대면할 것인가, 행복을 겉으로 가장하면서 외면할 것인가? 진리의 부재를 우리는 평화라 부르는지도 모른다.

'그해 봄 그렇듯 자주 쏟아지던 소나기들, 그의 무개 사륜마차를 타고 달빛을 받으며 돌아오던 추웠던 귀갓길, 모든 정신적인 습관이나 계절의 인상들, 살갗의 반응들, 그의 몸이 갇혀 있던 단조로운 망 안에 몇 주 동안 펼쳐지던 그 모든 그물코(2 270)'와 같은 낱말과 문장 속에서 되살아나는 것은 무엇인가? 화자의, 그리고 우리의 잃어버린 시간이다.

소나타의 악절과 화가의 그림과 소설가의 문장의 가치는 우리가 일상의 언어, 습관적 지각으로 파묻어버린 인상을 파내어 되살리는 데 있다. 화자는 문학의 길 위에 선다. 그 길은 행복의 길이자 고통의 길이다. 그러나 유일하게 참된 길이다.

:: 33. 모순과 계시

시간은 평활하게 흐르지 않는다. 또 개인에게도 집단에게도 달리 흐른다. 애인을 애무하는 시간이 봄의 미풍이라면 공장에서 노동하는 시간은 사막의 폭풍이다. 두 가지 시간은 말이나 글로나 나란히 놓을 수 있다. 그 시간이 통과하는 인간은 승천하거나 함몰한다.

철학뿐 아니라 물리학과 수학은 저마다의 목소리로 시간을 탐구해왔다. 시간은 외부에 존재하는 객관적인 좌표나 실체인가? 아니면 세계를 경험하고 기술하는 인간의 주관적 형식인가? 같은 물음이 문학의 문장에도 내려앉는다. 프루스트의 책이 시간을 말할 때 특히 그러하다. 공간은 전개된 시간이다. 『자본』의 저자가 역사를 말할 때 특히 그러하다. 이때 모순은 자본의 시간을 세계로 펼친다.

소설 속의 화자가 그 뒤로 이어진 길에 들어설 만큼 문학의 문을 여는 것은 자신이 써야 할 것이 시간임을 깨닫고 나서다. 프루스트가 쓴 소설의 문장이 인간을 떠나지 않는 까닭은 시간의 몸을 이루는 것이 곧 인간의 삶이기 때문이다. 시간을 글로 옮김으로써 프루스트는 영원히 쓰는 이, 작가로 남는다.

시간은 세계를 주조하고 인간을 통과한다. 시간의 꼴을 다룬다는 점에서 두 저자, 두 책은 다르지 않다.

생산양식과 문학, 모순과 의심

자본은 '가치나 거기에 포함된 잉여가치, 그리고 자본주의적 생산이 이루어지는 사회적 관계들과는 아무 상관이 없이, 생산력의 절대적 발전을 향한 하나의 경향을 지니고 있'다. 여기서 사회적 관계란 한쪽은 생산의 모든 조건을 전유하고 다른 한쪽은 자신의 신체 말고는 가진 것이 없는 두 계급 간의 관계를 기초로 한다. 자본이 밀어붙이는 생산력의 발전 경향은 무제한적인데 반해 노동자의 생존은 생물학적 조건에 속박되어 있다.

'기존의 자본가치를 유지하고 그것을 최대한 증식하는 것(말하자면 이 자본의 가치를 끊임없이 증대하는 것)을 목표로 삼는' 이 생산 체계에서 생산물을 전유하는 것은 자본가다. 증식된 가치는 생산에 기여한 몫과 상관없이 자본으로 축적된다. 그 결과 가변자본에 대한 불변자본의 비율이 증가하고 이에 따라 이윤율이 하락하며, 단위 상품에서 노동자의 노동시간이 차지하는 비율이 낮아진다. 노동생산력이 두 배로 발전한다는 것은 같은 생산물을 생산하는 데 드는 노동력이 절반으로 감소한다는 것인데, 생산 규모를 두 배로 늘리지 않는 한 남아도는 노동자는 일터에서 쫓겨나야 한다. 생산관계란 '자본의 유통과정과 재생산과정을 수행하고 따라서 생산과정의 급작스러운 정지와 위기를 수반하는 관계들'이다. 자본의 이러한 경향은 이어지는 다음 생산의 조건을 결정하면서 생산력과 생산관계 간의 모순을 더욱 확대한다.

'이윤율 저하를 저지하고 신규 자본 형성에 의한 자본가치 축적을 촉진하는 자본주의적 생산양식에 내재하는 하나의 수단(3 330)'인 생산력의 발전, 곧 생산성의 증대가 거꾸로 자본의 가치 하락을 촉진한다. 이는 자본의 자기모순이다.

자본이 요구한 사회적 관계가 자본에 의한 생산을 가로막는다. 한편 잃어버린 시간을 찾아서 문학의 길에 들어선 화자의 앞길을 가로막는 것은 주저와 회의다. 자본이 주기적 공황을 자기 존립의 계기로 삼듯, 문학은 문학에 대한 불신을 주요한 소재로 삼는다. 문학에 대한 회의가 문학의 몸을 이룬다.

주저하는 사람의 심리를 해명하는 능력에서 문학은 심리학을 위협하기에 충분하다. 프루스트의 주인공은 의심 저 너머로 뻗어나간 희미한 길을 본다. 쾌락과 사랑은 긴 그림자를 드리운 지 오래다. 이때 문학이 약속하는 것은 무엇인가? 위기가 실제의 변화를 불러오기 위해서는 심화가 필수적이다. 사랑과 우정과 사교가 그랬듯이, 화자는 문학 또한 헛된 것이 아닐까 의심한다. 이 의심에 슬며시 무게를 얹는 것은 재능의 부재에 대한 두려움이다.

한 송이 꽃 같던 오월의 아가위도, 들판에서 말을 건네던 수목도 더는 영감을 불러일으키지 않는다. 결심과 실행 사이에 놓인 틈이 심연으로 드러날 때 더욱 예민해지는 것은 작가의 심리학적 촉수다.

결심이 강할수록 실행되기란 더욱 어렵다. 아니, 결심이 강하다면 별다른 노력 없이도 결심한 대로 되지 않겠는가? 이 지루한 참호전을 지휘하는 것은 화자의 천재적 두뇌다. 어떤 뇌의 성능은 문학의 문장으로만 표현된다. '내 결심은 굳었기 때문에, 시작하는 날을 내 마음이 내키지 않는 오늘 저녁으로 택했다가, 그 뒤에 오는 날들이 공교롭게도 더 불리해지는 그런 지경에 빠지지 않는 편이 상책이었다. 왜냐하면 오늘 저녁부터 예상하여 24시간 이후인 내일이라는 하루의 빈 액자 속, 거기에는 아직 내가 없는 만큼 만사가 아주 질서정연해서, 나의 기특한 결의는 모두 수월하게 실현될 성싶었기 때문이다.' 난데없지만 어른다운 판단력도 이때 약간은 도움이 된다. '내게도 일리는 있었다. 몇 해씩이나 기다린 사람이 2~3일의 연기를 못 참는다는 것은 어른스럽지 못한 노릇이다.'

반대로 결심을 더욱 다잡는 것은 주저하는 마음이다. 결심은 자신의 반복이 주저에 더 오래 머무는 길임을 안다. 주저란 결심이 즐겨 입는 갑옷이다. '미룰 것 없이 오늘 저녁 시작하자'고 화자는 마음먹는다. 하지만 밤이 지나가면 만나게 될 내일이 즉시 저쪽에서 이의를 제기한다. '결심이 그토록 확고한 바에야 내일 일을 시작한들 무슨 문제인가, 내일이란 새로운 오늘이 아닌가' 하고. 마침내 새로 날이 밝는다. '그런데 흥분 속에 고대한 이튿날은, 불행하게도 저 외부 세계에 속하는 광막한 하루가 아니었다. 그 날이 다 갔을 때에는 나의 게으름과, 내적인 장애에 대한 나의 고투가 24시간 더 연장되었을 뿐이었다.'

노동자의 노동시간이 노동하는 시간에 비례하여 자신에 맞서는 자본으로 축적되는 것과 한가지로 화자의 회의와 주저는 내일을 오늘 위에 쌓는다. '이리하여 며칠 후에는 나의 계획은 완성되지도 않았고 실현되지도 않았으며, 또 며칠 안으로 실현될 것이라는 희망조차도 없었고, 따라서 이와 같은 실현에 모든 것을 종속시키려는 용기는 더더구나 생기지 않았다.(3 221)'

끝 간 데 없이 펼쳐진 들판 어디에도 어제 치른 전투의 전리품은 보이지 않는다. 그토록 단단하던 '모레가 되면, 이미 몇 페이지의 문장을 완성할 것이라는 확신'도, 다짐에 다짐을 거듭하던 결심마저 사라지고 없다. 화창한 햇살이 전날, 그러니까 그제의 내일이던 어제처럼 머리 위로 쏟아진다. 책은 쓰여지지 않았다.

책을 쓰는 일과 달리 자본은 스스로를 가로막는 모순에도 불구하고 나날의 생산을 수행한다. 이 모순이야말로 자본이 지배하는 생산양식의 실존방식이다. 자본은 그 작동이 스스로를 구속하는 모순의 사회적 형태다. '자본주의적 생산의 참된 장애물(마르크스의 강조)은 자본 그 자체(마르크스의 강조)이다.' 자본주의는 '새롭고 더 강력한 장애요인으로 기존의 장애요인을 대체하는 방식을 통해서만 그 장애요인을 극복'하는 생산양식이다. 그것은 모순으로써 자신을 경신하는 모순, 모순의 축적 양식이다.

한쪽에는 '생산자들의 수탈과 빈곤에 기초한 자본가치의 유지와 증식'의 필요성이 놓여 있고, 다른 한쪽에는 '생산의 무제한적인 증대와 생산 그 자체를 목표로 하는 생산, 그리고 사회적 노동생산력의 무조건적인 발전' 경향이 놓인다. 이 생산 형태에서는 '생산수단이 생산자들의 사회를 위해 생활 과정을 끊임없이 확대하기 위한 수단'으로 쓰이지 않는다. 생산력이 질주하는 만큼 생산관계는 질식한다.

자본주의는 시장을 세계화하고 전 지구를 전적으로 자본의 생산, 재생산에 이용한다. 그런데 '물적 생산력을 발전시키고 그에 상응하는 세계시장을 창출하기 위한 하나의 역사적 수단'인 자본주의적 생산양식은 '동시에 이런 자신의 역사적 과제와 그에 상응하는 사회적 생산관계 간의 끊임없는 모순을 안고 있(3 331)'다. 생산력 발전에 따른 이윤율 저하는 잉여노동자를 창출한다. 생산과 소비의 불일치는 연속적인 생산, 재생산의 질곡이 된다.

자본의 세계가 모순의 폭풍 속에 있는 반면, 화자가 속한 세계에는 한 줄기 빛이 스며든다. 프리즘이 햇빛을 여러 가지 색깔로 분해하듯 문학의 빛은 단일 파장의 빛이 아니다. 주저의 철벽을 무너뜨리는 것은 의외의 사태다. 교착상태에 빠진 전선은 적병의 어이없는 행동으로 일순 무너진다. 그런데 이 과정은 아주 미묘하여 문학의 촉수만이 감지할 수 있다.

화자는 음악가 뱅퇴유의 딸이 아버지의 상중에 여자 친구와 야릇한 짓을 하는 것을 지켜본 적이 있다. '설형문자를 점점이 찍은 파피루스보다 더 판독이 불가능한 서류에서, 이 미지의 환희의 영원토록 참되고, 영구히 풍요한 형식을, 진다홍으로 빛나는 '아침의 천사'의 신비스런 희망을 찾아냈'던 뱅퇴유 아가씨의 여자 친구가 화자 앞에서 자기도 모르게 알베르틴을 알고 있음을 실토한 것이다.

다른 여자와 나누었을 쾌락에 대한 의심으로 끝없이 시새움을 불러일으키던 알베르틴이 '그 보속으로' 환기하는 것은 모종의 부름이다. 그 부름은 화자로 하여금, '모든 쾌락이나 사랑 속에서마저 발견한 그 허무와는 다른 것, 아마도 예술을 통해서 실현 가능한 것이 존재한다는 약속으로, 또 나의 삶이 덧없이 보이지만 적어도 아직 다 끝나지는 않았다는 약속으로, 내게까지 올 수 있었(9 348)'다고 생각하게 만든다. 화자를 의심의 함정에서 끄집어낸 것은 바로 그를 고뇌에 빠뜨렸던 질투였던 것이다. 알베르틴이 자기 몰래 누렸을지도 모르는 쾌락에 대한 질투는 그 뒤에 문학의 열쇠를 숨기고 있었던 것이다. 이제 책을 쓰는 일 말고 무엇을 할 것인가.

문학은 고통의 보속이다. 고뇌를 안기는 애인이야말로 예술로 떠미는 존재다. 남은 것은 고뇌와 그것을 안겨준 인간을 어떻게 작품으로 만들 것인가이다. 그러나 기다렸다는 듯 또 다른 회의가 뒤따른다. 한 번의 공황이 생산양식의 위기를 단번에 해소할 수는 없듯이 한 번의 위기를 이겨냈다고 해서 문학의 문이 스르륵 열리는 것은 아니다.

오래된 성벽은 허물기 쉬우나 오래된 습관은 축성 기간이 길수록 단단해지게 마련이다. 문학이 헛되고 그저 허구에 그치는 것이 아닐까 하는 의심은 반복될수록 완강해지는 법이다. 이 점에서도 정치인은 작가의 정반대쪽에 자리한다. 그는 의심에 주눅 들지 않을 뿐 아니라 타인의 의심조차 제 의심을 떨어버릴 무기로 이용한다.

화자는 '지난날 게르망트 쪽에서 발견했으며, 탕송빌에서, 밤늦게 드는 만찬에 대 가기에 앞서 날마다 질베르트와 함께 한밤의 산책에서 더욱 구슬프게 깨달았고, 또 이 영지를 떠나는 전날 밤에 공쿠르의 일기의 몇 장을 읽으면서, 거의 문학의 헛됨과 허구라는 점'을 일깨운 바 있다. 그는 하필 콩쿠르의 일기를 읽는다. 프루스트에 대한 진지한 전기들은 문학과 일기를 구분하지 않는 글에 대한 반박이 위대한 소설이 되기도 한다는 것을 거의 반박의 여지없이 보여준 바 있다.

마르크스는 머리를 식히기 위해 생트뵈브의 글을 읽는다. 문학을 작가의 삶과 구분하지 않을 뿐 아니라 문학 작품이란 작가의 삶을 통해서 비로소 이해될 수 있다고 여기는 비평가의 글을 프루스트가, 그것도 휴식 중에 읽었다면 그의 여가는 분명 엉망이 되고 말았을 것이다. 똑같은 책이 어떤 이에게는 휴식을 다른 이에게는 피로를 안긴다는 사실이야말로 사실주의 문학의 한계를 말해준다. 물론 프루스트가 휴식을 즐기는 소설가인지는 선뜻 판단하기 어렵다. 아니 그에게 문학은 자신의 휴식을 깨뜨린 데 대한 복수일지도 모른다. 복수의 이유란 저마다 다른 법이고, 복수를 위해서라면 위대한 작가가 되는 걸 마다하지 않는 것이 인간, 위대한 인간일 테니.

지금 화자는 나무들을 눈앞에 두고도 아무런 감정을 느낄 수 없다. '들판 한가운데 열차가 정거한 때였다. 태양이 철도 선로를 따라 한 줄로 서 있는 수목들의 줄기를 반쯤까지 비추고 있었다.' 이때 '수목이여' 부르며 탄식한 그가 아닌가.

'내가 참말로 예술가의 영혼을 가졌다면, 낙조에 밝게 늘어선 수목 앞에서, 객차의 발판에까지 뻗은 비탈의 잡초의 가련한 꽃 앞에서 어찌 기쁨을 느끼지 않았으랴? 그 꽃잎을 셀 정도인데도, 수많은 문학가가 하듯이 그 색깔을 묘사할 마음이 나지 않고 보니, 느끼지 않는 기쁨을 어이 독자에게 전하기를 바랄 수 있는가?(11 234-6)' 자연에 응답할 수 없다면 인간은 어떤가? 화자는 이내 고개를 젓는다. 인간이란 위안을 찾는 눈길에 잠시 머무는 쾌락의 대상일 뿐이다.

문학의 문턱에 선 화자는 또 하나의 구실을 덧붙인다. 자신이 병약해서 책을 써 보기도 전에 죽지 않을까 하는 의심이 그것이다. 더없는 서글픔이 뒤따른다. 늙음이 의심을 부르는가 혹은 의심이 늙게 만드는가, 이는 분명치 않다.

공황과 늙음

마르크스의 책에서 공황을 말하는 문장들은 여기저기 흩어져 있다. 공황은 자본의 생산양식이 다른 생산 형태로 옮겨가는 인과 관계의 고정된 고리라기보다, 이 생산양식의 현존 형태에 가깝다. 마르크스는 새로 출현한 생산양식이 한 지역, 국가를 뛰어넘어 세계를 하나의 시장으로 조직하는 시기에 책을 썼다. 책은 나날이 변해가는 눈앞의 현상 아래 놓인 법칙을 찾아내려는 저자의 치열한 정신을 보여준다.

공황과 더불어 자본 이후를 말하는 저자의 문장들이 사실과 해석을 구분하고, 분석과 종합의 엄밀한 체계를 이루지 못한 것을 두고 전기 작가 개러스 존스는 마르크스가 확신을 잃었기 때문이라고 평가한다. 추상과 구체적인 것, 개념과 사실, 미래와 현재가 팽팽하게 갈마드는 그의 문장이 지시하는 결론을 어떤 독자가 단언할 수 있을까? 역사가 마련한 자리에서 뒤에 오는 자라는 독자의 지위만이 아니라, 인식과 실천, 해석과 변혁을 변증법적으로 종합하려던 저자의 의도를 감안할 때 말이다. 마르크스가 사망한 뒤 남겨진 원고를 편집하면서 책의 여기저기에 덧붙인 엥겔스의 문장들은 확언과 확증을 기대하는 독자에게 다른 무엇보다 믿음직한 실마리가 아닐까? 최초의 편집자이자 최초의 독자로서의 혜안으로 쓴 문장이란 점에서도 그렇다.

요컨대, '공황은 기존 모순을 단지 일시적으로만 폭력적으로 해결하는 것일 뿐이며, 얼핏 보기에 흐트러졌던 균형을 다시 회복하는 것처럼 보이는 급격한 폭발현상이다. … 생산력의 발전과 더불어 자본구성의 고도화, 즉 불변자본에 대한 가변자본의 상대적 감소도 함께 심화된다. 이런 다양한 영향들은 공간적으로는 물론 시간적으로도 점차 확산된다. 그리하여 이들 모순된 계기들 간의 갈등은 주기적으로 공황의 형태로 표출된다.(3 329)' 공황은 이윤율의 급격한 하락과 함께 생산과 소비 간의 극단적인 불균등을 낳는다. 거꾸로 이러한 현상들의 외화가 공황이다.

이 생산양식이 공황에 따른 자본 순환의 위기에 대응하는 한 가지 방식은 낡은 생산 형태들을 수탈하는 것이다. 이 수탈을 가능하게 하는 것은 국경을 뛰어넘는 자본의 확장력과 지배력이다. 자본의 제국주의적 형태에 주목한 레닌과 외적 수탈이 자본축적의 필수적 계기임을 주장한 로자 룩셈부르크, 그리고 최근까지 자본의 지리적 확장에 주목한 데이비드 하비의 연구는 저마다 이를 강조하고 있다. 그 문장들 사이사이에서 들려오는 소리는 비명이다.

문학의 시선 또한 인간의 삶이 고통의 연속이라는 데서 비껴난 적이 없다. 그 중에 늙고 병드는 것은 삶의 일반적이고 피해갈 수 없는 고통이다. 공황이 자본이 지배하는 생산양식의 조건이듯 늙는다는 것은 삶의 근본 조건이다. 그런데 늙음은 '온갖 현실 중에서, 아마도 평생 동안에 우리가 가장 오래 계속해서 그 추상적인 관념을 지키는 현실'이다.

사람들은 '달력을 보거나, 편지에 날짜를 적거나, 우리의 친구나 그들의 자녀가 결혼하는 것을 보면서도, 공포나 게으름 때문에 그런 사실들이 지니는 의미를 이해하지 못'한다. 우리는 늙어가는 인간에게 나타나는 변화를 애써 외면한다. 너와 나 차별 없이 닥치는 그 변화를 음미하고 따져보려 하지 않는다. 대신 늙음이라는 피할 수 없는 현상에 우리가 덧씌우는 것은 추상적인 관념이다. 전쟁에 징집된 아들에게 어머니가 마음의 갑옷을 입히듯, 늙어가는 사람은 거울과 자신 사이에 불투명한 장막을 늘어뜨린다. 자본가는 공황을, 사람들은 늙음을 직시하려 하지 않는다. 회피와 외면의 눈길 아래 놓인 감정은 크게 다르지 않을 것이다.

그러나 이러한 추상적인 관념은, 오래 볼 수 없던 지인이 저쪽에서 다가오며 던지는 어렴풋한 형상만으로 쉽게 부서지고 만다. 우리는 마침내 '이제 전혀 딴 세상에 살고 있다는 것을 가르쳐 주는 아르장쿠르 씨의 그림자처럼 생소한 그림자를' 보게 되고 '여자 친구의 손자, 우리가 본능적으로 동료로 대하고 있는 청년이, 마치 할아버지처럼 보이는 우리에게 마치 놀림이라도 받고 있는 듯이 미소 짓는 날(11 339)'을 맞닥트린다. 야위고 폭삭 졸아든 형상에는 화자가 알던 아르장쿠르가 없다. 겹겹의 갑옷 속에서 모습이 드러나는 메마른 육체에서 보듯 늙음이란, 웃기지도 않는 내 농담에 지인의 손자가 짓는 환한 미소 아래 남김없이 드러난다. 타인의 삶에 대한 총체적인 시야를 연다는 점에서 늙음은 작가가 회피할 수 없는 소재다. 프루스트는 쉰한 살에 이르러 삶과 일을 한꺼번에 끝마침으로써 생리학의 강요와 타인의 시선을 그만의 방식으로 뿌리친 것이 아닐까?

늙는다는 것은 자각하기 어렵다. 우리 지혜란 흘러간 시간에 맞춰 거울 속의 자신을 보는 법을 바꾸는 데서 그 재능을 증명한다. 이 기술의 우수성은 다른 사람을 볼 때 전혀 다르게 작동한다는 데 있다. 우리는 남의 늙음을 알아채는 딱 그만큼의 재능으로 자기의 늙음을 무시한다. 그들은 나를, 나는 그들의 돌연한 변화를 기를 쓰고 납득시키려 하는데, 이 불균형을 단번에 해소하기란 거의 불가능하다.

늙음의 자각이 갑작스러운 것은 인지의 지체보다 의지의 우월을 증명한다. 이뿐 아니라 갑작스러움에서도 생산양식에서 일어나는 변화는 늙음에 견줄 만하다. 공황은 신용체제에서 현금체제로의 돌연한 변화다. 이는 자본주의 이전 생산양식에서 볼 수 없던 변화다. 날개 없는 쥐는 공중에서 추락하지 않는다. '화폐공황은 여러 지불의 연쇄와 그것의 결제로 인한 인위적인 체제가 충분히 발달한 경우에만 일어난다. 이 메커니즘에 전반적인 교란이 발생하면 그 교란의 원인과는 상관없이 화폐는 계산상의 화폐라는 단지 관념적인 모습으로부터 갑자기 그리고 아무런 매개도 없이 경화(硬貨)로 돌변한다.' 어떠한 공황이든 그것이 화폐 기근의 형태로 출현한다는 점에서 화폐공황이다. 이는 신용제도가 충분히 발달한 상태에서 나타난다. 신용제도가 자본주의의 필수 기관이라는 사실이 다시 한 번 확인된다.

신자가 신부 앞에 고해성사를 하듯 자본의 세계에도 신앙고백의 시간이 닥쳐온다. 상품은 화폐 앞에 무릎을 꿇는다. '이제 세속적인 상품들로는 더 이상 그것을 대체할 수 없게 된다. 상품의 사용가치는 아무런 가치를 갖지 못하고 상품의 가치는 자신의 가치형태 앞에서 그 빛을 상실하고 만다.' 화폐가 가치척도나 유통수단의 역할에 머물 때는 실제 화폐의 오고감이 없이 대차 변제에 따라 차액만 결제될 수 있다. 상품이 화폐로 화폐가 상품으로 자리를 바꾸는 한 자본의 순환은 반복된다. 그러나 연쇄의 한 부분에서 지체나 교란이 발생하면 이는 전체 자본 순환으로 퍼져나간다. 계산상의 화폐는 당장 결제에 충당되는 실물 화폐, 경화로 돌변한다. 이제 부는 상품을 내팽개치고 오로지 화폐로써만 자신을 표상한다. '바로 조금 전까지도 화폐란 공허한 그림자에 불과하다고 단언하며 상품이야말로 화폐라고 설명'하던 자본가는 이제 "'화폐만이 상품이다!"라고 외친다. 이 외침은 국경을 넘어 세계시장을 뒤덮는다.' 상황의 절박함을 표현하는 데는 문학이 제격이다. 마르크스의 문장은 문학의 문을 활짝 연다. '사슴이 신선한 물을 찾아서 울듯이 세계 시장의 영혼은 유일한 부(富)인 화폐를 찾아서 울부짖는다.'

신용은 유통수단의 지위를 빼앗긴다. 이런 뜻에서 화폐공황은 신용공황이다. 유통 당사자, 그리고 유통에 목숨을 건 산업자본가가 이론가가 되려고 애쓰는 것은 이때다. '신용체제에서 현금체제로의 이와 같은 돌연한 변화는 실제의 공황에 이론적인 공포를 덧붙인다. 그리하여 유통 당사자들은 그들 자신이 처해 있는 갖가지 경제관계의 헤아릴 수 없는 비밀 앞에서 전율한다.' 산업자본가들의 눈에 보이는 것은 오직 화폐의 기근이다. 그들은 유대 민족을 데리고 이집트를 탈출하려는 모세를 막아서는 메뚜기 떼를 본다. 다른 점이라면 모세는 신에게 직접 간청할 수 있다는 것이다. 기근에는 음식을 가리지 않는다. '여기에서 화폐의 현상형태는 아무래도 상관없다. 지불에 사용되는 것이 금이든 은행권 같은 신용화폐이든 화폐의 기근에는 변함이 없기 때문이다.(1 213)'

화폐공황은 왜 자본주의 생산양식에서만 나타나는가? '노동의 사회적 성격이 상품의 화폐현존재(Gelddasein)로서, 그리하여 현실적 생산의 외부에 있는 어떤 물적 존재로서 나타나는 한, 현실적 공황과 무관하거나 혹은 현실적 공황의 첨예한 형태인 화폐공황은 불가피하다.(3 704)' 영문판 번역은 다음과 같다. '노동의 사회적 성질이 상품의 화폐적 존재로서, 그리하여 현실적 생산 밖에 있는 하나의 사물(즉 화폐)로서 나타나는 한, 화폐공황-진정한 공황(산업공황)과는 무관하거나 진정한 공황을 격화시키는 것-은 피할 수 없다'(김수행 역 3 637)' 생산물이 오직 화폐로 교환됨으로써만 그 가치가 실현되는 경제제도에서 위기는 교환의 위기, 교환 수단의 위기로 표출된다.

자본이 투입된 이상, 이미 생산된 상품 판매가 장애에 부딪히든 그렇지 않든 생산은 계속된다. 처음에는 판매의 지연은 생산에 영향을 미치지 않는다. 장애가 발생한 곳은 생산의 바깥이다. 그러나 자본은 가치의 운동이자 순환이다. 생산은 화폐공황으로 멈춰 선다. 생산을 다시 시작하는 데 더욱 많은 화폐가 필요해진다.

판매의 지체가 공황을 부른다. '잉여가치의 생산은 물론 그에 따른 자본가의 개인적 소비도 함께 증가하고, 재생산과정 전체가 번창한 상태이면서도, 상품의 상당 부분이 단지 외관상으로만 소비에 들어간 것처럼 보일 뿐 실제로는 여전히 상인들 수준에서 판매되지 않은 채 남아 있어, 사실상 여전히 시장에 머물러 있을 수도 있다. 그러다가 한 상품 흐름이 다른 상품 흐름을 따라잡아버리면, 결국 이전의 흐름이 단지 외관상으로만 소비에 흡수되었을 뿐이라는 것이 드러나게 된다.' 순환의 교란과 위기가 공황이다. 그것은 내용과 형식, 생산과 유통, 안과 바깥의 어긋남이다. 이 어긋남은 사회구성체의 여러 곳에 상흔을 남긴다.

시간이 인간에게 남기는 흔적은, 공황이 자본에 남긴 흔적과 마찬가지로 쉽게 지워지지 않는다. 시간이 부인의 뺨에 남기는 자국은 일종의 회화다. 아르파종 부인은 '헤엄에 지친 사람이 이제는 아득히 멀어진 해안을 바라보기만 하면서, 집어삼킬 듯이 밀어닥치는 세월의 파도를 간신히 밀어내'고 있다. '흐리마리하고 막연한 그녀의 얼굴을' 세심한 감상자의 안목으로 바라보는 화자의 눈에서 짓궂음과 탐구열을 분간하기란 쉽지 않다. 그는 '노령이 그 뺨에 그려 넣은 몇 개의 네모꼴이나 여섯모꼴을 지우는 놀이에 골몰하다가, 드디어 거기서 뭔가 옛 모습을 찾아내는 데에 성공'한다. 화자가 발견한 것은 시간의 붓질이다. '나이가 여자의 뺨에 그려 넣는 것은, 언제나 기하학적 도형으로 정해져 있는 것은 아니다.(11 346)' 자기 얼굴에서 시간의 자국을 지우는 여자가 발견하는 것은 누가 사탕, 동록, 뾰루지 같은 것들이기 십상이다. 참된 작가, 위대한 작가는 동정심 따위로 진지한 탐구를 흩트리지 않는 법이다.

세월이 인간의 몸에 가하는 변형은 마침내 그녀 혹은 그의 이름을 주인에게서 떼어버리기에 이른다. 왈츠를 잘 추던 금발의 여자는 어디로 가버리고, 그녀 이름은 오랜 여행을 마친 뒤 반쯤 삭은 배가 된 늙은 부인을 부르는 데 사용된다. '날렵한 금발 아가씨'는 '북통배가 된 늙은 원수'가 되어 있고 화자는 '지금 눈앞에 있는 유령과, 내가 회상하는 사람과의 사이(11

349)'에서 감당할 수 없는 대조에 어쩔 줄 모른다. 인간이 풀이나 나무와 달리 장소를 옮겨 다닐 수 있다고 해서 시간의 밀물에 더 잘 대응하는 건 아니다. 이동의 가능성은 인간이 한 이름의 영원한 거처가 되는 데 오히려 장애가 되기도 한다.

시간은 얼굴에서 형상과 색채를 걷어낼 뿐 아니라 이름을 떼어낸다. 세계를 변형하는 것도 시간이다. 특정한 생산양식에서 이 변형은 주기적이다. 그러나 예측하기 어렵다. 공황에 의한 '주된 파괴, 특히 매우 극심한 형태의 파괴는 자본과 관련하여 발생할 것이고 특히 그 자본이 가치의 성질을 지닌다는 점에서 자본가치와 관련하여 발생할 것이다.' 이 문장은 그저 예언에 그치지 않았다. 1차 세계대전 직후 거의 우주적 척도의 독일의 인플레이션과 또 한 차례의 세계대전은 공황이 가진 파괴와 변형의 힘을 보여준다.

금융이 취하는 온갖 가치 형태는 본질상 타인 노동에 대한 청구권이다. '단순히 잉여가치(혹은 이윤)에 대한 미래의 청구권을 표시한 증서(즉 사실상 생산에 대한 다양한 형태의 공공연한 채무증서)의 형태를 띠는 자본가치 부분은 그것의 계산 근거가 되는 수입의 감소와 함께 즉시 가치가 하락할 것이다.' 주식이나 채권 등 가공자본의 가격 급락은 공황의 신호탄이자 지렛대이자 결과다. 파생적인, 다시 말해 인간의 노동에서 멀어진 자본 형태일수록 자본의 가치 변동에 민감하게 반응한다. 요일을 나타내는 단어 앞에 '검은'을 뜻하는 형용어를 붙여 말하는 것은 이제 마르크스의 문장을 반복하는 상투어가 되었다. 이 위기가 영어로 표기된다는 것은 이 생산양식의 지리학과 역사학을 함축한다. 경보는 지구의 비명인 양 숨이 넘어갈 듯 갑자기 울린다.

공황이 남긴 흔적이 인간의 일상과 온 지구에 아로새겨진다면 시간이 여인의 얼굴에 남긴 흔적은 변형된 미소로 새겨진다. 세월이 흐른 뒤 찾아오는 슬픔이란 더 이상 마음대로 미소를 짓지 못하게 된 얼굴에서 온 것인지 모른다. 여인의 살갗은 가면처럼 딱딱해져서 더 이상 뜻대로 웃음을 그려내지 못한다. '부인은 옛날에 자기의 매력이었던 그 불가해하고도 우수 섞인 미소가, 이제는 노경이 씌워 준 석고의 가면 위까지는 떠오르지 않음을 깨닫고서 울고 싶어졌다.' 노년에 인간이 웃음거리가 되는 것은 그가 쓰던 가면의 심술 탓이다. 그 심술은 내가 그리던 웃음 자리에 그의 비웃음을 새긴다. '그래서 갑자기, 남의 마음에 들려는 용기가 꺾여, 체념하는 도리밖에 없다는 생각으로, 노령 탓에 뒤집어쓴 석고 가면을 연극의 탈처럼 남의 웃음거리로 제공하고 있었다.' 여인들의 안간힘에도 불구하고, 아니 안간힘으로 말미암아 보조개의 자리를 흰 살갗이, 미소의 자리를 울상이 차지하기도 한다.

'또 다른 여자들은 아름다움이 영원히 사라졌다는 것을 자각하고, 이미 이제는 표정에 의지할 수밖에 없다는 것을 알자, 찌푸린 얼굴이나, 눈초리의 주름살이나, 몽롱한 눈매나, 때로는 미소에까지 매달리는데, 그 미소로 말하면, 근육이 이제는 고분고분히 순종하지 않아서 도리어 울상으로 보였다.(11 359)' 프루스트의 시선은 잔인하다고 해서 비껴가지 않는다. 이 점에서도 그의 시선은 마르크스의 눈길과 겹친다

대중의 빈곤화와 야만인의 잔치

시간이 스쳐간 얼굴에 남는 것은 미소의 잔해다. 주기적인 공황이 지나간 뒤 남는 것은 무엇인가? '공황은 단지 여러 부문들 간의 생산 불균형과, 자

본가 자신의 소비와 그 축적 간의 불균형에 의해서만 설명될 수 있을 것이다. 그러나 사실상 생산에 투자된 자본의 보전은 대부분 비생산적 계급의 소비능력에 의존한다. 노동자들의 소비능력은 한편으로는 임금의 법칙에 의해 제한을 받으며 또 다른 한편으로는 노동자의 사용이 자본가계급에게 이윤을 가져다줄 수 있을 경우에만 이루어진다는 점에서 제한을 받는다.(3 661)' 우리는 이제 이 생산양식을 보다 넓은 지평에서 바라본다. '공황의 궁극적 원인은 항상 자본주의적 생산의 추동력에 대비되는 대중의 빈곤과 소비의 제약'에 있다. 대중의 빈곤은 상품이 화폐로 전화하는 것을 방해한다.

개별 자본이 어떤 상품을 얼마나 생산해야 하는지는 그 상품이 생활수단인 경우에는 주어진 사회의 소비재의 총수요에, 생산수단인 경우 총자본의 측면에서 생산재의 총수요에 달려 있다. 자본가가 이윤을 개인적 소비 대신 생산에 추가로 투입할 때, 즉 자본으로 축적될 때 사회 전체의 생산과 소비의 균형은 어떻게 유지되는가? 맬서스는 과잉 생산된 상품을 소비해줄 소비만 하는 계급, 비생산적 계급이 필요하다고 말한다.

공황의 혼란과 파괴를 증폭시키는 것은 유통의 보조자로 등장한 신용제도다. '그리하여 자본과 더불어 발전해온 이 신용제도의 붕괴에 의해 그 혼란과 정체는 더욱 심화되고 그 결과 급격하고 첨예한 공황, 즉 급격하고 폭력적인 가치하락과 생산과정의 실질적인 정체와 혼란 그리고 재생산의 실질적인 감소가 나타날 것이다.(3 336)'

신용은 과연 다 채굴되지 않은 광맥인가? 데이비드 하비는, 마르크스가 의식하지 않았을지 모르나 자본은 이 신용을 통해 자신의 모순을 어느 정도 해소하거나 지연시킬 수 있다고 본다. 세계 기축통화로서 지위를 무한에 가까운 발권력으로 유지해온 미 달러의 힘이 보여주듯이 말이다.

공황이 발발하면 최종적인 지불수단으로서 금은 국경을 넘어 이동한다. 새 밀레니엄을 앞두고 대한민국을 애국의 열기로 뒤덮었던 금모으기 운동은 한 가지 사례일 뿐이다. 은행들은 줄지어 도산한다. 자본의 가격이 하락하고 공장은 멈춘다. 출근 시간에 맞춰 옷을 차려입고 집을 나온 실업자들이 산으로 간다. 위기에 빠진 생산양식이 스스로를 교정하는 풍경은 이와 같이 목가와는 거리가 멀다. 펼치는 풍경이 더 없이 잔인한 점에서 늙음도 공황에 못지않다. 그런 중에도 늙은 여자는 자신의 얼굴을 교정하는 데 최선을 다 한다. 시간의 밀물에 저항하는 것은 거의 여자다. 성경에서 인간이 신에 맞설 때 비겁하게 달아나는 건 거의 남자다. 아담이 그렇다. 제 얼굴을 새로 구성하는 데도 서툰 것이 남자다.

'그녀들은 남아 있는 얼굴을 가지고 다른 아름다움을 만들어낼 수 없을까 애쓰고 있었다. 얼굴의 중심이야 옮길 수 없을지라도, 멀리서 보는 얼굴의 중심을 이동시키고, 그것을 중심 삼아서 다른 유형에 맞추어 얼굴 생김새를 구성해가면서, 그녀들은 쉰 살이나 먹었건만 새로운 아름다움을 지어내기 시작하였다.' 이 일은 마치 '늘그막에 새로운 직업을 갖거나, 이제 포도 재배에는 부적당한 땅에 사탕무를 심'는 일과 같다. 여인이 자기 얼굴을 재구성함으로써 증명하는 것은 인간의 웬만해선 꺾이지 않는 위엄이다. 그녀가 위엄을 지키려 최선을 다할 때, 그녀가 재배하는 것이 포도나무인지 사탕무인지 묻지 않는 남자의 배려를 아예 모른 척하는 것은 물론 부당하다. 여인의 성공이란 그녀를 욕망하는 남자가 안기는 선물일 때도 적지 않으니까.

게르망트 대공댁 마티네에서 다른 방문객의 얼굴을 관찰하던 화자는 자신 역시 그들 가운데 하나임을 깨닫는다. 작가의 눈길은 안팎을 차별하지 않고 자신을 예외로 두지 않는다. 이 눈길만이 시간의 밀물과 썰물 속에서 파괴와 몰락 저 너머를 응시할 수 있는 것일까? 발견되었지만 아직 채굴되지 않은 광맥이 있다.

책의 주인은 작가가 아니다. 그는 임시 보관자일 뿐이다. 독자야말로 주인이다. 문장은 어디에서 솟아나는가? 아직 쓰이지 않은 문장, 채굴되지 않은 광맥은 작가의 머릿속에 있다. 문제는 그 광맥의 보관자인 미래의 작가의 육신이 처한 위험이다. 화자에게 다시 불안이 찾아온다. 두뇌가 손상될지도 모른다는 의심에 잇따르는 장애가 있다. 만사 무관심을 부르는 피로다.

피로란 무엇인가? '나는 말 한마디 없이, 눈도 뜨지 않은 채 마치 배멀미에 녹초가 된 사람이 카스피 해를 건널 때, 바다에 던져버리겠다고 엄포한다고 해도 변변히 저항도 못 하듯이, 멋대로 하게 내버려두었을 거다.(11 487)' 작가에게 비유의 충동이란, 알베르틴이 고모라에서 벌인 일을 알고자 하는 화자의 호기심에 뒤지지 않는다. 본능과 같이 펜을 쥔 작가의 손가락을 북돋아 온갖 상념을 문학으로 만들고야 마는 재능 밑에는 바로 이러한 충동이 놓여 있을지도 모른다.

책을 쓸 수 있을지 없을지 오락가락하던 화자는, 카스피해를 건너며 배멀미를 겪는 사람이 익사에 대해 가질 법한 무관심에 빠진다. 다리를 부러뜨렸거나 소화불량에 걸린 노인은 죽음에 대한 공포를 저만치 던져버릴 수 있다. 아무래도 좋다는 심정 옆에는 아무래도 죽을 것만 같은 심정이 놓인다. 프루스트의 화자를 무관심에서 건지는 것은 이와 같이, 비유의 욕망이다.

비유의 충동에 견줄 만한 것으로 사교의 충동이 있다. 피로에 따른 무

감각과 죽음의 공포를 비웃듯 사교는 계속된다. 사교 모임에 빠질 때 용서되는 것은 세 가지 경우에 한한다. 죽든가, 죽어가든가, 둘 다 아니라면 불참을 미리 알림으로써 야회를 주관하는 여주인이 자신을 누군가로 대체할 시간을 갖게 하는 것이다. 죽음을 하찮게 대하는 것이 야만의 미덕이라면, 사교란 분명 야만인의 잔치다.

기력이 다 빠져나간 화자 앞에 활자로 채워야 할 백지가 펼쳐진다. 이제 막 『아라비안나이트』와 『회상록』을 뛰어넘는 책을 쓰려는 화자에게 계시처럼 찾아오는 것이 있다. 병이다. 전에 그랬다면 삶에서 아무것도 구해내지 못했을 이 '병은 양심의 엄격한 지배자처럼' 그를 사교계에서 구출해낸다. 그는 이제 '사교계에서 죽은 거나 진배없'다. 그는 마침내 사교계에 나가지 않아도 되는 핑계, 그 세계가 인정하는 세 가지 핑계 가운데 하나, 죽어가는 병을 얻었다.

병이 주는 선물은 여기에 그치지 않는다. '또한 병은, 게으름이 사물을 쉽게 판단하는 버릇을 막아준 다음, 아마도 나를 게으름에서 지켜주려 하여선지, 병은 나의 기력을 소모시켜버렸고, 오래전부터, 특히 내가 알베르틴을 사랑하지 않게 되었을 때에 깨달았듯이, 나의 기억력마저 고갈시켜버렸다.(11 493)'

병은 마침내 야만인의 잔치에서 화자를 건져낸다. 이제 책을 쓰는 수밖에 없다. 그는 채굴되기만을 기다려온 광맥 앞에 선다.

결합체적 노동과 시간, 이행의 힘과 문학의 몸

낡은 사회가 새로운 형태로 바뀌는 것은 어떻게 가능한가? 마르크스는 짧게, 예언자가 먼 일을 말하듯 적고 있다. 그가 서른 살에 쓴 '공산주의자 선언'의 어조도 엿보인다. '하나의 자본가는 언제나 다른 많은 자본가들을 타도한다.' 자본가의 자본가에 대한 타도는 자본의 집중을 부른다. 이는 곧 '다수 자본가에 대한 소수 자본가의 수탈'이다. 이 수탈은 '갈수록 대규모화하는 노동과정의 협업적 형태, 과학의 의식적·기술적 응용, 토지의 계획적 이용, 노동수단의 공동 사용, 결합적·사회적 노동을 생산수단으로 사용함에 따른 모든 생산수단의 절약, 세계 각 국민의 세계시장 네트워크 속으로의 편입' 등을 낳는다. 자본의 집중은 노동의 결합체적 성격이 더욱 진전되고 생산수단의 세계적 결합이 이루어지는 조건이다.

노동의 결합체적 성격은 생산수단의 사적 집중과 더욱 자주 또 더 깊게 충돌한다. 사적 소유를 떠받치는 기존의 생산관계는 더욱 큰 모순과 마주한다. 남은 것은 수탈의 역전이다. 자본의 수탈에서 해방된 세계는 그 구체적 형태가 무엇이든 자본을 사회적으로 통제하는 사회이고 자본이 더 이상 절대적 지배력을 행사하지 않는 사회 형태일 것이다.

자본의 집중화 과정에서 '모든 이익을 가로채 독점하는 대자본가의 수가 끊임없이 감소해감에 따라 빈곤·억압·예속·타락 그리고 착취의 정도는 오히려 증대된다.' 그러나 이와 동시에 '끊임없이 팽창하는, 그리고 자본주의적 생산과정 자체의 메커니즘을 통해 훈련되고 결합되며 조직되는 노동자계급의 저항도 증대해간다.'

자본주의 생산양식의 미래를 내다보는 마르크스는 모순의 축적·외화와 함께, 가치의 생산과 유통의 체계인 이 사회 형태의 본질적 구성 부분으로서 노동자 계급의 변화와 발전을 빼놓지 않는다. 모순이 이 생산 형태의 필수 계기인 것과 마찬가지로 노동계급의 조직화와 힘의 축적은 필연적이다.

자본의 축적 과정은 곧 노동자가 자신의 시간을 잃어버리는 과정이다.

노동자는 자신의 과제가 자본가의 시간을 수탈하는 것이 아니라 자신이 잃어버린 시간을 되찾는 것임을 깨닫는다. 여기서도 낙원은 잃어버린 낙원이다. 남은 것은 '어떻게'이다.

이제 화자는 문학에 대한 의심과 재능에 대한 회의를 이겨내고, 사교계의 유혹을 떨쳐버렸다. 화자에게 남은 것은 무엇을 쓸 것인가이다. 게르망트 대공네 야회에 간 마르셀은 사교계를 들락거리던 소년이 아니다. 응접실에서 기다리던 그는 연회장으로 들어선다. 노인으로 분장한 얼굴들을 대면한 그가 발견하는 것은 시간의 관념이다. '그렇다. 아까 내가 품었던 그 시간의 관념은, 지금이야말로 그 작품에 착수할 때라고 나에게 일러주었다. 때는 무르익었던 것이다.' 그런데 '노역으로 분장한 얼굴로부터 잃어버린 시간의 관념이 주어지자마자' 다시금 불안이 그를 사로잡는다. '그런데 아직 시간적 여유가 내게 남아 있을까? 정신엔 정신의 풍경이 있는데, 정신은 잠시밖에 그것을 관조하지 못한다.'

화자는 마치 정각의 밤 보리수 아래 정좌한 싯다르타처럼 지난날을 하나하나 되짚어본다. '나는 바위나 나무들의 장막으로 시야가 가려진 호수가 내려다보이는 길을 오르는 화가처럼 살아 왔다. 바위 사이나 나무 사이를 통해서, 호수가 흘끗 보이곤 하다가, 호수 전경이 보인다. 화필을 잡는다.' 금강좌에 가부좌를 틀고 앉은 붓다와 달리 화자가 앉은 자리는 아직도 우유부단과 회의로 질척거리는 진흙 바닥이다. '그러나 이미 지척을 분간할 수 없는 밤이 내리기 시작한다. 그 위에 해가 다시 떠오르지 않는 밤이!'

성도의 밤과 문학의 밤은, 지나가는 바람결과 공기 중에 서린 기운마저도 다른 것인가?

화자가 써야 할 시간은 아직 관념이라는 껍질에 싸여 있다. 그 관념을 벗겨내어 문학의 형상으로 만드는 것은 무엇인가? 바위와 나무 사이로 보였다 가려졌다 모호하던 호수가 화자 눈앞에 펼쳐진다.

자본 이후와 작가의 이기주의

오직 그것밖에 없다는 소명으로 무엇을 쓸 것인지도 파악한 화자에게, 문학은 남아 있는 시간이 과연 있을지 새로운 걱정은 떠안긴다. 자본 또한 노동계급에게 새로운 국면을 펼친다. 그것은 자본에게도 노동자에게도 낯설다.

자본 집중의 최종 형태라 할 수 있는 '자본 독점(Kapitalmonopol)은 자신과 함께 또 자신 아래에서 개화한 이 생산양식의 질곡으로 작용하게 된다.' 자본 이후로 나아가는 길은 이 질곡 속에서, 자본 내부에서 생겨난다. '생산수단의 집중이나 노동의 사회화는 마침내 자본주의적 외피와는 조화될 수 없는 시점에 이르게 되는 것이다. 이 시점에서 외피는 폭파된다. 자본주의적 사적 소유의 조종이 울린다. 이제는 수탈자가 수탈당하게 된다.(Die Expropriateurs werden exproprilert)(1 1023)'

책 속의 문장이 책 너머로 드리운 빛은 책의 후세다. 그것은 책이 완간되고 나서 지금까지 백수십여 년의 역사에 인간들이 새겨놓은 스펙트럼으로 빛난다. 희망과 절망과 고통으로 교직된 그 빛살이 새로운 세계의 얼개를 보여주었는지, 아니면 퇴행의 증거인지, 혹은 다른 것들과 뒤섞여 해독 불가능한 것이 되었는지는 어느 누구도 단언할 수 없으리라. 분명한 것은 그 인간들이 책을 읽는 인간이었다는 사실이다. 자본을 대변하는 권력의 나팔수가 되어버린 미디어의 뿌연 안개에 가려진 채 자본의 미래는 멀쩡히 작동하고 있는지도 모른다. 그것은 잃어버린 미래인가, 오지 않은 과거인가?

『자본』은 사회구성체의 필연적인 변화를 해명하는 과학인가? 사회 형태는 인간의 실천의 결과로 볼 수도, 법칙의 관철로 볼 수도 있다. 이 둘은 서로 배제하지 않는다. 아니 서로를 지지한다.

『자본』이 쓰인 지 백오십여 년, 세 권의 책이 다 나오고 나서 백이십여 년이 흘렀다. 자본 이후를 말하는 책 속의 문장이 지시하는 것이 무엇이고 뜻하는 바가 무엇인지, 그때 글을 쓰던 마르크스가 가슴 깊숙한 곳에 품었던 열망이 무엇인지 아는 데 필요한 것은 무엇일까? 문장에서 문장으로 내달리던 그의 손이 쥐었던 펜의 감각과 들숨과 날숨으로 그와 연결되었던 대기의 흐름?

노동자의 절대적 감소를 수반하는 생산력의 발전은 많은 인구를 실업에 빠뜨린다. 변함없이 세계의 질서를 지배하는 이 생산양식은 지금 제4차 산업혁명과 인공지능을 앞에 내세운다. 자본의 생산 체제는 건재할 뿐 아니라 더욱 전일적이다. 다음 문장은 여전히 뜻 그대로 읽힌다. '자본의 힘은 증가하고 자본가로 인격화된 사회적 조건이 실제 생산자로부터 소외되는 현상도 더욱 심화된다. 자본은 점점 더 큰 사회적 힘으로 나타나며 이 세력의 담당자는 자본가이다. 그리고 그 세력은 이제 한 개인의 노동이 창출할 수 있는 관계들 위에는 서 있지 않으며, 소외되고 독립된 사회적 힘으로서(하나의 물적 존재로서, 그리고 또한 이런 물적 존재를 이용한 자본가의 힘으로서) 사회와 대립하게 된다.'

자본 이후에 대한 마르크스의 서술은 일반적이고 단편적인 서술에 그친다. 이는 신중함이나 신념의 부족이라기보다 끝까지 현실에서 두 발을 떼지 않으려 했던 그의 태도에 기인할 것이다. 자신을 복음주의 목사라 여겼다면 세속의 뜻에서 그는 훨씬 큰 성공을 이루었을지 모른다. 그의 이름

뒤에 주의자를 붙인 수많은 사람들이 새겨놓은 역사의 흔적을 보더라도.

자본주의 생산양식의 모순은 근본적으로 생산과 소유, 사회적인 것과 사적인 것 사이에 있다. 이는 '자본 전체로 이루어지는 일반적인 사회적 힘과 이런 사회적 생산조건에 대해 지배권을 행사하는 개별 자본가들의 개인적인 힘 사이의 모순'이다. 따라서 모순의 해결은 '생산조건이 일반적이고 공동의 사회적 생산조건으로 전환하게 되는 방향'에 놓여 있다.

현실에는 이론의 일반적인 예측이 가리키는 수많은 분기들이 있게 마련이다. '이런 해소 과정은 자본주의적 생산 아래에서 생산력 발전과 이 생산력 발전이 이루어지는 양태와 방식에 따라서 각기 다른 형태로 주어진다.(3 348)'

자본의 집적과 집중은 자본 축적의 불가피한 결과다. 모순은 자본 소유자의 힘과 그 힘을 지렛대로 해서 발휘되는 자본의 힘, 그리고 그 힘에 따라, 아니 그 힘에도 불구하고 갈수록 강화되는 노동의 결합적 성격 사이에 있다. 자본가는 생산관계가 재생산될 때만 자본가일 수 있다. 따라서 자본 이후의 생산은 생산관계의 구체적 형태가 무엇이든 자본을 사회적 통제 아래 놓게 될 것이다.

개러스 존스는 책을 두고 저자가 개인의 주체성을 앞세우는 독일 관념론의 전통을 지키려다 자본주의 생산양식의 필연적 붕괴를 해명하지 못했다고 평하면서 책의 실패를 말한다. 그러나 마르크스가 쓴 책의 성패는 책 속의 문장의 힘을 현실의 힘으로 바꿔내는 독자의 의지와 능력에 달려 있다. 그의 책은 철학의 임무를 해석에서 변혁으로 이동시키려는 한 인간이 그려낸 뚜렷한 궤적이라 할 만하다. 또 자본이 하나의 사회 형태로 자리 잡은 지 수백 년을 넘지 않았다.

주체의 실천과 법칙의 필연성 사이에 굳건히 선 마르크스와 똑같이, 혹은 다르게, 화자는 여전히 다급하고 허둥댄다. 갖가지 의혹으로 갈팡질팡하던 그는 드디어 문학의 문에 이르렀다. 그는 또 자신이 쓰려는 책이 무엇으로 이루어져야 하는지 알고 있다. 그러나 생각에 머무는 정신은 왕궁을 벗어나지 않은 왕이다. 통치해야 할 마을과 들판이 끝 간 데 없이 펼쳐져 있다. 행사하지 않는 권력은 머지않아 탈취되고 말리라.

다행히도 되찾은 시간 속에서 화자가 맛보았던 행복감은 이제 사라지지 않는다. '그것은, 내가 느끼고 있는 행복이, 우리를 과거로부터 외따로 떼어놓는 순 주관적인 신경의 긴장에서 비롯하지 않고, 그와는 반대로 정신의 영역이 넓어져서, 거기에 과거가 다시 형성되어 가지고서 현실화되어, 슬프게도 잠시나마 그 과거가 내게 영원한 가치를 주는 데에서 비롯하기 때문이다.'

금방 사라지고 마는 일시적 기쁨이 아니라 진정한 행복 속에, 의지적 기억이 억지로 현재에 새겨 넣은 흐리멍덩한 표상이 아니라 확장된 정신이 새롭게 불러온 과거, 부활한 시간 속에 화자는 선다. 이제 책을 쓰기 위해 필요한 것이 무엇인지 분명해졌다. 그것은 이기주의, 작가의 이기주의, 참된 이타주의이다. 작가가 남에게 베풀 수 있는 행복이란 고독 속에서만 창조해낼 수 있다. 그 행복은 바깥의 의무와 유혹을 물리치고 작품에 몰두할 때 비로소 열매로 영근다. 작가는 드디어 창틈을 틀어막고 낮을 밤으로 밤을 낮으로 바꿔가며 글을 쓰기 시작한다.

이기주의야말로 작가의 필수 자질이다. '그것은 이미 이기적인 기쁨이 아니라, 적어도 남에게 유익한 이기주의에 속하는 기쁨이었다.' 독자에게 행복을 선사할 수 있는 것은 자연계의 애타주의이다. 이 이기주의는 결실이 풍부하고 겉으로는 '모두 이기적인 형태 밑에 발전'해왔다. 반면 '이기적이 아닌 인간의 애타주의는, 가령, 가장 중요한 창작을 중지하고서, 불행한 친구를 맞거나, 공직을 맡거나, 선전문을 쓰거나 하는 작가의 애타주의처럼, 도무지' 불모이다. 겉으로 이타적인 이기주의가 열중하는 것은 사교와 우정이다.

길고 길었던 준비의 시간이 지나갔다. 화자는 자기 안에서 작품을 발견한다. '이제 나는, 리브벨에서 돌아오는 길에 곧잘 빠지곤 하던 그 자포자기한 심정이 들지는 않았다. 내가 자신 속에 지니고 다니는 그 작품으로 뿌듯한 느낌이 들었던 것이다.' 문학 작품이란 '마치 일시적으로 맡아 가지고는 있지만, 아무 때고 수취인인 남의 손에 고이 내주기로 되어 있는 무슨 깨지기 쉬운 귀중품(11 482-4)'과 다름없다. 화자와 함께 우리는 드디어, 문학이란 작가의 삶과 몸을 빌려 잃어버린 시간을 육화하는 한 방식이란 프루스트의 정의에 이르렀다.

4

4. 인식과 법칙

:: 41. 인식이란 무엇인가, 앎과 과학

언젠가 같이 마차를 탔던 여인을 생각하면서 화자는 묻는다. '한 여자가 존재한다'는 것은 무슨 뜻인가? 그는 이 물음을 보다 일반적인 형태로 숙고한다. '현재 내가 알베르틴에게 품고 있는 욕망이 끊임없이 그 여인을 재창조하지 않는 한, 또 내 눈길의 부단한 애무가 한평생 원하기를 바라 마지않는 기색을 그녀에게 쉴 새 없이 주지 않는 한, 혹여 관능이 진정되어도 여전히 그 기억은 남아 이 피부 빛깔 아래에 육체의 풍미와 감촉을 숨겨두지 못하는 한, 관능과 관능을 끓어오르게 하는 상상력과 하나가 된 질투심이 중력법칙 못지않은 강력한 힘으로 끌어당기는 이 여인을 내 곁에 균형 잡힌 상태에 두지 않는 한(9 218 2358)' 그녀는 존재한다고 할 수 없다. 소설의 다섯 번째 권인 '갇힌 여인'은 어쩌면 이 숙고에 덧붙인 상세한 논증일지 모른다. 프루스트는 이런 식으로 질문을 바꿈으로써 철학적 질문이 자주 빠지곤 하는 함정을 에두를 수 있다고 여겼을까?

철학이 자신만이 제기할 수 있는 문제라 여기는 것을 제멋대로, 아니 자기가 속한 세계의 문장으로 바꾸는 것은 문학의 고유한 권리다. 게다가 프루스트가 문학의 옹호자를 되길 마다할 리 없다. 그러므로 우리가 '앎이란 무엇인가' 물을 때 그가 내놓을 대답을 소설 속 문학의 문장에서 찾아보는 것은 흥미로울 뿐 아니라 유익하다. 화자는 단언한다. '앎이라는 것은,

관찰하려는 외적인 사물에서 오는 것이 아니라, 무의식적 감각에서' 온다.

마르크스에게 세계를 파악하는 관건은 사회적 실재를 사물이나 소재가 아니라 그 사회 형태와 그 형태들 간의 관계에서 바라보는 것이다. 이렇게 할 때 드러나는 것들은 노동, 가치, 상품, 화폐, 자본 등이다.

프루스트는 거듭, 우리가 아는 것은 오직 우리 자신이라 말한다. '앎이란 것은 자기 자신에 대한 앎밖에 존재하지 않듯이, 자기 자신에 대한 질투밖에 없다고 해도 거의 틀림이 없다. 관찰은 별로 가치가 없다. 자기 스스로 느낀 기쁨에서만 사람은 지혜와 고뇌를 끌어낼 수 있다.(9 52)' 그는 질투를 앎과 나란히 놓음으로써 인식을, 철학 뿐 아니라 문학도 그에 이른 적이 없는 새로운 지평 위에 놓는다.

한편 과학은 연구 대상이 불변하고 영원히 지속하리라 전제한다. 그러므로 스스로 과학이라 내세우는 부르주아 경제학이 자본주의 생산양식을 역사에서 최종적이고 앞으로도 영원히 지속할 것으로 믿는 것은 당연하다. 그러나 그 경제학이 '과학으로 남을 수 있는 경우란 오로지 계급투쟁이 아직 잠재적인 상태에 머물러 있거나 단지 분산된 형태로만 나타나고 있을 동안뿐이다.(1 52)' 공황이 심화된 결과이든 계급투쟁의 영향이든 자본주의 생산 체제가 흔들리기 시작하자마자 부르주아 경제학은 과학의 지위를 잃는다. 그렇게 하는 데 걸리는 시간이 곧 그것이 속류라는 관을 쓰는 데 걸리는 시간이다. 남은 것은 자본의 영원한 표상을 끊임없이 주입하는 것이다. 경제학은 과학의 외투를 벗어던지는 것과 동시에 자본가 계급의 이익이란 외투를 재빠르게 걸친다. 부르주아 경제학이 그 선행자인 고전경제학이 물려준 날카롭게 벼린 과학의 무기를 내팽개치고 부르주아의 전도된 의식을 열심히 변호하게 된 것은, 자본의 생산양식이 갈수록 동요하기 때문이다. 연구 대상의 혼란이야말로 연구 주체의 혼란이다. 주체는 대상의 일부다.

'속류'는 한때 프루스트의 지칭이었다. 그의 작품을 속물의 잡기쯤으로 알고 출간을 거절한 앙드레 지드가 그랬다. 속류는 지드의 경우처럼 동류를 알아보지 못하는 데서, 또 속류 경제학의 경우처럼 자신의 동류를 즉시 알아보는 눈길에서 그 정체가 드러나는 법이다. 따라서 속류는 이중으로 위험하다.

그렇다면 과학으로서 경제학이란 무엇인가? '자본주의적 생산과정의 참된 내적 관련들에 대한 분석'은 '매우 복잡한 일이고 매우 세밀한 작업'이다. 따라서 경제학이 해야 할 일은 '눈에 보이는, 단지 드러나 있는 운동을 그 내부의 참된 운동으로 환원하는 일'이다.

사회적 형태들은 인간의 의식을 매개로 작동한다. 마르크스가 부르주아의 전도된 의식을 자신의 경제학의 주요 대상으로 삼는 까닭이다.

자본이 지배하는 세계의 인간 의식을 마르크스는 다음과 같이 요약한다. '상인, 주식투기꾼, 그리고 은행가 등의 생각은 필연적으로 완전히 전도되어 있다. 제조업자의 생각은 그의 자본이 종속되어 있는 유통행위에 의해서, 그리고 또 일반이윤율의 균등화에 의해서 왜곡되어 있다.' 발전된 자본의 생산양식에서 상품의 가격은 실제 사용된 노동자의 노동시간이 아니라 총자본에서 개별 자본이 차지하는 크기 비율에 따라 정해진다. 경쟁은 이러한 전도의 주요 계기다. 경쟁이 강제력을 발휘하는 곳은 시장이다. 이 생산양식은 사회 전체 수준에서 어떠한 생산 계획도 사전에 제시하지 않는다. 어떤 생산도 소비와의 균형을 미리 예상할 수 없다. 이는 거꾸로 현대의 자본 시장에 이론 물리학과 수론을 전공한 수학자가 몰리는 배경이다.

속류 과학은 혼동과 혼란에서 편안함을 느낀다. 내부가 은폐될수록 외관은 더욱 그럴듯하게 보인다. 생산을 직접 떠맡은 자본가는 현실을 마주하고 뭔가 잘못되었음을 눈치 챈다. 사랑에 빠진 인간은 착오와 혼란 속에 있다는 점에서 속류 경제학과 비슷하다. 상대의 모습은 흐릿하고 멀쩡하던 주의력은 기능 장애에 부딪힌다. 참된 앎이란 문학이든 경제학이든 '눈에 보이는 모습'이 아니라 '그 배후에 숨어 있는 보이지 않는 것'을 밝혀내는 것이다.

사랑하는 사람의 동요는, 기쁨과 실망 사이를 오가는 그의 상상력과 현상과 배후를 연결 지으려는 지적 활동의 산물이다. 그의 내면에는 '탐구적인, 근심스러운, 요구 많은 태도, 내일의 상봉에 거는 희망을 채워줄는지 또는 물리칠는지 그 고비가 되는 말에 대한 기대, 또 그 말이 나올 때까지 동시에 행하여지는 것은 아니더라도 번갈아 일어나는 기쁨과 실망의 상상'이 끓어 넘친다.

사랑하는 대상은 끊임없이 움직인다. 그 대상을 정확히 포착하기 위해서는 카메라의 노출 시간을 최대한 줄여야 한다. 프루스트에게 인식은 '눈에 보이는 모습만 가지고 있는, 그 배후에 숨어 있는 보이지 않는 것마저 알려고 드는, 그런 감각기능의 동시적인 활동'이다. 사랑하는 사람은 '지금 눈앞에서 약동하는 사람의 천태만상, 온갖 모습, 갖가지 행동거지에 대해서는 너무도 너그러워서, 우리는 흔히 그 사람을 사랑하지 않게 될 때, 비로소 그 사람을 움직이지 않는 것으로서 바라볼' 수 있다. 그래서 '우리는 언제나 흐리멍덩한 사진밖에 찍을 수 없(3 92)'다.

더 이상 사랑하지 않을 때 혼란은 사라진다. 사랑에서 해방될 때 참된 앎이 시작된다. 어딘가 익숙한 어조다. 상품이든 화폐든 소재적 대상에서 사회 형태로 눈을 돌릴 때 과학적 인식이 시작된다. 추상의 힘으로 구체적인 것을 비출 때 과학이 눈을 뜬다.

추상과 망원경, 가치형태와 여신

마르크스가 쓴 책은 '상품의 두 요소 : 사용가치와 가치(가치실체 · 가치크기)'라는 절의 제목 아래, '자본주의적 생산양식이 지배하는 사회에서 부는 하나의 '거대한 상품 집적'으로 나타나고, 하나하나의 상품은 이러한 부의 기본 형태로 나타난다.'(1-87)라는 첫 문장으로 시작한다. 책의 첫 문장은 그에 따라 독자가 책을 읽을지 말지를 결정하는 첫 관문이다.

출판된 초고라 할 수 있는 『정치경제학 비판요강』과 『정치경제학 비판을 위하여』, 그리고 1863년의 초고는 저자가 책을 어떻게 시작해야 할지 얼마나 고심했는지 보여준다.

'부르주아 사회에서는 노동생산물의 상품형태 또는 상품의 가치형태가 그 경제적인 세포형태에 해당한다.' 마르크스는 왜 상품과 가치와 세포에 형태라는 말을 덧붙이는가? 그는 이런 경제적 사회적 형식들이 떠맡는 사회적 기능에 주목한다. 가치는 인간 노동의 사회적 평균이란 뜻에서 이미 추상이다. 저자는 가치에 형태라는 말을 덧붙임으로써 이 낱말에 이중의 추상의 힘을 부여한다. 형태라는 말의 맞은편에 놓여 있는 것은 소재와 사물, 혹은 물적 대상이다.

외출하면서 현관문의 열쇠를 조심스럽게 건네는 집주인처럼 마르크스는 독자의 주의를 환기한다. '잘 모르는 사람에게는 이들 형태에 대한 분석이 지나치게 사소한 것만 문제 삼는 듯이 보일 것이'다. '그러나 그것은 미시적인 해부에서 매우 사소한 것들이 중요하게 다루어지는 것과 마찬가지 이치이다.(1판 서문, 44)' 독자는 '비밀은 디테일에 있다'는 말의 한 출처를 확인한다.

형태와 소재는 마르크스의 책에서 근본적으로 구분되는 개념 쌍이다. 색은 특정한 빛의 반사이고, 빛은 특정한 색으로 자신을 표현하듯이 말이다. 고전경제학의 오류는 대다수의 경우 이 둘을 혼동한 결과다.

상품과 화폐 간 교환에 기초한 자본의 생산양식에서 상품의 가치는 화폐로 표시된다. '가치형태는 화폐형태를 완성된 모습으로 가지며 아무 내용이 없고 구조가 매우 단순하다. 그럼에도 인간의 정신은 이천 년 이상이 지나도록 이것을 해명하는 데 실패하였다.' 그런데 '이보다 훨씬 더 내용이 풍부하고 복잡한 구조로 이루어진 다른 가치형태들을 분석하는 데에는 적어도 웬만큼 성공을 거두었'음에도 화폐의 형태를 취하는 가치 형태는 왜 제대로 파악되지 않았는가?

화폐를 들여다본다고 해서 그 화폐가 세포로 기능하는 경제적 사회구성체를 파악할 수는 없다. '완성된 신체를 연구하는 것이 그 신체의 세포를 연구하는 것보다 더 쉽기 때문이다.' 마르크스 이전의 모든 이론은 신체가 완성되지 않은 상태에서 그것을 파악하려는 어려움에 맞닥뜨렸다. 이는 다시 이론이 역사의 산물임을 환기한다.

가치형태란 상품의 두 측면 가운데 가치가 취하는 사회적 형태이다. 이에 반해 사용가치가 취하는 사회 형태를 뜻하는 현물형태는 한 번 가치형태와 비교되고 나서 등장하지 않는다. 마르크스의 시선이 어디를 향하는지 확인할 수 있는 대목이다.

가치를 사용가치와 교환가치로 구분한 17세기 이래의 책들과 달리, 사용가치에 교환가치가 아니라 가치라는 개념을 맞세운 데서 생긴 혼란 또한 무시하기 어렵다. '직접적인 것은 튜턴어worth-Gebrauchswert로 표현하고 반성적인 것은 라틴어value-Tauschwert로 표현하곤 하던 영어의 정신(188 주)'과 달리 독일어나 우리글에는 이런 구분이 없다. 독일어를 영어로 옮긴 책도 각각 use value와 value로 쓰고 있다.

특히 가치형태와 같은, '경제적 형태에 대한 분석에서는 현미경이나 화학적인 시약들이 아무런 도움이 되지 못한다. 거기에서는 이런 것들 대신에 추상화할 수 있는 힘(Abstreaktionskraft)이 필요하다.' 심장의 기능이 심장을 구성하는 낱낱의 세포를 모르더라도 파악될 수 있듯이 세포에 소급하지 않고도 조직이나 기관이 연구될 수 있다. 마찬가지로 상품이든 화폐든 그 소재와 그 사회적 기능을 연구하는 문제는 분리될 수 있고 분리되어야 한다.

현미경과 화학적 시약은 연구 대상의 소재적 특성을 탐구하는 유력한 수단이다. 마르크스는 당시 급속히 발전하던 자연과학의 눈부신 성과를 이용하는 동시에 자신의 방법이 그 방법과 어떻게 달라야 하는지 늘 마음에 새기고 있었다. 추상의 힘만이 소재와 물적 대상을 꿰뚫고 그 사회 형태에 이를 수 있다.

우연인지 현미경의 비유는 다른 책에도 등장한다. 소설의 화자는 자기가 발견한 진리를 성당에 새기고자 한다. 성당이란 책이다. 여기서도 오해가 먼저 지적된다. '이윽고 내가 성당 내부에 새기기로 작정하고 있는 여러 가지 참을 지각(知覺)한 데 대해서 호의를 보여준 사람들도 내가 그런 참을 현미경'을 통해서 발견했음을 축하'해준다. 프루스트에게 마르크스의 추상의 힘을 대신하는 것은 망원경이다. 그 망원경으로 탐구하는 것은 '아득히 멀리 있기 때문에 실제로는 아주 작아 보이는 것, 그러나 그 자체가 하나의 세계를 이루고 있'는 것이다. 물론 프루스트가 망원경으로 탐구하는 것은 세계의 양식이나 사회 형태가 아니다. 그러나 자기만의 세계, 대성당을 일으켜 세우고 대중의 오독과 외면을 무릅쓸 것을 다짐하는 점에서 다름이 없다. 사람들이 자신을 '미주알고주알 캐는 놈(11 489)'이라 볼 것은 뻔하다.

노동시간의 사회적 평균이라는 데서 가치는 이미 추상이다. 가치형태란 따라서 이중의 추상, 사회적으로 규정된 범주의 사회적 기능이다. 경제적 세포형태인 가치형태를 분석하는 데 필요한 추상이란 무엇인가? '가치의 자립화를 단순한 추상으로 간주하는 사람들은 산업자본의 운동이 현실에서 바로 이 추상이라는 것을 잊고 있다.' 산업자본의 개별적이고 가시적인 형태들은 모두 가치의 사회적 운동의 표현이다. '여기에서 가치는 여러 형태와 여러 운동을 통과하면서, 이런 운동을 통해 자신을 유지하는 동시에 증식, 확대해나간다.' 김수행은 영문판을 '가치의 자립화(自立化, autonomisation)를 단순한 추상(象)이라고 보는 사람들은, 산업자본의 운동이 바로 이 추상의 현실화(this abstration in action)라는 것을 잊어버리고 있다. 가치는 여기에서 각종의 형태, 각종의 운동을 통과하며, 이 운동 중에서 가치는 자기를 유지함과 동시에 증대(증식)시키는 것이다'라고 옮긴다. 추상에 대한 추상적 진술은 언어마다 무시할 수 없는 차이를 드러낸다.

가치의 운동을 단순히 추상으로 여기거나 추상에서 현실의 구체적인 상을 파악하지 못하면 자본을 이론적으로 표현할 수 없다. 지상의 사물이나 천체의 운동은 모두 중력이라는 추상적 힘의 표현이다. 다행스럽게도, 초고에 해당하는 책에서 저자는 그가 어떻게 추상에 이르게 되었는지 밝히고 있다.

추상적인 것으로부터 구체적인 것으로 나아가는 것은 정치경제학의 유일한 방법이다. '어떤 주어진 나라를 정치경제적으로 고찰할 때, 우리는 그 나라의 인구, 인구의 계급 분포, 도시, 농촌, 연안, 다양한 생산 부문들, 수출입, 연간 생산과 소비 및 상품 가격 등에서부터 시작한다. 이 현실적이고 구체적인 것, 실재적인 전제로부터 시작하는 것, 요컨대 경제학에서 전체 사회적 생산 행위의 기초이자 주체인 인구에서부터 시작하는 것이 올바른 것처럼 보인다.' 사회를 연구하는 출발점으로서 마르크스는 우선 구체적인 것을 검토해본다. 이는 마치 근대 철학의 문을 연 프랑스 철학자의 방법적 회의를 떠올리게 한다. '그렇지만 더 자세히 살펴보면 이것은 잘못된 것임이 드러난다. 인구는, 예를 들어 그것을 구성하고 있는 계급들을 무시한다면 하나의 추상이다. 이 계급들은 다시 그것들이 기초하는 요소들을 알지 못하면 공허한 용어이다. 예를 들어 임노동, 자본 등. 이 요소들은 교환, 분업, 가격 등을 전제한다. 예를 들어 임노동, 가치, 화폐, 가격 등이 없는 자본은 아무것도 아니다.' 방법론적 회의는 또 한 걸음 나아간다. '요컨대 내가 인구에서부터 시작한다면 이것은 전체에 관한 혼란스러운 개념일 것이며, 나는 더 자세한 규정을 통해 이전보다 분석적으로 더 단순한 개념들에 이를 것이다.(이하 『정치경제학 비판 요강1』, 14-17쪽)'

문제를 파고들수록 고개를 내미는 것은 구체적인 것이 아니라 더욱 미세한 추상이다. 출발점으로서의 인구는 수많은 규정들을 포괄하는 동시에 풍부한 구체성으로 채워졌는가? 아니다. 그렇다면 어디에서 시작해야 하는가? 저자는 경제학의 발생과 발전을 거꾸로 추적한다. '첫 번째 경로가 경제학이 그것의 생성기에 역사적으로 택한 경로다. 예컨대 17세기의 경제학자들은 언제나 살아 있는 전체, 즉 인구, 민족, 국가, 여러 국가들 등에서부터 시작한다. 그러나 그들은 항상 분석을 통해 분업, 화폐, 가치 등 몇 가지 규정적인 추상적·일반적 관계들을 발견해내는 것으로 끝을 맺는다. 이 개별적인 계기들이 다소 확정되고 추상화되자마자 거기에서 노동, 분업, 욕구, 교환 가치와 같은 단순한 것으로부터 국가, 민족들의 교환, 세계 시장까지 상승하는 경제학 체계들이 시작되었다.' 경제학을 역사적으로 살핀 다음 저자는 결론에 이른다. '후자가 분명히 과학적으로 올바른 방법이다.'

한쪽에는 살아 있는 전체가, 다른 한쪽에는 추상적 관계들이 있다. 과거의 경제학자들은 전자에서 출발하여 언제나 후자에서 멈춘다. 멈추는 순간 후자야말로 출발점이라는 것을 확인하면서.

과학적 방법이란 무엇인가? '구체적인 것은 그것이 수많은 규정들의 총괄, 다양한 것들의 통일이기 때문에 구체적이다. 따라서 구체적인 것은 비록 그것이 실재적 출발점이고 따라서 직관과 표상의 출발점이라고 할지라도, 총괄 과정, 결과로서 현상하지 출발점으로 현상하지 않는다.' 앞서 검토한 '첫 번째 경로에서는 완전한 개념이 추상적 규정으로 증발했다. 두 번째 경로에서는 추상적 규정들이 사유의 경로를 통해 구체적인 것의 재생산에 이른다.'

여기서 마르크스가 염두에 두는 것은 헤겔 비판이다. 비판의 선결 조건은 철저한 전유이다. '헤겔은 현실적인 것을 자체 속에서 총괄되고, 자체 속으로 침잠하며, 자체로부터 운동해 나오는 사유의 산물로 파악하려는 환상에 빠진 반면', 마르크스의 방법은 '추상적인 것으로부터 구체적인 것으로 상승하는' 것이자 '사유가 구체적인 것을 점취하고, 이를 정신적으로 구체적인 것으로 재생산하는 방식'이다. 직관과 표상의 직접적인 대상인 구체적인 것은 실제로는 규정들의 총괄이자 다양한 것들의 통일이다. 사유는 추상적인 규정들을 구체적인 것으로 채우고 구체적인 것을 재생산하는 과정이다.

한편 프루스트의 인식은 여전히 사랑과 욕망을 맴돈다. 그런데 사랑하는 여자란 겉모습에 지나지 않는다. 그녀 뒤에 숨은 것, 그녀를 겉으로 내세우는 존재가 따로 있다. '나로선 이런 사랑에서 우리가 여성이라는 겉모습 아래, 마치 비밀스런 신들을 대하듯이 여성에게 부차적으로 따르는 그러한 보이지 않는 힘을 향해서 말을 건다는 생각까지 하고플 정도다.' 인간은 인간을 사랑한다고 말하지만 그가 사랑하는 것은 인간이 아니다. 그것은 신, 남자에게는 여신이다.

'우리에게 필요한 것은 이 여신들이 베푸는 은혜이고, 우리는 실제의 기쁨을 발견하지 못한 채 여성들과의 접촉을 찾고 또 찾는다.' 사랑이란 여신이 베푸는 은혜이며, 밀회의 기쁨은 여신이 주는 선물이다. 인간은 잠시 인간을 안달하게 만들 뿐이다. '그런데 여인이 위와 같은 숨은 힘을 못 갖추었다면, 정말로 우리는 그 여인 자체를 위해서 이렇게 애를 쓸까? 그러기는 커녕 먼저 그 여인이 떠나버리면, 우리는 그 여인이 어떤 옷을 입고 있었는지조차도 아리송하려니와 그 여인을 주의 깊게 보지도 않았던 사실을 깨닫는다.(8 2192 2)'

문제는 여신은 오직 육체 안에, 욕망을 들끓게 하는 사랑하는 여인 안에 거주한다는 것이다. 이는 가치형태가 오직 구체적인 상품들 간의 관계로서만 현존할 수 있음에 견줄 수 있다. 가치란 특정한 물적 대상으로서 상품의 가치이고, 교환가치란 특정한 상품의 가치형태이다. 파악해야 할 것은 구체적인 것 안에 숨은 것, 겹쳐져 있는 것, 특정한 상품을 통해 힘을 발휘하는 추상과 특정한 인간을 통해 드러나는 여신이다.

찬미는 인식의 적이다. 창작은 찬미에서 벗어날 때, 글쓰기는 독서에서 벗어날 때 시작된다. 스완의 정신은 '삶의 풍요로운 발명품을 찬미하기를 열망하면서도, 자신이 가장 바라는 것이 무엇인지를 알고자 하는 것 같은 어려운 문제에는 오랫동안 파고들 수' 없었다. 그는 '그날 밤에 그가 느낀 고통과, 이미 싹트고 있었지만 당시에는 깨닫지 못했던 기쁨 사이에-이 두 가지를 비교한다는 것은 무척이나 어려운 일이지만-일종의 필연적인 연관 관계가 있다고(2-329)' 어렴풋이 헤아려볼 뿐이다.

습관에 물든 스완의 정신은 한 번도 용감하게 진리를 찾아 나선 적이 없다. 오데트와 함께 있었을지 모르는 포르슈빌이 안겨주는 질투의 고통을 무릅쓰고 앞으로 나아갔다면 스완은 소설을 쓸 수도 있었으리라. 그는 예술의 길로 나아가지 못하고 딜레탕트로 주저앉고 만다. 그의 삶은 밀물처럼 밀어닥치는 시간 속으로 가라앉는다.

변증법

변증법은 두 저자 공통의 무기다. 핍진한 생활 조건에 처한 인간이 미래를 새로 여는 데도, 하루 또 하루 인간을 과거 속으로 내던지는 시간의 폭류에 맞서기 위해서도 변증법은 긴요하다.

프루스트의 화자에게 사유의 출발점은 대개 연정이다. 사랑하는 여자의 얼굴이 먼 바다 끝, 구름 낀 날의 수평선처럼 권태에 싸여 있을 때 사랑하는 남자가 할 일이란 무엇일까? 화자는 질베르트가 자기가 '그녀를 사랑하지 않는 줄로 여긴 것이 아닌가하는 두려움'을 느낀다. 그 두려움은 그에게 또 다른 괴로움'을 가져다준다. 이를 파악하는 데 필요한 것이 변증법이다. 그런데 그것은 '그다지 날카롭지 않으나 여태껏 것과는 다른 변증법(3 227)'이다.

마르셀의 생각과 달리 질베르트는 화자가 자기를 사랑한다는 것을 조금도 의심하지 않는다. 화자가 아첨을 섞어 드러내는 의심은 그녀를 기쁘게 하기보다 화나게 한다. "나 정말 당신을 좋아했어요, 언젠가는 알아주시겠지만"이라는 그녀의 대답은, 사랑을 고백하는 남자에게 여자가 하는 정언 명제다. 그제야 제 잘못을 깨달은 화자는 다시는 그녀를 만나지 않으리라 결심한다. 이처럼 기묘한 반전을 불러오는 변증법을 음미하기 위해서는 남다른 감각이 필요하다. 아마 프루스트의 소설만이 그러한 재능을 키워주리라.

여자는 모든 사랑을 '언젠가'라는 아직 정해지지 않은 시간 속에 죽 펼쳐놓는다. 확정되지 않은 시간 속에서만 상대방을 사랑 속에 가둘 수 있다는 것을 그녀는 안다. 연정에 거처를 마련한 변증법은 화자가 사랑하는 상대방에게 호소하듯 건네는 말에 어떤 리듬, 이중의 리듬을 싣는다. 그것은 '한 여인이 그들을 사랑하고 그들 쪽에서도 그 여인을 진정으로 사랑할 수 있다고 믿기에는 지나치게 자신에 대해 회의적인 사람들이 사랑을 할 때면 항용 택하는' 그런 리듬이다.

변증법의 원리를 추상적으로 정식화하는 것은 역시 마르크스다. 우선 '변증법은 현존하는 것들에 대한 긍정인 이해 속에 그것의 부정과 그것의 필연적인 몰락에 대한 이해를 함께 간직하고 있'다. 그것은 긍정 속에서 부정을 부정 속에서 긍정을, 또 지속 속에서 몰락을 몰락 속에서 지속을 본다. '뿐만 아니라 생성하는 모든 형태를 운동의 흐름으로 파악하며, 따라서 언제나 그것들을 일시적인 것으로만 파악'하는 방법이다.' 변증법은 속류

경제학과 마르크스의 경제학을 가르는 표지판이다.

또 변증법은 '어떤 것에 의해서도 감화를 받지 않고 본질적으로 비판적이며 혁명적(1 61)'이다. 그런데 이 감화는 프루스트가 속한 세계, 살롱에서도 흔히 볼 수 있다. 감화의 주체는 지배력을 행사하는 자다. 게르망트 공작부인의 살롱은 기존 세계의 전통과 질서를 지키려 안간힘을 쓰는, 아직 혹은 겨우 살아 있는 귀족 계급의 마지막 보루다. 귀족 계급의 특권이 허물어질 수밖에 없다는 것을 누구보다 잘 아는 것은 부인이다. 몰락의 예언이든 새로운 세계로의 도약이든 스스로를 향할 때 변증법의 빛은 가장 눈부시다.

『자본』은 부르주아의 사회 형태, 즉 부르주아 경제학의 개념을 거리낌없이 사용한다는 점에서 자본의 자기 인식이다. 마르크스는 부르주아적 사회 형태들을 변증법의 감화 아래 놓음으로써 기존의 것의 몰락과 새로운 것의 생성 속에서 그들의 본성을 남김없이 드러낸다. 자본은 역사적 운동이라는 조명 아래 낱낱이 해부된다.

일상의 현실들을 개념의 전개로 설명하는 것은 헤겔이 일찍이 심오한 방식으로 보여준 바 있다. 거꾸로, 낱낱의 사건으로부터 그것의 사회적 의미와 기능을 찾아내는 것은 훨씬 어렵다. 구체적인 것에서 추상으로 상승하기 위해서는 변증법 이상이 필요하다. '분석을 통해 종교적 환상의 현세적인 본질을 찾아내는 것은, 거꾸로 그때그때 현실의 온갖 생활관계들에서 그것의 종교적인 형태를 설명해내는 것보다 훨씬 쉬운 일이다.' 마르크스는 '후자가 곧 유물론적인 따라서 과학적인 방법'이라고 힘주어 말한다.

유물론과 결합한 변증법에 더해져야 할 것은 시간적 계기, 역사적 시선이다. '역사적 과정을 배제하는 추상적·자연과학적 유물론의 결함은 그 대변인들이 자신들의 전문영역을 벗어나자마자 보여주는 추상적이고 이데올로기적인 견해에 의해 분명히 드러난다.(1 508)' 세계의 자연사적 과정을 다룬, 바로 직전에 쓰인 다윈의 책은 저자가 자신의 책을 구상하는 데 적지 않은 영향을 준 것으로 알려져 있다. 마르크스는 자연에서 인간으로, 자연사에서 역사로, 자연의 선택에서 인간의 실천으로 걸음을 옮김으로써 역사를 유물론과 변증법에 결합한다.

사랑에 빠진 남자는 변증법의 전문가이면서도 이를 알지 못한다. 증상은 한결같다. 그는 사랑을 신뢰하지 않으면서 사랑에서 지나치게 많은 것을 관찰한다. 사랑의 매혹은 어쩌면 변증법에 대한 매혹일지도 모른다. 사랑하지 않는 사람은 지성의 발현이 제약된다는 점에서도 불행하다. 그러나 욕망에 뿌리를 묻은 지성은 지성은 대가를 요구한다. 여인을 사랑하는 남자는 자칫 변증법이 파놓은 함정에 빠질 수 있다. 그 함정은 무한운동을 강요한다. 어리석게도 그는 거기에서 나오길 거부하는 것이 자발적인 의지에 따른 것이라고 믿는다. 이렇게 프루스트가 보여주는 것 또한 유물론과 결합하지 못한 변증법의 결함이다.

평균 혹은 하나의 성당

소설의 막바지에 주인공이 이르는 곳은, 마르크스가 처음부터 굳게 발을 디딘 평균이라 할 만한 것이다. '이 책에서는, 숱한 젊은 아가씨들, 숱한 성당, 숱한 소나타를 바탕삼은 단 하나의 소나타, 오직 하나의 성당, 오직 한 사람의 아가씨를 지어내는 데에 이바지한 무수한 인상에 의해서(인간이건 사물이건), 각 개성이 만들어'질 것이다. 소설이 나오고 나서 책 속의 실제 인물로 입길에 오른 지인들이 불만을 표할 때 프루스트가 자신을 방어하기 위해 내세운 것도 평균의 원리다.

화자는 자신의 책을, '프랑수아즈가 고르고 고른 고기토막을 듬뿍 넣고 고아서 젤리(gelée, 과일, 고기 등을 고아서 묵같이 굳힌 음식)의 풍미를 짙게 만든 그 쇠고깃국, 노르푸아 씨가 칭찬해 마지않던 쇠고깃국의 조리법과 같은 식으로' 쓰려 한다. 마르크스의 방법일 뿐 아니라 소설가의 숙련된 기법에 누구보다 정통한 사람은 화자네 하녀 프랑수아즈다. 매번 그녀가 끓이는 젤리에 들어가는 재료는 다르지만 풍미는 변함이 없다.

귀족의 미각을 자랑하는 외교관이자 후작인 노르푸아 씨가 이를 모를리 없다.

상류 부르주아가 집에서 후작과 즐기는 고깃국에서도 확인할 수 있는 평균은, 경제적 사회구성체가 자신의 지배력을 관철하는 실재이자 실체다. 개별 생산영역 내부에서 이윤율은 끊임없이 변동한다. 개별 이윤율은 순간이긴 하지만 평균이윤율과 우연이긴 하나 일치하기도 한다. 특정 자본의 이윤율이 평균이윤율로 수렴하는 것은 후자가 전자의 변동들이 상쇄된 결과이자 그 평균이기 때문이다.

주어진 시간에 노동자가 처리하는 원료의 양은 가변자본에 대한 불변자본의 비율에 따라 결정된다. 자본구성이 고도화될수록, 불변자본이 상대적으로 가변자본보다 클수록 노동 생산성은 커진다. 이때 작용하는 것도 평균이다. '자본들의 개별적 구성을 평균한 것이 그 생산부문의 총자본 구성이다. 끝으로, 모든 생산부문의 평균구성의 총평균이 한 나라의 사회적 자본의 구성이며, 앞으로의 논의에서는 이것만을 문제로 삼는다.(1 838)'

주어진 사회의 평균 노동시간이라는 가치의 개념은 이미 평균에 기초해 있다. 상품의 가치가 결정될 때 그 생산에 참여하는 노동자 개인의 노동능력, 숙련도와 같은 차이들은 평균에 반영된다고 간주된다.

한편 발전된 자본주의에서 상품의 가격은 그 생산에 투입된 평균 노동시간, 즉 가치가 아니라 가격에 따라 정해진다. 상품의 생산가격은 비용가격에 평균이윤을 더한 것이다. 개별 자본은 이윤율의 차이에 따라 높은 이윤을 좇아 한 생산영역에서 다른 생산영역으로 옮겨간다. 이는 한 자본이 총자본에서 차지하는 크기 비율에 따라 총이윤을 그 자본에 할당하는 것으로 귀결된다.

마르크스가 한 사회 전체, 즉 총자본의 관점에서 자본의 순환과 운동을 분석한 것은 그가 평균을 객관적 대상으로 다루었기 때문이다. 평균이야말로 객관적 실재다.

평균은 문학에서도 일반적 실재다. 그것은 문학의 보편적 대상이자 형식이다. '우리는 늘 변함이 없다. 어떤 사람에 대해서 품고 있는 감정 속에, 그 사람에 의해서 일깨워진 잠자는 여러 가지 요소를 옮겨 넣지만, 그것은 그 사람 자신하고는 아무런 상관도 없다.' 화자가 이렇게 말할 때 독자는 다양한 더미를 이룬 상품을 앞에 두고 추상이라는 무기를 꺼내 든 또 다른 저자를 떠올릴 수 있다. 화자는 이어 말한다. 우리는 '그런 특수한 감정을 우리들 속의 그 무엇인가 더 진실된 것에 접근시키려 애쓴다. 즉, 인간 전체에 공통되는 일반적인 감정과 결부시키려고 한다.'

그러나 평균을 응시하는 두 시선은 똑같지 않다. 화자에게 진실된 것은 오직 우리 안에 있다. 인간 전체를 한데 묶는 감정이란 이렇게 우리 각자의 내부에 있는 것이다. 그러나 그 또한 평균이라는 실재다. '개인이나 개개인이 우리에게 일으키는 고통은 단지 그 일반 감정으로 통하는 한 방편에 지나지 않는다.' 화자는 마침내 선언한다. '내 고통에 얼마간의 기쁨이 섞여 있었다면, 그 고통이 보편적인 사랑의 작은 부분임을 내가 알고 있기 때문이다.(5 151)'

소재와 형태

사물이나 현상의 본성을 고립된 실체의 속성으로 다룰 때 눈길은 소재를 향한다. 그러나 중요한 것은 그 소재의 사회적 형태, 사회적 기능이다. 소재를 벗어날 때 그 소재로 이루어진 사회 형태들 간의 관계가 드러난다. '연구는 소재를 자세히 검토하고 그것의 갖가지 발전 형태를 분석하여 그 내적 연관을 찾아내야만 한다. 이 작업을 모두 마친 뒤에야 비로소 현실의 운동이 서술될 수 있다.'

화폐의 취득에 골몰하는 자본가에게 '소재의 생생한 모습에 관념이 반영된다면 그 생생한 모습은 하나의 선험적 구성과 관련된 것처럼 보일 수도 있(1 60)'다. 화폐라는 사물이 동일한 사물을 낳는다. 이만큼 자본가에게 생생한 관념을 불러일으키는 것이 또 있는가? 우리의 인식이 주관이 선험적으로 구성한 결과라면 자본가의 이윤이 화폐의 선험적 본능이 초래한 결과라 말하지 못할 까닭도 없다. 소재가 선험적 의식을 낳는 것은 자본의 생산양식에서 일반적이고 또 필수적이다.

『자본』은 경제적 형태들을, 특정한 소재의 사물로서가 아니라 다른 형태와 맺는 관계, 그것이 특정한 기능을 떠맡고 있는 체계와 맺는 관계에 주목한다. 사회 형태들의 체계가 경제적 사회구성체다. 사회적 형태 또는 경제적 형태는 고유의 속성을 갖는 고립된 대상이 아니라 관계의 총체다. 마르크스의 책은 세계의 사회적 형태론이라 부를 수 있다. 소재는 형태의 담지자이자 그 표현이며 매개다. 소재들은 추상의 단계를 통과하면서 새로운 형태의 규정을 획득한다. 소재, 사물, 대상들은 자본과 그 생산관계를 구성하는 형태들로 다루어질 때 그 본질이 밝혀진다.

소재에서 형태를 구분하는 것이 긴요한 것은 경제학에 한정되지 않는다. 소설이 소재에 맞세우는 것은 형식이다. 형식이 있던 자리에 소재를 모시는 데서 예술가의 쇠퇴가 시작된다. '소재가 다른 것보다 나은 듯, 그 속에 예술 작품의 대부분의 요소가 이미 있어, 이를테면 거기에 다 된 작품이 잉태되어 있기라도 한 듯이, 그것을 일종의 미신으로' 감싼다. 이때 예술가가 하는 것이란 '이제는 모델의 집으로 자주 다니는 것밖에, 모델을 뜨겁게 사랑하는' 일이다. 소재가 예술가의 우상이 된다. 예술 대신에 생활이 들어선다. 그는 자신이 그로부터 작품을 빚어내던 모델을 사랑하고 소설의 주인공과 대화를 나누려 애쓴다. '뉘우친 범죄자의 회한이나 갱생'을 묘사한 책을 쓰고 나서 소설가는 '그런 범죄자와 더불어 한없이 이야기'하려고 한다. 화가는 화폭을 챙겨 들판으로 나가는 대신 '안개가 광선을 어둑어둑하게 만드는 고장에 시골집을' 사고 '아름다운 천을 수집' 한다.

예술로부터 멀어진 예술가는 '이와 같이 생활의 아름다움, 말하자면 뜻 잃은 낱말이야말로, 예술 이쪽에 자리 잡은, 그리고 스완이 거기에 멈춰 있는 것을 내가 본 적이 있던 단계로, 타고난 재능의 감퇴와 더불어, 지난날의 타고난 재능을 약동시켰던 갖가지 형태를 우상적으로 우대하고, 더 적은 노력이 들기를(4 294)' 바란다. 형태라는 유일신이 소재라는 우상으로 대체된다.

예술은 언제 쇠락하는가? 소재가 예술의 질료이자 매개에 그치지 않고 예술가의 거처이자 생활이 될 때다. 프루스트가 소재를 예술의 길에서 예술가가 주저앉는 함정이라 에둘러 경고한다면, 마르크스는 보다 명시적이고 단호하다.

'우리는 이제부터 모든 과정을 형태의 측면에서, 즉 사회적 신진대사를 매개하는 상품들의 형태변화(Formwechsel 또는 Metamorohose)만을 고찰하고자 한다.(1 172)' 자본의 형태를 고찰한다고 할 때 형태란 무엇인가?

자본이 무엇인지는 유통이나 교환이 아니라 생산에 주목할 때 드러난다. '우리가 결코 잊어서는 안 되는 사실은 이 잉여가치의 생산-그리고 이 가운데 일부가 자본으로 환원되는 것(즉 축적)은 이 잉여가치 생산의 불가결한 부분을 이룬다-이야말로 자본주의적 생산의 직접적인 목적이며 또 결정적인 동기라는 점이다.' 자본에 의한 생산은 소비를 위한 것이 아니다. '따라서 우리는 이것을 결코 그것의 참된 형태가 아닌 것(즉 자본가를 위한 소비수단의 제작이나 자본가의 소비를 그 직접적인 목적으로 하는 생산)으로 표현해서는 안 된다. 그렇게 표현할 경우에는 그것의 내재적이고 핵심적인 전체 모습을 통해 나타나는 그것의 참된 특성을 하나도 보지 못하게 된다.(3 323)' 자본의 생산양식을 인간의 소비 혹은 물질적 욕망에 근거하여 설명할 때 맞세워야 할 구절이다. 가치의 자기증식이라는 자본 본래의 목적을 드러내는 것은 자본의 소재가 아니라 자본의 형태다.

콩브레와 생 루의 사회학

거시적 체계나 구조를 말하지 않는다고 해서 사회학적 고찰이 쓸모없는 것은 아니다. 사회학이 여러 형태를 띨 수 있음을 누구보다 잘 보여주는 것은 소설이다. 더구나 하제와 절식 요법만으로 사회학의 통찰력을 보여주는 것은 오직 문학뿐이다.

의사가 환자에게 처방을 내릴 때 의학적 판단 말고도 중요한 것이 있다. 환자의 반응이다. 그런데 환자로서 화자의 반응은 어머니의 의학적 소견에 달려 있다. 관계의 연쇄는 끝이 없다. 어머니란 대개 아들에 관해 누구보다 방대한 자료를 구축하고 있을 뿐 아니라 애정 또한 각별한 법이다. 화자에게 회심의 처방을 내린 명의 앞에서 '깜짝 놀라, 뭐라 해도 이 애는 몸을 회복시킬 필요가 있다. 신경도 이미 상당히 약해져 있다. 말이나 사용할 그런 하제와 절식 요법은 이 애를 더욱 해칠 것이라' 중얼거리는 어머니의 용기는 칭찬 받아 마땅하다. 특히 그녀가 매우 소심한 성격이라면 더욱 더 그렇다.

코타르는 그저 권위 있는 의사로 대접받기엔 지나치게 위대하다. 환자를 앞에 두고 베르뒤랭 살롱에 늦지 않으려 기차가 출발하는 시각에 곤두세우는 그의 신경은 그의 의학적 명성과 경합하기에 충분하다. 물론 이 모든 사태에 대한 사회학적 관찰은 화자의 몫이다. 그가 묘사하는 명의다. '그는 냉담의 가면을 쓸 셈이었는지 생각해내려고 애쓰고 있었다. 마치 타이 매는 걸 잊어버리지나 않았는지 보려고 거울을 찾는 것처럼. 생각이 나지 않는 김에, 어찌 되든 간에 가면의 보상을 하려고, 그는 무뚝뚝하게 대답했다. "나는 처방을 두 번 되풀이해서 말하지 않는 버릇이 있습니다. 펜을 빌려주시죠, 뭐라 해도 우유입니다."'

환자의 상태를 일별하는 숙련된 의사의 눈만큼 총명한 빛을 발하는 것은 사회학자로서 화자의 눈이다. 이런 경우 진단은 상호적이다. 환자 또한 의사를 진단한다. 어머니와 아들, 환자와 의사, 어머니와 의사 간에 오고

가는 대화는 사회 조사의 모범적 사례다. 환자의 아버지가 등장할 차례다. 화자의 병이 사회적 지위를 갖춘 어른들 간의 사회적 관계로 확대되는 것은 다분히 아버지 덕분이다. 아버지는 '이 요법을 내 병상과는 관계없는, 공연히 쇠약만을 가져다주는 것으로 판단하고 내게 시험해보지' 않을 뿐 아니라 이 위반을 교수에게 숨기려고 애쓴다. 아버지는 '더욱 확실하게 성공하고자, 그와 만날 우려가 있는 집에는 절대로 가지 않'을 만큼 용의주도하다. 사회적으로 대등한 지위에 있는 상대에 대한 배려를 한시도 소홀히 하지 않는 인물은 대개 부르주아다.

결론은 예상한 바대로 기존 질서의 승인이다. '우리는 이 숙맥이 뛰어난 임상의인 것을 이해했다. 나는 마침내 침상에서 일어날 수 있었다."(3 103)' 환자와 그 가족 모두가 무시할 때에도 의사가 뛰어남을 증명해주는 처방전이 있다. 아니 대체로 의사란 그런 존재다. 의학이 무슨 병이라고 진지하게 이름을 붙이고 나서 스스로 치유되는 증상은 생각보다 많다.

문학은 어떻게 이렇게 만만찮은 사회학적 통찰력을 갖추게 되었는가? 의사의 진단과 어머니의 용기와 아버지의 무마, 이 모든 것이 사회적 관계에 필수적이다. 이를 종합하는 것은 화자의 관찰이다.

경제학에서 소재와 형태의 구별은 곧 물적인 것과 사회적인 것의 구분이다. 자본가는 상품을 팔고 화폐를 손에 쥔다. 그가 생산한 상품이 다른 상품과 교환되는 까닭은 상품이 사용가치를 갖는 동시에 가치의 담지자, 인간 노동의 산물이라는 데 있다. '교환과정은 어떤 상품을 화폐로 전화시키면서 그 상품에 자신의 가치를 부여하는 것이 아니라 특수한 가치형태를 부여한다.' 상품에 가치를 부여하는 것은 생산 과정이다. 그런데 교환을 통해 상품은, 자본가의 노동수단이 되기도 하고 노동자의 생활수단이 되기도 한다. 이것이 가치형태가 부여되는 과정이다. 이는 곧 특정한 소재로 이루어진 상품에 사회 형태가 부여되는 과정이기도 하다.

콩브레의 사회학에 생 루의 사회학이 더해지면서 프루스트의 사회학 체계는 부르주아와 귀족의 통찰력을 아우르게 된다. 평민은 상대방이 남들과 다르다는 점을 굳이 나타내거나 지나치게 친절하게 굴면 다른 무슨 의도가 있어서가 아닐까 의심한다. '생 루에게는 '남들과 같다'는 점을 나타내는 욕망, 지나치게 친절히 굴기를 망설이는 두려움 같은 점이 유전되지 않아서, 그로서는 그런 점을 실상 진정 몰라, 평민 계급의 가장 성실한 호의를 대개는 어색함과 뻣뻣함으로 보기 흉하게 여겼다.(2 138)'

평민은 친절도 함부로 쓰면 나중에 곤란을 겪게 될지도 모르는, 되도록 아껴 써야 하는 재산으로 여긴다. 생 루가 보기에 평민이 어딘가 어색하고 뻣뻣해 보이는 이유다. 이는 생 루 같은 상류 귀족에게 거의 찾아보기 어려운 결점이다. 이와 같이 상류 계급의 사회학의 특징은 장점과 결점이 도무지 구분되지 않는 점이다.

생 루의 마음속에 있는 순수와 무사 무욕은 그가 속한 종족 고유의 것이다. 이 종족의 미덕은 그가 평민 학생들과 거리낌 없이 어울리고 자신이 속한 계급에 증오를 퍼붓는 사회주의조차 수용하도록 만든다. 스스로 하찮게 여기는 그의 신분이야말로 주변 젊은이들이 그와 교제를 간절히 원하는 진짜 이유임을 그는 모른다. '무지하고도 이기적인 계급의 후계자로 자처한 그는, 그 귀족 출신이라는 점을 학우들이 묵과해주기를 진심으로 바라고 있었는데, 반대로 학우들은 귀족 출신이라는 점에 매력을 느끼고 있어, 그에게 짐짓 쌀쌀하게 거만하게 굴면서 그 가문 때문에 그의 마음에 들기를 바라마지않았다.' 학우들은 그가 그저 부르주아일 뿐인 화자의 가족과 친하게 지내는 걸 알고 기절할 듯 놀란다. 그런 생 루가 그들 자신과 '스스로 교제를 트려(5 138)'고 얼마나 애를 쓰는지 알았다면 더욱 놀랐으리라.

사실 콩브레 사회학의 관점에서 보더라도 생 루의 행동은 도무지 이해할 수 없다. 종족이란 자신들의 사회학이 겉으로 아무리 공정함과 관용을 내세운다 해도 다른 사회학과 뒤섞이는 걸 몹시 꺼려한다. 정작 생 루의 사회학의 힘은 소재와 형태를, 물적인 것을 사회적인 것과 마구 뒤섞는 데서 나오는 것인데도. 추상의 힘에 기초한 사회학의 통찰을 앞질러 예시하는 것은 분명 문학이다.

말에서 개념으로, 개념에서 말로

개념은 사회 형태의 언어적 표현이다. 사회 형태는 관계와 매개로 이루어진다. 어떤 용어가 그럴듯해도 사회적 관계와 매개를 반영하지 못한다면 개념이 아니라 말에 그치고 만다. 빈곤을 철학적으로 탐구한 책에 마르크스가 철학의 빈곤으로 응수한 것은 좋은 예다.

화폐는 상품의 일반적 등가물이다. 그것은 상품의 가치를 표현하고 다른 상품과 비교하여 그들 간의 교환 비율을 결정한다. 따라서 '모든 상품에 대하여 동시에 직접적으로 교환 가능한 형태를 부여할 수 있다는' 생각은 망상이다. 이는 '마치 모든 가톨릭 신자를 교황으로 삼을 수 있다고 생각하는 것과 마찬가지'다. 가톨릭을 세계적 종교로 만드는 데는 단 한 명의 교황이면 충분하다. 모든 신자가 교황이 된다 해서 가톨릭이 우주 종교가 되는 것은 아니다.

망상은 어떻게 이론의 자리를 차지하는가? '상품 생산을 통해서 인간의 자유와 개인의 자립성이 절정을 이룬다고 생각하는 소부르주아에게는, 이 형태와 결부된 여러 가지 장애 요인을 극복하는 일, 특히 상품을 직접적으로 교환이 불가능한 형태에서 벗어나게 만드는 일은 당연히 매우 바람직한 일'이다. 마르크스는 이와 같은 '속물적 유토피아를 묘사한 것'을 프루동의 사회주의라고 지적한다. '실제로 "개념이 빠져버린 곳에는 곧바로 말이 자리를 잡아버린다.(괴테의 파우스트의 변형 인용 : 편집자주)"(1 130 주)'

개념이 빠져버린 곳에 얼씨구나 자리 잡는 것이 말이지만, 쟁기를 끌고 허투루 지나간 소와 같은 개념의 뒤를 따라가며 바쁜 것이 또한 말이다. 그러므로 말은 문학의 재간둥이 농부다. 수다가 비밀을 밝히는 데 없어서는 안 될 실마리이듯이.

알베르틴을 자기 집에 살게 한 화자는 그녀의 지인들이 나누는 수다가 그녀가 애써 숨기는 비밀을 밝히는 열쇠라는 걸 알아챘다. '그녀의 삶은 사실, 그것이 우리가 아무래도 좋은 이들에 관해 일상 수다를 떠는 때에는 재미나는 얘기, 험담에 지나지 않으나 … 그 밑의 세계를 알기 위해서라면 목숨조차 아깝지 않을 사실로 가득 차 있(9 147)'는 것이다. 마르크스에게 말은 참모습을 가리는 외관이자 개념을 숨기는 은폐물이지만, 또 다른 말의 권위자는 그것이 과학으로서 경제학이 미처 눈길을 던지지 않은 거대한 광맥임을 즉시 알아챘다.

마르크스는 우선 개념인 체하는 말의 사례를 든다. 중세철학의 혼란은 이 두 가지를 혼동하는 데 있다. 예컨대 '노동수단은 고정자본이다'라는 명제는 모순과 혼란을 유발하는 스콜라적 개념이다. '물적 구성 부분이 노동수단으로 기능하는지 노동재료로 기능하는지 혹은 생산물로 기능하는

지는 그것이 노동과정에서 수행하는 역할(그들의 기능)에 전적으로 의존한다. 마찬가지로 노동수단이 고정자본이 되는 것도 생산과정 일반이 자본주의적 생산과정이고 생산수단 일반이 자본이라는 경제적·사회적 성격을 가질 경우뿐이다.' 다시 강조되는 것은 물적 구성과 사회적 기능 사이의 구분이다. 예컨대 역축은 밭을 갈 때 노동수단이고 다음 생산에서도 똑같이 사용된다면 고정자본이며, 교환을 위해 팔리면 생산물이고 도축하여 식용하면 생활수단이 된다. 쟁기는 차지 자본가의 생산수단일 때 고정자본이지만 자영농의 노동수단일 때는 아예 자본도 아니다.

개념이 스콜라적 수식어에 그칠지 추상의 힘이 될지는 그것이 경제 형태들의 사회적 성격과 양상을 어떻게 드러내는가에 달려 있다. 이때 '중요한 것은 각 물품이 분류되는 범주가 아니라 그런 범주가 나타내는 기능이다.(2 282)'

그러나 한 사회계급의 내면을 뚜렷이 드러내는 데 말이 빠질 수 없다. 물론 이 말에 주목하는 것은 프루스트다. 말로써 드러나는 인간의 마음이 금세 심리학의 일반 원리를 예시한다는 점에서, 문학 또한 보편적인 형식을 지향한다는 것이 다시금 확인된다. '진정으로 말하는 사람은, 짓궂은 사람이 남을 업신여기는 데서 맛보는 것과 똑같은 정도의 기쁨을 가지고 남을 과대평가(3 82)' 한다.

자식에 대해 긍정적인 이야기를 바라는 아버지가 상대방의 말에서 과대평가와 업신여김 가운데 어떤 것을 고를지는 뻔하다. 화자의 아버지는 '어머니가 노르푸아 씨를 존경하는 것을 보고 만족해서, 동시에 어머니가 믿고 있는 것보다 그가 더욱 뛰어난 사람이라는 사실을 납득시키려고' 한다. 그런데 노르푸아는 화자가 자신의 손에 입을 맞추려고 한 일을 말함으로써 아버지의 세심한 노력에도 불구하고 치욕을 안긴다.

여느 때와 마찬가지로 이때도 예상하지 못한 교훈을 끌어내는 것은 화자다. '나는 귀까지 붉어졌을 뿐만 아니라, 노르푸아 씨가 나에 대해서 이야기한 투와 그의 추억의 구성이 내가 생각했던 것과는 너무나 다르다는 것을 알고 어안이 벙벙해지고 말았다. 이 '험담'은 인간 정신을 형성하는 방심과 주의, 기억과 망각이 의외로 넓다는 사실에 대해서 내 눈을 뜨게 해주었다.(3 75)'

진정한 전문가는 드물다. 거짓말을 하는 데서도 그렇다. 하지 않아도 되는 말은 꼭 하게 마련이다. 일을 저지르고 나서야 상황은 분명해진다. 알베르틴이 벌거벗은 채 화자에게 붙어 앉아 있을 때, 아무런 기척 없이 프랑수아즈가 들어온다. 그녀는 화자에게 알리려고 부지중에 '어머나 아름다운 프랑수아즈!' 하고 말한다. 다행히도 아니 불행하게도 '프랑수아즈는 시력이 별로 좋지 않은데다가 … 상당히 떨어져서 방 안을 지나가고' 있었다. 그녀가 어디에 어떤 상태로 있는지 까발리는 것은 그때까지는 알베르틴이 입 밖에 낸 적이 없었던 이 엉뚱한 말 '아름다운 프랑수아즈'다. '프랑수아즈는 그 말을, 감정의 동요를 이기지 못한 알베르틴이 되는 대로 움켜잡은 지푸라기 같은 것으로 알고, 전혀 현장은 보지 않고서도 죄다 알아채고는, 그녀의 시골 사투리로 "논다니 같으니라구" 하고 중얼거리면서(11 192)' 나간다. 어떤 말을 안 했다면 아무 일도 벌어지지 않을 상황에서 그 말을 하지 않을 가능성은, 어떤 말을 꼭 해야 할 상황에서 그 말을 하지 못하는 경우에 비해 현격히 떨어진다. 결과적으로 앞의 경우엔 쓸데없는 문제가 생기고, 뒤의 경우에는 통탄이 생긴다. 말은 개념이 빠져나가면서 생긴 구멍을 즉시 메움으로서 개념의 불완전함을 폭로하지만 이처럼 거짓말쟁이의 수다처럼 무용한 정도에 그치지 않는다.

타인에게 내가 한 말은 나를 웃음거리로 만들고, 타인이 나에 대해 한 말은 항상 진실을 발설한다. 우리의 언어는 '그것을 직접 보고 듣지 않는 사람들과 격리되어 있다.' 그 사이에는 중간지대가 놓여 있다. 인간들 간의 소통의 실패는 이 중간 지대의 삼투도(滲透度)가 '무한히 변화하기 때문에, 우리들로서는 헤아릴 수가 없'기 때문에 발생한다. '우리가 기억하는 우리 자신의 행동은 아무리 가까운 이웃이라도 모르건만, 말했음을 우리 자신이 잊어버린 말, 또는 우리가 말한 적이 없는 말이 딴 세계까지 폭소를 자아내러 간다.' 스스로를 유일한 증언자로 여기면서, 스완 부인에 대한 모든 오해를 걷어버리고 그녀의 명예를 되찾아주고자 부인에 대해 화자가 뱉은 말은 아침 이슬처럼 아무 효과도 없이 사라진다. 그러나 그렇게 말했다는 것마저 잊어버린 말은 성당의 저녁 종소리가 되어 하늘 끝까지 퍼져나간다. 말에 붙여 실어 보낸 소망은 말의 목을 죄어 질식시키는 반면, 하릴 없이 툭툭 채이던 돌처럼 길에서 만들어진 말은 하늘까지 닿아 신들의 잔치에서 안주거리가 된다.

말은 그러므로, 기수를 골탕 먹이는 데서 더 없는 만족감을 느끼는 경주마다. '그다지 닮지 않은 성실은 괴상한 원판도 때로는 물론 달갑지 않으나 뢴트겐 사진의 원판처럼 심각하고도 유익한 진실을 지닌다.(5 353)' 심각하고도 유일한 나의 진실은 아무리 생각해도 괴상하기까지 한 그들의 영상 속에서 뚜렷이 모습을 드러내는 법, 내 입이 뱉는 진실은 그의 귀에 닿는 웃음거리다.

말은 의도하지 않았다는 점에서 선량하지만 경솔한 밀고자다. 사람이 말을 부린다고 여기지만 꼭 그런 것도 아니다. 게르망트 공작부인은 커다란 사진을 집에 가져다 놓는다. 그녀는 누구보다 뛰어난 감식안을 가진 샤를 스완과 그 사진을 보겠다고 말함으로써 남편인 게르망트 씨에게 질투를 불러일으키려 한다. "'하지만 샤를과 같이 보는 것이 재미나요" 하고 공작부인은 짐짓 탐내는 듯하고도 미묘하게 심리적인 미소를 띠고' 말한다. 하지만 그녀가 아첨을 섞어 던진, 교태와 기술의 중간쯤에 해당하는 말은, 예술 작품을 한낱 '저 엄청나게 큰 장난감' 쯤으로 여기는 공작의 한마디에 헛수고가 되고 만다. "'그게 재미난다면 그 앞에서 세 시간 지내구려" 하고 그는 비꼴 기회를 놓치지 않고 말한다. "한데 저 엄청나게 큰 장난감을 어디에 놓을 작정이요?'" 연극의 절정의 순간에는 긴장이 한껏 고조되는 법이다. "'그야 내 방에죠, 눈앞에 두고 싶으니까." "흠! 당신 방에 놓는다면 얼마든지 보구려, 나는 다행히도 그걸 보지 않게 되니까.'" 정치로 정신 단련을 거듭한 게르망트 공작이 자기 견해를 공표할 이 기회를 놓칠 리 없다. '공작은 부부 관계의 단절을 이토록 경솔하게 누설할 의도 없이 말하였다.(6 363)' 말이란 제 주인의 말릴 수 없는 밀고자다. 정치인이란 밀고자를 이용하여 제 속에 품은 뜻을 널리 퍼트린다는 점에서 말의 전문가임에 틀림없다.

지껄이는 일에 목매는 사람이 있다. 화자는 샤를뤼스 남작뿐 아니라 게르망트 공작부인한테서도 말에 묶인 운명의 노예를 본다. 이 운명은 귀족 가문에 특유한 것이지만, 작가가 보기에 이들이야말로 아마추어다. 말하려는 욕망을 일반적으로 고찰하는 것은 작가다. 이 욕망은 '지성을 회화로 실현하는 이들, 다시 말해 회화가 지성에 불완전한 실현밖에 제공하지 않기 때문에, 남과 여러 시간 지내고서도 충족되지 않아, 기진맥진한 대화자에게 더욱더 탐욕스럽게 매달려, 사교의 기쁨이 줄 수 없는 만족을 대화자에게 요구하는 잘못을 범하는 모든 이들에게(9 382)'서 관찰된다. 게르망트 공작부인과 그녀의 사촌이면서 시동생인 샤를뤼스의 마음 깊은 곳에는 분출의 욕구를 참지 못하는 지성이 놓여 있다. 그들의 재담과 요설은 기를 쓰고 낭비의 끝을 향한다. 하지만 대화라는 침대는 지성의 키를 다 누일 수 없다. 재담가들 앞에는 허공에 던지는 말에 기진맥진해버린 가여운 청자들이 있을 뿐이다. 지성을 재치로 낭비하는 말들과 함께, 길을 잃은 재능은 피로와 비애에 젖어 온갖 소음을 흩뿌리며 공중에 흩어진다.

소설가로서 그의 이름을 알고 있지 않다면 우리는 프루스트를 기억하지 못할 것이다. 그의 수다가 아무리 위대하다고 해도 말이다. 아니 참으로 위대한 재능은 반드시 꽃을 피우고 만다. 재능의 무위와 개화는 이처럼 종이 한 장의 두께만큼도 차이가 없다. 소설가는 문학 작품이 되지 못한 말의 실패, 산일을 보여주고 다른 저자는 개념에 이르지 못한 말의 좌절, 실패에 주목한다.

상형문자와 문자 해독으로서 진리

자본의 생산에서 투입되는 것도 산출되는 것도 상품이다. 유통은 자본 회전의 필수적 계기다. 그런데 유통과정에 들어서는 순간 가치의 표상 자체였던 상품에는 온갖 외관과 환상이 달라붙는다. 관찰자의 시야에서 뒤로 훌쩍 물러서는 것은 인간 노동의 응결물이라는 상품의 본질이다. '인간의 노동이라는 … 이런 공통된 사회적 실체가 응결되어 있다는 의미에서 이들 응결물은 바로 가치(werte), 즉 상품가치(Warenwerte)이다.(1 91)'

상품을 생산하는 데 드는 사회적 평균 노동시간인 '가치는 자기 이마에 가치라고 써 붙이고 있지 않다. 가치는 오히려 각 노동 생산물을 일종의 사회적 상형문자로 바꾸어버린다. 그런 다음 뒤늦게야 사람들은 상형

문자의 의미를 풀어서 그들 자신의 사회적 산물—왜냐하면 사용대상을 가치로 규정하는 것은 언어와 마찬가지로 인간의 사회적 산물이기 때문이다—의 비밀을 알아내려고 노력한다.(1 137)' 이 문장을 모른 척하고 가져온 것은 아닐 테지만, 들뢰즈는 프루스트의 작품을 숨겨진 기호의 해독이라 요약한다.

화자는 어릴 적 마르탱빌 종탑을 묘사하던, '콩브레에서, 자신의 정신 앞에 어떤 심상을 열심히 고정시키려 했'던 그 일을 회상하면서, '내가 이미 당시와 같은 인물로 돌아가 있고, 나의 성질의 근본적인 특징을 집어내서 보여준다는 점에서는 기뻤지만, 또한 내가 그때 이후 조금도 진보된 것이 없다는 생각'이 들어 실망한다. 그는 '구름, 삼각형, 종탑, 꽃, 조약돌 같은 것의 심상을' 응시하면서 그 뒤에 그가 '애써 발견해야 할 전혀 다른 그 무엇이 있을 게 틀림없다'고 생각한다. 이러한 심상들이 숨기고 있는 진정한 실재란 무엇인가? '언뜻 보기에 구체적인 것의 형태만 나타낸 것 같은 저 상형문자처럼, 아마도 그 형상 뒤에는 거기에서 번역될 어떤 사념이 있는 게 틀림없다.' 상형문자는 번역되어야 한다. 심상을 번역하고 판독했을 때 나타나는 사념, 그것이 진리이고 실재다.

심상이 실재를 숨긴다면, 상품 교환이 숨기는 것은 무엇인가? 밀과 옷은 왜 바로 그러한 비율로 교환되는가? 상품은 모두 그 양을 서로 비교하고 측정할 수 있는 노동시간의 담지자들이다. 밀과 옷의 교환되는 비밀이 베일을 벗는 것은 상품이 가치로 번역될 때다. 이러한 상품이 부의 일반적 형태로 표현되는 사회는 가치의 생산에 기초해 있다.

소재와 형태, 구체적인 것으로서 상품과 사회적 평균으로서 가치를 구분하는 것이야말로 생산물의 교환을 해독하는 첫걸음이다. 샹폴리옹이 이천이백 년 전 로제타석에 새겨놓은 네모와 사자, 독수리가 무엇을 뜻하는지 해독할 때, 세 문자 사이의 일정한 대응이 해독의 열쇠였다. 마르크스가 그리스어를 통해 이집트어를 해독한다면 프루스트는 거꾸로 한다. 두 가지 진리가 있다. '이지(理智)가 백일하에서, 직접 명료하게 포착하는 진리'와 '인생이 어떤 물질적 인상에 의해서 모르는 결에 우리에게 전해준 진리'가 그것이다. 물질은 인상과 진리의 매개자이다. 이지의 진리는 깊이도 필연성도 없다. 그것은 관념의 표상, 그 껍데기에 지나지 않는다.

'마르탱빌 종탑에서의 전망이 준 것과 같은 인상이건, 또는 두 걸음걸이의 불균형이나 마들렌의 맛 같은 무의식적 기억이건, 어쨌든 그러한 경우에는, 사색해보려고 애쓰면서, 감각을 그것과 같은 법칙 같은 사상을 가진 형상으로 번역'해야 한다. 이때 형상이란 감각된 대상의 정신적 등가물이다. 책을 쓴다는 것은 '곧 자기 속에서 솟는 감각을, 어둑한 곳으로부터 나오게 하여, 그것을 어떤 정신적 등가물로 전환하'는 일이다.

프루스트는 진리와 실재라는 용어를 구별 없이 쓰지만 철학이 말하는 방식과는 사뭇 다르게 그렇게 한다. 철학적 정의에 매달리지 않는 그의 글을 읽고 철학자들이 내보이는 당혹감에는 어떤 통쾌함이 있다. 일반적으로 철학이 하는 일이란 특정한 용어를 철학자만의 고유한 개념으로 다시 정립하는 것이다. 반면 소설가는 인물의 성격과 행동을 묘사하는 데 어떤 낱말도 차별하지 않는다. 도입부에서 모호했던 인물은 수백 수천 쪽의 활자들과 낱말들과 문장들을 통과한 뒤에 새로운 모습을 드러낸다. 소설의 주인공은 뛰어난 철학책의 주된 개념과 비슷한 데가 있다. 프루스트가 낱말들에 기울이는 철학적 관심은, 그가 샤를뤼스나 게르망트 부인, 그리고 프랑수아즈를 묘사하는 데 들이는 노력에 견준다면 하찮아 보인다. 자신만의 방법으로 말의 참된 의미와 용법, 언어의 온전한 신체를 보여주는 것이 문학, 소설이 아니라면 대체 무엇이겠는가?

물신, 순수한 자본 혹은 완전한 소유의 형식

인간에 의해 산출된 대상이 바깥에 자립한다는 점에서 상품은 종교와 다르지 않다. '종교적 세계에서는 인간 두뇌의 산물이, 독자적인 생명을 부여받고 그들 간에 또 사람들과의 사이에서 관계를 맺는 자립적인 모습으로 나타난다.' 생산에서는 손의 산물이 그렇다. '물신숭배(Fetischismus)'는 '노동생산물이 상품으로 생산되는 순간 이들에게 달라붙는 것으로서 상품생산과는 불가분의 것이다.(1 135)' 종교가 두뇌의 산물에 신이라는 이름을 붙인다면, 자본은 손의 산물에 상품이란 이름을 붙인다. 두뇌는 신자의 것이고, 손은 노동자의 것이다. 성직자는 신자들의 산물로써, 자본가는 노동자의 산물로써 세계를 일으켜 세운다. 프로테스탄트의 정신은 마치 원형처럼 자본가의 머릿속에 자리 잡는다. 부르주아에게 생산양식의 유일성을 보증하기에 자본주의가 신의 유일성을 전제하는 기독교에서 태어난 것이 아닐까?

세계의 구조에 대한 종교의 유비는 소설에서도 낯설지 않다. '믿음이 사라져도 그 믿음이 불러일으켰던 과거 사물에 대한 물신숭배적인 애착'은 살아남는다. 물신숭배는 '새로운 사물에 현실감을 부여하려는 힘을 상실해버린 우리'의 힘의 결핍을 감춘다. 이때 우리는 '신이 머무르는 곳이 우리 마음속이 아니라 바로 과거 사물이며, 또 현재 우리 믿음의 상실이 '신'의 죽음이라는 우발적인 이유 때문(2 404)'이라 믿는다.

인간이 과거의 사물에 집착하는 것은 현재 눈앞의 사물에서 어떠한 신도 발견할 수 없기 때문이다. 과거와 현재 간의 우열은 분명치 않고 신의 죽음이나 현존도 모두 우발적이다. 이는 우리가 금 대신 종잇조각에 똑같은 힘과 권위를 부여하는 세계에 살기 때문에 드는 생각일지도 모른다. 물신숭배에 대한 분석은 이와 같이 소설에서도 빠지지 않는다.

노동자가 생존하는 데 필요한 생활수단을 생산하는 것은 노동자 자신이다. 그가 이를 구매하는 화폐는 어디서 오는가? 그는 자신의 노동력을 팔지 않는 한 화폐를 손에 넣을 수 없다. 노동의 산물이 상품의 형태를 취하는 경제 형태에서 생산물은 생산자 바깥에 자립해 있다.

유럽의 중세 시기 생산자들이 '성직자에게 납부해야 하는 '10분의 1'세는 성직자가 내려주는 축복보다 더 명료하다.' 상품은 거기 포함된 노동시간에 따라 교환되는 반면, 십일조는 성직자가 내려주는 축복의 양과 질에 상관없이 결정된다. 이는 생산자들이 성직자와 교회의 토지에 속박되어 있기 때문이다. '그러므로 여기에서는 각자의 역할이 어떻게 평가되든, 그들의 노동에서 사람들 사이의 사회적 관계는 언제나 그들 자신의 인적 관계로 나타나며, 물적 존재들 간의 사회적 관계, 즉 노동 생산물 간의 사회적 관계로 위장되어 있지는 않다.(1 141)' 한편 생활 자체가 상품의 교환을 통해 재생산되는 생산양식에서 사람들 간의 관계는 상품 간의 관계로 표상된다. 사회적 관계는 직접적인 인간관계에서 상품 관계로 바뀐다.

여기서 화폐에 대한 숭배로 대표되는 물신숭배는 사회적 관계를 표상하는 일반 형식이 된다. 부르주아 경제학의 속류화는 이러한 조건의 반영이자 표현이다. 물신이란 사회적 형태와 과정이 숨는 대신 사물로 현상하는 것이다. '중금주의는 금과 은이 화폐로서 하나의 사회적 생산관계를 표

현한다는 것을 알아차리지 못하고 단지 특별한 사회적 속성을 지닌 자연물의 형태일 뿐이라고 생각하였다.'

물신은 중금주의에 그치지 않는다. '그리고 근대 경제학은 거만하게 중금주의를 비웃었지만, 역시 자본을 취급하자마자 곧바로 자신의 물신숭배를 드러내지 않았는가?' 중금주의가 사회 형태가 은폐된 자리에 금을 놓는다면, 고전경제학은 금의 자리에 화폐를 놓는다. 여기서도 자본은 화폐의 물적 속성으로 나타난다. 한편 화폐의 자리에 중농주의는 토지라는 자연적 대상을 놓는다. '지대는 토지에서 나오는 것이지 사회에서 나오는 것이 아니라는 중농주의적 환상이 소멸한 지는 또 얼마나 오래되었는가?(1 147)'

화폐 유통의 전제이자 결과인 사회적 관계가 화폐라는 사물의 속성으로 나타나는 것이 화폐 물신이다. '다른 상품들이 모두 각자의 가치를 어떤 한 상품으로 표시하기 때문에 그 상품이 비로소 화폐가 되는 것이 아니라, 오히려 거꾸로 그 한 상품이 화폐이기 때문에 다른 상품들이 그 상품으로 각자의 가치를 모두 표시하는 것처럼 보인다.' 화폐를 화폐로 만드는 것은 사회가 화폐라는 사회적 형태에 부여한 기능이다. 물신은 이러한 사회적 기능이 사라진 금과 화폐에 기다렸다는 듯 달라붙는다. 그것은 소재가 형태를, 사물이 사회적 관계를 대체한다는 점에서 전도의 형식이다.

주화나 지폐 같은 어떤 화폐의 형상이 그 사회의 일반적 등가물이 되게 하는 것은 관습이다. 이 때문에 그들의 화폐 기능이 방해받는 것은 아니다. 먼저 시범을 보이는 것은 금과 은이다. '이 물품들, 곧 금과 은은 그것들이 대지의 품에서 나올 때부터 이미 모든 인간 노동의 직접적 화신이다.' 화폐의 마술이 생겨나는 것은 바로 이때다. '상품들은 자신들이 아무

일도 하지 않았는데 자신들의 가치형태가 벌써 완성된 모습으로 그들의 외부에서 그들과 함께 존재하는 상품체의 형태를 띠고 스스로 나타나는 것을 보게 된다.' 금이 다른 상품에 대해 표준적이고 일반적인 가치형태로 출현하는 것은 금의 균질적이고 영구적인 물성 때문이다. 노동자가 생산관계를 주어진 객관적 조건으로 받아들이듯, 일단 사회적 기능을 부여받은 금은 상품의 등가물로서 자격을 본래부터 가지고 있는 것처럼 나타난다.

사회 형태들의 총체적 구조가 밝혀지지 않는 한 상품과 화폐와 금, 그리고 인간조차 그것들이 수행하는 사회적 기능들은 모두 물적 대상으로서 그것이 본래부터 갖는 속성으로 나타난다. '사회적 생산과정에서 개개인의 행위는 그 구성요소를 이루는 원자와 같은 것일 뿐이며, 따라서 그들 상호간의 생산관계는 그들의 통제나 의식적인 개별 행동에서 벗어나 있는 물적 형태를 띤다.' 이때 사라지는 것은 특정한 생산양식이 생산과 그 토대인 생산관계에 부여한 사회적 기능들이다.

한편에서는 노동의 산물이 상품으로, 다른 한편에서는 화폐가 상품 교환의 필수적인 매개로 주어진다. '그러므로 화폐 물신(Geldfetisch)의 수수께끼는 단지 인간의 눈을 현혹시키는 상품 물신(Warenfetisch)의 수수께끼가 눈에 보이는 형태로 드러난 것일 뿐이다.(1 159)' 이는 화폐가 상품의 일반 형태라는 것의 거울상이다.

부르주아 경제학 특유의 물신숭배가 '사회적 생산과정을 통해 각 물품들에 각인된 사회적·경제적 성격을 이들 물품의 소재적 성질에서 비롯된 자연적 성격으로 전화시키는 것'이라면, 소설에서 물신숭배는 욕망의 일반적 형식을 탐구하는 효과적 무기다. 이때 물과 신의 관계에서 물의 자리를 차지하는 것은 부재다. 갇힌 자의 이동 가능성이 가둔 자의 불안의 원천이듯 부재는 사랑의 요람이다. 갇힌 알베르틴이 한 줄기 풀로 변할 때 가둔 자인 화자의 불안은 사라진다. '그녀가 잠든 채로 식물이 되어버린 듯, 나는 그녀의 부재(不在)였을 때밖에 갖지 못하는 몽상하는 능력을 그녀 곁에 있으면서 되찾는 것이었다.' 알베르틴이 잠들 때만 화자는 그녀를 온전히 소유한다. 이때에만 그는 몽상의 능력을 되찾는다. '그래서 그녀의 잠은 사랑의 가능성을 어느 정도 실현하였다.'

알베르틴이 한 가지 사물, 한 줄기 풀로 변할 때, 즉 알베르틴이라는 실재가 사라지고 그녀가 그저 물신이 될 때 그때이만 완전한 소유가 실현되는 것이다.

한편 자본이 전유하는 세계에서 물신은 실재하는 추상을 은폐하고 대체한다. 알베르틴의 부재가 화자의 소유를 실현하듯, 생산과 유통에서 해방된 화폐는 자본의 형식을 완성한다.

이자 낳는 자본이 화폐를 낳는 데 필요한 것은 시간뿐이다. 과정도 매개도 필요 없다. 화폐는 그 자체가 이자를 낳는 신비한 원천이다. 종탑의 종이 소리를 내고 거울이 빛을 반사하듯 화폐는 이자를 낳는다. '이자 낳는 자본에서는 이런 자동화된 물신성(곧 스스로를 증식하는 가치이자 화폐를 낳는 화폐)이 순수한 형태로 만들어지고, 이런 형태 속에서 자신의 발생 흔적을 깨끗하게 지워버린다. 사회적 관계는 물적 존재(즉 화폐)의 자신에 대한 관계로 완성된다.' 가치의 일반 형태인 화폐는 마침내 스스로를 낳는 사용가치라는 상품의 고유한 속성을 얻는다. 이것이 상품들에 대한 등가 형태에서 출발한 화폐의 최종 얼굴, 물신의 완성태이다. 화폐는 가치를 덧붙이는 가치, 가치를 낳는 사용가치를 가진 가치다.

그런데 화폐를 낳는 화폐는 이 생산양식에서 스스로 더 큰 가치를 창출하는, 잉여가치의 본래적 원천인 노동력의 가치를 모사한 것이다. '화폐의 자본으로의 실질적인 전화 대신에 나타나는 것은 단지 그것의 공허한 형태뿐이다. 노동력의 경우와 마찬가지로 여기서 화폐의 사용가치는 가치(즉 자신 속에 포함된 가치)보다 더 큰 가치를 창출하는 데 있다.(3 514)' 다른 것을 되비치던 거울은 스스로 거울 면에서 분리된다. 물신은 마침내 자동화되기에 이른다.

은폐는 은폐의 적발자가 됨으로써 최종적으로 은폐를 완성한다. '자본의 소외된 특성(즉 노동에 대한 자본의 대립)이 실제 착취과정의 건너편으로(즉 이자 낳는 자본으로) 옮겨짐으로써 이런 착취과정 그 자체도 단순한 노동과정으로서, 즉 기능하는 자본가가 그 노동자의 노동과는 다른 노동을 수행하는 바로 그런 노동과정으로서만 나타난다.' 이제 대립은 이자 낳는 자본과 기능하는 자본 사이에 자리 잡는다. 자본과 노동 사이의 대립은 공동의 적 앞에서 자취를 감춘다. 이는 자본가가 이자 비용을 핑계 대면서 임금을 삭감하거나 폐업으로 노동자를 위협할 때 실제로 써먹는 근거가 된다. '그리하여 착취하는 노동과 착취되는 노동이 모두 똑같이 노동으로서 같아져버린다.' 착취가 노동이 된다. 이제 생산과정은 자본가와 노동자가 함께 노동하는 과정이다.

물신화의 파도는 드디어 잉여가치를 이자와 기업가수익으로 나누는 지점에 이른다. '이자는 자본의 사회적 형태가 주어지지만, 그것은 중립적이고 무차별한 형태로 나타난다. 반면 기업가수익에는 자본의 경제적 기능이 주어지지만, 거기에서는 이런 기능에 규정된 자본주의적 성격이 제거되어 있다.(3 503)' 이윤의 원천과 가치의 생산 과정은 사건의 지평선 너머 사라진다. 이자 낳는 화폐는 소유의 완성이다. 갇힌 여인도 마침내 가둔 자의 순수한 소유가 된다.

알베르틴은 잠에서 깨어난다. 그녀는 깨어나서 자신이 갇혀 있다는 사실을 깨닫고도 동요하지 않는다. 화자가 옳다구나 불안을 벗어던지는 순간이다. '여기가 어디냐? 하고 이상하다는 듯 주위에 있는 물건들을, 눈 깜짝거리게 할까 말까 하는 전등 빛을 보고, 내 집에서 깨어난 것을 확인하자, 아아 그렇구나, 자기 집이었구나 하고 스스로 대답'한다. 갇힌 여인은 마침내 가둔 자의 소유가 된다. '이 불확실함의 감미로운 첫 순간에, 나는 새삼 그녀를 더욱 완전하게 소유한 듯한 느낌이 들었다.'

:: 42. 법칙

제대로 던져진 물음은 곧바로 답을 찾아 나서게 하지 않고 물음 주변을 서성이게 한다. 철학의 한 가지 매력은 이런 질문들이 우리 정신에 세워놓은 우뚝한 탑의 면모를 보여준다는 데 있다. 법칙이란 무엇인가? 이렇게 물으면서 프루스트의 문장을 음미해보는 것은 철학의 우회로를 산책하는 멋진 방법이다. 에두름으로 직진을 앞지르는 데 문학만 한 것도 없다. 이를 증명하는 데 프루스트만 한 작가도 드물다.

사회의 일반 법칙과 가치법칙

다른 사람을 상냥하고 다사로운 애정으로 대하는 것은 인간 사회의 보편 규칙이다. 심리학의 원리를 일상적인 용어로 표현하는 프루스트의 문장은 사회를 구성하는 인간의 내면을 고스란히 드러내 보여주는 문학의 능력을 보여준다. '목석같은 사람이란 남의 마음에 들지 못한 약자라는 것, 또 사람들의 평가 따위 아랑곳없이 속된 사람이 약점으로 여기는 다사로운 애정을 가진 자들만이 실은 강자'다. 이는 사회적 관계가 얼마나 복잡한지 말해준다. 이를테면, '불우한 시대에는 애정을 담은 미소를 띠면서 하찮은 신문기자의 거만한 인사를 소심하게 구걸하던 정치가가, 권력을 쥐고 나선 가장 완고하고 강경하며 가까이할 수 없는 사람으로 통'하기도 하고, '셰르바토프 대공부인의 거만한 태도와 속물근성 반대'는 실은 '어떤 실연의 분함과 어떤 속물근성의 실패에서 생겨(8 2106)'나기도 한다. 프루스트의 소설은 권력과 언론의 역학과, 반대와 좌절의 상호의존이라는 심리의 내면을 빠뜨리지 않고 드러낸다.

살롱에서 마음의 변덕과 역설을 피하려면 법칙에 대한 완고한 숙지와 정언적 수용이 필수적이다. 그 법칙이 겉보기에는 상식의 권유와 다름없더라도 말이다. 작가가 속물이라는 비난을 무릅쓰고 입증하려 애썼던 것이 바로 이 법칙이다. 그가 이 법칙을 깨우친 것은 상상할 수 없는 돈을 차비로 건네받고 어쩔 줄 몰라 하는 택시 기사가 승객에게 건네는 인사를 통해서일지도 모른다.

프루스트가 세상을 떠나던 해 딱 한 번 그와 만난 제임스 조이스가 이 법칙을 알아채긴 어려웠을 것이다. 끝도 없이 공작부인과 후작부인 얘기를 늘어놓는 프루스트에게 그는 자신은 하녀와 하인들에게만 관심이 있다고 다소 퉁명스레 말했다. 그가 프루스트가 천식이 있는 줄 모르고 택시의 창문을 불쑥 내린 것은 문학의 국경이 얼마나 세밀하게 형성되는지 보여준다. 지키려면 정신의 건강뿐 아니라 경제적 여유도 반드시 필요한 법칙도 있는 법이다. 그런데 화자가 한 시간이 넘도록 울음을 매단 눈으로 활짝 피어난 아가위꽃들과 이야기를 나누는 것을 볼 때 이 법칙의 적용 범위는 분명 인간 세계에 한정되지 않는다.

프랑스 최고의 정치학교를 다닌 작가가 법칙에 인간의 근본 감정을 놓는 방식은 상당히 미묘하다. '슬픔은 찾아올 적마다 우리에게 법칙을 드러내지 않는다 해도, 습관이나 회의나 경박함이나 냉담 등과 같은 잡초를 뽑아, 우리를 진실 속에 다시 놓아, 사물을 진지하게 생각하도록 만들기 때문에 필요불가결한 것이다.(11 304)' 독일어로 쓰인 철학의 법전이 폭풍이라면 그의 법칙은 오월에 가벼운 걸음으로 지나가는 바람이다. 슬픔에 빠진 인간이 할 수 있고 해야 하는 일을 말해주는 것은 오직 이 법칙이다. 그것은 마음의 잡초를 뽑는 일이다. 슬픔은 마음의 농부다.

논쟁의 효용을 넓혀보자. 뉴턴의 법칙에 견준다면 마르크스의 법칙은 수학적 엄밀함에서 상당히 모자란다고 해야 할까? 물론 논쟁 무용의 법칙은 법칙을 말하는 데도 적용되어야 한다.

가치법칙이란 상품의 가치는 노동시간에 의해, 또 가격은 가치에 의해 결정된다는 것이다. '서로 다른 상품들의 가격이 처음에 어떤 방식으로 결정되고 또 서로 어떤 영향을 주든 그것과는 상관없이 이들의 운동은 가치법칙이 지배한다.' 이 법칙은 상품을 생산하고 유통시키는 자본가의 관념을 통해 현실에 적용되지만, 그들의 의식이 이를 아는지 모르는지 혹은 어떻게 받아들이는지 무관하게 그렇게 된다.

가치가 어떻게 가격이 되는가 하는 전형의 문제는『자본』을 두고 이후 가장 논쟁적인 주제 가운데 하나가 되었다. 마르크스의 책은 이 법칙을 전제로 하여 쓰였고 동시에 이를 입증하고자 하는 노력의 소산이다. '즉 다른 조건이 일정할 때 생산에 소요되는 노동시간이 감소하면 가격도 하락하고 그 노동시간이 증가하면 그 가격도 상승한다.(3 238)'

벤 파인은 마르크스의 가치법칙을 무엇보다 사회적 관계의 반영으로 파악한다. 그것은 자본주의 생산양식의 헌법이다. 마르크스의 가치론은 '모든 형태의 노동들을 공통의 기준으로 환원하는 것이야말로 자본주의 실제 세계의 산물이라는 사실에 기초하고 있다. … 중요한 것은 교환, 가격, 가치 사이의 관계가 순전히 양적인 관계만은 아니며 심지어 양적 관계가 주된 것도 아니라는 점이다. 그 관계는 생산·분배·교환의 사회관계를 반영한다.(벤 파인, 53)' 가치법칙은 마르크스가 틈날 때마다 강조하는 대로 사회형태에 관한 학설의 전제이자 근거다.

이윤율의 법칙과 망각의 법칙

마르크스는 책의 제3권 제1편 '잉여가치의 이윤으로의 전화와 잉여가치율의 이윤율로의 전화'에서 일반이윤율이 어떻게 결정되는지 분석한다. '개별 생산 영역의 급격하고 다양하며 또 지속 기간이 각기 다른 여러 변동들은 일부는 시간이 흘러감에 따라, 가격상승 후 가격하락이 뒤따름으로써 또는 그 반대의 경우가 일어남으로써 그 영향이 상쇄되어버리기도 하고 또 그런 변동이 국지적으로 어떤 특정 생산영역에서만 일어나고 달리 더 다른 생산 영역으로 파급되지 않기도 한다. 결국 국지적인 많은 변동들이 서로 상쇄되어버리는 것이다.'

그는 일반이윤율을 총자본과, 평균이윤율을 특정 생산 영역과 연결 짓지만 굳이 구별하지 않기도 한다. 개별 생산영역들의 평균이윤율의 평균 말고 어떤 요인들이 일반이윤율에 영향을 미치는가? 일반이윤율은 '총자본이 개별 생산영역들 사이에 배분된 상태에도 영향을 받는다. 그런데 이러한 배분상태는 끊임없이 변하기 때문에 이것은 다시 일반이윤율의 끊임없는 변동요인이 된다. 그러나 이 변동요인도 또다시, 이러한 운동이 여러 방향으로 계속 일어나기 때문에 대부분 균형을 되찾는다.' 평균들은 특정한 생산역역을 뛰어넘어 사회 전체의 평균을 형성한다.

현실에서 총자본은 개별 생산영역들에 선대된 자본의 총합이다. 특정 생산영역에 선대된 자본의 크기가 서로 다르므로 평균이윤율이 일반이윤율에 반영되는 비율은 서로 다르다. 평균이윤율에 따른 자본의 배분 상태가 거꾸로 일반이윤율에 영향을 미치는 것이다. 따라서 일반이윤율을 기준으로 개별 생산영역에 분배되는 자본의 크기 또한 끊임없이 변한다. 현실은 일상적인 변동 그 자체로서, 평균을 산출하고 그것으로 수렴되는 부단한 운동으로 존재한다.

'각 생산영역 내부에는, 단기간이나 장기간에 걸쳐 하나의 일정한 변동대(變動帶)가 있어서, 이윤율이 상승 혹은 하락하고 나서 그 변동이 일반이윤율에 영향을 미칠 수 있을 만큼 충분한 시간을 갖기 전에는 (즉 그런 변동이 국지적인 변동 이상의 변동이 되기 전에는) 그런 변동대 내에서만 이윤율이 오르내리게 된다.' 특정 생산영역의 이윤율의 상승 혹은 하락이 일반이윤율에 영향을 미치는 데는 어느 정도 시간이 걸리고, 국지적인 변동은 일반이윤율의 변동에 반영되지 않은 채 상쇄되기도 한다.

현실의 운동은 법칙에 따르지만 이 법칙은 시공간의 제약 속에서 펼쳐진다. '이윤율의 법칙은 바로 이러한 시간적·공간적 범주 내에서 적용되는 법칙이다.(3 229)' 이때 제약으로서 시공간은 전개된 법칙 그 자체이기도 하다. 이는 현실 속의 물체들이 제가끔 움직이지만 그 운동이 시공간의 좌표 위에서 일의적으로 표현될 수 있는 것과 마찬가지다. 갈릴레이가 보여주었듯이 관찰과 그에 대한 기술이 질에서 양으로 옮겨갈 때 과학의 문이 열린다. 인간 노동에서 실체로서 사용가치가 아니라 크기인 가치에 주목한 시선, 그리고 추상의 힘이 펼쳐놓은 것이 마르크스의 책이 보여주는 세계다. 한편 가치법칙은 역사적 단계에 출현한 특정한 생산양식의 법칙이다. 결국 그가 말하는 법칙이란 역사의 특정한 시기에 출현한 사회형태들의 법칙이다.

개별 자본이 현실에서 자신의 생산물을 가격으로 실현하는 것, 즉 일정한 가격에 판매하는 것은, 시장에서 경쟁을 통해 형성되는 시장가격에 의해서다. 이 시장가격은 시간의 경과에 따라 평균이윤율을 나타내는 생산가격에 수렴해간다. 마르크스가 자본의 유기적 구성을 총자본의 평균적인 유기적 구성과 연관시키는 것은 그저 논리적 추론에 그치지 않고 자본주의적 생산을 담당하는 각 자본이 평균이라는 중심점을 향해 끊임없이 수렴하는 현실을 반영한다. 생산양식이란 개념에서 출발한 분석이 사회 전체에 대한 평균적 고찰로 이어지는 것이다.

이윤율은 가변자본과 불변자본의 합에 대한 잉여가치의 비율이다. 따라서 가변자본에 대한 잉여가치의 비율인 잉여가치율이 일정할 때 이윤율이 하락한다는 것은 불변자본의 상대적 증가를 의미한다. 이는 생산된 가치량의 절대적인 증가를 배제하지 않는다. '자본주의적 생산양식이 발전해 나감에 따라서 불변자본에 대한 가변자본의 상대적 감소 (따라서 사용되는 총자본에 대한 가변자본 비율의 감소)가 진행되는 것은 이제 자본주의적 생산양식의 하나의 법칙으로 나타나 있다.' 이윤율의 저하 경향은 자본주의 생산양식에서 가치법칙에 이어지는 또 하나의 법칙의 표현이자, 이 사회 형태의 미래를 내다보는 창이다.

법칙의 체계에 따르면 기억의 법칙은 습관의 하위 법칙이다. 또 회상의 법칙은 기억의 법칙에 따른다. '사랑의 회상이라는 것도 기억의 일반적 법칙에서 벗어나지 않아, 기억의 일반적 법칙 자체가 습관의 보다 보편적인 법칙에 지배되고 있다.'

습관의 힘은 미치지 않는 곳이 없다. 만사를 시간이 흐르면서 흐리멍덩하게 뒤섞는 망각 또한 습관이 가진 힘의 표출이다. 다른 식으로 말하자면 망각이란 우주의 불가피한 엔트로피의 증가가 인간의 기억에서 표현된 것일지도 모른다. 그런데 망각의 이러한 무차별한 파도를 거슬러 오르는 구조대가 있다. 이 구조대를 이끄는 것은 비의지적 기억이다. 망각이 새로운 희망을 여는 것은 이 기억 덕분이다. '습관은 만사를 약하게 하기 때문에, 우리가 망각했던 바로 그것이야말로 우리에게 어떤 존재를 가장 잘 생각나게 한다.' 망각이이야말로 잃어버린 심상의 도서관이자 현실의 파괴자이자 구난자다.

습관이 홍수처럼 휩쓸고 간 뒤 남는 것은, 기억이 쉽게 손을 놓은 것들, 망각에 포획된 것들이다. 망각에는 파괴만이 아니라 과거를 유지하고 보존하는 힘이 있다. '망각했던 그런 것은 하찮은 것이었으며, 또 그 때문에 우리는 그런 것을 본디의 힘 그대로 내버려' 둔다. 우리의 비의지적 기억을 촉발하는 인상이 이끌어내는 것은 망각에 숨겨졌던 힘이다. 본디의 힘이란 무엇인가? 시간의 힘이다. '때때로 우리가 전에 있던 자기 존재를 다시 찾아내고, 이전의 자기가 접한 그대로의 사물에 접하고, 다시금 옛 괴로움을 괴로워할 수 있는 것은 오로지 그런 망각 덕분이다.' 필요한 것은 무엇인가? 망각이라는 보관함을 여는 열쇠다.

의지적 기억과 공모하는 것은 지성이다. 그러나 사물은 지성이 미처 파악하지 못하는 쓰임새를 가진다. 사물은 '과거의 마지막 저장물, 최량의 저장품, 우리의 눈물이 고갈되어버린 듯할 때도 역시 울게 하는 것'이다. 잃어버린 시간은 이렇게 망각된 사물과 사건 속에 자리 잡고 있다. 그곳은 우리 바깥이 아니라 우리 안에 존재하는 장소다. 잊힌다는 것, 기억으로부터 배제되는 것은 보존된다. 우리가 기억하는 것은 실은 알맹이가 빠진 껍데기, 실재와 상관없는 관념에 지나지 않는다.

우리가 바랄 수 있는 행복이 과거를 되찾는 데 있다면 망각은 힘써 익혀야 할 기예다. 우리가 기대할 행복이란 어쩌면 애써 보관한 토리를 잊어버린 부지런한 다람쥐의 뜻밖의 행복일지도 모른다. '비를 몰고 오는 바람, 방의 고리타분한 냄새 또는 불붙기 시작한 축축한 장작 냄새'는 기억되어서가 아니라 망각되고 난 뒤라야 되찾을 수 있다.

지금 사랑하지 않는 사람을 내가 사랑했다는 것을 음미하는 사람이라면 누구든 안다. 한때의 나는 지금의 내가 아니고, 사랑했던 사람을 나는 지금 사랑하지 않는다는 것을. 습관의 자의적 힘에 지배되는 것은 우리가 의지와 지성에 기대어 발동하는 기억이다. '습관적 기억이라는 대낮에, 과거의 뭇 심상은 점점 빛깔이 연해지다가 사라져 흔적조차 남지 않아, 우리는 그 모습을 다시는 보지 못하리라.(4 84)' 우리는 대낮에 우리가 본 것이 세계를 구성한다고 여긴다. 그러나 성좌는 밤이 오고서야 모습을 드러낸다.

수학에서는 하나의 정리가 그때까지 법칙으로 여긴 것을 기초에서 무너뜨리기도 한다. 수학의 힘이 증명되는 것은 이때다. '모든 무모순적 공리계는 참인 일부 명제를 증명할 수 없으며, 특히 스스로의 무모순성을 증명할 수 없다'는 정리가 발표되었을 때, 그 자리에 있던 최고의 수학자들 가운데 두엇만 그 뜻을 알아차렸다고 하니 우리는 지레 주눅들 필요가 없다.

불확정성 원리처럼 물리학의 법칙은 세계에 대한 우리의 일상적인 지각 방식을 모조리 의심스럽게 만들기도 한다. 코페르니쿠스의 전회라는 표현에서 보듯, 위대한 철학자는 천문학자의 이름을 빌려 물리적 세계의 법칙들에 경의를 표한다. 세계의 본래 모습을 가장 잘 설명한다는 양자역학을 두고, 이를 이해한다고 말하는 사람은 제대로 이해하지 못한 것이라 단언하는 닐스 보어가 우리에게 건네는 것은 좌절보다 위안에 가깝다.

법칙으로 넘실대는 난바다에서 눈을 돌려 다시 두 책의 문장을 읽어보자. 잃어버린 시간을 되찾는 데 필요한 것은 의식적 기억이 아니라 습관적 망각이다. 자본가는 그의 자본이 총자본에서 차지하는 비율에 따라 제 몫의 이윤을 얻는다. 망각의 법칙이 있고 이윤율의 법칙이 있다. 두 세계가 있다.

삶의 법칙과 삼위일체 정식

삶과 예술은 소설의 세계를 떠받치는 두 기둥이다. 둘은 서로 맞서고 지지한다. 삶은 예술의 소재이며 예술은 삶을 보전하는 유일하고 보편적인 형식이다. 프루스트가 이토록 긴 소설을 쓰면서 일인칭 시점을 택한 것은 누구의 것이든 인간의 삶은 일반화될 수 있고 그래야 하기 때문이다. 한쪽에는 삶의 법칙이, 다른 한쪽에는 예술의 법칙이 있다.

콩브레에서 열린 의사 페르스피에의 딸 결혼식에 간 화자는 게르망트 공작부인을 보고 실망한다. 현실 속의 그녀는 그가 마음대로 만들어낸 것,

원하는 대로 모든 것의 색깔을 바꾸는 그의 오렌지 빛 광선을 배반한다. 실망은 화자가 '게르망트 부인을 상상할 때면, 장식 융단이나 채색 유리 색깔과 더불어 다른 세기 속에, 살아 있는 사람들과는 전혀 다른 물질 속에 그 모습을 그려냈다는 사실을 전혀 생각하지 못한 데서 비롯된' 다. 그는 '부인 얼굴이 붉을 수 있으며, 사즈라 부인처럼 연보랏빛 목장식을 두를 수도 있다는 걸 한 번도 생각해본 적이 없었다.' 실제 부인의 달걀 모양의 뺨은 그가 집에서 본 적이 있는 사람들의 얼굴과 다르지 않다. 이 발견은 사소한 것이 아니다. 이로부터 화자는 '부인이 그 생성 원리나 그녀 몸을 이루는 분자 구성에 있어, 아마도 실질적으로는 게르망트 공작부인이 아닐지도 모르며, 그 육체는 자신에게 부여된 이름도 모른 채 의사나 상인들의 아내마저 포함된 어떤 여성 유형에 속하는 것은 아닐까 하는 의혹'에 휩싸인다. 공작부인이라는 지위를 벗은, 게르망트라는 이름을 잃어버린 부인은 범속하기 그지없다. 그녀는 졸지에 천상에서 지상으로 추락한다. 부인을 이 지상에서 떼어낸 것은 화자의 상상력이다. 그렇다면 이 상상력은 어떤 가치가 있는가?

공작부인의 얼굴에 '내가 마음대로 만든 것이 아니라 바로 조금 전 처음으로 성당에서 내 눈 속에 뛰어들었기 때문에 성질이 달랐고, 제멋대로 음절의 오렌지 빛을 흡수한 것도 아닌, 극히 현실적이어서 코끝에서 타오르는 뾰루지'를 현실 세계에 존재하게 하는 바로 이 법칙이 삶을 지배한다. 연극의 피날레에서 기껏 '요정 옷의 주름 하나가, 요정의 작은 손가락 떨림 하나가, 살아 있는 여배우의 물질적인 현존(1 302회)'이었다는 데 혼란을 느끼는 관객에게 작용하는 것도 이 법칙이다. 자본가가 경쟁의 강제를 자연법칙으로 느끼는 듯이 그는 이를 법칙으로 받아들인다.

프루스트의 세계를 지배하는 예술의 법칙은 우리의 내면의 지층을 결정한다. 내면이란 우리가 인상을 통해 맞닥뜨리는 자아, 나아가 그 자아를 쌓아올린 시간들로 이루어져 있다. 여배우의 물질적 현존에 머물지 않고 우리를 그녀가 표현하는 세계, 실재로 이끄는 것은 삶의 법칙이 아니라 예술의 법칙이다.

예술을 삶에 맞세운 뒤 그는 다시 살핀다. 예술은 어떻게 삶을 드러내는가? 우리가 삶이라 부르는 것은 겉에 쌓인 더께, 창고에 쌓인 먼지 같은 것이다. 예술가는 '물질·경험·언어 밑에 뭔가 다른 것을 보여주'려 한다. 진짜 삶은 '우리가 우리 자신을 등지고 살아가는 때 … 인상들 위에 판에 박은 말이나, 우리가 잘못 알고 삶이라 부르는 실제적인 목적 등을 쌓고 있을 때, 온갖 순간마다 그와 같은 자존심이 우리 마음속에서 하는 작업과는 정반대적인 작업'을 할 때 숨겨지고 내던져진다.

'우리 자신의 삶을, 남을 위해서도 표현하고, 우리 자신을 위해서도 보여'주는 것은 예술이다. 삶은 '번역되고, 간혹 거꾸로 읽히고, 필경에는 고심 끝에 판독되'어야 한다. 예술은 삶을 번역하고 판독한다.

그러므로 예술의 적은 '자존심, 정열, 모방심, 추상적인 이지나 습관'이다. '참된 예술이 우리로 하여금 뒤따르게 하는 쪽은, 이와는 반대되는 방향으로의 진행이며, 실제로 존재했던 것이 우리 모르게 누워 있는 깊은 속으로의 복귀이다.'

'참된 삶을 재창조하고 인상을 새롭게' 하는 데 필요한 것은 무엇인가? '이와 같은 작업엔 온갖 종류의 용기가, 감정적인 용기마저도 필요하였다.' 예술의 길을 가로막은 장애물을 걷어내기 위해선 '우리에게 가장 소중한 곡두를 지워버리고, 스스로 공들여 만들어낸 것의 객관성에 대한 믿음을'

버려야 한다. 이는 "'그녀는 매우 사랑스러웠다'"느니 하는 말로 100번이나 자신을 달래는 대신, 그 반대쪽, 곧 '나는 그녀하고의 포옹이 즐거웠다'고 꿰뚫어 읽어내(11 291)'는 일이다. 이지와 습관의 부스러기들을 치워버리기 위해서는 쾌락과 욕망을 모호한 말로 얼버무리거나 흔해 빠진 관념으로 덮어씌우지 말아야 한다. 이는 인상을 언어로 정확히 옮기는 일이다.

'삶은 예술을 버린 나를 위로해줄 것인가? 예술에는, 우리의 참된 인격이 생활의 행동에서 받지 못하는 어떤 표현을 찾아내는 따위의 더욱 깊은 현실이 있는 것인가?' 삶과 예술 사이에 놓인 이와 같은 틈은 화자가 끝내 건너야 할 심연이다. 이 길에서 떨쳐버릴 수 없는 동행자는 회의다.

알베르틴을 가둔 것이 화자라면, 화자를 가두는 것은 집이 아니라 삶의 법칙이다. 그는 예술이 그를 구출하고 자신의 삶 또한 구원되리라 믿는다. 예술가들이 저마다의 세계를 살아간다는 것을 발견하고 나서 그는 안도한다. 그것은 탈출구를 찾아낸 갇힌 자의 느긋해진 한숨이다. '사실, 위대한 예술가들은 저마다 다른 예술가와 매우 다르게 보여, 우리가 일상생활에서 헛되이 구하는 강렬한 개성을 실감시킨다.(9 207)' 삶이 강요하는 온갖 습관을 이겨내고 예술에 이르는 무기는 개성이다.

예술이 삶을 다룰 수밖에 없듯이, 자본의 법칙은 자본가의 의식을 매개로 스스로를 관철한다. 마르크스가 인간의 의식과 관념을 빠뜨리지 않는 까닭이다. 그의 책 제3권은 자본가의 눈과 개념으로 이 생산양식을 주시한다. 자본가의 의식을 지배하는 법칙은 자본이 주조하는 사회구성체를 규율하는 법칙의 일부다. 마찬가지로 삶의 법칙은 예술의 법칙의 필수적 일부다.

화자는 묻는다. 문학 작품이란 그저 몽상을 내뱉어 놓은 게 아닐까,

글을 쓰고자 하는 욕망이란 정말 그럴만한 가치가 있는가? 의혹 속을 허우적대는 아들을 냉정하게 관찰하던 아버지는 마침내 책을 쓰는 일이야말로 화자의 천직이며 그가 행복해질 수 있는 길이라 말해준다. 그런데 아버지의 이 격려가 도리어 의혹을 부른다. 그의 확신에서 내 의혹이 자라나고 나의 확신에서 그의 의혹은 더욱 무성해진다. 이 또한 명백한 삶의 법칙이다.

소재와 형태의 대위법이 프루스트의 책에서도 되풀이된다. 변주되는 라이트모티프는 삶과 예술의 대립이다. 삶의 소재가 예술을 구성하지 않는다면 그 재료들을 어디서 찾아야 하는가? '나의 삶은 이미 시작된 것이 아닐까, 뿐만 아니라, 뒤이어 오려고 하는 게 앞서 온 것과 별로 다른 게 아니지 않을까', 이는 앞선 의혹이 드리운 그림자인데, '실은 첫째 의혹의 다른 형태에 불과한 것으로서, 곧 자기는 시간의 바깥에 놓여 있는 게 아니고, 소설 속의 인물들과 똑같이 시간의 법칙에 따르고 있는 게 아닐까' 하는 것이다. 시간 안에서 어떻게 시간을 다룬다는 말인가?

화자가 본받으려 애쓰는 작가 베르고트에게도 삶과 문학은 동일하고 유일한 시간 속에 놓여 있다. 콩브레에서 그가 읽은 소설의 주인공들이 비애를 불러일으키는 것은 그들이 시간을 벗어나지 못한 채 그 속에서 삶을 마치기 때문이다. 문학이 삶을 다루는 것은 분명한데, 소설 속의 삶도 작가의 삶도 시간에 붙박여 있다. 눈으로 직접 보지 않고도 지구의 회전을 아는 방법은 무엇인가? 물리학자는 지구와 함께 돌면서도 그 회전을 탐구하지 않는가? '이론적으로 사람들은 지구가 회전한다는 사실을 안다. 그러나 현실로는 그 사실을 보지 못한다. 인간이 걷는 대지는 움직이지 않는 것 같고, 인간은 정지한 채 살아간다. 일생에서 시간의 경우도 그와 같다.(3 81)' 삶이란, 어느 날 예술이라는 여행지로 떠났다가 돌아오는 장소가 아니다.

시간이 분할할 수 없는 실체임을 자기만의 방식으로 보여주는 데 문학의 재능이 있다. 삶에 붙박여 있으면서도 작가가 되려고 하는 소설 속의 화자와 마찬가지로, 자본가는 스스로를 자본을 운영하는 주체로 여긴다.

삼위일체 정식은 자본의 온갖 외관들이 부르주아의 의식에 나타나는 정제된 표상이다. 전도는 정제의 주요한 계기다. 이 정식은 임금·이자·지대라는 수입 형태를 수입의 원천으로 나타낸다. '상품가치의 분해로부터 만들어진 이것이 끊임없이 가치형성 그 자체의 전제로 나타나는 비밀의 열쇠는 … 자본주의적 생산양식은 다른 모든 생산양식과 마찬가지로 끊임없이 물적 생산물을 재생산할 뿐만 아니라, 사회경제적 관계들(즉 이 생산물 형성의 경제적 형태 규정들)도 재생산한다'는 데 있다.

생산물이 가치로 실현된다. 다시 말해 판매된다. 이는 일부는 상품 형태를, 일부는 화폐의 형태를 취하는 자본의 운동과 그 운동을 떠받치는 사회적 관계가 끊임없이 재생산되는 조건이다. '이런 동일한 관계의 부단한 재생산은 개별 자본가에게 자명한 것(의심할 여지가 없는 사실)으로 예상된다.'

고정자본을 포함한 전체 생산물의 총가치인 생산물가치와 달리 수입의 세 형태를 이루는 가치생산물은 노동자가 새롭게 부가한 노동의 등가물이다. 임금을 제외하고 나면 이들은 이자와 기업가수익과 지대로 분해된다. '각 생산요소의 소유자들 간의 계약에는 이것이 전제되어 있으며, 이 전제는 이들 간의 상대적인 양적 비율이 매 경우 아무리 변동하더라도 옳은 것이다.(3 1157)' 이 세 가지 형태의 부단한 회귀는 자본가의 머릿속에서 수입형태를 생산의 요소로 전환시킨다.

이제 가격을 결정하는 것은 상품에 포함된 노동시간이 아니라 임금·이자·지대라는 세 가지 수입형태들이고 자본가는 그 나머지인 기업가수익을 얻는다. 국내 시장뿐 아니라 세계 시장에서도 이처럼 생산 이전에 크기가 주어진 수입형태들이 상품의 가격을 결정하는 것처럼 보인다. '개별 자본가들 간의 경쟁은 물론 세계시장의 경쟁에서도, 임금·이자·지대의 주어진(전제된) 크기는 불변의 규제적 크기로 계산에 들어간다. 여기에서 불변이라는 것은, 그것이 크기를 변화시키지 않는다는 의미가 아니라, 그것이 각각의 경우에 주어져 있음으로써 끊임없이 변동하는 시장가격에 대하여 변할 수 없는 한계를 이루고 있다는 의미이다.(3 1160)'

자본가는 이미 결정된 시장가격에서 세 항목을 할당하고 자신에게 돌아오는 이윤을 늘리기 위해 생산하고 판매한다. 생산과 판매가 반복되면서 자본가의 머릿속에는 세 가지 수입형태가 가격을 결정한다는 믿음이 더욱 굳어진다.

'그렇다고 해서 이를 근거로 임금·이윤· 지대를 모두 합한 것이 상품의 규제적인 가격(자연가격, 필요가격natural price, prix nécessaire) 그 자체가 된다고 간주해서는 절대 안 된다.(3 1145)' 상품의 가격이란 노동자에게 지불된 노동시간과 지불되지 않은 노동시간, 그리고 생산된 상품에 보존된 과거 노동시간의 합이라는 점은 바뀔 수 없기 때문이다.

엥겔스는 『자본』 제3권의 마지막 편명을 '제7편 수입과 그 원천'이라 이름 붙여, 수입이 취하는 사회적 형태가 수입의 원천인 인간 노동을 어떻게 대체하는지, 또 이를 파악하는 것이 얼마나 어려운지 애써 환기하면서 책을 맺는다. 생산물로 표현되는 노동자의 노동시간을 뒤로 숨기는 대신 생산물을 표현하는 화폐의 분배 형태를 맨 앞에 가져다 놓는 자본가 의식은 속류 경제학의 정수다. 절도든 강탈이든 장물을 나누는 방식이 장물의 가치를 결정하는 것은 아니다. 이는 무게를 재면서 중력의 법칙을 부정하는 것과 마찬가지다.

보상 근거 혹은 법칙의 의식 형태, 언어의 법칙

프루스트가 말하는 법칙은 인간 내면의 법칙이다. 이를 구성하는 보다 세부적인 법칙이 있다. '인간은 멀리 떨어져 보는 것, 남들의 속에 있는 것을 더 아름답게' 본다. 이른바 원근의 법칙이다. 소설의 언어는 외부의 사태를 묘사하기보다 화자의 공상을 드러낸다. 구조라는 측면에서 무의식과 언어를 동일하게 취급하는 이론은 사실 새로운 것이 아니다.

한편 가치법칙이든 이윤율균등화 법칙이든, 자본가의 내면에 반사됨으로써 비로소 실현된다. 인간은 법칙의 필수 매개다. 이윤이 균등화되는 과정 또한 그렇다. '각기 서로 다른 이윤율이 일반이윤율로 균등화되는 과정은 이제 시장가격이 자본을 밀어내고 끌어당기고 하는 그런 움직임에 의해서만 이루어지지 않는다. 평균가격과 그에 상응하는 시장가격이 일정 기간 고정되면 이러한 균등화 과정에서 기존의 균형점과 일정한 차이를 두고 이루어진 새로운 균형점이 개별 자본가들의 의식 속에 자리를 잡음으로써 이런 차이가 자본가들 상호 간의 계산에 포함된다.'

그런데 자본의 운동은 자본가의 머릿속에 특수한 한 가지 의식 형태를 만들어낸다. '자본가들의 관념 속에서 이들 차이는 살아 움직이고 자본가들의 계산에서 보상 근거로 활용'되는 것이다.

인간의 의식은 현재에 머물지 않고 미래를 투사한다. 자본가에게는 새로운 수요를 창출하는 상품의 혁신가의 모습뿐 아니라 제 몫이라 여기는 수입을 얻지 못할 때 보상을 떳떳이 요구하는 균형 감각도 반드시 필요하다. 보상 근거는 시장가격이 생산가격에 못 미칠 때 자본가가 그에 대한 보상을 당당히 요구하도록 만든다. 생산관계의 인격적 표현에 지나지 않는 자본가가 심리적 균형 감각을 갖춘 인간으로 모습을 드러내는 순간이다.

'자본은 같은 양의 이윤을 산출해야만 한다.' 이는 이윤율의 균등화가 자본가의 의식에 심어주는 관념이다. 이 생각의 밑바닥에는 거의 모든 자본가가 공유하는 보다 일반적인 생각이 깔려 있다. '모든 개별 자본은 단지 총자본의 한 부분일 뿐이고, 모든 자본가는 사실상 총사업경영에서 자신의 자본 크기에 따라 총이윤의 일정 부분을 배당받는 주주로' 스스로를 간주한다. 이 생산양식이 주식제도를 발전시키고 이를 자본의 일반 형태로 만드는 것은 자본가의 자의식이 외화된 것이다.

보상근거는 자본가의 수입을 어떤 식으로 보전하는가? 생산이 지체되면 자본가는 그에 대한 보상을 상품 가격에 덧붙인다. 자본의 생산은 봉사 활동이 아니다. 상품을 싣고 대양을 항해하는 자본은 태풍의 위험을 그 상품을 생산한 자본 전체에 분산한다. 자본이 물적 대상이 아니라 사회 형태라는 것은 이렇게 위험을 사회화하는 데서도 증명된다. 상상할 수 없을 만큼 다양한 보험 상품은 보상근거를 확인하고 자기 몫을 요구하는 자본의 지혜를 표상한다.

보험의 사례에서 보듯이 자본의 생산에서 새로운 상품이나 서비스가 반드시 사용자의 수요나 편의를 위해 생겨나는 것은 아니다. 자본의 창조적 활동에는 이처럼 동등한 몫을 요구하는 자본가 민주주의 혹은 주주 평등주의가 놓여 있다.

자본가가 '그들이 각 생산영역의 상품가격을 서로 계산하는 과정에서 서로가 타당하다고 인정하는 이런 모든 보상 근거들이, 사실은 자신들의 자본 크기에 따라서 공동의 먹이 (총잉여가치)를 공평하게 나누는 것과 관련된 것이라는 점을' 모를 수도 있지만, '어떤 자본투자가 평균 수준에 비해 더 많거나 더 적은 이윤을 얻게 되는 모든 상황은, 그 보상 근거나 계산 요소를 정당화하기 위한 새로운 경쟁을 불러일으키지 않고도, 반드시 그에 해당하는 적절한 보상 근거로 고려된다.' 이는 자본가들이 이 생산양식에 대해 그 어떤 계급보다 강력한 도덕적 애착을 공유하도록 만드는 공공연한 비밀이다.

대개 비밀이란 뒤집어진 형태로 출현한다. '오히려 그들에게는, 그들이 획득한 이윤의 크기가 그들이 쥐어짜낸 잉여가치의 크기와 다르기 때문에 … 그 보상 근거가 이윤 그 자체를 창출하는 것처럼 보인다.(3 278)' 마침내 자본가의 이윤은 보상 근거에 따른 대가가 된다. 비용에다 평균이윤을 더한 생산가격 대신 자본가는 비용가격에다 보상 근거를 덧붙인다.

보상 근거가 일반이윤이라는 특정 생산양식에 고유한 법칙을 매개하는 의식 형태라면, 인간의 의식 자체를 지배하는 법칙이 있다. 언어의 법칙이다. '인간은 태어난 계급의 사람들이 아니라 속해 있는 정신적인 계급의 사람들처럼 표현하고 싶어 한다.' 게르망트 씨는 귀족에 대해 이야기하는 경우에도 그 표현법에서는 '이른바 게르망트 공작이라는 인간이'라고 말한다. 이런 말씨는 귀족이 아니라 프티 부르주아가 즐겨 쓰는 것이어서, 이 말을 들은 누구나 공작이 정신에 있어서는 블로크와 같은 계급임을 즉시 알아본다.

공작은 왜 그렇게 말하는가? 그런 말씨를 습관적으로 사용하는 프티 부르주아 계급은 오래전부터 분열 상태에 있다. 공작은 생활은 포부르 생제르맹의 상류 귀족에, 정신은 프티 부르주아에 두고서도 별 불안을 느끼지 않는다. 그는 분열에 익숙하다. 그 계급은 오래전에도 궁정에서는 왕을 모시는 시종이면서 자신의 영지에선 왕이 되는 데 별 갈등을 느끼지 않았다.

사회적으로 소수로 이루어진 계급의 성원으로서 대의제로 대표되는 현대 정치에서 인정받기 위해서는 다수가 속한 계급을 편드는 능력이야말로 최고의 능력이자 미덕이다. 여러 배역을 맡겨봄으로써 배우의 자질을 검증하듯, 정치는 귀족에게 다양한 계급을 연기할 것을 요구해왔다. 자본이 지배적인 생산양식으로 자리 잡는 중에 자본가와 노동자 사이에서 방황하던 계급은 수공업자와 소농이었다. 이들은 일터에게 쫓겨나 하인이 되었다가 그 현대적 형태인 자영업자로 내몰린다. 이들 또한 동등한 투표권을 가진 이상 오래 전부터 정치라는 직업적 기술을 익힌 귀족들이 연기하려는 주요 계급인 것은 더 말할 나위도 없다.

분열은 비옥한 토양이 되고 연기는 주된 기예가 되는 것이 정치의 무대 아닌가? 갈등을 무마하고 타협을 이끌어내는 데 정치의 본분이 있다. 그는 신분의 표지를 외투처럼 물려받고 지대의 혜택을 마음껏 누리면서 직업에서는 프티 부르주아의 유능한 대변자가 된다.

이를 논평하면서 화자는 '스완이나 르그랑댕 같은 교양인이라면 그렇게 말하지 않았을 것'이라 덧붙이는데, 이때 교양은 부르주아에 고유한 미덕이다. 논평이 드러내는 평자의 계급 또한 정신에 따르는 갈래다.

한편 자본가로 태어나서 다른 계급의 현실에 눈길을 붙박고 그들의 운명을 바꾸고자 제 운명을 거는 인간이 있다. 생활은 부르주아에 두고 정신은 부르주아적 생산양식 이후에 던진 마르크스와 엥겔스가 그들이다. 계급의 갈래는 이처럼 다양하다. 한편 우리 눈앞에 잃어버린 시간을 되찾는 열쇠를 던지는 것은 증권거래자이자 금리생활자이면서 속물로 손가락질받던 프루스트다.

언어의 법칙을 지탱하는 것 가운데 하나는 언어의 확장력과 가벼움이다. 낱말이나 구절은 '마치 어떤 질병이 나타났다가 사라진 다음 소문도 안 들리고' 사라지기도 하고, '아메리카의 잡초 씨앗이 여행용 모포의 털에 묻어와 철도 선로의 비탈에 떨어져, 그것이 프랑스에 싹'트는 것처럼 대륙을 건너기도 한다. 또 '이따금 수많은 표현법이 생겨나 같은 일정 기간, 그러자고 짠 일도 없는 이들의 입에' 오르는 것도 흔하다.

거의 모든 것을 허용하는 언어 표현의 법칙을 누구보다 능숙하게 펼치는 이는 블로크다. 그는 말한다. '뭐니뭐니 해도 가장 유쾌한, 가장 훌륭한, 퍽 신중한, 아주 까다로운 이들이, 총명한, 뜻에 맞는, 없어서는 안 될 사람이라고 느낀 이는 단 한 사람밖에 없다. 그건 블로크다.(5 305)' 어쨌거나 한 인간의 정신이 속한 계급을 확인하는 데 언어의 법칙만 한 것은 없다.

높이 쌓은 성은 위태롭다. 신이 바벨의 성을 흩을 때 사용한 것은 말이다. 말은 위험하다. 프루스트가 말로써 하늘 높이 세운 대성당은 예외일까? 마주하는 누구든 되비쳐 스스로를 새로 발견하게 만드는 그 대성당은.

:: 43. 보론-철학적 독법

프루스트가 책에 쓴 일반적 진술들은 간단한 철학적 명제로 요약할 수 있다. 사태를 개념으로 요약하고 개념의 힘으로 그 내용을 펼쳐나가는 글쓰기가 철학에 고유한 것이라면, 개념에 대한 의심과 회의에 얽힌 글쓰기는 문학의 근거다. 따라서 프루스트의 소설에 철학에 대한 언급이 아주 적다는 것은 이해할 만하다. 그 드문 문장들 중에 의심과 취향의 철학이 있다.

우물에 빠진 사람이 밖으로 나갈 방법을 궁리할 때 첫걸음은 사태를 냉정하게 관찰하는 것이다. 오데트를 사랑하게 된 스완은 자신의 감정을 객관적으로 파악하려고 애쓴다. 그는 사랑에 빠졌기 때문이다. 한 여자가 다른 남자와 가질지도 모르는 관계란 '모든 존재에게 자살에 대한 열망을 줄 만큼 그런 병적인 슬픔을 발산'하는 법이다. 숙고 끝에 스완은 자신의 감정이 일종의 질병이며, 그 병에서 치유되기만 하면 그녀가 다른 남자와 나누는 입맞춤도 '다른 수많은 여자들의 입맞춤처럼' 자기에게 해로울 리 없다고 되뇐다. 하지만 스완이 고통을 유발하는 원인이 '다만 자기 마음속에 있다'는 것을 깨달았다고 해도 그것은 호기심에 집착하는 것이 '무분별한 짓임을 깨우쳐주지(2 163)'도 않고 그 집착을 제거해주지도 않는다.

원인을 파악하고 그것이 제 안에 있다는 걸 안다고 해서 그 원인이 불러일으킨 욕망을 제 맘대로 다스릴 수 있는 것은 아니다. 또 이 원인은 외과의 절제술로도 제거할 수 없다. 프루스트로 하여금 의학에 무언가를 기대하도록 끈질기게 부추기는 것은 이와 같은 관찰의 무용함이다. 그 관찰이 뿌리를 내리는 곳이 철학이다.

대개의 철학이 그렇듯이 스완의 철학은 그가 속하는 계급에 기초해 있다. 그것은 게르망트 공작부인을 중심으로 공전하는 사교계에서 널리 공유되는 것이기도 하다. 시간에 따라 바뀌는 데는 철학도 예외가 아니다. 나이든 뒤 스완의 철학은 실증적인 것으로, 또 거의 의학에 속하는 것으로 바뀐다. 이때 실증적이란 지성은 오직 의심 속에서 굳건해진다는 뜻이고, 의학에 속함은 병의 증거로서 해부된 기관이나 조직이 제시되듯, 오직 개인의 취향만이 명백하다는 뜻이다. 스완의 사단에 속한 이들은 굳어버린 습관과 정열의 잔재만을 성격의 본질로 간주한다. 이것만이 그들의 세계가 무너져 내리고 있다는 사실에서 그들의 눈을 가려주기 때문이다. 붕괴 중인 현재에서 고개를 돌려 어제에 눈길을 붙박을 때 느끼는 감정을 그들은 평온과 행복이라 부른다.

인간을 철학에 몰두하게 하는 힘을 호기심이라 할 때 스완의 철학의 원천은 오데트다. 그녀에 대한 호기심이 가라앉고 나자 그는 갑자기 늙어버린다. 이는 사교계 인간에게 철학이 무엇인지, 또 철학이 그 삶에 어떤 힘을 미치는지 말해준다. 이 철학을 관장하는 지성은 추락하는 인간의 뇌 속에서도 제 할 일을 빈틈없이 찾아낸다.

스스로 몰두하는 대상이 얼마나 덧없는지 깨달았다면 스완은 철학의 대문을 박차고 나왔을지 모른다. 그 후 그가 찾아낼 문은 틀림없이 예술의 문이었으리라. 그는 도정에서 감당해야 할 고난을 어렴풋이 눈치 채고 다시 오데트에게 매달렸던 것일까? 그가 다시 돌아간 철학의 지대에 사는 다른 주민은 입으로 모든 것을 발산하는 샤를뤼스다. 그는 끝도 없이 펼쳐진 철학의 평원을 곧장, 때로는 비칠거리며 나아간다.

마르크스에게 철학이 무엇인지는, 그가 스물일곱 살 되던 해에 자투리 종이에 휘갈겨 썼다고 알려진 메모에서 드러난다. 그것은 철학자 포이어바흐를 비판적으로 요약한다. 마지막 열한 번째 항목은 테제의 전형이 되었다. '철학자들은 세계를 해석해왔지만, 중요한 것은 세계를 변혁하는 것이다.' 자투리에 쓰인 것은 중요하다. 페르마의 마지막 정리는 삼백여 년 동안 수학계를 괴롭혔다. 여백에 썼다고 다 그럴 리는 없겠지만.

프루동의 책을 반박하는 책 이름을 『철학의 빈곤』으로 한 데서도 마르크스가 철학에 대해 어떤 태도를 가졌는지 한 실마리를 얻을 수 있다. 최고의 비판은 무기의 비판이라는 경구는 그의 방법에서 철학의 몫을 말해준다.

이 장에서는 철학이 마르크스와 프루스트의 책을 각각 어떻게 읽는지 살펴보려 한다. 이로써 두 책의 문장들이 이른바 철학의 문장들과 어떻게 또 얼마나 겹치는지 혹은 어긋나는지 드러날 것이다.

이 책은 가라타니 고진의『트랜스크리틱』이 마르크스의 책을, 질 들뢰즈의『프루스트와 기호들』이 프루스트의 책을 얼마나 잘 독해하는지 또 철학이 무엇인지 얼마나 잘 드러내는지 말하지 않는다. 다만 들뢰즈의 텍스트는 그가 쓴 다른 책들과 달리, 한 번 쓰고 나서 던져버리지 않고 저자가 새롭게 사유한 내용을 덧붙인 유일한 책으로 알려져 있다.

가라타니 고진은 마르크스를 어떻게 읽는가

고진의 책명 『트랜스크리틱』은, 칸트가 자신의 주저 『순수이성비판』에 쓴 용어 '초월론적(혹은 선험적transzendental)'에서 앞부분과 책 제목의 일부인 '크리틱'을 조합한 것이다. 저자는 자신의 논의를 분명히 할 필요가 있을 때마다 책의 제목과 앞의 뜻풀이로 돌아오곤 한다. 책이란 간단히 말할 수 없기에 자꾸 두꺼워지는 것이지만 간단히 요약하자면, '횡단을 통한 비판' 혹은 칸트를 횡단하면서 읽는 마르크스라 할 수 있다.

철학책이란 그 책에 쓰이는 개념을 설명하기 위해 수백 쪽의 지면을 아끼지 않는 드문 종류의 지성을 드러내는 흔치 않은 사례다. 그러므로 철학적 정신이 책에 제시한 개념을 사전을 들추어 그 뜻을 몇 가지로 간추리는 것은 무용하다기보다 위험하다. 체계 전체에 비추어서만 함의와 용례가 드러나는 개념이야말로 철학의 일반적 주인공일 것이다. 더구나 그 개념이 처음으로 세상에 등장하는 것이라면 더 말할 나위 없다. 펼치기도 전에 책은 제목 '트랜스크리틱'과 부제 '칸트와 마르크스'가 발산하는 농무에 휩싸인다.

고진은 마르크스를 무엇보다 '철학'이라는 측면에서 주시한다. 회의주의의 효용을 여전히 인정하는 독자라면 자기도 모르게 이때 철학이란 말을, 마르크스가 쓴 포이어바흐에 관한 마지막 테제와 맞세울 것이다. 그 유명한 구절이 실제로는, 고진이 온 힘을 다해 마르크스를 그로부터 분리해 내려고 하는 엥겔스가 썼다고 해도 말이다.

저자의 문제의식은 1990년 즈음 몰락한 현실 사회주의를 딛고 서서 자본주의의 대안을 다시금 마르크스에게서 찾는 데 있다. 마르크스란 여기서도 그의 철학을 지시한다. 요약의 위험을 무릅쓰고 말한다면 고진에게 사회주의의 실패는 마르크스의 실패가 아니라 엥겔스와 레닌, 그리고 스탈린의 마르크스 오독에 따른 결과다. 그는 소비에트의 공식적인 마르크스 해석이라 할 수 있는 사적 유물론과 변증법적 유물론은 마르크스가 말한 것과 상관이 없다고 본다. 이렇게 오해된 혹은 오독된 마르크스를 다시 해석함으로써, 다시 살려냄으로써 지구적 차원에서 지배력을 행사하는 동시에 생산양식으로서 유일적 지위를 자랑하는 자본주의를 그 근본에서 비판하고 그 위에서 대안을 찾아보려는 야심찬 기획이 고진의 책 『트랜스크리틱』인 것이다. 특히 눈길을 끄는 것은 그가 마르크스를 헤겔의 계승자가 아니라 칸트의 비판 철학, 혹은 철학 비판으로 읽음으로써 그렇게 하려고 한다는 점이다.

고진의 책은 과연 그 목표를 이루었는가? 이 물음에 대한 답은 하나의 텍스트 특히 철학적 텍스트를 해석하고 비판하는 방법이 늘 그렇듯이 맥락에 따라 달라질 수 있다. 경험적 증거나 최신 뇌과학의 성과를 근거로 칸트의 문장을 아무 의미도 없는 것으로 제쳐둘 수도 있고, 또 같은 책에서 세계를 바라보는 새로운 지평과 영감을 얻을 수도 있다. 또 그의 마르크스 해석에서 실천의 현실성만으로 평가할 수 없는 측면에 주목할 수도 있다. 마르크스의 텍스트를 다시 철학으로 되돌리려는 고진의 시도는 아무래도 후자에 속할 것이다.

이 글은 고진의 책을 마르크스의 책 『자본』에 비추어 읽고 평가해보려는 것이다. 미리 말하자면 그의 작업이 철학을 실천이 아니라 다시 해석으로 끌어내리려는 것이 아닌지 의심을 떨치기 어렵다. 당연히 이 의심에 맞서 제기되는, 세계를 해석하는 것과 변혁하는 것이 분리될 수 없다는 이의는 정당하다. 따라서 글을 이끌어가는 데 우회는 불가피하다.

칸트의 비판은 과학이 되고자 하는 철학을 향한다. 그는 책 앞자리에 책의 목표를 명시한다. 그에 따르면 철학의 목표는 뉴턴의 물리학을 인식론적으로 정초하고 정당화하는 것이다. 뉴턴의 빛이 세상 구석구석을 밝힌 지 한 세기쯤 지난 때였다. 어떤 독자든 책을 자기만의 방식으로 읽을 권리가 있다. 그러나 책이 스스로 명시하는 책의 목표를 깊이 새기는 것은 당연히 읽는 이의 의무다.

『자본』을 철학으로 읽는 것은 마르크스의 책을 문학으로 읽는 만큼이나 필요한 일이다. 독자는 그의 책 속에서 독일 관념론의 비판적 역사와 함께 그리스 문학의 전통과 수사학의 미묘함을 맛볼 수 있다. 그렇지만 그러한 만큼, 아니 무엇보다 더 마르크스의『자본』은 과학으로 읽어야 한다. 이는『자본』성립의 역사와 책의 구조를 조명하는 여러 연구가 말하는 것인 동시에 저자가 이전에 쓴 책과 이 책을 뚜렷이 구분해야 하는 이유이기도 하다. 마르크스 스스로 책의 서문에서 이를 강조하고 있다.

저자가 과학이라고 주장한다고 책이 과학이 되는 것은 아니다. 프로이트가 자신의 저술을 과학의 성과로 인정받으려 애쓴 것은, 그의 책이 미친 넓고 깊은 영향으로 보건대 얼핏 기이해 보이지만, 과학으로 불리는 것이 책에 부여하는 명예가 어떤 것인지 보여준다. 여기서 우리는 과학이 철학과 다른 가치와 근거를 가진다는 점을 다시 확인한다. 가치와 근거라는 용어를 쓰는 데조차 철학에 기대려는 태도를 버린다면 말이다. 다시금 포이어바흐에 대한 테제가 소환되는 지점이다.

고전의 고전적인 정의, '고전이란 수많은 사람이 이야기하지만 아무도 읽지 않는 책'이란 정의에 따르면 칸트와 마르크스의 저작은 어김없는 고전이다. 프루스트의 주저 또한 고전이다. 심지어 그의 책과 마르크스의 책은 저자조차 완독하지 않은 책이다. 책의 일부 혹은 절반 이상이 저자들의 사후에 세상에 나왔으니까 말이다.

물론 고전을 이런 우스개로만 평가하는 것은 고전적인 태도가 아니다. 앞의 고전의 정의조차 심술궂긴 하지만 고전의 가치와 권위를 인정하는 방식일 테니 말이다. 한편 고전의 가치는 해석을 다양하게 허용하는 넉넉한 품에 있다. 해석에서 오독을 제외한다면 현대의 철학 상당 부분이 붕괴될지도 모르겠다. 철학의 역사만큼 고의적 오독의 창조성을 보여주는 사례도 없다는 것을 보여준 데서 사르트르의 철학적 의의 강조하는 이들도 있다. 명석과 판명은 철학의 퇴로에 놓인 만만치 않은 장애물이다. 철학의 목을 옥죄는 데 가장 앞장선 것은 수학과 물리학이 아닌가, 아니었던가?

알다시피『자본』은 자본주의가, 폴라니의 표현에 따르면 사탄의 맷돌이 되어 인간과 사회를 가리지 않고 갈아대는 영국에서, 정부와 의회, 자본가들의 기관과 협회 그리고 공장감독관들이 쏟아낸 온갖 기록과 보고서를 샅샅이 훑고 분석한 끝에 세상에 나온 책이다. 저자가 초고를 쓰면서 저작의 체계를 다듬던 시기, 1867년보다 여덟 해 먼저 출간된『종의 기원』도 마찬가지로 온갖 어려움을 무릅쓰고 이루어진, 대양을 건너 수년간의 채집과 관찰 끝에 나온 결과물이다. 당시 경제학은 서서히 전모를 일신하는 새로운 생산양식에 대해 저마다 이런저런 해명을 내놓았다.

우리는 창문 틈을 코르크로 틀어막고 천식과 싸우며 프루스트가 쓴 책을 과학 서가에 꽂지 않는다. 그가 끝내지 못한 묘사를 완성하기 위해 현악사중주단을 침대 곁으로 불러 연주를 되풀이하게 하는 장면을, 마르크스가 자료 더미에 파묻혀 글을 쓰고 있는 대영박물관과 겹쳐 본다고 하더라도 말이다. 책을 쓸 때 펼쳐지는 풍경은 다양하다. 아침을 먹었는지 날이 새는지도 모른 채 생각에 빠진 뉴턴 옆에는 다이어트에 실패한 고양이가 게으르고 둔한 몸을 겨우 일으킨다. 물리학자의 무성애는 정신의 결핍이 아니라 범람의 증거다. 그가 연금술과 삼위일체설 공박에 물리학 연구보다 훨씬 더 많은 시간을 썼다. 등등.

수학의 성취들은 대개 개념의 힘과 논리의 강제에 따라 그로부터 이끌리는 정리들로 이루진다. 괴델은 논리는 자신의 불완전성을 증명하는 데조차 주저함이 없다는 것을 보여주었다.

설명의 요구에 개념이 종속되기도 한다는 걸 보여준 것은 물리학이다. 관측된 사실이 있고 그에 따라 추론이 강제하는 개념의 재정립이 있다. 광속은 관측자의 위치와 무관하게 일정하다는 사실로부터 시간과 공간의 개념이 다시 정의된다. 이에 따라 시간은 빛이 진행한 거리이고, 공간은 빛이 진행한 시간으로 다시 정의된다. 빛의 속도에 견줄 만한 속도로 움직이는 관측자에게 시간과 길이의 변화는 인간의 지각에도 넉넉히 포착된다. 이때 시간과 공간은 물론 '초월론적 가상'과는 상관이 없다. 수학과 물리학이 보여주는 것은 오히려 플라톤주의의 실증이라 할 만하다. 에미 뇌터는 수학에서 '대칭'이 물리학의 '보존법칙'을 함축한다는 것을 발견했다. 수학의 표현 형식이 물리적 의미로 새로 채워짐으로써 양자역학은 큰 걸음을 내디딘다. 그러나 이와 같은 소식들은 글쓴이에게 그 출처에 닿을 수 없는 소문과 같아서 그 속내를 제대로 헤집어 알기 어렵다.

독자는 마르크스의 『자본』을 여러 방식으로 읽을 수 있다. 산업혁명기 영국 자본주의를 모델로 하여 제시된 경제학에 대한 비판으로도, 경제적 사회구성체의 발전에 따른 국가의 정치적 성격에 대한 분석으로도, 계급간 투쟁의 역사적 기록으로도 말이다. 읽는 이가 찾고자 하는 것은 무엇이든 그 안에서 찾아낼 수 있는 책을 고전의 정의에 추가한다면, 『자본』은 그 어떤 책에도 뒤지지 않을 것이다. 그러므로 고진의 책을 읽는 독자 또한 개념의 명료함과 논리의 엄밀성에만 매달릴 일이 아니다.

한편 마르크스의 책을 다시 해석함으로써 자본주의 미래에 대한 새로운 전망을 제시하는 책이라면 그 기획에 주어질 모든 비판에 답할 의무가 있다. 특히 그 책이 '마르크스 속에서 발견할 수 있는 칸트'에 그치지 않고 칸트를 통해 도달한 마르크스의 새로운 해석을 말한다면 말이다. 따라서 『트랜스크리틱』에 대한 비평은, 마르크스의 책에 지금까지 가해진 어떤 비평과 검증에도 필요했을 '트랜스크리틱'의 '충동'을 앞세우는 것이 마땅하다.

이제 고진의 책 안으로 들어가 보자. 인용된 글 뒤에 붙은 숫자는 『트랜스크리틱』 한역본의 쪽수다.

고진의 문제 설정

고진은 마르크스의 『경제학 비판』의 한 문장을 끌어온다. '화폐가 세계 화폐로 발전하듯이 상품 소유자는 코즈모폴리탄으로 발전한다. 애초에 인간들 사이의 코즈모폴리턴적인 관련은 다만 그들의 상품 소유자로서의 관련에 지나지 않는다.' 그는 이를, '상업의 발전에서 '영원한 평화'의 기초를 찾아내고 있다.(329)'라는 문장과 연결시킨다. 이로써 마르크스까지 이어지는 칸트의 연결선이 드러난다. 마르크스를 통해 다시 해석되는 것은 칸트다. '영원한 평화'를 위한 구상은 단순한 평화론이 아니라 이를테면 '세계 동시 혁명'론으로서 구상되었던 것이다.' 이어서 헤겔의 퇴행이 지적된다. 이 퇴행에서 주체는 헤겔이고 목표는 칸트이며 그 퇴행에서 칸트를 구출해 오는 것은 마르크스다. '바로 그렇기 때문에 헤겔은 칸트에 반대하여 나폴레옹 전쟁을 통해 유럽 각지에서 태어난 자본=네이션=국가야말로 최종적인 사회 형태라고 생각했다.(472)'

『자본』에서 저자는 종교적 관념에 근거하여 현실을 해석하는 것은 쉽지만, 거꾸로 낱낱의 현실에서 종교적 관념을 이끌어내는 일은 매우 어렵다고 말한 바 있다. 이어서 그는 후자야말로 참된 유물론의 방법이라고 적시한다. 마르크스의 문장은 당연히 고진의 문장을 검증하는 기준이다. 고진은 말한다. 포이어바흐에게 '신이란 유적인 인간적 본질의 자기 소외이며, 감성적 존재로서의 각 개인이 그것을 되찾아야 한다.' 이에 반해 마르크스는 '이 '자기 소외론'을 종교로부터 화폐·국가로 전화·확장했다.(208)' 고진에 따르면『자본』은 포이어바흐의 소외론을 종교에서 화폐와 국가로 옮겨와 적용한 것이다. 마르크스의 전 후기 사상, 혹은 그의 철학과 경제학을 분리하고 후자를 전자로부터 도출하려는 견해가 반복된다.

고진에게 폴라니가 남긴 흔적은 뚜렷하다. '자본주의 상품 경제의 한계는 스스로가 의거하면서도 그 경제가 조직할 수 없는 외부, 즉 자연 환경과 인간(312)'이라고 쓸 때 특히 그렇다. 이때 외부란 '토지(자연환경)와 노동력 상품의 담지자인 인간이다. 그리고 바로 거기에 국가와 네이션이 관계하고 있다.(432)' 폴라니는 자신의 주저에서 토지와 노동력과 화폐(금융체계)를 자본주의적 상품 생산에서 분리할 것을 제안한다. 속류 경제학의 말로 표현하자면 이러한 특별한 '생산요소'들이 일반적인 상품과 전혀 구별되지 않은 채 똑같이 사적으로 소유되는 한, 자본주의가 사탄의 맷돌이 되어 모든 것을 갈아버리는 사태를 막을 길이 없다.

폴라니의 책『거대한 전환』은 1부 '사탄의 맷돌' 제10장은 '정치경제학과 사회의 발견', 2부의 제목은 '사회의 자기 보호', 6부 '진행 중인 전환'의 마지막 장은 '복합 사회에서의 자유'라 제목을 붙인다. 문제의 해결은 사회에 속하는 것을 다시 '사회'에 되돌리는 데 놓인다. 그러므로 자유 시장이 제기하는 문제를 해결하는 유일한 방법은 위에 말한 세 가지를 시장의 힘에서 떼어내 사회가 관리하는 것이다. 그 구체적인 형태가 무엇이든 말이다.

그는 100년 동안 유지돼오던 유럽의 평화가 깨지면서 새롭게 홍기하던 파시즘과 사회주의를 똑같이 시장경제에 대한 대안으로 보았다. 이는 그의 책이 나올 무렵 그 한쪽인 파시즘이 세계를 두 번째 세계 전쟁으로 내몰고 있었다는 사실을 감안할 때 다소 의외다. 당면한 문제가 다급할수록 그것을 해결하려는 이의 시계는 제한될 수밖에 없는 것일까?

고진은 '나의 과제는 마르크스에게서의 '비판'의 의미를 회복하는 것, 그리고 그것이 현재 및 미래에서 어떠한 인식의 빛을 던져주는지를 보여주는 것이다.(204)'라고 쓴다. 결국 제기될 수 있는 물음은 비판이란 무엇인가이다. 이는 다시 철학에 대한 마르크스의 근본적인 '해석'을 지시한다고 알려진 포이어바흐에 관한 마지막 테제로 독자의 시선을 이끈다. 고진의 작업을 평가하는 일은 그가 말하는 비판을 다시 이 테제 앞에 세우는 것이다. 물론 이는 문제를 지나치게 단순화한 것이다. 『자본』은 당연히 자신을 하나의 비판으로 읽으려는 시도 앞에 서길 마다하지 않을 것이다.

교환양식 : 경제와 종교와 형이상학의 종합

고진은 국가와 네이션과 자본을 교환양식과 연결 짓는다. 교환에는 세 가지 양식이 있다. 상품 경제와 증여-답례라는 호수제, 그리고 강탈이다. 이는 각각 자본, 네이션, 국가(스테이트)로 표상된다. 미리 말하자면 이 세 가지는 칸트가 말하는바 초월론적 범주다. 상품 경제에서 교환의 주체는 각 상품의 소유자이다. 노동자도 자본가도 교환의 주체라는 점에서 다르지 않다. 증여와 답례에서 주체는 공동체 내부의 각 성원이다. 강탈에서 주체는 국가이다. 국가는 강탈하는 대신 강탈당한 국민의 안전을 보장하고 조세를 통해 부를 재분배한다. 교환의 대상은 순서대로 상품과 화폐, 물건, 세금과 안전보장이다.

왜 이 세 가지 교환이 강제되는가? '인간의 사회적 관계에 폭력의 가능성이 있는 한에서, 이와 같은 형태는 불가피하다.' 그러니까 인간이 맺는 사회적 관계의 폭력적인 측면들이 외화되는 양상이 곧 세 가지 교환 형태다. 이러한 진술은 고진의 개념들이 오래 전부터 낯익은 말 '억압된 것의 회귀' 나 '충동'으로 연결된다는 것, 그 뒤에 드리운 프로이트의 그림자를 암시한다. 인간의 행동은 억압된 무의식의 발현이고, 교환 형태는 사회적 폭력의 발현이다. 등등.

'나아가 제3의 유형이 마르크스가 말하는 공동체와 공동체 사이에서의 상품 교환이다. 이 교역은 상호간의 합의에 의한 것이지만, 이미 말했듯이 이 교환으로부터 잉여가치, 즉 자본이 발생한다. 그렇지만 그것은 강탈-재분배라는 교환 관계와는 결정적으로 다르다. 여기서 덧붙여 두고 싶은 것은 제4의 교환 유형, 즉 어소시에이션이다. 그것은 상호부조적이지만, 공동체와 같은 구속은 없으며 배타적이지도 않다. 어소시에이션은 자본주의적 시장 경제를 일단 통과한 후에만 나타나는 … (36)' 한 저자가 쓰는 문장들은 서로 뿌리를 얽고 있게 마련이다. '공동체에서 교환의 원리는 증여-답례의 호수성이다. 가족 내부의 분업은 '사랑'이라 불리는 증여의 호수성이 작용하고 있다. (315)' 대체 무슨 말인가?

이때 원리란 원인이라고 해석해야 할 듯하다. 그러니까 공동체의 교환은 증여에 따른 답례로서 존재한다. 먼저 대가 없이 주는 증여가 있고 그에 대한 답례로서 교환이 성립한다. 이 호수성은 '사랑'이라 말할 수 있다. 이는 마르크스가 말하는 공동체의 외부, 공동체 사이에서 발생하는 상품 교환과 구분된다. '강탈은 호수성의 형태를 가장한다. (316)' 강탈이란 이를테면 강제된 증여이다.

고진의 교환은 강탈과 증여를 포괄한다. '강탈과 증여라는 교환 형태는 상품 생산과 교환이 구석구석까지 침투한 것처럼 보이는 상태에서도 존속한다.(317)'

개념은 그와 대립하는 개념에 의해 내용과 형식이 확정된다. 고진에게 경제적인 것은 환상과 종교의 건너편에 마주 서 있다. '화폐와 신용의 세계는 경제적이라기보다는 종교적인 환상적 구조가 아닐까?' 하지만 종교든 환상이든 그 현존을 보장하는 현실적 기반을 갖는다. '환상이라 하더라도 그것들이 불가피하게 존재하는 것은 자본과 마찬가지로 그 기반이 있기 때문이다.' 자본의 현실적 기반이란 무엇인가? 화폐와 신용 또한 자본이 그러한 만큼 현실 안에 그 기반을 가지고 있다. 거꾸로 말하면 자본과 화폐와 신용은 동일하게 현실적 가반 위에 서 있다. 왜냐하면 불가피하게 존재하기 때문이다. 화폐와 신용을 현실에서 불가피하게 존재하도록 만드는 것은 무엇인가? '그것은 '교환의 원리'이다.'

'국가와 네이션을 교환 형태로서 초월론적으로 거슬러 올라가 보면 세 가지 교환 형태가 발견된다.(317)' 국가와 네이션이 존재한다. 이들의 현존을 보증하는 것은 교환 형태이다. 그 각각은 강탈과 증여이다. 나머지 교환 형태는 마르크스가 말하는바 상품의 교환이다. '교환 형태로서 초월론적으로 거슬러 올라간다'는 말은 아무래도 국가와 네이션은 자본과 함께 초월론적(글쓴이에게는 선험적이란 말이 낯익어 자꾸 이 말로 바꾸고 싶지만)으로 요청되는 것이라는 뜻일까? 세 번째 교환 형태에 대해서는 마르크스가 충분히 말해왔다. 전혀 초원론적이지 않은 방식으로 말이다. 고진의 의도는 상품 말고 두 가지 교환을 초월론적으로 고려할 때 세계의 전모가 밝혀진다는 뜻일까?

자본의 생산양식에서 교환을 마르크스는 등가교환이라고 특징짓는다. 이때 교환은 엄밀하게 양적으로 규정되는 개념이다. 교환은 동일한 가치 사이의, 다시 말해 사회적 평균노동시간, 동일한 양 간의 교환이다. 이 생산양식에서 개인의 인격과 독립성이 이전 생산양식에서보다 월등하게 받들어지고 이를 법이 뒷받침하는 것은 이 등가교환의 원리가 일반화된 정도를 말해준다.

개념은 그 발생과 정의에서 볼 때 임의적이다. 그러므로 누구든 어느 정도 자유롭게 특정한 개념을 쓸 수 있다. 교환이란 개념도 예외가 아니다. 한쪽에서 주고 다른 한쪽에서 답례하는 것과, 한쪽에서 일방적으로 강탈해간 다음 어떤 규칙에 따라 다시 나누어주는 것을 '교환'으로 표현할 수 있다. 교환이란 말이 얼마나 다양하게 쓰이는지는 사랑에서 가장 실제적인 행위를 특정 언어권에서 성의 교환, 성교로 표현하는 데서도 확인된다. 그러한 관계 또한 이성 간, 동성 간, 둘 간, 여럿 간 등등 다양한 양상으로 나타나고 그 형태들 또한 사회학이나 정치학의 시선으로 진지하게 탐구될 필요가 있다.

문제는 어떤 용어를 사용할 수 있는지가 아니라 그렇게 할 때 열리는 새로운 지평이 있는지, 있다면 그것이 무엇인지이다. 이 세계에 존재하는 근본적인 힘을, 엄밀하게 정의되고 계산 가능하며 크기가 확정된 물리량, 예컨대 전하량과 질량과 스핀을 가진 입자의 교환으로 설명하는 다른 사례를 들어 고진의 문장에 이의를 제기할 필요는 없다. 그렇게 하는 것은 초점이 잘못 맞춰진 데다 바람직하지도 않다. 물리학을 철학으로 해소하려는 시도가 그 반대의 시도보다 합리적이라거나 우월하다거나 등등을 말하려는 것이 아니다. 가족 안에서는 애정과 같은 구성원 간의 감정의 교류가 중요하고 대가 없는 선물이 오가기도 한다. 국가는 조세를 징수하고 그에 대한 저항을 무마하기 위해 그 대가로 납세자의 생명과 재산 보호를 약속하고 어느 정도 부를 재분배하기도 한다. 이와 같이 말하는 대신 동일한 사태를 상호 간의 선물 교환이나 강탈과 보호 간의 교환이라 말할 때 새롭게 드러나는 것이 무엇인가?

마르크스는 자신이 탐구하려는 목표가 한 생산양식을 구성하는 사회적 형태임을 분명히 밝혔다. 그렇다면 마르크스를 새롭게 읽으려는 고진이 교환양식으로 우리에게 보여주려는 것 또한 사회 형태인가?

'자본은 인간의 '교환'에 존재하는 어려움에서 배태된다'고 쓰고 나서 고진은 '그것을 폐기하는 것은 쉽지 않다. … 그러나 불가능하지 않다.(347)'라고 쓴다. 이 말의 뜻을 파악하기 위해 그가 인용하는 마르크스의 다음과 같은 문장, '교환은 생산 부문에서의 차이를 만들어내는 것이 아니라, 이미 다르게 존재하는 것들을 연관시키고, 이리하여 그것들을 확대된 사회의 총생산에서의 다소간에 상호 의존하는 부문들로 전화시키는 것이다.'를 꼼꼼히 읽어보더라도 당혹스럽긴 마찬가지다. 두 가지 교환 형태를 실현하는 네이션과 국가로는 인간의 교환 욕구가 채 충족되지 않기 때문에 자본이 출현했다는 뜻일까? 그렇다면 이어지는 문장은, 자본을 폐기하는 것의 어려움과 동시에 불가능하지는 않다는 희망은 결국 자본을 대체할 다른 교환의 형태를 찾는 것으로 이어진다는 뜻일까? 이에 비해 마르크스는 교환이 총자본의 운동과 재생산과 축적의 필수적인 계기라는 것을 강조하는 데 그친다. 그것은 생산양식의 계기이자 매개이며 하위 범주이다. 자본이 교환을 규정하는 것이지 교환이 자본을 규정하는 것이 아니다. 그러니까 고진이 '교환이 화폐에 의한 매개를 거쳐야만 한다는 '필연성'을 부정하는 경제학이나 '사회주의'는 그런 의미에서'형이상학'이다(363)'라고 쓸 때, 그는 프루동에 대한 비판을 마르크스와 공유하고 있을 뿐이다.

고진의 교환양식을 검토하는 데 참조할 만한 대목은 마침 마르크스의 글에서도 보인다. 사회적 생산을 교환의 형태로 다룰 때 경제는 '현물경제, 화폐경제, 신용경제'로 구분할 수 있다. 하지만 이때 '신용경제는 화폐경제의 한 형태일 뿐이다. 왜냐하면 이들 두 용어는 생산자들 사이의 교환기능(Verkehrsfunktion) 혹은 교환양식(Verkehrsweise)을 표현하는 것이기 때문이다.' 이 문장들에 따르면 교환양식에 따른 구분은 '자본주의적 생산의 서로 다른 발전단계를 파악하게 해주지만 사회적 생산의 본질을 밝혀주지 못한다. 또 앞의 두 가지는 '결코 현물경제와 대비되는 별도의 교환형태(Verkehrsform)가 아니다.' 즉 이러한 구분의 지표는 '경제(즉 생산과정 그 자체)가 아니라 경제에 상응하는 (다양한 생산담당자 혹은 생산자들 간의)교환양식'이므로 현물경제는 '물물교환경제(barter economy)'로 표현되는 게 더 합리적이고 더 정확하다. 교환양식으로 생산양식을 대체할 때 파악하게 되는 자본주의 생산의 특징은 기껏 '생산물이 거래물품(상품)으로 생산되는 수준, 따라서 생산물의 형성요소가 생산물이 만들어진 경제에 다시 거래물품(상품)으로 들어가야 하는 수준(2 146)' 정도이다.

새로운 차원에서 종합되는 것은 경제와 종교와 교환이다. '경제적 과정은 이른바 하부 구조가 아니다. 그것은 오히려 '종교적' 과정이다. 자본주의 시간성은 끝이 끊임없이 뒤로 미루어진다는 의미에서 유대=기독교적인 시간성과 유사하다. … 오히려 종교는 근본적으로 살아 있는 자의 죽은 자에 대한 채무 감정, 또는 이 세상과 저 세상 사이에서의 '교환'에 뿌리박고 있다는 의미에서 '경제적'이다. 자본, 국가, 네이션, 종교는 모두 교환이라는 관점, 즉 '경제' 관점에서 보아야만 하는 것이다.(346)' 경제를 종교의 일종으로 파악하는 관점에 대해 선불리 판단해선 안 된다. 새로운 관점은 오직 새로운 지평을 여는 것으로 자신의 힘과 가치를 증명하는 법이다. 더 나아가 경제를 종교로, 종교를 경제로 파악하는 것도 그렇다.

경제적 과정을 종교적 과정으로 규정할 때 자연스레 떠오르는 것은, 마르크스가 생산양식이란 무엇인지 말할 때 사용하는 경제적 사회 구성체란 개념이다. 모든 사회구성체는 역사적이다. 현재는 과거의 누적이면서 귀결이라는 점은 사회든 종교든 예외가 없다.

'시간성은 끝이 끊임없이 뒤로 미루어진다'. 이런 진술은 매력과 동시에 한계를 가진다. 매력이란 한계의 효과일지도 모른다. 너무 많은 뜻으로 해석될 수 있기 때문이다. 예컨대, 시간이 흐를수록 타인 노동의 결과가 자본으로 축적된다. 유통과정이 생산 자본의 복귀 시점을 결정한다. 자본가의 축적은 눈앞의 쾌락을 유예하는 것을 요구한다. 자본의 집적과 집중은 기독교의 구원처럼 유예되지만 그마저도 아무것도 예정됨이 없다, 등등.

살아 있는 자의 죽은 자에 대한 채무 감정이 종교의 근원이라는 해석은 독창적인 견해일 수 있으나 이를 두 세계 사이의 교환으로 해석하는 것은 자연스럽지 않다. 교환에 뿌리박는 것을 '경제'의 정의로 내세우는 주장은 더욱 그렇다. 가령, 교환이라는 관점에 선다면 이때 보이는 모든 것은 경제적이다. 이어서 고진이 '우리를 움직이고 있는 것은 이념이 아니며, 또한 현실적인 필요나 욕구도 아니다. 굳이 말하자면 교환 또는 상품 형태 자체에 배태되어 있는 형이상학이며 신학인 것이다.(346)'라고 쓸 때 독자가 혼란을 느끼는 것은 당연하다. 마르크스의 문장에 익숙한 독자라면 더욱 그렇다. 또 철학적 진술이 꼭 논리적이거나 엄밀할 필요가 없다고 해도 그렇다. 그가 사용하는 말과 문장들이 철학에 속하는지는 논외로 하더라도 말이다. 아무튼 특정하진 않았지만 고진이 말하는 '우리'가 인간 일반을 일컫는다고 본다면 인간에게 근본적인 것은 형이상학이며 신학이다. 교환과 교환되는 상품은 이러한 형이상학과 신학을 배태한다. 교환은 형이상학을 낳는 어머니다.

자본, 국가, 네이션, 어소시에이션

먼저 국가 혹은 스테이트의 개념을 살펴보자. 고진은 고전경제학이 자신의 기원인 절대주의 왕권을 부정함으로써 자본과 국가의 분리를 주장했다고 쓴다. 월러스틴의 '근대 세계 시스템'이라는 개념에서 우리는 자본과 국가의 병존 혹은 합체를 엿볼 수 있다. 그러니까 '중상주의적인 국가-경제 체제가 근대의 기점에 있고, 이후에도 본질적으로 변하지 않는다.' 이는 그러한 국가의 고전경제학의 이데올로기를 실현한 자유주의가 '패권 국가가 취하는 경제 정책'을 추구하는 데서도 확인된다.

헤겔을 비판하는 초기의 마르크스는 '국가가 시민 사회로 환원되지 않는 자율성을 지닌다는 것을' 보지 못하였다.' 왜냐하면 '시민 사회'란 이미 '국가'에 의해 구분되고 조직된 것이다. 시민이란 국민인 것이다. 그러므로 설사 정치적 국가를 해소한다 하더라도 시민 사회 자체에 국가가 남아 있(421)'기 때문이다. 즉 사회 속에는 해소되지 않는 국가의 영역이 존재한다.

국가가 시민사회와 별개인 초월론적 범주인 것은 그람시도 파악하고 있었다. '국가가 계급 지배를 위한 폭력 장치라는 엥겔스의 생각에 대항해 그것이 동시에 이데올로기적 장치이기도 하다'라고 고진은 쓴다. '시민 사회 자체가 국가=권력 장치이고 문화적 헤게모니 장치이다. 국가와 시민 사회를 분리하는 것에 대한 비판이다.' 하지만 그람시는 '국가를 단지 내부적으로 보는 입장에 머물고 있으며' 그의 견해는 '결국 국가를 시민 사회로 환원하는 것으로 귀착한다.(422)' 교환양식의 한 기둥이자 주체인 국가, 즉 스테이트의 현존은 이렇게 확인된다.

'네이션은 국가나 자본과는 다른 '경제' 원리에 뿌리박고 있다.' 물론 경제원리란 교환의 원리, 곧 교환의 근본적 형태를 표현하는 용어다. '네이션이 표상으로 교육이나 문학에 의해 강화되는 것은 확실하다. 그러나 그것은 단지 표상에 의해서 존재하는 것이 아니며, 표상에 대한 비판에 의해 해소될 수 있는 것도 아니다.' 문학을 네이션의 기능으로 자리매김하는 고진의 견해는 '근대문학의 종언'이라는 별도의 책으로 강조된 바 있다. 문학이 종언을 고한다고 해서 문학이 그 표상을 형성하는 데 기여하는 네이션이 사라지는 것은 아니다. 문학은 네이션에 그치지만 호수제라는 교환양식의 현실적 조건인 네이션은 문학 저 너머에 있다. 그러므로 네이션이 지식인의 태도나 감정으로 무시될 리 없다. '지식인이 아무리 경멸하더라도, 네이션도 그것을 필요로 하는 '현실'이 있다고 하지 않으면 안 된다. 그리고 그것은 화폐에 의한 상품 교환과는 다른 호수적인 '교환' 관계에 뿌리박고 있다. 따라서 화폐와 마찬가지로 네이션은 단순한 환상이 아니라 초월론적 가상이라고 말할 수 있을 것이다.(428)' 거듭 확인하는 바지만 국가와 네이션과 자본은 현실의 필요 위에 서 있는 것인데 그 현실이란 세 가지 교환 관계 위에 놓여 있다. 초월론적이란 곧 세 가지 교환을 반영하는 한 현실의 제약으로부터 영향을 받지 않는다는 뜻이다. 이는 마치 칸트에게 의식의 초월론적 형식들이 감각 내용에 아무 영향도 받지 않는 것과 같다.

네이션을 떠받치는 교환 관계, 호수제의 역사적 근원은 농업 공동체이다. '네이션의 기반에는 시장 경제의 침투와 함께, 또한 도시적인 계몽주의와 함께 해체되어갔던 농업 공동체가 있다. 그때까지 자율적이고 자급자족적이었던 각 농업 공동체는 화폐 경제의 침투에 의해 해체됨과 동시에 그 공동성(상호 부조나 호수제)을 네이션(민족) 안에서 회복하는 것이다.' 공동체가 해체되고 나서 남는 것이 있다. 그것은 공동체가 대변했던 교환의 형식이다. 그것의 기반은 특이하게도 감정이다. 교환의 형식은 인간에 내재화한다. 인간은 교환 형식의 매개이다. 초월론적 범주는 근본적인 형식이어서 무엇이든 자신의 매개로 삼을 수 있다. '네이션은 지성적인(홉스적인) 국가와 달리, 농업 공동체에 뿌리박고 있는 상호 부조적 '감정'에 기반을 두고 있다. 그리고 네이션은 농업 공동체가 그러하듯이 다른 네이션에 대해 배타적이다. 그러나 이렇게 말하는 것은 단지 내셔널리즘을 감정으로부터 설명하는 것이 아니라 교환 관계로부터 설명하는 것이다.' 감정은 매개이자 표현일 뿐이다. 그를 통해 표현되는 것은 여전히 교환 관계이다. 우리 감정은 교환 관계의 표현이다. '증여에 대해 지는 부담감 같은 종류의 감정 밑바탕에는 교환 관계가 숨어 있는 것이다.(427)'

교환양식을 통해 고진이 말하려는 것을 요약해보자. 인간에게는 자본뿐만 아니라 국가와 감정도 중요하다. 이 세 가지 가운데 하나가 나머지 둘 혹은 하나를 대체할 수 없다. 생산양식이 무엇이든 간에 국가의 고유한 역할이 있고, 인간의 감정은 그가 다른 인간과 관계를 맺고 살아가는 한 없는 것으로 치부할 수 없다. '교환양식'을 저만치 밀쳐두더라도 우리는 똑같이 말할 수 있지 않은가? 게다가 세 번째 교환양식이 그 실체를 강력히 주장하는 인간의 감정에 대해서는 마르크스 말고 다른 저자가 열 권이 넘는 책을 통해 눈부시게 펼쳐 보이니 말이다.

감정이 교환관계의 표현인 이상 이념 또한 교환관계의 표현이다. '자유·평등·우애의 이념은 자본·스테이트·네이션으로 전화했다. 헤겔은 '욕망의 체계'로서의 시민 사회의 자유를 긍정하면서, 그것이 초래하는 불평등을 시정하는 것이 이성적인 국가=관료라고 생각했다. 또한 '자유'와 '평등'의 모순을 넘어서는 것으로서의 '우애'를 네이션에서 찾아내고 있다.(430)' 헤겔이 뛰어난 점은 자본의 문제를 국가를 통해, 또 자본과 국가의 충돌을 네이션에서 찾으려 했다는 점이다. 뛰어난 점이 있다고 해서 결점이 없는 것은 아니다. 헤겔의 문제를 고진은 다음과 같이 쓰고 있다. '각각의 사람들이 경제적으로 마음껏 자유롭게 행동하고, 그것이 경제적 불평등과 계급적 대립으로 귀결되면, 그것을 국민으로서의 상호 부조적인 감정에 의해 그것을 제거하고, 국가에 의해 규제하여 부를 재분배한다고 하는 식이다. 그 경우 자본주의를 타도하고자 하면, 국가적인 관리를 강화하게 되거나 네이션의 감정에 발이 걸리게 된다.(428)' 이로부터 독자는 헤겔의 결점이 아주 심각한 건 아니라는 걸 알 수 있다.

하지만 고진은 훨씬 더 근본적인 시점에서 사태를 바라본다. '자본만이 아니라 국가나 네이션을 '경제적'인 구조, 즉 교환 형태들의 연관으로서 다시 파악하는 것이다. 그때 이 삼위일체의 고리로부터 나가는 출구가 발견된다.(430)' 경제적인 것을 정치적인 것으로, 혹은 감정에 속하는 것으로 돌리는 한 근본적인 해결책에서 멀어질 뿐이다. 교환 형태들은 경제의 근본 형식, 초월론적 범주들이다. 그러니까 이러한 해석은 고진이 제시하는 해법이 경제적인 것이라는 것을 말해준다. 이제 초점은 경제적인 것이 무엇인지로 옮겨간다. 교환형태들은 경제적인 구조를 이루고 있으므로 이를 전체적 연관에서 파악할 때 탈출구도 마련할 수 있다.

고진이 삼위일체의 고리를 말할 때 우리는 자연스럽게 마르크스가 책에서 적시한 삼위일체 정식을 떠올린다. 임금·이윤·지대는 자본주의 생산양식의 세 가지 수입 형태들이다. 이 생산양식을 통해 살아가는 사람들은 노동자이거나 자본가이거나 토지소유자이다. 물론 현실에 나타나는 수입의 형태는 그것이 어디에 속하는지 쉽게 판단하기 어려울 만큼 서로 뒤섞이거나 확정하기 어려울 수 있다. 세 가지 수입 형태는 이 생산양식의 관리자이자 대리인인 자본가의 의식에서 나온 것이다. 이 삼위일체의 마법이 얼마나 강력한지는 당시의 부르주아 경제학이 노동, 자본, 토지를 세 가지 생산 요소로 삼아 하나의 경제학을 구성하는 데서 증명된다. 마르크스는 이 경제학에 '속류'라는, 명예롭다고는 할 수 없는 관을 씌워줌으로써 성스러운 개념이 횡행할 때 그것이 꼭 본성에서도 성스러운 것은 아님을 보여준다. 거꾸로다. 삼위일체 정식은 자본주의 생산양식을 되비치는 인간 의식이 흔히 취하는 은폐와 전도의 최종 형식이란 명예롭다고는 할 수 없는 칭호마저 얻게 된다.

현상을 세 가지 정식으로 표현하는 것은 매우 효율적이다. 세 가지가 무엇이든 그렇게 세계를 해석하려는 시선은 비슷한 사례를 지난 역사에서, 그리고 다양한 인간 정신의 영역에서 아주 흔하게 찾을 수 있다. 이단이라 의심받을까 봐 죽을 때까지 숨기면서 뉴턴이 논박하려 애썼던 이론 또한 이름마저 성스러운 삼위일체론이 아닌가. 그가 그 일에 성공했는지 진지하게 묻는 사람은 그를 연구하는 과학사가 말고는 드물 테지만, 그가 그 일에 실패했다고 해서 실망할 필요는 없다. 뉴턴과 같은 인간의 위대함은 좀 못해 보이는 다른 부분의 위대함 때문에 그 빛이 줄어들지는 않는 법이니까. 어쨌든 허세이거나 거짓이거나 혹은 은폐의 무기도 때로는 세 가지의 정립, 삼위일체라는 눈에 익은 모습으로 출현한다.

고진의 교환양식에서 삼위일체를 이루는 항들 간의 관계는 다음 문장에서 잘 드러난다. '상품 경제에서의 인간의 '사회적' 관계는 오히려 자본에 의해 형성된 것이며, 처음부터 사물과 사물의 관계를 통해 나타난다. 애초에 우리는 서로 누구와 관계하고 있는지를 알 수 없다. 그러나 그와 같은 '분리'가 공동체나 국가에 의해 닫힌 사람들을 '사회적'으로 결합하여 이를테면 코스모폴리스가 형성하는 것이다.'

상품 경제에서 인간들 간의 관계를 결정짓는 것은 자본이다. 이때 그 관계는 사물 대 사물의 관계로 현상한다. 여기까지는 마르크스의 서술과 일치한다. 이러한 사물화와 분리는 네이션이나 국가의 작용에서는 볼 수 없던 것이다. 이 두 가지 교환양식은 인간들을 특정한 관계 속에 붙들어 둠으로써 인간이 세계 전체를 자기 무대로 삼는 것을 제약한다. 이른바 코스모폴리스가 형성되는 것은 자본이라는 교환양식의 기여 덕분이다. 그러므로 자본주의 아래에서 '관계론적 세계가 물상화되어 있다는 따위의 생각'은 극히 피상적인 것이다. 이는 '사후적인 원근법적 도착에 지나지 않는다. 그것은 '자본의 운동이 현실에서 세계적으로 '사회적 관계'를 조직한다'는 것을 보지 못하고 있다.(348)' 고진은 상품 교환으로 성립하는 자본제의 긍정적 측면을 강조하고 있다. 이는 "자본'이 '국민political 경제학 비판'인 까닭의 하나는 그것이 자본주의를 폴리스(국민 국가)에서가 아니라 세계에서 보려고 한 점에 있다.(408)'고 고진이 쓸 때 의미하는 것이다. 이는 마르크스의 아나키즘 혹은 세계주의를 상찬하는 것이 아닐까?

자본, 국가, 네이션은 '교환'의 범주이자 표현이다. 이에 비해 '어소시에이션은 상호 부조적이지만 공동체처럼 폐쇄적이지 않다. 상품 교환을 통해 공동체에서 나온 개인들에 의해 형성되는 자발적인 교환 형태를 말한다.(423)'

네 번째 교환 형태가 삼위일체의 고리에서 탈출할 때 갖는 의의를 고진은 다음과 같이 적고 있다. '환경오염에 … 대항이 어려운 것은 우리가 자본=네이션=스테이트 안에 있기 때문이다. 그 회로의 밖으로 나가는 방법이 없는 한 우리에게 희망은 없다. 그리고 그 출구는 여전히 어소시에이션에서밖에 없다.(435)'

고진의 어소시에이션은 흄과 로크의 인식론에 등장하는 '관념 연합'을 상기시킨다.『자본』에서도 '결합체적 생산양식'에서 보듯 어소시에이션의 독일어 동사형이 나오는데 고진의 용어는 이 용어에서 출발한 것처럼 보인다. 개념이란 발명이라기보다 먼저 출현한 것의 재해석임을 무엇보다 잘 보여주는 것이 철학이다. 널리 보면 철학이란 앞선 철학의 독해의 기록이다. 고진의 트랜스크리티크의 의미, 화용 자체가 철학의 이런 재귀적 정의를 보여준다. 고진이 제시하는 어소시에이션이 프루동으로의 후퇴가 아닐까 하는 의심이 떠오르는 지점이다. 그가 말하는 어소시에이션이 어소시에이션의 어소시에이션이라 해도, 또 고진이 글 곳곳에서 규제 이념으로서 코뮤니즘을 강조한다 해도 그렇다.

고진의 개념을 마르크스의 문장에 근거하여 평가해보고 싶을 때는 특히 다음 문장을 만났을 때다. '어소시에이션이란 어디까지나 개개인의 주체성에 기초하는 것이지만, 그것은 이렇게 유통 과정을 축으로 하는 것이 아니고서는 불가능하다.(457)' 그의 말을 이해하기 위해서는 고진이『자본』

을 어떻게 읽는지 살펴보아야 한다.

가능한 코뮤니즘, 경제학에서 윤리학으로

시장경제를 지양하는 데 가장 중요한 것은 무엇인가? 관점의 전환이다. 투쟁의 전선을 생산에서 소비와 유통으로 옮기는 것이다. '생산과정에서 자본제 경제를 바라볼 때, 그것에 대한 투쟁은 노동자의 자본에 대한 투쟁, 생산 지점에서의 투쟁이게 된다. 다른 한편 자본제 경제를 유통 과정에서 바라볼 때, 그것에 대한 투쟁은 비자본제 경제를 창출하는 것, 즉 생산-소비 협동조합, 대안 화폐나 은행 등을 창출하는 것이게 된다.(268)'

자본의 순환은 생산과 유통의 두 과정으로 나뉜다. 경제적 생산양식은 우리가 주목하는 부분에 따라 그 본질적 성격이 달라지는 것이 아니다. 유통 과정을 바라보면서 자본주의와 투쟁하는 것이 비자본제 경제를 창출한다는 고진의 말은, 생산은 자본주의적으로 하되 유통은 비자본주의적으로 한다는 뜻일까?

유통과정은 자본이 생산한 상품이 화폐로 실현되는 과정이자 그다음 순환을 위해 자본이 화폐 형태에서 생산수단인 상품 형태로 다시 바뀌는 과정이다. 자본의 순환은 생산자본과 상품자본, 그리고 화폐자본이라는 자본의 세 가지 운동 형태가 번갈아 나타나고 중첩되면서 이루어진다. 따라서 고진의 말은 자본 순환의 취약한 고리가 유통 과정에 있다는 뜻일 테다. 한편 유통과정은 노동자가 임금으로 지급받은 화폐를 생활수단이 되는 상품과 교환함으로써 자신을 재생산하는 과정이기도 하다. 이 과정의 중단은 자본가보다 노동자에게 더 큰 고통, 어쩌면 생존을 앗기는 고통을 안겨준다. 자본주의가 위기에 처할 때마다 가장 고통을 받는 것은 누구인가? 21

세기에 이른 지금 자살을 포함한 사회적 살해는 차라리 죽음의 일반 형태에 가깝다.

고진이 말하는 '생산-소비 협동조합, 대안 화폐나 은행'은 몬드라곤과 같이 특정 지역에서 작동하고 있는 사회 형태를 가리키는 것일까? 생산양식이 그러하듯 사회 형태는 필요하다고 해서 그때그때 주어지는 것이 아니다. 실천의 변증법에 따라 하나의 성과가 그다음 실천을 낳는다고 해도 말이다.

'노동자의 경제적 투쟁은 소비의 증대-자본의 축적으로서 자본 경제의 '호순환'을 뒷받침하는 것이 된다. 그 결과 생산과정에서 자본주의 타도의 계기를 찾아내는 것은 점점 더 불가능해지는 것으로 보인다.(439)' 경제적 투쟁이란 생산관계를 바꾸려는 것이 아니라 기존 계급관계 위에서 노동자가 자신의 몫을 늘리려는 투쟁이다. 이 투쟁이 성공할 때 노동자는 더 큰 수입을 손에 쥐게 되고 소비는 증대된다. 이 증대는 자본의 입장에서 생산된 상품을 가격으로 실현하는 기회의 확대다. 이는 결국 자본 축적으로 귀결된다. 자본주의는 타도되는 것이 아니라 더욱 안정적인 것이 된다.

고진이 소비에서 자본주의를 지양하는 운동의 결정적인 계기를 찾아내는 곳은 마르크스의 문장이다. '자본에게 있어 소비는 잉여가치가 최종적으로 실현되는 장이며, 소비자의 의지에 종속될 수밖에 없는 유일한 장이다. … 유통 과정에서만 잉여가치가 실현된다. 그곳은 자본이 판매자로서 '목숨을 건 도약'을 하지 않으면 안 되는 장이다.(442)' 자본은 상품을 화폐로 전화시키지 않고서는 순환 운동을 지속할 수 없다. 화폐는 자본이 순환 과정에서 반드시 거쳐야 하는 매개다. 이는『자본』제2권의 뼈대를 이루는 것이기도 하다. 또 로자 룩셈부르크가 자본의 축적은 비자본주의적 생산 체계, 나아가 다른 국가에 대한 수탈, 세계적 규모의 수탈을 필수적으로 동반한다고 말하는 근거이기도 하다.

하비는 위기에 처한 자본주의의 해법으로 신용을 고려한다. 마르크스가 명시적으로 그 둘을 연관 짓지는 않지만, 그는 『자본』 제3권의 전체 내용을 자본주의 생산양식의 필수 기관으로서 신용의 역할을 분석하고 해명하는 것이라 해석한다. 신용은 화폐 지불을 유예하고 모순을 연기한다. 자본 축적은 신용을 매개로 부채의 축적을 동반하면서 위기를 모면한다. 하비는 최근에 이르기까지 자본의 생산양식이 세계적 차원의 수탈과 신용을 통한 위기의 연기로 가치 실현의 모순을 유예해왔음을 밝힌다. 세계적 규모에서 자본의 장기적 순환은 대외적 수탈과 신용을 통한 위기의 완화라는 두 계기에 의해 지탱된 것이다.

이와 같은 여러 분석에 따르면 노동자의 소비 거부 투쟁이 자본의 순환에 심각한 타격을 가한다고 보기는 어렵다. 고진은 '『자본』이 쓰인 19세기 후반에 보이콧, 요컨대 유통 과정 중심으로 이행했다는 것, 그럼에도 불구하고 많은 사람들이 그것을 이해하지 못했다. … 기동전으로부터 진지전에로의 이행은 다른 어디서보다도 영국에서 리카도 좌파에 기초하는 차티스트 운동이 끝난 시점에 현저하게 나타나고 있었다. 나의 시도는 『자본』을 이를테면 '진지전'을 위한 논리를 제공하는 것으로서 읽는 것(444)'이라고 말한다. 기동전보다 진지전에 더 취약한 것은 자본가 계급인가, 아니면 노동자 계급인가? 자연스레 따라붙는 의문이다.

고진이 유통 과정을 강조하는 것은 앞서 말한 소비자 운동에 힘을 싣기 위한 논리적 절차다. '자본을 고전파로부터 구별하는 것은 사용 가치의 중시, 그리고 유통 과정의 중시였다.(444)' 이와 같은 언급은 자본을 자기증식하는 가치로 규정하고 그 증식하는 가치가 노동자의 살아 있는 노동에서 나온다는 점을 강조하는 마르크스의 서술과 본질적이면서도 커다란 차이를 드러내 보인다. 자본가가 노동자에게 지불하는 것은 노동의 가치가 아니라 노동력의 가치다. 자본의 생산과정은 노동자의 살아 있는 노동을 사용하는 과정이다. 노동력의 등가가 노동자에게 주어지고 노동이 자본가에게 주어진다.

잉여가치 생산의 이 비밀, 노동의 이중성은 로도스 섬의 도약으로 표현될 만큼 『자본』의 저자가 강조하는 바다. 그런데 사용가치의 중시란 무슨 뜻일까? 노동의 이중성에서 핵심을 그 반대편으로 슬그머니 이동시켜 고진이 우리에게 보여주려 하는 것은 무엇인가?

유통과정의 중시는 무슨 뜻일까? 상품의 생산과 그 가치의 실현에서 고전경제학이 전자만을 강조했다는 뜻일까? 잉여가치를 해명하기 위해 사용가치가 아니라 가치에 추상의 힘을 집중하고, 유통이 아니라 생산에 눈길을 고정한 결과가 마르크스의 책 첫 권이 펼쳐내는 세계가 아닌가?

자본과의 투쟁을 고민하는 고진의 눈에, '잉여가치는 '사회적' 총자본으로서만 실현된다'는 것은 매우 중요하다. 총자본이란 세계적 규모에서 잉여가치가 생산되고 또 그 가치가 가격으로 실현됨을 말한다. 그러므로 '개별적인 한 나라 안의 총자본에 대한 투쟁은 단지 자본제 경제의 일환에 지나지 않게 된다. 노동자는 기업이나 국가 사이에서 서로 분단되어 있다. 그들의 이해관계는 개별 자본의 이해관계와 분리될 수 없으며, 또한 국가들의 이해관계와도 분리될 수 없다.' 자본은 국경을 넘지만 노동자는 그 안에 갇혀 있다.

한 국가 단위에서 자본주의가 지양될 수 없음을 강조하는 고진의 머릿속에는 1990년 즈음의 세계사적 전환이 자리 잡고 있다. 지구 전체를 대상으로 삼는 자본은 한 국가 내 노동자의 저항을 지리적 재배치를 통해 회피하고 무력화한다. 이는 신자유주의 단계에 이른 자본주의가 끊임없이 보여주는 현실이다. 철수하겠다는 위협만으로 노동자를 실업의 공포로 내모는 것이 다국적 자본이다. 이렇게 된 것은 저항의 주체들이 생산과정을 고집했기 때문인가?

고진이 '생산과정만을 고집하는 한, 노동자 운동은 국가로 분단되고, 또한 더욱 강력한 국가 권력에 의한 통제를 지향하는 것으로 끝나지 않을 수 없다'라고 쓴다고 해서, 자본주의의 지리적 확장이 생산과 유통, 상품으로서 자본 조달과 상품의 가치 실현을 포괄한다는 점이 달라지지는 않는다. 소비에트의 경험과 명목에서만 사회주의를 내건 기존 체제의 실패를, 자본 이후가 여는 세계의 전부라고 암묵적으로 전제할 수도 있다. 그러나 실천에 대한 역사적 평가가 과거 경험의 확인에 그치는 한 변혁에 이를 수 없다. 이는 지금까지 역사적 사례를 근거로 자본주의 생산양식의 영원한 승리를 승인하는 태도의 전도된 거울상일 뿐이다. 영원한 패배는 영원한 승리를 전제한다. 고전경제학이 과학이 되지 못한 이유는 그것이 자신의 연구 대상을 영원히 존속하리라 믿는 데 있다고 적시하는 것은 다름 아닌 마르크스다. 노동과정은 여전히 노동자의 실천의 주된 무대이다. 또 그들이 자본에 맞서 힘을 발휘할 수 있는 유일한 공간이다. 그들의 생존은 생필품에 달려 있다. 생필품의 소비를 거부함으로써 그들에게 돌아오는 것은 무엇인가?

또 자본이 노동자의 저항을 무력화하고 분쇄하는 데 국가의 법적 제도적 기관들을 이용한다고 해서 노동자가 국가를 이용할 수 없는 것이 아니다. 현대 민주주의의 기초라는 삼권분립이 본질상 행정부든 입법부든 사법부든 자본에 맞서는 것을 서로 견제하는 체계라 해도, 또 사 년이든 오 년이든 뜨문뜨문 행사할 수 있는 투표권이 노동자에게 허락된 거의 유일한 정치적 의지의 분출구라 해도 말이다. 지난 역사는 이러한 제도적 조건을 뚫고 솟아오른 노동자 계급과 시민의 힘을 넉넉히 보여주지 않았는가? 국가는 노동자에게 새로운 저항과 실천의 계기이고 그럴 수밖에 없다. 목소리는 크되 되먹임은 거의 보이지 않는, 금융과 환경 문제를 둘러싸고 시끌벅적하게 벌어지는 국가 간 회의의 거의 보이지도 않는 성과를 생각해도 그렇다.

국가 기구든 국제 행사든 투쟁의 계기들을 현실의 힘으로 바꿀 때 변하지 않는 출발점이자 검증의 토대가 되는 것은 달라질 수 없다. 여전히 중요한 것은 자본주의적 생산의 본질과 형태에 대한 인식이다. 고진은 이어 '그러나 자본의 운동이 전 지구적으로 '사회적 관계들'을 조직할 때, 그것에 따르면서도 역전하는 계기는 그것 자체 안에, 요컨대 유통 과정에 포함되어 있다.(446)'라고 말한다. 이때 그의 눈에 스쳐가는 것은 현대차가 미국에서 팔리고 미국 주식이 한국에서 팔린다는 것, 가령 미국의 모든 소비자가 단결하여 삼성 휴대폰은 쓰지 않을 때 열리는 자본주의 이후의 풍경 같은 것일까?

'따라서 자본과 국가에 대한 대항 운동은 단순한 노동자 혹은 소비자 운동이 아니라 초국가적인 '소비자로서의 노동자' 운동이어야만 한다.(448)' 국경을 뛰어넘고 생산자로서 노동자라는 규정도 뛰어넘을 때 자본주의에 대한 저항이 새로 얻게 되는 힘이란 무엇인가?

일국에 한정되는 투쟁이 세계를 무대로 운동하는 자본에 가할 수 있는 타격의 한계에 대해서는 맥락은 다르지만 토마 피케티도 힘주어 말한 바 있다. 조세를 낮춤으로써 자국 자본에 최대한의 경쟁력을 부여하려는 유럽 각국의 노력은 다투어 자본에 대한 면세와 감세로 나타난다. 따라서 자본에 대한 규제, 자본세는 예외 없이 모든 국가에 부과되어야 하고 그 정치적 귀결로서 연방제로서 유럽의 결합이 요청된다는 것이다. 이와 같이 '만국의 노동자여 단결하라'고 외치는 마르크스의 목소리를 지금 되살리는 방법을 모색하는 것은 무엇보다 중요하다.

노동자는 어떻게 소비자가 될 수 있는가? 생산-소비 협동조합과 대안화폐를 통해서다. 생산-소비 협동조합에 고진이 거는 기대는 자못 크다. '노동자=소비자에게 있어 '일하지 않는 것'과 '사지 않는 것'을 가능하게 하기 위해서는 동시에 일하며 살 수 있는 대안이 있어야만 한다. 그것이야말로 생산-소비 협동조합이다. 노동력 상품의 지양은 생산-소비협동조합에 의해서만 가능하다.(451)' 노동자가 일하지 않는다면 이는 자본에 결정적인 타격이 될 것이다. 생산이 불가능하기 때문이다. 노동자가 사지 않을 때도 똑같다. 왜냐하면 상품 형태인 잉여가치를 화폐로 전화하지 못할 것이기 때문이다. 그런데 인간의 생존이란 필요하면 잠시 쉬었다가 재개할 수 있는 것이 아니다. 문제는 여기 있다. 생산-소비협동조합이 바로 눈앞에 주어져 있다면 이는 자본에 대항할 강력하고 현실적인 무기임에 틀림없다. 이는 노동자가 그토록 염원하던 자본제적 생산양식에서 벗어날 수 있는 발판이다. 자본과의 투쟁에서 자본의 가장 취약한 고리는 유통이다. 그런데 그 투쟁이 가능하기 위해서는 자본에 포섭되지 않고 생존할 수 있는 조건이 마련되어야 한다. 그 조건은 늘 자본을 밀어낸 곳에서만 손 안에 넣을 수 있다.

19세기 중반 영국의 협동조합 공장에서 자본주의 이후에 이르는 생생한 경로를 발견하는 것은 마르크스다. 그것은 결합체적 생산양식으로 가는 과도기적 사회 형태다. 협동조합공장의 발전은 지금도 이런 저런 모습으로 변주되고 있다. 그러한 사회 형태의 현실들은 여전히 마르크스가 예상했던 만큼의 가능성과 뜻을 가지는가? 고진은 희미하게 이어져온 그 선을 다시 살려내려 하는가? 어소시에이션을 말하는 그가 마르크스가 말한 결합체적 생산양식을 염두에 둔 것은 분명하다. '협동조합의 어소시에이션을 확대하기 위해서는 자본으로 전화하지 않는 대안 통화, 그리고 그것에 기초하는 지불 결제 시스템이나 자금 조달 시스템이 불가결하다.(452)'

협동조합의 어소시에이션이란 마르크스가 말한바 협동조합 공장의 미래 형태다. 그것은 이중의 어소시에이션이다. 그 안에서도 교환이 이루어지는 한 어떤 형태로든 화폐가 요청된다. 그런데 이때 화폐는 교환의 일반적 매개로서가 아니라 초월론적 통각으로 존재할 것이다!

'(대안 통화를 포함하여) 화폐는 모든 상품의 관계 체계의 체계성으로서, 즉 초월론적 통각X로서 존재한다. 화폐는 가상이라 하더라도 이를테면 초월론적 가상이다. 그것을 단적으로 부정하더라도 다른 형태로 반드시 남는 것이다.' 이 글에서 독자는 초월론적이라는 표현이 고진에게서 갖는 의미를 다시 확인한다. 아무리 존재하지 않는다고 부정하더라도 형태를 바꾸면서 살아남는 것, 그것이야말로 초월론적 가상이다. 여기서 독자는 또 한 사람의 얼굴을 마주한다. 그는 회귀하는 것은 모두 억압된 것이라 말하는 프로이트다. 낙원 또한 잃어버렸기 때문에 낙원이다.

'시장 경제를 인정하면서 그것을 국가에 의해 제어하고자 하는 사회

민주주의에는 자본과 국가를 지양한다고 하는 전망 같은 것은 전혀 존재하지 않는다.(454)' 고진이 사회민주주의를 비판하고 거부하는 까닭이다. 자본과 국가와 네이션은 한꺼번에 지양되어야 한다. 그렇지 않다면 그중 살아남은 하나가 다른 둘을 반드시 되살려낼 것이다. 그 세 가지는 초월론적 가상이기 때문이다. 그렇게 되는 경로가 다 밝혀지진 않았지만 존재든 범주든 초월론적인 것은 삼위일체처럼 서로 얽혀 있어 통째로만 지양된다.

고진의 과제가 경제나 정치 투쟁을 넘어 윤리적 지평으로 확대되는 것이 바로 이 지점이다. '코뮤니즘은 '구성적 이념'-현실이 그것을 향해 형성되어야 할 무언가의 이상-이 아니다. 그것은 '규제적 이념'-현실을 끊임없이 비판할 근거를 부여하는 대상-이다. 그런 까닭에 자본주의를 해명하는 일은 참으로 윤리학적인 과제이다.(338)' 이렇게 확장된 지평에서 코뮤니즘은 비판의 규제적 이념이 되고 고진은 혁명가가 아니라 윤리학 교사로서 자기 자리를 발견한다.

트랜스크리틱으로 『자본』 읽기

경제든 관념이든, 구조든 힘이든 하나의 개념이 현실에 어떤 힘을 행사할 수 있는지는 그 개념을 싣고 나아가는 문장에 달려 있다. 고진은 다음과 같이 쓰고 있다. '자본제 상품 경제는 그 자신이 세계를 조직하는 힘을 지니고 있고, 어떤 의미에서 그것은 관념적인 힘인 까닭에 경제적 하부 구조가 아니다. 그렇다고 해서 그것이 상부 구조인 것도 아니다. 요컨대 자본제 경제를 생각하기 위해서는 하부 구조와 상부 구조라는 역사적 유물론의 견해를 폐기하지 않으면 안 된다.(214)' 자신의 연구 방법으로 마르크스는 관념의 힘이 아니라 추상의 힘을 제시한다. 그 건너편에는 서술해야 할 것들, 즉 구체적인 것, 사회적 부의 집적으로서 상품이 있다. 자본주의 생산양식이 상부구조인가 아닌가에 그는 별 관심이 없다. 인간의 외부에 존재하는 객관적 사회 형태에 어떤 이름을 붙일 것인지 고민하기엔 가야 할 길이 너무 멀다.

역사를 생산양식의 성립과 변화, 교체와 발전으로 파악하는 것은 마르크스의 근본 관점이다. 고진은 다소 특이하게 이를 '마르크스가 보고자 하는 것은 화폐 경제가 조직하는 것으로서의 역사이다.'라고 바꿔 쓴다. 고진에 따르면 마르크스는 '자본제 시장 경제가 전 세계를 변형시키는 것, 그리고 그 힘의 원천이 자본의 가치 증식 충동(화폐의 페티시즘)에 있다는 것을 발견했다.' 자본가란 고유의 인격을 가진 개인이 아니라 자본의 인격일 뿐이라고 거듭 강조하는 『자본』의 저자가 자본의 운동을 자본가의 의도와 충동, 나아가 페티시즘으로 서술할 때 보일 반응은 충분히 상상할 만하다. 마르크스의 연구 및 서술의 근본 관점과, 증식의 충동과 화폐 페티시즘 사이에 놓인 틈을 무시하기에는 용기를 훌쩍 뛰어넘는 무언가가 필요해 보인다.

'그는 자본제 경제의 범주를 사건으로서의 내용에 형식을 부여하는 것으로서 본다.(242)' 이때 고진의 '범주'를 마르크스의 용어로 옮길 때 가장 적절한 용어는 '사회적 형태'일 것이다. 고진의 문장을 용어에 그치지 않고 마르크스가 흔히 쓰는 문장으로 옮기면 '자본주의 생산양식에 나타나는 모든 소재적 형태는 사회적 형태의 표현이다'가 될 것이다.

역사적으로 잉여가치는 상인 자본에 고유한 것으로 나타난다. 그러나 생산양식으로서 자본주의를 말할 때 자본의 본래적 형태는 산업자본이다. 이때 상인자본은 그 한 기관이 된다.『자본』의 초고를 쓰고 있던 시기, 즉 가치형태가 마르크스의 분석에서 점차 자리를 잡던 시기에서 곧장 본격적으로 자본을 서술하는 시기로 옮겨가, 마르크스가 '자본의 본질을 상인자본에서 보았다'는 견해로 나아가는 데는 상당한 정신적 우회가 필요하다. 그것은 지적으로도 부지런하다고 보기 어렵다. '1850년대 말, '자본'에서 '가치 형태'를 받아들인 시점에서 마르크스는 자본의 운동을 G-W-G'라는 일반적 정식에서 보았다. 즉 자본의 본질을 상인 자본에서 보는 것이다'라고 고진은 쓴다. 마르크스에게 자본의 본질은 소재의 생산과정인 동시에 가치의 증식과정인 노동 과정에서 드러난다. 이른바 로도스 섬의 비밀은 노동의 이중성에 숨겨져 있다. 자본의 운동을 화폐 형태로 고찰할 때 드러나는 자본의 본질이란 무엇인가? 상인자본에서 자본의 본래 형태인 잉여가치가 처음으로 화폐 형태로 드러난다는 사실을 말하는 것일까?

마르크스는 스페인과 네덜란드를 비교하면서 자본주의가 한 생산양식으로서 지배적인 사회 형태가 되는 것은 그 사회 안에서 자본주의 요소들이 얼마나 발전했는가에 달려 있다고 쓴다. 영국이 자본주의가 처음으로 지배적 생산양식이 된 나라가 된 것은 상업자본보다 산업자본이 더 일반적인 자본 형태가 되었기 때문이다.

고진은 가치와 교환을 다음과 같이 잇는다. '생산물을 가치이게끔 하는 것은 가치 형태, 상품의 관계 체계이다.(358)' 생산물을 상품으로 만드는 것은 가치다. 상품이 서로 교환되는 까닭을 고진의 표현을 빌려 말하면, 상품이 관계의 체계를 이루는 것은 상품이 예외 없이 인간 노동의 결과물이기 때문이다. 상품이 현물과 가치라는 두 가지 형태로 나타나는 것은 저자가 책의 앞자리에 밝혔듯 책의 바탕을 이룬다. 가치 형태든 관계 체계든 가치의 현상 형태다. 그것은 가치에 선행하거나 그 근거가 되는 것이 아니다. 고진이 그렇게 말하는 이유가 생산보다 교환이 중요하고 근본적이라는 것을 강조하기 위해서라고 해도 말이다. 언어에서 기표와 기의 간의 자의성에서 출발하는, 프랑스 현대 철학의 온갖 갈래들이 뿌리를 묻은 수원지를 독자는 여기서 마주할지도 모른다.

앞선 글은 고진의 다른 글에 자연스럽게 이어진다. '자본제 경제에 대한 고찰을 위해 우리는 '교환'의 차원, 그리고 그것이 가치 형태를 취하는 것의 불가피성을 보아야만 한다. 중농주의자나 고전경제학자는 '생산'으로부터 출발하여 모든 것을 꿰뚫어보는 시점을 취했다. 그러나 사회적 교환은 우리에게 있어 언제나 꿰뚫어보이지 않는, 그런 까닭에 자립적인 힘으로 나타나 있으며, 그것을 폐기하는 것은 쉽게 이루어질 수 없다.(347)'

자본주의적 생산을 생산의 유일하고 보편적 형태로 간주하는 경제학자들에게 마르크스가 씌워주는 관은 속류라는 관이다. 이와 달리 자본주의 이후를 이야기하는 마르크스는 늘 자본주의적 생산이 사회적 생산을 발전시키는 데 기여한 바를 염두에 두면서도, 그 생산력을 보존하고 유지하는 새로운 생산양식의 실현 가능성을 잊지 않았다. 새로운 생산양식에서는 다른 교환의 형태가 출현할 것이다. 화폐는 폐기되거나 대체될 것이다. 상품이 가치형태를 띠고 나타나는 것은 역사적으로 주어진 특정한 생산양식에서다. 마르크스의 문장들은 사회적 생산을 생산의 관점에서 살피고 분석한 끝에 나온 것이다.

그가 사회적 생산이라고 하면서도 사회적 교환이라고 하지 않는 이유는 무엇인가? 꿰뚫어 보이지 않고, 자립적으로 보인다고 해서 그것이 생산양식의 본질을 이루는 것은 아니다. 폐기되어야 할 것이 무엇인지는 교환 형태가 아니라 생산양식의 본질로부터 확정된다. 설령 일부에서 같은 결론에 도달한다 해도 다른 지점에서 출발했다면 둘 간의 합치는 우연일 뿐이다.

고진이 잉여가치를 어떻게 읽는지 살펴보는 것은 그가 말하는 교환이 무엇인지 아는 데 적잖은 보탬이 된다. 자본은 교환으로부터 잉여가치를 얻는다는 말이, 상품이 분배될 수 있는 잉여가치가 되기 위해서는 화폐로 교환되어야 한다는 뜻이라면 더 보탤 말이 없다. 또 화폐가 자본으로 전화하는 것은 자본이 순환과정에서 상품과 화폐 간 형태 전화를 수반한다는 점에서, 다시 말해 화폐자본은 자본이 순환 과정에서 취하는 세 가지 형태 가운데 하나라는 점에서 상식적 진술이다. 그러나 고진이 '서로 다른 가치 체계가 있을 때, 화폐는 그 사이에서의 교환으로부터 잉여가치를 얻는 자본으로 전화하는 것이다.(355)'라고 할 때 그가 무엇을 말하는지 알기란 쉬운 일이 아니다. '서로 다른 가치 체계'가 무엇인지가 문제다. 마르크스는 교환은 서로 다른 공동체 사이에서 발생한다고 쓴다. 이는 생산수단의 이동이 물리적으로 제한되는 조건을 반영한다. 이러한 사정을 표현하는 것일까? 어조의 유사함은 어떤 일관성을 보여준다.

'하나의 체계의 균형 가격과는 다른 것으로서, '추상적 노동'으로서의 가치가 가정되는 것이다. 하지만 중요한 것은 복수 시스템이 있다는 것, 그로부터 잉여가치가 발생한다는 것, 그런 까닭에 화폐가 자본으로 전화한다는 것 … (357)' 화폐가 그저 소재적 대상에 머물지 않고 사회적 형태인 자본으로 전화하는 것은 특정 생산관계가 존재하기 때문이다. 한쪽에는 노동력만을 가진 노동자가 다른 한쪽에는 생산수단을 소유한 자본가가 있다. 자본가의 화폐는 노동력을 구매함으로써 노동에 대한 배타적 사용권을 획득한다. 이러한 조건에서 이루어지는 것이 자본주의적 생산이다. 서로 다른 공동체가 존재한다고 해서, 혹은 복수의 생산 시스템이 존재한다고 해서 잉여가치가 발생하는 것이 아니니다. 공동체 내에서 물품의 거래를 매개하는 가격 체계가 있을 수 있다. 생산물이 공동체를 벗어나 공동체 사이, 혹은 복수의 시스템 사이에서 거래될 때 필요한 것은 공통의 척도이다. 마르크스가 이 척도로서 제시하는 것은 주지하다시피 가치다.

그의 동료이자 책의 편집자 엥겔스가 책의 말미에 사례들을 덧붙여 역사적으로 입증한 것처럼, 이때 가치는 사회적 노동시간, 평균으로 측정된 추상노동일 수밖에 없다. '하나의 체계의 균형 가격'이 무엇인지는 분명치 않으나 굳이 고진의 문장을 마르크스의 문장에 기대 이해한다면 이를 되풀이하는 데서 크게 벗어나지 않으리라.

공동체를 체계로 바꾼다고 해서 달라질 것은 없다. '서로 다른 체계들 사이에서 이루어지는 교역에서 잉여가치가 발생한다.(358)' 고진은 이를 조금 다르게 '상이한 관계 체계들 사이에서의 교환은 각각에서 등가 교환이라 하더라도 차액(잉여가치)을 가져 온다.(362)' 같이 표현하기도 한다. 자본주의가 한 생산양식으로서 이처럼 안정과 발전을 구가하는 것은 외관상 등가교환의 형태를 벗어나지 않기 때문이다. 자본가는 노동력에 대해 등가의 가치를 돌려준다. 자본가가 치른 비용과 생산물을 판매하고 손에 쥐게 되는 가치 간의 차이, 차액은 어디에서 오는가? 자본가가 정당하게 값을 치른 노동력을 그 가치 이상, 즉 필요노동 이상으로 사용하는 데서 생긴다. 자본가가 값을 치르지 않은 것은 노동력의 가치가 아니라 그 노동력이 생산한 상품 가치의 일부다. 자본가가 자기가 생산한 상품을 배타적으로 소유할 법적 토대는 상품 간 등가교환이다. 교역이든, 체계나 공동체 사이의 교환이든 그것이 잉여가치를 가져온다는 말은 그렇게 함으로써 자본이라는 사회 형태의 새로운 측면이 밝혀지는 것이 아닌 한 혼란을 불러올 따름이다.

그는 나아가 '잉여가치는 이윤과 달리 개개의 기업 내에서는 생각될 수 없다. 자본의 축적 운동을 가능하게 하는 잉여가치는 총체적으로 노동자가 노동력을 팔고, 그 돈으로 그들이 만든 것을 되사는 것에서 생겨난다.'라고 말한다. 이윤은 개개 기업 내에서 생각할 수 있다. 자본가는 기업 단위의 회계를 통해 자신의 사업을 평가하고 검토한다. 자본가는 가치 생산에서 수행하는 소재적 특성에 따라 자본을 구분하지 않는다. 그는 오직 총 선대액과 총 이윤에만 관심을 가진다. 잉여가치는 자본주의 생산양식에서 자본으로서 가치의 원천을 밝힐 때 비로소 파악되고, 가치의 생산과 소유와 분배 형태를 추적할 때 그 바탕을 이루는 사회 형태다. 잉여가치를 대표하는 상품이 화폐로 다시 자본가에게 되돌려지기 위해서는 판매되어야 한다.

사회의 총생산에서 볼 때 '노동자가 노동력을 팔고, 그 돈으로 그들이 만든 것을 되사는 것'은 잉여가치의 실현 과정이다. 이로써 소비재로 표현되는 잉여가치의 일부가 화폐의 형태로 전화한다. 즉 실현된다. 따라서 이것이 모든 잉여가치의, 또 잉여가치 실현의 모든 조건은 아니다. 더욱이 노동자의 구매로부터 잉여가치가 '생겨난다'고 말할 수는 없다.

이어서 고진은 '노동력을 판 시점에서의 가치 체계a와 그들이 생산물을 파는 가치 체계b 사이에 차이가 있을 때만 잉여가치가 가능하다. 그것이 바로 상대적 잉여가치이다. 그러나 상대적 잉여가치는 끊임없는 기술 혁신에 의해서만 확보된다. 따라서 우리는 산업자본도 역시 두 개의 서로 다른 시스템 '사이'로부터 잉여가치를 얻는다는 것을 발견한다.(374)'라고 쓴다. 그의 글에서 '가치 체계'를 특정 생산영역에 속하는 개별 자본으로 해석하면 위의 진술은 다음과 같이 쓸 수 있다. 노동력을 구매한 자본이 생산하는 상품은 다른 자본에 판매됨으로써 자신의 가치(잉여가치를 포함하여)를 실현할 수 있다. 이때 상품이 생산수단에 속하든 소비수단에 속하든 상관없다. 이는 교환은 서로 다른 사용가치들 간에만 일어난다는 것을 달리 표현한 데 지나지 않는다.

그가 말하는 차이를 시간적 차이로 해석할 수도 있다. 노동력을 판 시점, 즉 자본이 노동력을 구매한 시점과 생산한 상품을 파는 시점 간에는 차이가 있다. 하지만 상품이 다른 자본이 생산한 상품과 교환, 혹은 판매된다고 해서 이렇게 화폐로 바뀐 상품이 상대적 잉여가치인 것은 아니다. 체계 간의 차이가 잉여가치를 가능하게 한다는 진술 이상으로 그의 문장이 무엇을 더 말하는지는 분명치 않다. 잉여가치는 상품이 대표하는 가치 가운데 자본가가 지불하지 않은, 불불노동에 해당하는 가치다. 그것이 화폐 명칭인 특정 가격으로 표상되는지는 이와 무관하다. 자본가가 잉여가치를 취득하는 두 가지 방법 가운데 하나는 노동일을 늘리는 것이다. 자본가는 이를 통해 더 많은 잉여가치를 손에 넣는다. 생산력이 증가함에 따라 생활수단의 가치는 하락하는데 이에 따라 노동자의 생활수단의 가치, 곧 노동력의 재생산에 충당되는 필요노동시간도 줄어든다. 이로부터 특정 생산부문에서 늘어난 불불노동이 상대적 잉여가치다. 노동강도의 상대적 증가, 같은 생산부문에서 최신 설비를 도입함으로써 늘어난 생산물의 양 또한 상대적 잉여가치에 포함된다. 이를 두고 하비는 기계는 가치를 창조하지 않지만 상대적 잉여가치를 창조한다고 표현한다. '산업자본도 역시 두 개의 서로 다른 시스템 '사이'로부터 잉여가치를 얻는다'는 고진의 말도 다른 뜻이 아니다.

'생산으로부터 역사를 보는 '역사적 유물론' … 자본은 단지 생산물을 만드는 것이 아니라 가치(잉여가치)를 생산해야만 한다. 요컨대 잉여가치가 차이의 생산으로부터 얻어진다는 생각에 서면 … 우리는 언제나 상인 자본의 정식 G-W-G'에서 생각하지 않으면 안 된다.' 그는 여기서 G-W-G, 화폐 형태로서 출발하는 자본의 순환을 강조하면서 이를 굳이 상인자본의 정식이라 말하는데, 이는 상인자본이 유통에서 출현하였고 유통은 곧 상품과 화폐 간 교환 과정이기 때문이다. 드디어 교환양식으로써 세계와 그 역사를 설명하고자 하는 그의 시도가 마르크스의 책 속에서 어디에 둥지를 트는지 드러난다.

자본의 순환 형태에서 화폐로 시작하는 형태 변화 G-W-G는 매우 중요하다. 왜냐하면 화폐자본이야말로 차이들로 뒤섞인 상품 더미로부터 가치를, 그 가치로부터 자본을 추출해낼 수 있는 자본의 일반 형태이기 때문이다. 최고로 발전된 자본이 이자 낳는 자본의 형태를 취하는 까닭이다. 한편 자본의 화폐 형태는 자본가로 하여금 생산을 거치지 않고도 이윤을 얻을 수 있다는 망상에 빠뜨린다. 마르크스가 표현한 대로, 자본가 앞에 수시로 펼쳐지는 선의로 포장된 도로는 화폐 형태를 취한 자본이 불러일으키는 중독의 힘을 보여준다.

화폐자본과 함께 자본의 순환 형태인 상품자본과 생산자본이 함께 고려될 때 역사적 유물론은 자신의 내용을 채울 수 있다. '역사적 유물론'이 생산이라는 외눈으로만 역사를 본다고 하더라도 그렇다. 또 '잉여가치가 차이의 생산으로부터 얻어진다'라는 말은 너무 많은 것을 의미한다. 자본가는 생산수단을 소유하고 노동자는 노동력만을 소유하는 데서 잉여가치가 생산된다거나, 생산된 상품에는 필요노동과 불불노동이라는 가치의 서로 다른 형태가 포함되어 있다거나, 또 잉여가치란 자본가가 그 가치에 대해 지불하는 것과 사용하는 것이 같지 않은 데서 생겨난다고도 해석할 수 있기 때문이다.

이어지는 고진의 문장이다. '그것은 산업자본주의의 단계적 변질이라는 것이 그 형식에서 오히려 그 이전의 자본 형태의 '억압된 것이 회귀'라는 사실을 분명히 해줄 것이다.(412)' 산업자본은 억압되었던 상인자본의 회귀이다. 자본 형태의 발전은 자본이 한 생산양식의 주된 지배력을 획득하는 과정이다. 역사를 억압된 것의 회귀로 해석할 때 독자가 기대하는 것은 문학적 쾌감만은 아닐 것이다. 또 이를 응용하여 이자 낳는 자본은 산업자본의 단계적 변질이라 표현한다고 해서 자본의 역사가 저절로 모습을 드러내는 것은 아니다. 잉여가치의 본질을 향한 문은 늘 자본의 생산과정, 생산자본의 사회적 형태들로 열린다. 자본의 화폐 형태와 그 특수한 형상인 이자 낳는 자본과 더불어 유통자본의 역할을 수행하는 상인자본이 현재에도 이 생산양식의 필수적인 기관인 건 분명하지만 말이다.

'소비자나 보이콧 운동은 그것을 자본의 운동G-W-G 또는 변태(metamorphose)를 가치 형식에서의 장소 변환(transposition)으로서 볼 때 그 의미가 파악될 수 있다.(449)' 소비자 운동과 보이콧 운동은 자본의 순환에서 G-W-G의 두 번째 단계 즉 상품이 화폐로 전환되는 단계, 자본가가 자신의 생산물을 판매하는 단계를 끊고자 하는 저항 운동이다. 자본의 순환을 변태라고 표현하는 순간 자본을 해명하는 철학의 역할이 갑자기 회복되는 것은 아니다. 가치 형식에서 장소 변환이란 가치의 표상이 상품에서 화폐로, 화폐에서 상품으로 바뀔 때 장소가 달라진다는 말일 테다. 여기서도 철학은 마찬가지 처지에 놓인다. 이때 형태 변환이라는 전래의 힘을 보여주려고 몸을 푸는 철학의 우아한 몸짓을 감지하는 것은 어디까지나 독자의 관심과 소양이다.

'가치 형태에서의 비대칭적 관계(상품과 화폐)가 자본을 산출하지만, 동시에 거기에 그것을 종식시키는 '전위적인(transpositional)'모멘트가 있다. 그것을 활용하는 것이야말로 바로 자본주의에 대한 트랜스크리틱이다.(460)' 관계가 자본을 산출한다. 그 관계란 마르크스의 용어로 생산관계임에 틀림없다. '가치 형태에서 비대칭'이 자본의 근원이 되는 특별한 상품인 인간의 노동은 재생산에 필요한 비용으로 지불되는 동시에 반드시 그 비용을 초과하는 가치를 생산하도록 사용됨을 뜻한다면 고진의 문장은 거듭 음미할 만하다. 그것은 자본의 탄생과 본질에 대한 적절한 표현이기 때문이다. 종식시키려는 대상의 본질은 종식의 가능성과 전략을 함축한다는 점에서 종식의 전위적 모멘트가 가해져야 할 부위이기도 하다. 그러므로 고진이 말하는 자본주의에 대한 트랜스크리틱이란 마르크스에 대한 이의가 아니라 부연임이 분명하다. 그의 글이 철학과 문학의 경계를 허물고 엄밀함의 쓸모를 의심하게 만드는 것은 기대 이상의 덤이다.

철학의 시선 혹은 오해

'트랜스크리틱'은 철학의 언어로 사태를 진술하려고 한다. 고진은 책명의 뜻을 다시 명시한다. '코기토cogito(=나는 의심한다)는 시스템들 사이의 '차이'에 대한 인식이며, 숨(sum)이란 그러한 시스템들 사이에서 '존재하는' 것이다. 철학에서 은폐되는 것은 하이데거가 말하는 것과 같은 존재자와 존재의 차이가 아니라 그와 같은 초월론적 '차이' 또는 '사이'이며, 하이데거 자신이 그것을 은폐했던 것이다. 하이데거는 칸트의 초월론적인 비판을 깊이로 향하는 수직적인 방향에서 이해한다. 그러나 그것은 동시에 횡단적(transversal)인 방향에서 파악하지 않으면 안 된다. 나는 그것을 transcritique이라고 부른다.(146)'

고진에 따르면 하이데거의 존재적인 것과 존재론적인 것의 구분보다 칸트의 구성적인 것과 규제적인 것, 사실과 권리, 주어지는 대상과 초월론적 주관 형식 등의 구분이 보다 근본적으로, 아마도 철학적으로 더 중요하다. 초월론적인 것으로 간주할 때 우리는 새로운 지평을 열 수 있다. 그것이 개념이든 사회적 형태든 상관없이 말이다. 그렇게 열린 지평은 하이데거의 심오함에 속에서 안도하는 귀족주의가 아니라 차이들을 아우르며 수평으로 전개되는 민주주의를 향할 것이다.

저자에 의해 거듭 풀이되는 트랜스크리티틱의 뜻을 또 다시 새겨보자. '칸트의 '비판'은 끊임없는 이동을 내포하는 것이기 때문에, 결코 안정된 입장에 설 수 없는 것이다. 그리고 나는 이것을 트랜스크리티틱이라 부른다. … 칸트가 만약 베를린에 갔다면 그는 '국가' 입장에서 생각하기를 강요받았을 것이다. 그것을 거절한 것은 다른 의미에서 '이동'이고, 어떤 의미에서는 '망명'이다.(206)' 이동은 철학이 관점 혹은 토포스를 언급할 때마다 바람직한 실천의 형태로서 제시된다. 비판은 이동과 장소의 효과이다.

트랜스크리티틱은 현실이든 개념이든 초월론적으로 다룰 때 실현된다. '데카르트의 코기토는 시스템과 시스템, 또는 공동체와 공동체 '사이'에서 발견된다. 이 '사이'는 단지 '차이'로서 존재하지 실체적으로 존재하는 것이 아니다. 그것은 결코 적극적으로 말할 수 없으며, 말해지는 그 순간에 시야에서 놓치게 되는, 그것 자체가 초월론적 장소이다.' 여기서 독자는 마르크스가 교환의 발생을 설명할 때 쓴 문장들을 떠올릴지도 모른다. 고진은 공동체에서 시스템으로, 교환에서 사유로 옮겨간다. 마르크스가 출발점이고 고진이 종점이다. 아니 철학에 종점이 있을 리가 없다. 교환은 이때 실체가 아니라 차이의 현존재, 그 표현이 된다. '공동체 사이'에서 사이는 따라서 '초월론적'인 것이다. 차이는 사이의 초월론적 효과이다. 사회적 형태는 초월론적 범주가 된다.

미래를 목적론적으로 상정하는 것은 초월론적 가상이다. '자본제 경제를 지탱하고 있는 것은 이러한 가상으로서의 신용이다.(338)' 마르크스는 신용은 자본주의 생산양식의 토대라고 쓴다. 하비는 이를, 상품 실현의 모순, 즉『자본』제2권이 강조하는 주요 모순은 3권이 그 내막의 일부를 기술하고 있듯, 신용에 의해서만 해결될 수 있다고 해석한다. 이때 해결은 모순의 유예이자 모순에 의한 대체다. 사회적 형태를 가상이라 할 때, 즉 초월론적 범주로 간주할 때 드러나는 비판이 무엇을 뜻하는지, 어떤 힘을 가지는지 알기 위해서는 조금 더 나아갈 필요가 있다.

일반화하기는 어려우나 독자는 철학의 눈을 통해『자본』을 읽는 한 가지 방법에 이르렀다. 일반화가 어려운 까닭은 철학이 무엇을 뜻하는지, 그 힘이 어디에 미치는지 따져보는 데도 철학적인 통찰이 긴요하기 때문이다. 혼란은 여기서 비롯된다.

'축적'은 필요나 욕망에 기초하기는커녕 그것들에 전적으로 반하는 '도착'에 뿌리박고 있다. 역으로 축적이야말로 우리에게 필요 이상의 필요, 더욱더 다양한 욕망을 부여한다.(327)' 자본의 운동은 인간의 심리를 지배하는 힘으로 표현될 수 있다. 관건은 말의 이러한 운용에서 개념들이 과연 마르크스가 강조하듯 추상의 힘을 유지하면서 연구 대상의 본질을 드러내는가이다. 자본의 축적이든 인간의 욕망이든 똑같이 철학의 중요한 주제가 될 수 있음을 전제로 해서 말이다. 따라서 다음과 같은 문장은 아무래도 지나쳐 보인다.

'세계사적으로 '인류'를 형성하는 자본의 운동(축적 충동) 자체는 일종의 '반복 강박'이다. 이 강박은 상인 자본이나 수전노로 거슬러 올라감으로써 밝혀진다.(328)' 마르크스는 자신의 방법이 소재와 형태, 사물의 표상과 제도의 물적 표현을 그 사회적 기능과 구분하는 데서 출발한다고 여러 차례 강조하였다. 노동과정을 가치증식과정과 구분하는 것이 대표적이다. 이런 구분이 무시될 때 초래되는 혼란은 그의 책이 수시로 '속류', '환상', '망상', '전도'라는 딱지를 붙여 묘사하는 잘못된 의식과 그 외화인 부르주아의 이론들에서 쉽게 확인된다. 자본, 축적, 상인자본은 사회적 형태를 기술하는 엄밀한 개념들이다. 이들은 모두 그 대상의 소재적 특성과 구분될 때 비로소 제자리를 찾는다. 소재가 인간 심리의 밑바탕에 놓여 있다고 추측되는 충동이나 반복 강박과 같은 용어들로 대체된다고 해서 달라질 것은 없다. 그러한 '구조'들이 문학의 아우라를 던지면서 사태를 그럴듯하게 설명하더라도 말이다. 그럴듯함의 위험은 그것이 지적 게으름의 일반 형식이기 때문이다. 이를 증명하는 데 속류경제학의 풍부한 자료 더미만 한 것도 없다.

고진은 칸트의 숭고를 자기 소외와 연관 지으면서, "몰관심성'에 의해 발견되는 미는 이미 사용 가치의 질적 차이에 무관심한 상품 경제의 산물이다. 그러나 미는 아직 사용 가치=쾌감 원칙과 분리될 수 없다. 숭고는 오히려 사용 가치=쾌감 원칙에 근본적으로 반하는 것으로 나타난다.(332)'라고 쓴다. 요지는 숭고미는 상품 경제의 산물이지만 사용 가치와 완전히 절연되지 못한 채 그것을 부정한다는 뜻일 테다. 우리는 이로써 칸트의 시대가 사용가치와 가치의 분리, 가치의 자립이 채 이루어지지 않은 역사의 발전 단계에 속했음을 알 수 있다. 철학적이고 문학적인 우회를 통해서 말이다.

자본을 프로이트의 용어로 말한다는 것은 어떤 의미일까? 예컨대 다음과 같이. '자본 축적의 끊임없는 운동은 쾌감 원칙에서나 현실 원칙에서가 아니라, 프로이트적으로 말하자면 그것들의 '피안'에 있는 충동(죽음 충동)으로서 볼 수 있어야 한다.(335)' 자본 축적의 운동을 피안으로 가는 충동으로 읽는 것은 축적이 계급들에게 안기는 서로 상반되는 결과를 고려한다면 분명 가치가 있다. 하지만 다음 문장에서는 긍정을 유보하고 싶은 '충동'을 억누르기 어렵다. '칸트가 종합 판단'을 확장적이라고 말한 것은 이윤(잉여가치)이 이를테면 생산과정에 있어야지 결코 유통 과정에서의 차액을 목표로 한 '투기'(사변speculation)에 있어서는 안 된다.(337)'

칸트의 책을 통해 다른 책을 읽는 것은 쉬운 일이 아니다. 또 칸트 자신도 이 방법을 기꺼이 권했을 것 같지 않다. 종합 판단을 일반적인 인간 경험 앞에 놓는 철학의 성취를 한낱 자본가의 투기와 비교할 수는 없다.

공황을 이성 비판과 동일시할 때 이성의 주된 비판자가 내보일 법한 반응도 충분히 상상할 수 있다. '공황이란 칸트의 말로 하자면 그 한계를 넘어서 자기 확장하고자 하는 자본=이성에 대한 비판이기 때문이다. 그렇다고 한다면 그와 같은 자본의 충동을 해명하고자 하기 위해서는 초월론적인 소급이 불가결하다. 그것이 정신 분석과 유사해지는 것은 그 때문이다.(238)'

초월론적이든 선험적이든 용어가 무엇이든 간에 칸트의 인식론은, 흔히 알려져 있듯이 선천주의와 주관주의, 그리고 도식주의로 요약될 수 있다. 마르크스의 '자본' 혹은 자본의 개념은 경험 대상인 상품에서 출발하고, 객관적이고 사회적인 힘으로 작용하며, 사회 형태에 대한 면밀한 주시의 결과다. 그것은 경험 이전에 주어져 있으며, 주관의 구조를 지시하며, 논리적으로 추론된 범주를 뜻하는 '초월론적'이란 개념과 별 상관이 없다. 마르크스의 가치 또한 추상이다. 그러나 가치는 상품이라는 현실 속의 소재적 대상에 대한 추상이다. 추상에 의한 분석은 구체적 실재에 대한 서술과 분리될 수 없다. 서술과 분석, 구체적인 것과 추상은 오직 초월론적으로만 분리될 수 있다. 마르크스의 작업을 정신의 소급이라 부를 수 있다고 해도 그렇다.

자본을 충동으로 해석할 때 충동의 권위자인 프로이트가 보일 반응은 철학의 권위자인 칸트의 반응과 다를지도 모른다. 자신의 저작에 과학이라는 칭호를 씌우는 데 실패한 그가 철학을 마다할 리 없다.

물리학은 용수철의 복귀나 진자의 왕복과 같은 단순 진동을 수월하고 거의 완전하게 분석한다. 비슷하게 철학이 '억압된 것의 회귀'를 최종 원리로 삼는다면, 또 고진이 책을 쓰는 것이 철학의 일반 활동이라면 이는 철학의 궁지를 말해주는 것이 아닐까?

『철학의 빈곤』은 프루동이 쓴 『빈곤의 철학』에 대한 마르크스의 논평이다. 철학적 논평의 역사도 반복된다. 반복은 때로 후퇴를 감수한다. 그 과정에서 철학은 다시 변혁의 임무에서 밀려나 해석의 감옥 안으로 숨는다. 그러나 반복 속에 차이가 생성된다. 희망은, 어쩌면 유일하게 가능한 희망은 차이 속에 있다. 프루스트가 쓴 책을 읽는 들뢰즈의 눈길이 줄곧 머무는 곳도 차이이다.

들뢰즈는 프루스트를 어떻게 읽는가

누구에게나 나름의 책을 읽는 방법이 있다. 무엇을 읽는가는 어떻게 읽는가에 달려 있다는 것을 증명하는 것은 무엇보다 철학자의 책 읽기다. 철학의 초점은 대상으로부터 그 대상을 다루는 방식으로 이동해왔다고 할 수 있다. 이는 뉴턴이 쓴 책의 제목에 쓰인 자연철학이 나타내듯 물리학과 수학을 포괄하던 철학이 학문의 분기와 독자적인 발전에 따라 처하게 된 사정을 말해주는 것이기도 하다.

지금의 철학은 우주의 시작이나 크기를 말하지 않는다. 그러한 것을 진지한 목소리로 말한다면 잘해야 싱거운 농담에나 던져질 미소를 마주하게 되리라. 또 이를 철학자만큼 잘 아는 이도 드물 테다. 인간의 인식이란, 혹은 의식이란 무엇인가 하는 물음에 답하는 것도 마찬가지다. 괴델은 지난 세기 초 영국 케임브리지에서 철학자들의 정신을 사로잡았던 비트겐슈타인의 강의에 참석한 적이 있다. 그가 시큰둥한 반응을 보인 것은, 비트겐슈타인의 강의를 두고 오가는 흥미진진한 여러 일화에서도 괴델의 이야기가 들리지 않는 데서 추측할 수 있다. 수학의 엄밀성은 철학의 명징성과는 다른 종류의 빛이다. 근대 철학의 기초를 놓은 데카르트의 명석과 판명 또한 따지고 보면, 그의 이름과 함께 불리던 좌표평면이 수학에 부여했던 해석의 힘을 달리 표현한 것에 불과할지도 모른다.

프루스트의 소설을 기호의 해독으로 읽으려는 들뢰즈는 이러한 현실을 직시하는 철학의 어떤 태도를 보여준다고 할 만하다. 괄호 안에 있는 숫자는 그의 책 『프루스트와 기호들』 한역본의 쪽수이다.

네 가지 기호

들뢰즈는 프루스트의 책에서 네 가지 기호를 찾아낸다. 사교계의 기호는 '우리에게 작위적인 흥분을 주는 텅 빈 기호'이고, 사랑의 기호는 '우리에게 고통을 주면서 그 진짜 의미는 항상 더 큰 고뇌를 안겨 주는 거짓말의 기호'이며, 감각적 성질 혹은 인상이라는 기호는 '특별한 기쁨을 직접적으로 전달해 주는 정직한 기호, 충만하고 긍정적이며 즐거운 기호(36)'이다. 사교와 사랑과 감각의 기호다. 다른 하나는 예술의 기호다.

사랑의 기호는 '오로지 자기가 표현하는 것을 감추면서 우리에게 이야기할 수밖에 없는 거짓말의 기호'인데 이때 '감추어지는 것이란 미지의 세계들, 행위들, 사유들의 원천'이다. 이 기호들은, '피상적인 신경질적 흥분을 일으키지는 않는다. 사랑의 기호들은 기호 해독을 하는 데 점점 더 깊이 파고들면서 생기는 고통을 불러일으킨다. 애인의 거짓말은 사랑의 상형 문자이다. 사랑의 기호를 해석하는 자는 필연적으로 거짓말의 해석자이다. 이러한 그의 운명 자체는 '사랑받지 못하면서 사랑한다'는 모토에 얽매여 있다.(31)'

피상적인 신경질은 사교계를 지배하는 재능 가운데 하나다. 또 다른 신경질이 있다. 장소를 바꾸면 문학적 재능이 되는 신경질이 그것이다. 누구보다 이를 잘 보여주는 것은 『잃어버린 시간을 찾아서』를 쓴 작가다. 그는 별 힘을 들이지도 않고 그렇게 함으로써 신경질이 특별한 노력을 하지 않아도 발휘되는 천재의 일반적인 재능임을 함께 보여준다. 신경질을 걱정하는 독자는 그의 책을 보다 꼼꼼히 읽을 필요가 있다. 책의 어디선가 신경질을 옹호하는 천재적일 뿐더러 편협에 빠지지도 않는 변론을 찾아낼 테니까. 특별한 재능은 사교에 만족할 수 없는 법이다.

고통을 감수하면서까지 기호 해독에 몰두하는 자는 사랑받지 못하면서 사랑하는 자다. 사랑받는 자는 이 기호를 해독할 수 없다. 그는 아예 관심조차 없다. 이집트를 정복하기 바쁜 미래의 프랑스 황제는 로제타석을 해독할 수 없다. 해독의 가치를 그가 알아보았다고 하더라도. 그에게 결여된 것은 명민한 정신이 아니라 고통이다.

해석과 의미, 정신

'본질적인 예술, 삶보다 우월한 예술은 비자발적인 기억(역주, 마들렌 과자의 체험)에 근거하지 않는다. 또한 상상력과 무의식적인 형태들(역주, 마르탱빌의 종탑, 세 그루의 나무)에 근거하는 것도 아니다. 예술의 기호들은 본질에 관한 능력인 순수 사유에 의해 전개된다.(91)' 들뢰즈와 프루스트, 철학과 문학이 향하는 곳이 저마다 다르다는 것을 눈치 채게 되는 지점이다.

철학자가 말하는 '순수한 사유'란 무엇인가? 그가 기호 해석과 의미 간의 관계를 설명하는 데서 그 뜻이 어렴풋이 드러난다. '기호가 강제로 동원한 능력은 해석하는 활동을 한다. 그리고 해석은 의미를 생산한다. 그런데 이 의미란 경우에 따라서 법칙이기도 하고 본질이기도 하지만 언제나 하나의 생산물이다. 이는 의미(진리)가 인상 혹은 추억 속에는 전혀 들어 있지 않고, 추억이나 인상의 '정신적 등가물'과 뒤섞여 있음을 뜻한다. 이 정신적 등가물은 해석이라는 비자발적 기계에 의해 생산된다. 바로 이 정신적 등가물이라는 개념이 회상과 창조 사이에 새로운 관계를 만들고 그 관계가 예술 작품이라는 생산과정 속에서 수립되도록 해준다.(232)' 그는 법칙과 본질을 생산과 결합하고 기계를 작품과 결합한다. 어딘가 익숙한 문장들이다. 철학과 문학의 차이를 종합하는 것은 마르크스의 개념이다.

위의 문장을 쓰는 정신이야말로 들뢰즈가 말하는 순수한 사유의 주체다. 국가가 전쟁에 병사를 징발하듯 기호가 동원하는 정신의 능력은 해석에 투입된다. 의미란 정신이 기호를 해석해낸 결과물이다. 철학에서 말하는 법칙과 본질이 무엇인지 이로써 드러난다. 의미는 추억이나 인상 그 자체가 아니다. 정신이 개입할 때 비로소 의미가 출현한다. 그런데 정신의 산출물은 비자발적인, 기계적인 작동의 결과물이다. 기계의 유비에서 독자는 기계제 생산을 말하는 마르크스의 목소리를 듣는다. 상품에서와 마찬가지로 정신적 등가물의 질 또한 기계에 의한 생산에서 최고 수준에 이른다.

철학자의 글을 철학의 문장으로 요약해보자. 비자발적 기억에서 예술적 창조에 이르는 과정은 정신이 매개한다.

문체

프루스트가 말하는 문체를 잊지 않으면서 들뢰즈가 말하는 문체에 귀를 기울여보자. 이는 예술의 창조에서 들뢰즈가 말하는 순수한 정신에 대응하는 것이 무엇인지 찾는 실마리다. 문체란 '물질을 정신적인 것으로 만들고 본질에 적합하게 만들기 위해서, 본질 자체를 구성하는 근원적 요소들의 불안정한 대립, 근원적 복합, 근원적인 요소들의 투쟁과 교환을 재생산하는 것'이다. 본질은 문체를 통해 드러난다.

'하나의 본질은 언제나 한 세계의 탄생이다. 하지만 문체는 연속적이고 굴절된 탄생이고, 본질들에 적합한 질료들 속에서 되찾은 탄생이다. 또한 이는 대상들의 변신이 되는 탄생이다. 문체란 바로 본질의 이런 식의 탄생이다. 문체는 인간이 아니다. 문체는 본질 자체이다.(82)'

본질이란 물질을 정신적인 어떤 것으로 만드는 무엇이다. '어떤'과 '무엇'을 과감하게 괄호 속에 던져두고도 직진하는 용기가 철학의 미덕이다. 본질은 곧 정신의 산물이다. 그런데 본질의 일반적인 형식은 대립과 복합, 투쟁과 교환이다. 이 형식들은 사회적 형태의 일반적 원리이자 구조로서 이 책에서도 되풀이하여 서술된 바 있다.

본질이 한 세계의 탄생이라는 진술은 정신은 저마다의 세계를 창조한다는 프루스트 명제를 변형한 것이라 하겠다. 문체는 본질의 작용을 매개한다. 문체는 연속적이고 굴절되어 전개되는 본질의 외양이다. 문체는 질료를 매개로 삼아 본질을 드러낸다. 인간이든 본질이든 문체라는 형식이 산출한 결과라는 점에서 다르지 않다. 문체의 전개이자 그 결과물이 예술 형식의 현존, 곧 예술 작품이듯.

문체는 회상과 창조와 이미지, 경험과 관점을 한데 엮는다. '회상해내는 것, 그것은 창조하는 것이다. 그것은 추억을 창조하는 것이 아니라 여전히 너무 물질적인 추억의 정신적 등가물을 창조하는 것이다. 또한 모든 연상들에 대응하는 해당 관점을 창조하는 것이며, 모든 이미지들에 대응하는 해당 문체를 창조하는 것이다. 경험을 그 경험에 대해 말하는 방식 혹은 표현 양식으로 대체하고, 세계 안의 개인을 세계에 대한 관점으로 대체하며, '무의식적으로 나타나는 기억'을 현실적으로 실현된 창조물로 만드는 것은 바로 다름 아닌 문체이다.(166)'

비의지적 기억을 예술의 창조로 이끄는 것도 문체다. 정신적 등가물로 변형되기 전 모든 기억은 물질 속에 보존되어 있다. 문체는 관점이다. 문학의 개성은 쓰는 사람의 관점과 차이를 반영하고 표현한다. 경험을 경험 주체 고유의 표현 형식으로, 세계를 세계에 대한 관점으로 이동시키는 것, 그것이 문체다. 비의지적 기억이 예술 작품을 산출하는, 혹은 그것으로 형상화되는 전 과정을 주관하는 것이 문체다. 세계의 고유성이란 세계를 바라보는 주체의, 그가 지닌 문체의 고유성이다.

그래서 들뢰즈가 프루스트가 쓴 문장에서 문체만으로 구축된 조화를 발견하는 것은 예정된 일이다. '이런 프루스트의 작품은 시간을 주제로 삼기에, 아포리즘으로 글을 쓸 필요도 없다. 단편들 각각은 서로 다른 조화에 의존하거나 아무런 조화에도 의존하지 않는다. 혹은 문체라는 조화 이외에는 다른 어떤 조화에도 의존하지 않는다. 이 단편들 모두를 서로 다른 속도로 움직이게 하고, 최종적인 조각들을 그러모으기 위해서는 매우 많은 우회가 필요하다. 그래서 작품은 앙띠 로고스적인 문체의 굴곡들과 고리들 속에서 그렇게나 많은 우회를 거듭하는 것이다.(173)' 철학자가 로고스와 앙띠 로고스를 맞세우기 위해 책 한 권을 쓴다면, 프루스트는 비평가 생트뵈브에 반박하기 위해서라면 열 권이 넘도록 끝나지 않는 소설을 쓴다.

글을 쓸 때 프루스트는 시간을 하나의 공간으로 간주한다. 특정 시점과 다른 시점 간의 선후 관계는 전혀 중요하지 않다. 시간의 단편들은 과거 속으로 사라지는 것이 아니라 항상 단 하나의 시간을 구성하는 일부분으로 현존한다. 참된 시간은 되찾은 시간으로만 주어지고 '진정한 낙원은 잃어버린 낙원이다.' 단편으로 존재하는 시간들을 다시 하나의 몸으로 꿰매는 것은 프루스트의 문체다. 문체를 통해 시간은 온전한 전체가 된다.

들뢰즈는 자연과 삶과 예술을 이어주는 원리를 문체 속에서 발견한다. '예술이 공명 자체를 생산한다. … 이 생산은 '문체'를 통해 가능하게 된다. … 그러므로 본질적으로 예술은 삶이 스스로의 힘으로는 실현시킬 수 없는 삶의 궁극 목적이다. 비자발적인 기억은 자연적으로 주어지는 공명들밖에는 실행시키지 못하기 때문에 삶 속에서 전개되는 예술의 어떤 발단, 예술의 첫 단계일 뿐이다. … 비자발적 기억조차도 예술 속에서 자신의 정신적 등가물인 생산된 순수 사유, 생산하는 사유를 찾아냈다.(242)' 철학은 무엇보다 정신이며 사유, 그 결과물이다. 문학의 최종 목표가 예술인 반면 철학에서 예술은 정신과 사유의 매개물, 형식일 뿐이다.

무의식적 기억이 예술 창조의 능력을 갖는 것은 자연과 예술이 그러한 기억 속에서 서로 공명하기 때문이다. 시냅스에서 두 신경의 말단이 만나듯. 하지만 삶은 오직 습관적 제약에 묶여 좀처럼 의지적 기억에서 벗어나기 어렵다.

문체는 인간을 자연으로부터 삶을 거쳐 예술로, 사물들을 기억을 거쳐 문학의 공간 속으로 이끈다. 사물은 삶의 형식인 기억 안에서 이미지로, 이미지는 예술적 형식 안에서 자신의 영원한 꼴을 얻는다.

소설가와 철학자의 공통점 가운데 하나는 둘 다 하고 싶은 말이 늘 범람한다는 것이다. 말이 지시하는 대상의 실존 여부는 중요하지 않다. 말을 하는 방식과 그 효과가 중요하기 때문이다. 말이야말로 세계를 이렇게 혹은 저렇게 존재하게 만드는 유일한 형식이다. 그는 이야기를 되풀이하고 되풀이한다. 절제하지 않을 때 몸피가 한없이 늘어나는 것 가운데 철학자의 책을 뺄 수 없다. 문학에서 절제가 금기라 해서 철학이 그것을 본받지 말란 법은 없다. 문학을 바라보는 철학의 눈매가 빛나는 것은 이때다.

아니 생산의 반복, 차이의 반복적 생산이 이윤의 원천임을 철학 또한 알기 때문이 아닐까?

차이와 반복

열정으로 울리는 철학자의 목소리를 들어보자. '본질이란 본래 차이이다. 그러나 또한 본질에게 반복함으로써 자기 자신과 동일해지는 능력이 없다면, 본질은 다양하게 만드는 능력, 다양해질 능력도 없을 것이다. 본질이 대체할 수 없는 것이고 또 아무것도 그것에 대체될 수 없는 이상, (본질을) 반복하지 않는다면, 궁극적 차이인 본질을 가지고 무엇을 만들 수 있을 것인가? 위대한 음악은 오로지 반복되는 연주를 통해서만 존재할 수 있고, 시를 외워서 암송할 수밖에 없는 것은 바로 이 때문이다.(82)' 철학자의 어조는 단 하나의 색으로 사물을 묘사하는 선과 같다. 색채는 필요 없다. 오로지 농담으로 표현되는 깊이가 소묘의 질을 결정한다. 마찬가지로 철학자의 문장은 그의 언어가 길어 올리는 우물의 깊이를 증명한다. 그 깊이란 정신의 깊이다. 정신이 무엇이고 무엇을 뜻하든 간에 말이다. 정신의 실마리야말로 철학의 매혹이다.

정신과 문체의 연관성을 밝히고 나서 들뢰즈가 보여주는 것은 본질의 현존 형식이다. 그것은 차이와 반복이다. 자기와 동일해지는 것은 자신의 차이를 되풀이하는 운동을 통해서만 달성될 수 있다. 모든 것은 고유하다는 말이 어떤 뜻을 지닌다면, 모든 것은 자신을 되풀이하여 생산함으로써 존재한다는 것일 테다. 되풀이해서 들을 때 매번 같지 않은 음악이야말로 위대한 음악이다. 읊을 때마다 달라지지 않는 시란 시가 아니다. 스완은 뱅퇴유의 소악절을 들을 때마다 통증을 느끼고 철학이 습관인 하이데거는 시를 읽을 때마다 매혹된다.

화자 혹은 거미

철학은 문학 작품의 구조 분석으로 나아간다. 화자란 무엇인가? '『잃어버린 시간을 찾아서』에는 화자가 있다기보다는 기계가 있다. 또한 주인공이 있다기보다는, 어떤 사용 혹은 어떤 생산을 위해서 어떤 구성 혹은 어떤 분절 방식을 따라 기계가 작동하게끔 해주는 기계의 배치가 있다. … 끈질기게 이 화자를 보지도 못하고 지각하지도 못하고 회상하지도 못하고 이해하지도 못하는 자로 나타내는 프루스트의 고집에 독자는 조금은 놀라게 된다. … 사실상 화자는 하나의 거대한, 기관들 없는 신체(Corps sans organs)이다.(276)'

화자 대신 기계, 주인공 대신 기계의 배치가 자리 잡고, 마침내 화자는 기관 없는 신체임이 밝혀진다. 왜 프루스트는 화자에게서 시각과 지각과 회상과 이해의 능력을 박탈해버리는가? 작가가 자신의 작품을 대성당으로 비유하는 데서 그 실마리를 찾을 수 있다. 대성당은 낡은 곳을 수선하거나 증축하는 것으로 이루어질 수 없다. 처음부터 비어 있던 자리를 채울 때 스스로 머리에 인 하늘에 고유 지분을 요구할 수 있다. 자신이 헐리고 백화점이 들어설 수도 있다고 생각하는 대성당은 어디에도 없다. 또 모든 위대한 성당은 기존의 성당 건축의 문법을 한결같이 무시한다.

조직과 기관 일체를 스스로 부여한 법에 따라 새로 갖춘 대성당은 새로운 종교, 적어도 기독교의 완전히 새로운 해석이다. 마르크스는 '상품생산을 영속화하고 동시에 '화폐와 상품의 대립' 그리고 화폐 그 자체까지도 모두 철폐하려는' 프루동의 시도를 '교황을 없애고 천주교를 존속시킬 수 있는 것과 마찬가지'라고 비판한 바 있다. 프루스트는 가톨릭 없는 교황을 세우려는 것일까? 철학이 제시하는 신체는 화폐 없는 상품의 반복일까, 그 너머일까?

화자는 거미다. 그 거미의 신체에는 기관이 없다. '눈도 없고 코도 없고 입도 없는 이 거미는 오로지 기호에 대해서만 응답한다. 그리고 미소한 기호들은 거미에게로 침투해 들어간다. 이 기호들은 파장처럼 거미의 신체를 관통하고 그로 하여금 먹이에게로 덤벼들게 만든다. 『잃어버린 시간을 찾아서』는 대성당이나 한 벌의 드레스처럼 축조된 것이 아니라 거미줄처럼 짜여 있다. 〈화자-거미〉에게 있어서 『잃어버린 시간을 찾아서』란 지금 만들어지고 있고 짜여 있는 거미줄 자체이다. 그리고 이 거미줄을 이루고 있는 각각의 줄들은 이런저런 기호들이 건드려 줄 때 진동한다. 거미줄과 거미, 거미줄과 신체는 하나의 동일한 기계이다. 화자는 뛰어난 감수성이나 비상한 기억력을 가지고 있다. 그러나 이 능력들은 자발적이고 조직적으로 사용할 수 없는 만큼 화자에게는 기관이 없는 것이다.(277)'

철학자의 말이 따르면 기관은 자발적이고 조직적으로 사용할 수 있는 것이다. 프루스트에게 중요한 것은 의지적 기억이 아니라 비자발적 기억이다. 애써 기억해낸다고 해서 지나간 시간을 되찾을 수는 없다. 들뢰즈의 기관 없는 신체는 의지로 작동되지 않는 프루스트의 기억에 대응하고 소설 속의 화자를 그러한 신체의 한 사례로 간주한다.

그런데 자발적으로 사용할 수 없는 기관이란 고유 기능이 배당된 유기체의 필수적 구성 부분이다. 우리는 마음대로 심장을 멈추게 하거나 더 빨리 뛰게 할 수 없다. 위장에게 더 빠른 운동을 명할 수 없다. 한편 기관이 아니면서 기관처럼 행세하는 사회 형태들이 있다. 토지·자본·노동은 삼위일체 정식으로 떠받들어져 한 생산양식의 어엿한 기관들이 된다. 그들은 각기 지대·이윤·임금을 낳는다. 프루스트의 화자에게는 이런 사이비 기관들조차 없다. 화자는 기호에 반응하는 거미줄 자체다. 작품 자체가 화자다.

화자의 신체는 오직 자극에 따른 반응으로만 작동한다. '그 대신 하나의 능력은 강요될 때에야 비로소 화자 안에서 실행된다. 그리하여 이때 그 능력에 대응하는 기관이 화자에게 주어지는데, 그것은 '강도 높은 미약한 싹'으로서의 기관일 뿐이다. 이 미약한 싹은 그것을 비자발적으로 사용하도록 자극하는 파동들에 의해 깨어나게 된다. 비자발적인 감수성, 비자발적인 기억력, 비자발적인 사유는 이런저런 본성을 가진 여러 가지 기호들에 대해 기관들 없는 신체가 매순간 보이는 강렬한 전체적 반응들 같은 것이다.(277)' 소설에서 비자발적 혹은 비의지적이라 표현되는 기억은 정신의 능력인데 이들은 다 기관 없는 신체의 효능이다.

들뢰즈가 보여주는 것은 문학으로 나아가려 애쓰는 철학의 시도다. '『잃어버린 시간을 찾아서』라는 끈적거리는 거미줄에 와서 부딪히는 개개의 작은 통들을 약간 열거나 닫기 위해 바로 이 〈신체-거미줄-거미〉는 심하게 흔들린다. 기이하게도 화자는 자신의 형태를 마음대로 바꾸어나간다. 화자라는 〈신체-거미〉는 스파이이고 경찰이며 질투에 빠진 연인이고 해석자이며 요구적 광증에 걸린 미친 사람이며, 전반적으로 말해 정신분열증 환자이다. 그는 하나의 거미줄은 편집증 환자인 샤를뤼스 쪽으로 뻗을 것이고 다른 줄은 변태적인 색정에 휩싸인 알베르틴 쪽으로 칠 것이다. 샤를뤼스와 알베르틴을 똑같이 자기 고유의 광기의 꼭두각시로 만들고 자기의 기관들 없는 신체의 강도 높은 힘으로 변형시키고 또 자신의 광기의 초상화로 만들어버리기 위해서 말이다.(277)' 은유는 문학만의 전유물이 아니다. 다른 것이 되려는 시도를 되풀이하면서 은유의 가치와 힘을 보여주는 철학은 애초부터 문학에 던져왔던 곁눈질을 들킨 것일까? 조금 다른 사례이긴 하나 『지적 사기』는 철학이 과학을 말하는 한 가지 방식을 보여준 바 있다.

화자는 거미줄로 이루어진 스파이, 경찰, 질투자, 해석자, 광인이자 정신분열증 환자다. 샤를뤼스와 알베르틴은 화자가 늘 자신의 촉수를 그쪽으로 내뻗는 두 방향이자 대상이다. 사실 거미줄이 뻗어 있는 대상과의 거리가 곧 거미다. 기관 없는 신체란 이로써 그 신체가 속한 세계와 하나가 된다. 이렇게 화자는 광기를 사방으로 퍼뜨린다. 가라타니 고진의 글에서 그랬듯이 여기서도 우리는 낯익은 얼굴, 어른대는 프로이트의 문장을 마주친다.

나보코프는 '프루스트의 시스템'을 설명하면서, '레오니 숙모는 무심히 세상을 떠날 때까지 150페이지 분량에서 거미줄의 중심부에 앉아 있습니다. 이곳에서 뻗어나온 거미줄들이 정원으로, 길로, 예배당으로, 콩브레 주변의 산책로로 향했다가 가끔 레오니 숙모의 방으로 돌아오지요.(『나보코프 문학 강의』 '404쪽)'라고 쓴다. '병 때문에 세상과 단절되어 있으면서도 콩브레의 모든 소문과 뒷공론에 지극히 관심이 많은' 그녀는 '어떤 의미에서 마르셀 자신의 패러디, 기괴한 그림자'이다. 화자 '또한 병든 작가로서 거미줄을 자아내서 주위의 분주한 삶을 포착해 잡아들이니까.(같은 책 407)' 드물긴 하나 다른 소설에 대한 소설가의 해석은 철학의 해석만큼이나 철학에 속한다.

문학이 여는 세계

'어떤 경이로운 즐거움이 기억을 움직이게 하듯이 고통은 지성이 탐구하도록 강요한다. 사교계의 가장 하찮은 기호들이 법칙으로 환원되고, 사랑의 가장 고통스런 기호들이 반복으로 환원된다는 것을 이해하고 또 그 점을 우리에게 이해시키는 일은 지성의 소관이다. 이런 식으로 우리는 존재들을 다루는 법을 배우게 된다.(50)' 기억은 욕망을, 고통은 지성을 부추긴다. 그러므로 인간의 최종적인 근거는 지성일 수밖에 없다.

들뢰즈가 반복하는 것은 프루스트의 대립이다. 철학은 문학을 반복한다. 반복은 대립을 변형시킨다. '『잃어버린 시간을 찾아서』는 일련의 대립들 위에 축조되어 있다. 프루스트는 관찰에다 감성을, 철학에다 사유를, 반영(反映)에다 번역을 대립시킨다. 그는 우리의 모든 능력들의 조화로운 사용인 논리적 용법 혹은 결합적 용법에다 비논리적 용법 혹은 분할적 용법을 대립시킨다. … 사랑은 우정에, 무언의 해석은 대화에, 저주받은 유태적 동성애(기호 동성애)는 그리스적 동성애(로고스 동성애)에, 이름들은 단어들에 대립된다. 함축적 기호와 감싸여진 의미는 분명한 의미에 대립된다.(158)' 철학이 거듭 말할 때마다 문학은 거듭 변형된다. 대립의 항들에는 철학과 사유, 해석과 대화, 기호와 로고스, 이름(고유명사)과 낱말이 포함된다. 감싸임과 펼쳐짐도 뺄 수 없다.

철학이나 물리학이 열지 못하는 세계가 있다. 그것은 문학이 여는 세계다. '세계에 대한 프루스트 특유의 통찰은 … 물리학도 아니고 철학도 아니다. 철학은 참을 원하는 정신의 소산인 직접적 언표, 명백한 의미를 전제한다. 물리학은 실재의 제약들에 순응하는, 애매성이 없는 객관적 물질을 전제한다. 사실들을 믿는 것은 잘못이다. 기호들만이 있을 따름이다. 진리를 믿는 것은 잘못이다. 해석들만이 있을 따름이다.(139)' 철학자의 시선에 따르면 프루스트가 다루는 대상, 곧 그의 세계를 구성하는 것은 사실도 진리도 아니다. 기호들이다. 철학자는 기호를 해석함으로써 세상을 다시 구성하는 것을 자신의 고유 권리로 삼는다. 들뢰즈는 문학을 철학과 물리학에서 구출하려고 하는가, 아니면 철학을 문학이나 물리학에서 구출하려고 하는가? 문학이 철학이 빠진 구덩이에 빠진 적이 있는가?

문학이 학문의 전당에서 요구할 수 있는 몫은 이집트 학자의 자리다. '기호로서의 꽃의 향기는 물질의 법칙들과 정신의 범주들을 동시에 뛰어넘는다. 우리는 물리학자도 형이상학자도 아니다. 우리는 이집트 학자가 되어야 한다. 왜냐하면 사물들 사이엔 기계적인 법칙이 없고 정신들 사이엔 자발적인 소통이 없기 때문이다. 모든 것은 함축되어 있고 모든 것은 복합되어 있으며 모든 것은 기호, 의미, 본질이다. 상형 문자와 비밀스런 언어를 해독하기 위해 뚫고 내려가는 지하 무덤 같은 이 어두운 지대 안에 모든 것이 존재한다. 이집트 학자는 모든 것에 대해 입문 과정에 있는 사람, 즉 견습생이다.(139)'

마들렌 과자와 단이 진 포석의 감각을 통해 출현하는 인상은 기호다. 이 기호는 물질도 아니고 정신도 아니다. 그러나 지하 무덤을 채우는 이 기호들 안에 모든 것이 들어 있다. 기호만이 세계를 채울 수 있기 때문이다. 물리학도 철학도 소용없다. 법칙도 없고 소통도 불가능하기 때문이다. 이집트 학자만이 이 기호들을 해독할 수 있다. 소설 속의 화자는 문학의 견습생이다. 그는 견습을 마친 이집트 학자가 된 자신을 발견한다. 프루스트는 책을 닫고 책의 주인공은 쓰기 시작한다.

로제타석의 해석자처럼 들뢰즈는 요약한다. '『잃어버린 시간을 찾아서』의 근간을 이루는 개념은 기호, 의미, 본질, 그리고 배움의 연속성, 계시의 돌발성이다.(137)'

이 장에서는 철학의 언어를 문장 그대로 보여주려 하였다. 마르크스와 프루스트의 언어가 철학의 언어와 어떻게 다른지 드러내기 위해서다. 마르크스와 프루스트, 두 책의 저자는 글을 쓰는 내내 철학으로부터 자기 언어를 구출하려 애썼는지도 모른다.

'모든 육체적 징후는 말이지만, 그러나 우선 모든 말은 징후이다.' 육체든 철학이든 다 말로 이루어진 세계 안에 있다. 그들은 다 말로 이루어진 하나의 대기권 아래 놓인 한 지방에 지나지 않는다. 일기예보가 전하는 것은 기후가 아니라 날씨다.

5

5. 오지 않은 과거, 지나간 미래

자유의 나라와 잃어버린 낙원

생존과 생활을 위해 노동은 필수적이다. 노동으로부터 자유를 빼고 자유를 말하는 것은 문자 없이 문학을 하는 것과 다름없다. 그러나 노동의 의무가 노동을 통해서 얻는 자유, 노동할 수 있는 자유를 배제하는 것은 아니다. 한 사회에서 개인이 누리는 자유는 노동의 적절한 배분을 통해서만 보장될 수 있다. 사회가 노동에 기초하고 노동이 사회적으로 이루어지는 한 이는 동어반복에 지나지 않는다.

노동에서 자유를, 자유에서 노동을 떼어놓으려는 의론은 그러므로 모종의 의도를 숨긴다. 한 사회구성체가 자기 몫의 노동을 다른 인간, 다른 계급에 전가할 때 보장되는 자유, 노동으로부터 자유를 유일한 자유라 말할 때 마르크스를 읽은 독자는 즉시 이의를 제기하리라. '한 사회계층이 노동이라는 자연적 필요를 자신에게서 다른 계층에게 전가할 수 없게 될수록 사회적 노동일 가운데 물적 생산에 필요한 부분은 점차 줄어들고 개인의 자유로운 정신적·사회적 활동을 위해 주어지는 시간은 갈수록 늘어난다.(1 725)'

자유는 부자유와 짝할 때 숨겨진 뜻이 온전히 드러난다. 노동에서 평등이야말로 사회적 자유의 실체, 자유라는 빙붕의 수면 아래 잠겨 있는 거대한 몸체다. 자유는 노동의 사회적 표현이고 노동은 자유의 사회적 조건이다.

노동일의 단축이야말로 자유의 확대를 보장한다. '자유의 나라(Reich der Freiheit)는 궁핍과 외적인 합목적성 때문에 강제로 수행되는 노동이 멈출 때 비로소 시작된다.' 이 나라는 '물적 생산영역의 너머 존재한다.' 이러한 조건은 미개인이든 문명인이든 '어떠한 사회형태 속에서도(즉 모든 가능한 생산양식 아래서도)' 마찬가지다. 필연의 나라에서 자유의 나라로 나아가는 출발점이 이로써 분명해진다.

노동시간은 자본가에게도 노동자에게도 필사의 관심사다. 한쪽은 늘리는 데, 다른 한쪽은 줄이는 데 사활을 건다. 부의 확대는 잉여노동의 크기가 아니라 생산성에 달려 있다. 자유의 나라는 외친다고 그저 주어지지 않는다. 자유는 강제 노동으로부터의 자유다. 노동자에게 노동을 강요하는 것은 그의 궁핍, 생존이다. 인간이 생존이 물질대사에 달려 있는 한 자유의 나라는 물적 생산의 토대 위에서만 설 수 있다. 자유의 기초는 자연의 필연성이다.

프루스트에게 낙원은 잃어버린 낙원이다. 그 또한 필연의 나라의 시민이 되려고 하는가? 아직 오지 않은 미래가 아니라 지나간 과거 속에서 낙원을 되찾으려 하니 말이다. 다행인지 불행인지 그의 낙원은 물적 생산과는 멀찍이 떨어져 있다. 또 그의 낙원은 인간 저마다의 낙원이다. 그가 되찾고자 하는 낙원에서 누리는 자유란 어떤 것인가? 자유는 현실 세계를 지배하는 시간의 굴레에서 놓여날 때 가능하다. 따라서 인간의 궁극적 과제는 시간의 초월이다. 초월은 어떻게 가능한가? 시간을 문학의 몸으로 삼는 것이다.

낙원의 회복이 시간을 되찾음으로써 실현된다면, 자유의 나라는 생산의 사회적 형태를 바꿈으로써 현실이 된다. 마르크스가 모색한 사회 형태가 전혀 새로운 것인지 지나간 역사 속에 실존했던 것인지 혹은 과거 형태의 절충이나 응용, 혼합일 수 있는지는 단정하기 어렵다. 과거는 벌써 지나간 미래인가? 미래는 아직 오지 않은 과거인가?

'자연적 필연성의 나라(Reich der Naturmotwendigkeit)는 욕망의 확대 때문에 함께 확대된다. 그러나 그와 함께 이 욕망을 충족시키는 생산력도 확대된다.' 그러나 생산력의 현실적 한계 때문에 인간의 확대된 욕망을 다 충족시킬 수 없다. '이 나라의 저편에서 비로소 자기목적(Selbstzweck)으로 간주되는 인간의 힘의 발전(즉 참된 자유의 나라)이 시작되는데, 그러나 그것은 오직 저 필연성의 나라를 기초로 하여 그 위에서만 꽃을 피울 수 있다.(3 1095)' 노동일의 단축을 빼고 자유를 말할 수 없는 까닭이다.

남은 과제는 사회적 부의 원천인 노동의 사회적 형태를 노동하는 계급의 의지에 따라 결정하는 것이다. 이는 노동 조건을 포함하여 생산 일반을 지배하는 특정 사회 형태의 절대적이며 자의적인 힘을 박탈하는 일이다. 또 이는 노동자가 그들이 잃어버렸던 시간을 되찾는 일이기도 하다. 이 과제의 성취를 나타내는 눈앞의 지표는 말할 것도 없이 노동일의 단축이다.

평등사회와 결합체적 사회, 예절과 가치법칙의 미래

프루스트는 자본주의 사회를 평등주의가 만연한 사회라 진단한다. 평등주의는 이미 지나칠 만큼 실현되었다. 토마 피케티는 통계 분석을 통해 프루스트가 평등주의 사회라 묘사하는 당시의 프랑스가 사회의 1퍼센트에 해당하는 계급이 사회 전체 자산의 절반을 차지하는, 불평등이 극단에 이른 사회였음을 보여주었다. 이른바 벨 에포크의 시기다. 프루스트가 이를 몰랐을까? 평등주의로 그가 말하려는 것은 무엇일까?

마르크스가 자유를 노동의 평등과 짝짓는다면, 프루스트는 평등과 신용을 짝짓는다. '평등주의 사회에선 예절은 사라질' 것인데 이는 '교육의 부족 때문이 아니라, 권위에 대한 존경이 일부 사람의 마음속에서 사라지기 때문'이다. 그가 말하는 평등주의 사회란 1905년 프랑스에서 통과된 '국가와 종교 분리에 대한 법' 이후의 프랑스일 테다. 이때 공교육에서 종교색은 공식적으로 배제되었다. 예절은 권위를 받드는 데서 나오는 것인데, '권위가 주효하려면 권위는 상상의 산물이어야 한다.' 사람들은 이제 대성당 안에서 흘러나오는 미사의 독송에도 걸음을 멈추지 않는다. 예절이 사라지는 또 다른 이유는 '사람의 마음속에서 특히 상냥함이 사라지기 때문'이다. 상냥함은 타인에게 권위를 부여하고 그 권위에 복종하게 하는 상상력의 원천이다. 평등주의가 죽인 것은 상상력과 상냥함일까, 아니면 상상력과 상냥함의 소멸이 평등주의를 낳은 것일까?

그런데 '평등을 기초로 삼는 사회에서 그런 가치는, 신용상의 가치밖에 없'다. 이 사회에서는 이미 지불된 상냥함이 '돌연히 헛것이 되고' 만다. 여기서 보듯 신용에 대한 프루스트의 의혹은 마르크스가 말하는 신용에 고스란히 기댄다고 할 만하다. 상냥하고 친절한 말들은 어음이나 증권 증서와 같다. 마르크스의 세계에서 신용의 가치가 속속들이 발가벗겨지는 것은 공황에서다. 이때 어음이나 증권 증서는 한낱 종이로 전락한다. 상냥한 말들 또한 평등사회에서 이처럼 돌연 헛것이 되고 말 것인가?

하지만 상냥함을 끝없이 생산해내는 공장이라 할 예절이 사라지리라는 생각은 섣부르다. '한 사태의 현 상황만이 가능한 단 하나의 상황이라 믿'는 것은 어리석다. 시간이 흐르면 공황도 잦아들게 마련이다. 신용이 다시 신뢰를 얻고 예절이 살아나고 상냥한 말에 찬사가 지불된다. 이는 마치, '지혜로운 자들도 공화국에 외교와 동맹이 있을 리 없고, 농민 계급은 정교분리를 감수할 리 없다고 믿'지만, 민주 국가에서는 전과 다름없이 외교와 동맹, 심지어 제국주의 전쟁이 열렬히 지지되고, 농민 계급이 교회를 외면하는 것과 같다.

사회가 바뀐다고 예절이 사라지지 않듯이 지금 사라지는 것은 대개 다시 나타나게 마련이다. 프루스트는 잃어버린 낙원의 회복을 말하고 프로이트는 억압된 것의 회귀를 말한다. 주의할 것은 너무 많은 것을 뜻하는 것은 아무것도 지시하지 않고 따라서 아무것도 뜻하지 않는다는 점이다.

평등주의 사회에 예절이 없어지지 않는 이유 가운데 하나는 신기술의 출현이다. 1차 세계대전이 벌어지는 파리의 하늘 아래 작가는 글을 썼다. 땅에 그은 국경쯤은 아무것도 아닌 것으로 여기면서 비행기가 유성처럼 날아오리라 그 누가 상상이나 했겠는가? 화자는 언제 폭탄이 자신을 향해 떨어질지도 모르는 하늘을 이고 인간이 만든 새 문명이 그려내는 성좌를 닮도록 바라본다. '철도의 발달과 비행기의 군용화'가 이루어지는 마당에 사회가 조금 평등해진다고 해서 예절이 사라질 리 있겠는가? 한 생산양식이 세계의 지배적인 삶의 방식이 되는 데 철도의 발달이 끼친 영향은 또 다른 저자가 주목하는 바다.

한 말을 일단 부정하는 것은 주장을 튼튼히 세우는 일반적 절차다. '설령 예절이 사라진들 그것이 불행이라는 증거는 하나도 없다.' 이어지는 논증은 매우 엄밀하다. '교황의 정치적 권력은 교황의 나라가 군대도 가지지 않게 되면서부터 갑자기 커졌고, 대성당이 17세기의 신자에게 미친 권세는 20세기의 무신론자에게 미친 권세에 비하여 훨씬(6 181)' 적지 않았는가 말이다. 속 깊은 통찰은 대개 어딘가 엉뚱해 보인다.

사회가 평등해지고 민주화가 되어도 계급은 존재할 것이다. 어조는 조심스러우나 속내는 단정에 가까운 그의 말은 계급의 미래를 말하는 마르크스가 쓴 책에 대한 어엿한 주석이다. 국가와 군대가 없어지고 나서 주어지는 정치체제와, 신자가 사라지고 나서 비로소 권위를 회복하는 대성당이라니. 현실은 평범한 인간의 지성을 뛰어넘게 마련이다. 남편이 국가 원수가 됨에 따라 더불어 최고의 권위를 갖게 된 파름 대공 부인의 사례다. 졸라는 사실주의자가 아니라 시인이라는 게르망트 공작부인의 대꾸를 도저히 상상할 수 없는 역설로 처음 듣고서 너무 놀란 나머지 그녀는 의자에서 거꾸로 곤두박질할 뻔하였다.

한 책이 평등 사회의 예절을 탐구한다면 다른 책은 자본주의 이후 가치법칙의 미래를 분석한다. 생산물이 서로 교환되는 비율이 노동시간에 의해 정해진다는 점에서 가치법칙은 생산이 사회적으로 이루어지는 한 유효하다. 그러나 자본주의 이후 생산을 지배하는 것은 더 이상 자본의 맹목적인 증식 운동이 아니다. 노동시간을 결정하는 문제와 노동의 배분, 그리고 그 기준이 되는 부기 등은 더욱 중요해진다. 가치법칙은 이때에도 여전히 사회를 운영하는 기초이자 근거다.

자본주의가 지양된 사회형태는 '의식적이고 계획적인 결합체로서' 조직된다. 그 현실적인 형태는 계급들이 빚어내는 동역학, 즉 계급들의 실천과 투쟁을 통해 결정되는 것이지, 천체의 운동처럼 인간을 배제하는 물리학의 법칙과 같은 것으로 정해지지 않는다.

자본주의적 생산에서는 경쟁이 자본의 배분을 결정한다. 이는 일반이윤율을 중심으로 개별 이윤율이 평균에 수렴하는 근본적 경향의 표현이다. 더 높은 이윤율, 더 큰 이윤을 좇아 자본이 옮겨 다니는 것은 시장가격이 생산가격과 끊임없이 괴리되기 때문인데, 이윤이 더 이상 생산의 동기와 목적이 되지 않는다면 가격이 가치를, 그러니까 노동시간을 점점 직접적으로 반영하게 될 것이다. 이는 가치를 갖지 않는 토지를 단지 소유하는 것만으로는 더 이상 토지 생산물에서 자기 몫을 요구할 수 없게 됨을 뜻한다. 마르크스는 자본주의 이후 지대 수익에 의존해서 살아가는 계급의 미래를 분명히 말한다.

이 사회에서는 '밀 10쿼터는 일정량의 독립된 노동시간을 나타낼 것이고, 그 양은 240실링을 포함하는 노동시간과 동일한 양일 것이다.' 이는 자본주의 생산양식 아래에서 그 사회가 흔히 '이 토지 생산물을 그 속에 포함된 현실적 노동시간보다 2.5배 부풀려진 가치로 판매하'는 것과 대조를 이룬다. 결합체적 생산에서는 '그리하여 토지소유주 계급의 토대는 붕괴될 것이다.'

마르크스의 책에 쓰인 사회주의나 공산주의가 지시하는 사회형태가 무엇인지 밝히는 일은, 지난 시기에 존재했거나 지금 작동 중인 사회 형태를 면밀히 살피는 일을 배제하지 않는다. 독자 앞에는 마르크스가 책을 쓰고 난 뒤 인간들이 지구 곳곳에서 집단적으로 펼친 시간, 세계의 역사가 놓여 있다.

프루스트가 말하는 평등사회가 귀족들의 특권이 사회제도로서 더는 보장되지 않고 그들의 문화 또한 부르주아에 의해 침식되는 시기를 지시하듯이, 결합체적 생산양식이란 일반적으로 자본주의적 생산이 지양된 사회형태를 가리킨다. 타인의 노동을 착취함으로써 자유를 누리는 세계든 예절과 상냥함이 사라진 세계든 고통스럽기는 한가지다. 친절을 나눌 수 있는 노동과 노동이 키우는 상냥함을 맛볼 수 있는 사회야말로 인간의 참된 결합과 평등이 실현된 세상일 것이다.

임금과 잉여가치, 필요노동과 잉여노동은 자본이 지배하는 생산양식에서 나타나는 노동의 사회적 형태들이다. 자본주의라는 성격을 벗겨버렸을 때 생산에 남는 것이 무엇인가? 사회 형태를 소재적 대상 혹은 물질적 과정에서 떼어내는 일이 우선 필요하다.

사회적 노동을 다음 세 가지 조건에 한정해보자. 우선 임금. 임금의 일반적 기초는 '노동자 자신의 노동생산물 가운데 노동자의 개인적 소비에 들어가는 부분'이다. 임금을 '자본주의적인 한계에서 해방하여 한편에서는 사회의 현존생산력이 허용하는 범위까지, 그리고 다른 한편으로는 개성(Individualität, 인격적 의미에서의 개인-옮긴이)의 충분한 발전이 필요로 하는 소비 범위까지 확대'해보자, 즉 노동자의 사회적 노동시간 대로 지불하자. 그리고 '잉여노동과 잉여생산물을 주어진 사회적 생산조건에서, 한편으로는 보험과 예비재원의 형성을 위해 필요한 정도까지, 다른 한편으로는 사회적 욕망의 크기에 의해 정해진 만큼의 재생산의 부단한 확장을 위해 필요한 한도까지 축소해보자. 마지막으로 제1의 필요노동과 제2의 잉여노동 가운데 사회구성원 중 노동능력이 있는 사람이, 아직 그것이 없는 사람과 이미 그것이 없는 사람을 위해 항시 수행해야 하는 노동량을 포함시켜보자.' 이는 곧, 생산력이 허용하는 범위, 인간의 개성이 발전하는 데 필요한 소비, 보험과 예비 재원, 사회적 욕망의 확장에 따른 수요, 노동능력이 없는 사람을 위한 잉여노동으로 노동자의 노동을 한정해보는 일종의 사고 실험이다. 이것이 곧 '임금에서도 잉여가치에서도, 필요노동에서도 잉여노동에서도, 특수한 자본주의적 성격을 벗겨버리'는 일이다.

이때 드러나는 것은 특정 생산양식을 규정하는 사회 형태가 아니라 '모든 사회적 생산양식에 공통적인 이들 형태의 기초(3 1162)'다. 이 요건들은 자본주의뿐만 아니라 어떠한 생산양식이든 그것에 필요한 생산의 수준을 지시한다. 이는 모든 사회적 생산의 공통된 기초다.

노동의 사회적 기초에서 볼 때 불변자본의 절약은 중요한 문제다. 하지만 노동자는 이 문제가 왜 중요한지 관심이 없다. 또 생산관계와 어떻게 연관되는지 파악하기도 어렵다. '자본주의적 생산과정에서 이 생산수단은 동시에 노동의 착취수단이기도 하기 때문에 이 착취수단의 가격이 높고 낮은 문제에 노동자가 아무런 관심을 갖지 않는 것은 마치 노새가 자신에게 채워진 재갈과 고삐의 가격이 높고 낮은 문제에 아무런 관심이 없는 것과 마찬가지이다.' 사회적으로 결합된 노동이야말로 생산력 발전의 주된 동력임에도 노동의 직접 담당자는 왜 이를 제대로 알지 못하는가? '노동자들 자신이 공장을 소유했을 경우(예를 들어 로치데일)에는 이 문제가 전혀 다르게 나타날 것이다.(3 117)'

자본주의는 생산의 양식이지만, 동시에 전도의 양식이다. 전도는 이 생산양식이 이끄는 사회에서 표상의 일반적 형식이며 은폐는 전도의 일반적 기능이다. 한 개 부속, 한 기관으로는 전체를 알 수 없다. 특정한 생산양식과 일체화되어 있는 생산수단의 본래 모습, 생산자의 일반 의지가 꿈꾸는 모습은 숨겨져 있다. 생산수단이 사적 독점으로부터 분리될 때 함께 떨어져 나가는 것은 그것이 속했던 생산양식의 외관이다. 베일을 벗고 눈앞에 드러나는 생산의 본래 형태들은 사적 소유라는 사회 형태를 덧입고 있던 이전의 것과 같을 리 없다. 이는 계시 이후의 세계가 이전과 같을 수 없는 것과 마찬가지다. 참된 행복은 계시가 열어젖힌 새로운 세계만이 줄 수 있다.

계시와 도약, 문학과 자본

계시는 때와 장소를 예기하지 않는다. 화자가 게르망트 대공댁의 마티네에

갔을 때 계시는 저택의 안마당에서 시작된다. 단차가 나는 포석을 두 발로 디디면서 그는 지금껏 마주했던 계시들의 의미를 한꺼번에 알아차린다. 행복감이 샘솟는다. 알아차림은 수행 끝에 이르는 견성과 닮은 데가 있다. 대나무가 바람이 스적이는 소리에 홀연, 질신과 즉신(即身)을 혼동한 채 질신을 화두로 참구하여 이른다는 견성이 아닌가?

화자가 계시를 간구하는 것은 그것만이 자신의 삶을 구원할 수 있다고 믿기 때문이다. 계시는 '모든 걸 잃은 듯싶은 순간에 이따금 온다. 온갖 문을 다 두드려 보았지만 열리지 않다가, 들어갈 수 있는 단 하나의 문, 100년 동안 찾아본댔자 허탕 쳤을 것 같은 문에, 그런지 모르고 부딪치고, 그러자 문은 스르르 열린다.' 그는 '한 대의 차가 다가오는 걸 보지 못했다가, 운전자의 고함에, 겨우 몸을 재빨리 비켜, 뒤로 물러나는 겨를에, 차고 앞에 깔린 반듯하지 못한 포석에 발부리를 부딪쳤다.' 운전자의 비키라는 외침이, 차를 가로막는 모든 사람에게 계시를 불러오지는 않는다. 그랬다면 병원으로 실려 간 사람을 빼고 적지 않은 작가가 천 쪽이 넘는 소설을 썼을 테고, 두꺼운 책을 앞에 두고 독자가 내쉬는 낮고 긴 한숨이 더욱 잦았을지도 모른다. 다행인지 불행인지 책의 나머지 문장들은 그런 일이 몹시 드물게만 일어난다는 것을 말해준다.

인상은 시간의 성스러운 출현, 에피파니다. 작가가 이런 일을 이처럼 공들여 묘사하는 것은 문학의 길에서 시간의 계시가 어떤 의미를 가지는지 말하기 위해서다. 미래에 대한 화자의 '온갖 불안, 온 지적인 의혹'을 일소하는 것은 '몸의 균형을 다시 잡으려고 부딪친 것보다 좀 낮게 깔린 다른 포석에 또 한쪽 발을 딛는 순간'의 행복감이다.

이 행복의 감각은 화자가 마주한 적 있는 발베크의 수목, 마르탱빌의 종탑, 달인 물에 담근 마들렌의 한 조각, 뱅퇴유의 최후의 피아노 작품을 하나로 꿰뚫는다. 자연의 사물, 인공의 건조물, 물질대사의 소재, 그리고 소리로 빚은 악절이 똑같은 행복감을 불러오는 까닭은 무엇인가?

계시는 우연한 사물을 통해 실재를 드러낸다. 그것은 지성의 추론이 닿지 못하는 진리가 우리에게 나타나는 형식이다. 전에 화자는 인상들이 안달하며 귀에 대고 속삭였음에도 그것이 말하려는 것이 무엇인지 알 수 없었다. 그저 어렴풋하게 인상에 동반되는 행복감을 느꼈을 따름이다. 행복감을 환기하는 심상,인상이 전해주는 것은 동일하다. 인상이 매체로 삼는 소재에 차이가 있었을 뿐이다.

화자의 경험은 마치 블랙홀의 내부에 일어나는 일처럼 독자로서 알기 어렵다. 데자뷔와 에피파니, 수피즘과 티베트 불교 수행자나 요기들의 경험처럼. 마찬가지로 자본의 비밀은 자본의 인격 혹은 부속 기관으로서 특정한 역할이 강제된 인간에게 좀처럼 드러나지 않는다. 어떤 독자는 자기도 모르게 그와 비슷한 경험을 상기하고 소설의 문장들을 읽으며 놀랄지도 모른다. 드물긴 하지만 우리가 종종 습관 속에 내팽개치기 전 자신의 귀에 울리던 인상의 속삭임을 알아채듯이 말이다. 그러므로 자신이 운전하는 차를 피하려 어정쩡한 자세로 서 있는 사람이 있다면 반드시 눈여겨 볼 일이다. 그가 문학의 역사를 새로 쓸 사람일 수도 있으니까. 스스로를 예외로 삼을 일도 아니다, 다가오는 차를 일부러 피하지 않는 위험쯤 감수할 용기가 있다면.

화자는 행복감을 다시 느끼려고 포석을 다시 디뎌본다. 이윽고 계시의 음성이 들려온다. '게르망트네의 마티네도 잊어버리고서, 발을 그 모양으로 디딘 채 아까 느낀 감각을 용케 되찾은 건, 다시금 눈부시고도 몽롱한 환상이' 스칠 때였다. 그 환상은 화자에게 '자네에게 그만한 힘이 있다면 지나가는 결에 나를 붙잡게나, 그리고 내가 자네에게 제출하는 행복의 수수께끼를 푸는 데 애써보렴' 하고 속삭인다.

어긋난 포석에 발을 디디면서 맞닥뜨린 인상은 이전에 경험했던 인상과 그다지 다르지 않다. 그런데 이 경험은 어찌하여 화자가 한 걸음을 더 내딛게 만드는가? 경험들이 질적으로 서로 다르다기보다 지금까지 속삭여온 인상들의 목소리가 듣는 화자의 내면에 축적되었다가 한꺼번에 터졌기 때문일까. 미루고 또 미루는 미적댐은 일에 착수하는 최단 경로일지도 모른다. 일이 중요하면 중요할수록 더욱 말이다. 칠레의 시인이 '시가 내게로 왔다'라고 쓸 때 그 또한 시간의 계시를 들은 것이리라. 요약본이긴 하나 프루스트의 책을 네 번이나 읽은 그다.

계시가 화자의 소명을 일깨우는 것이 그렇듯, 사회 형태의 도약도 단번에 이루어지지 않는다. 단순재생산에서 자본으로 도약과, 자본의 최초의 축적기에 배어 있는 피비린내와 메아리치는 절규는 우리 역사가 거의 예외 없이 공유하는 것이다. 새로운 경제적 사회구성체의 형성과 발전이 인간에게 덧씌우고 강요하는 현실을 낱낱이 드러내는 것으로 문학은, 자신의 한쪽 날개를 빛내왔다.

지난날을 돌이켜 보던 화자는 깨닫는다. 시간의 계시를 그에게 속삭인 것은 삐뚜름한 이 포석만이 아님을. 이 깨달음은 즉시 회상 속에 과거를 불러온다. 이 회상, 되찾은 시간은 한 장소를 대성당으로 일으켜 세운다. '그러자 거의 당장, 나는 인식했다. 그것은 베네치아였다. 묘사해보려고 애쓴 내 노력도, 나의 기억이 찍은 이른바 스냅 사진도, 이때까지 베네치아에 대해 한마디도 들려주지 않았는데, 지난날 산마르코 성당의 영세소의 반듯하지 못한 두 포석 위에서 느꼈던 감각이, 그날 그 감각과 결부된 다른 갖가지 감각과 더불어, 지금 베네치아를 나에게 소생시킨 것이었다.'

포석에 올려놓은 기우뚱한 두 발의 감각은 '망각한 세월의 계열에 들어가 대기하고 있던 그러한 감각을 … 긴급하게 그 열에서 나오게 한 것이었다. 프티트 마들렌의 맛이 콩브레를 상기시켰던 것도 이와 같았다.(11 250)' 화자는 묻는다. '그럼 어째서 콩브레와 베네치아의 심상이, 그 각 순간에, 별다른 표적이 없는데도 나로 하여금 죽음마저 아랑곳하지 않게 만드는 일종의 확신과 같은 기쁨을 가져다주었는가?'

계시가 주는 행복은 되살아난 시간의 선물이다. 프루스트는 왜 쓸 수밖에 없었는가? 모든 것이 분명해졌다. 죽음마저 개의치 않고 행복감 속에서 그가 남은 삶을 던진 곳은 잃어버린 시간이라는 광맥이었다.

과거를 계시하는 감각과 자본 이후의 화폐

과거와 현재를 이어주는 것은 감각이다. 감각은 동일한 효과를 통해 과거를 현재에 불러오고 재현한다. 홍차에 적신 마들렌의 맛, 레일을 두드리는 망치 소리, 빳빳한 냅킨의 촉감을 통해 과거는 돌연 솟아오른다. 묻혀 있던 시간이 감각을 통해 망각을 뚫고 되살아나는 것이다. 사물은 감각이 과거를 현재로 옮겨주는 매개다. 공작의 꼬리처럼 청록색 바다를 펼쳐놓는 빳빳한 냅킨의 색채는 감각 경험에 그치지 않고 화자의 과거 한순간을 눈앞으로 이끌어온다. '게다가 나는, 단순히 그런 색채만을 즐기고 있는 것이 아니라, 그 색채를 떠오르게 하는, 나의 지나간 생활의 온전한 한순간을 즐겼으니, 그 한순간이야말로, 일찍이 색채에 대하여 목마르게 희구하던 것'이다. 그때는 왜 감각에 끌려나오는 시간은 알아채지 못했을까? 그가 '지치고 서글픈 그 감정'에 잠겨 있었기 때문이다. 시간은 화자가 그 색채를 만날 때마다 어렴풋하게, 늘 그 색채 뒤에서 자신을 알아봐주기를 애원하며 어른거리고 있었다. 그것은 그가 잃어버린 시간이다. 되찾은 시간의 감각은 '지금 외적 지각 속에 있는 어떤 불완전한 것을 떨쳐버리고, 순수하고도 비구상적으로(11 253)' 화자의 가슴을 환희로 부풀게 한다. 냅킨의 색채가 소생시키는 시간이란, 감각에 지각되는 사물의 속성이 아니라 감각의 주체, 마르셀이라는 인간의 실재다.

시간을 되찾은 세계가 시간을 잃어버린 세계와 같을 리 없다면 자본이 지배하는 세계와 자본 이후의 세계도 그렇다. 시간을 되찾은 세계, 자본주의 이후 생산은 어떻게 달라지는가?

자본에 의한 생산은 무계획적이고 우연적이다. 자본이 지배하는 생산양식에서는 모든 거래에 화폐라는 사회 형태의 가면이 씌워진다. 소재의 측면에서 생산은 투입되는 물건의 조성과 형태가 바뀌는 과정이다. 화폐는 자본의 소재들을 무차별적으로, 그러나 절대적으로 매개한다. 이는 소재들이 필요한 때와 장소에 공급·배치되는 것을 방해한다. 어떤 문제가 발생하는지, 그리고 왜 그렇게 되는지는 생산이 끝나고 나서 밝혀진다. 이는 총자본의 수준, 사회 전체의 수준에서 자본으로 쓰이는 소재들을 의식적인 계획에 따라 조달하고 배치하지 않는 한 피할 수 없는 문제다. 한편 '공산주의 사회, 즉 자본주의 이후의 생산양식에서는 … 상당 기간 동안 어떤 생산수단이나 생활수단 그리고 사용가치도 공급하지 않으면서도 경제의 기반이 되는 산업을 운영하는 데 자본주의와는 다른 접근을 보여준다. 그것은 사회적으로 계획된 경제이다.' 왜냐하면 이 사회에서는 '화폐자본은 모두 사라지고 또 화폐자본 때문에 거래를 통해 발생하는 온갖 가면들도 사라질 것(2 390)'이기 때문이다.

자본의 오성은 저녁이 되어서야 날개를 펴는 부엉이처럼 게으르다. 차이가 있다면 맹금의 야간 비행은 자연의 법칙에 따른 생활의 지혜를 표현하는 반면 자본의 무지는 직접 생산을 담당하는 계급의 삶을 파괴한다는 것이다.

노동과정의 물적 조건에서 발생하는 불균형과 불비례는 생산을 지배하는 특정한 사회 형태를 폐기하고 새로운 형태로 바꿈으로써 해결된다. 화폐가 그러한 사회 형태이다. '사회는 여러 사업부문에 노동력과 생산수단을 배분한다. 생산자들은 어떤 증서를 받아서, 그것을 주고 사회의 소비용 재고에서 자신의 노동시간에 해당하는 양을 인출하게 될 것이다. 이때 이 증서는 화폐가 아니다. 그것은 유통되지 않는다.(2 443)'

화폐가 폐기되고 나서 이루어질 사회 형태는 무엇인가? 이 물음에 대한 저자의 문장들은 그의 책이 나오고 나서 펼쳐진 역사에 비추어 해석되어야 한다. 책은 자본주의 이후 생산양식이 구체적으로 어떤 모습을 취하는지 구체적으로 말하지 않는다. 미래의 역사는 한 책의 문장이 지시하는 대로 현실이 되지 않는다. 그 책이 이후 역사의 일부를 이룰 때 더욱 그렇다. 마르크스의 책만큼 이를 증명하는 것도 없으리라. 책이 방사하는 빛을 빈틈없이 틀어막으려는 시도가 책의 가치를 증명하는 책이 있다. 책을 반대하는 자들이란 대체로 책을 읽지 않은 자들이라는 사실은, 책의 진실을 다른 식으로, 그러나 무시할 수 없는 방식으로 증언한다.

자본이 노동을 사회적으로 표현하는 유일한 방식이라 볼 까닭은 없다. 매우 다양한, 노동의 공동체적 혹은 결합체적 사회 형태가 존재한다. 이러한 생산양식에서는 화폐가 노동의 유일한 표지가 되어 노동하는 인간을 특정한 사회적 관계에 결박하지 않을 것이다. 자연은 물질대사의 독립된 기관인 개인에게 한 가지 생산양식을 강요한 적이 없다.

제삼의 소유와 죽음 너머

마르크스는 생산수단에 대한 세 가지 소유 또는 세 단계의 소유 형태를 구분한다. 직접 생산자의 사적 소유, 자본주의적 사적 소유, 지양된 개인적 소유가 그것이다. '자본주의적 생산양식에서 생겨난 자본주의적 취득양식(즉 자본주의적 사적 소유)은 자신의 노동에 기초한 개인적인 사적 소유에 대한 제1의 부정이다.' 경제적 사회구성체에서 생산수단의 소유 형태는 생산의 결과물에 대한 취득을 지정한다.

소유 형태의 발전은 '자연과정의 필연성에 따라 그 자신의 부정을 낳는다. 즉 부정의 부정(Negation der Negation)인 것이다. 이 부정은 사적 소유를 다시 만들어내는 것이 아니라 자본주의 시대의 획득물(즉 협업과 토지 공유 및 노동 자체에 의해 생산되는 생산수단의 공유)을 기초로 하는 개인적 소유(individuelle Eigentum)를 만들어낸다.' 세 번째 단계의 사적 소유는 생산수단의 공유, 사회적 소유를 기초로 한다.

자연 필연성에 따른다고 해도 소유 형태의 발전은 아무 노력도 없이 그저 주어지지 않는다. 인간의 역사는 생산수단의 소유 형태가 바뀌는 과정에서 인간이 치른 희생으로 얼룩져 있다. 역사 그 자체가 생산수단의 사회적 형태를 두고 벌어지는 계급투쟁의 기록이다. 저자 사후 1권 영어판 서문에서 엥겔스는 마르크스에 대해, '영국의 경제 상태와 경제사에 대한 평생의 연구를 통해 자신의 전 이론을 수립하고 이 연구를 통해 최소한 유럽에서 영국이야말로 불가항력적인 사회혁명이 전적으로 평화적이고 합법적인 수단을 통해서 달성될 수 있는 유일한 나라라는 결론을 얻은 이 인물'이라 말한다. 그는 이 문장에다, '물론 그는 영국의 지배계급이 이 평화적이고 합법적인 혁명에 대하여 '노예제 옹호 반란'도 없이 굴복하리라고는 거의 기대하지 않는다'고 덧붙이길 잊지 않았다.

이후 지금에 이르기까지 생산수단의 소유에 따른 과실을 전유해온 계급은 상상을 뛰어넘는 전략과 세계적 규모의 연대를 통해 자본 이후가 과연 있기나 한 것인지 의심하게 만든다. 두 단계로 이루어진 이행에서 두 번째 이행의 곤란을 과소평가하는 것으로 읽히는 저자의 문장을 다시 찬찬히 읽게 만드는 지점이다. '개인의 자기 노동에 기초한 분산적인 사적 소유에서 자본주의적인 사적 소유로의 전화는 물론 사실상 이미 사회적 생산 경영에 기초를 두고 있는 자본주의적 소유에서 사회적 소유로의 전화에 비하면 비교도 되지 않을 만큼 지리하고도 가혹하며 어려운 과정이다. 전자에서는 소수의 횡탈자에 의한 민중의 수탈이 문제였지만 후자에서는 소수의 횡탈자에 대한 민중의 수탈이 문제이다.(1 1023)' 다수가 소수를 수탈하는 문제임에도 이후 역사는 왜 그의 예견을 순순히 받아들이기 어렵게 만드는가?

낡고 분산된 소유는 자본주의적 소유를 거치면서 사회적 소유에 기초한 새로운 사적 소유로 새롭게 출현한다. 글쓰기, 혹은 붓질과 악절의 연주를 통해 과거 안에 격리되었던 추억이 바로 지금 눈앞에 되살아나듯이.

인생에 대한 심드렁한 태도는 인상이 불러일으키는 사념으로 우리가 인생을 채우지 못한 탓이다. 이는 예술과 삶의 대립을 열거하는 목록 가운데 일부다. 삶은 인상이라는 단비 속에서 기쁨을 맛보지 못하고, 인상은 삶으로부터 시간을 표현하는 힘을 얻지 못한다. 인상은 천편일률적인 표현, 습관적 묘사 속에 시든다. 어떤 인상이 실재를 드러내지 못하는 것은 우리가 그 인상을 다시 과거 속으로 내던졌기 때문이다.

한마디 말, 작은 몸짓을 별것 아닌 것으로 여겨 그들을 삶의 진실을 말해주는 실마리로 삼지 못하는 것은 섣불리 지성을 개입시켰기 때문이다. 인상을 품은 심상들을 실재와 연결 짓는 것은 지성이 아니라 감각이다. 말도 몸짓도 시간 속에 흩어진다. 그들이 전하려 한 인상이 사라지고 나서 의지로써 기억해내고 지성으로 추리해본들 남은 것은 부스러기, 부유물일 뿐이다.

그러나 말과 몸짓은 마치 항아리와 같아서 저마다 본래의 빛과 냄새와 날씨를 간직하고 있다. 그것은 우리가 통과해온 세월의 층 속에, 애써 마련한 선반 위에 놓이듯 가지런히 배열되어 있다. 항아리를 가득 채운 인상들을 삶의 응축물로 발효시키는 것은 무엇인가? 스쳐 지나간 꿈과 신념이다. 항아리 안에 든 것은 '꽃이 만발한 생울타리를 물들이는 장밋빛 저녁놀, 시장기, 여자에 대한 욕망, 사치를 좇는 기쁨, 또는 옹딘(북유럽 신화에 나오는 물의 요정)의 어깨처럼 물 위에 어른어른 떠오르는 악절의 단편들을 싸면서, 굽이치는 아침의 푸른 파도' 같은 것들이다.

또 이 항아리들은 '끊임없이 변해온 우리들의 세월과 같은 높이에 배치되어 있으며 … 비록 단순한 꿈이나 신념만의 변화일지라도, 그것을 정확히 나타내면서, 모두 저마다 다른 높이에 위치하여, 우리들에게 변화무쌍한 한 대기의 권층(圈層)과 같은 느낌을' 준다. 이 변화하는 표정의 주인공, 시간이야말로 항아리의 창조자다. 우리가 살아내는 시간을 채우는 것은 한마디 말과 한 개 몸짓을 끝없이 쌓아올린 층들이다. 이 층들이 삶과 세계를 구성한다. 삶은 시간이라는 대기권 안에 모였다 흩어지는 구름이다.

과거의 인상들이 현재와 연결되지 못하고 격리되는 것은 망각 때문이다. 망각은 어느 한때와 그때의 인상을 섬처럼 고립시킨다. 어떤 유대도 맺지 못하고 어떤 연쇄도 만들지 못한 인상들은 어떻게 다시 살아나는가? 프루스트는 우리가 지금 숨 쉬는 공기가 과거의 바로 그 공기라는 것을 알아챌 때 그런 일이 생긴다고 말한다. '갑자기 새로운 공기를 우리에게 호흡시킬 수 있는 건, 바로 그 공기가 지난날 우리가 호흡했던 공기이기 때문이고, 이 공기야말로, 시인들이 낙원에 넘치게 하려고 헛되게 시도했던 것보다 더 맑은 공기, 과거에 이미 호흡한 일이 있고 나서야 비로소 그와 같이 깊은 소생의 감각을 불러일으킬 수 있는 공기'다. 인상을 고립시켰던 껍질은 마들렌 과자나 삐뚜름하게 놓인 포석의 경험에서 보듯 우연히 찾아온 과거와 현재의 감각의 동일성 속에서 마침내 부서져 내린다. 그러므로 소생하는 것은 감각이자, 망각 속에 파묻혀 있다가 다시 풀려난 인상이며 잃어버린 시간이다. '왜냐하면 참된 낙원이란 일단 잃어버린 낙원이기 때문이다.(11 254)' 이렇게 되살아난 시간 속에서 우리는 잃어버린 삶을 되찾는다. 이제 화자가 해야 할 일이 분명해졌다. 글쓰기를 통해 잃어버린 낙원을 다시 일으켜 세우는 것이다.

인간이 시드는 것은 언제인가? '현재를 관찰하려는 데 있어, 감각이 그러한 정수를 가져다주지 못하는 때, 어느 과거를 고찰하려는 데 있어, 이지가 그 과거를 메마르게 하는 때, 어떤 미래를 기대하려는 데 있어, 거기에 의지가 끼어들어, 그 의지가 선정해둔 타산적이자 인위적인 좁은 목적에 적합한 것만을 남기려 함으로써 현실성을 잃게 된 그런 현재와 과거의 토막으로 미래를 구성하려 들 때'다.

그렇다면 인간이 봄비를 맞는 새싹처럼 되살아나는 것은 언제인가? 인상의 감각은 지금 당장의 경험이 아니면서도 현실적이다. 인상이란 시간의 몸에 대한 감각인 까닭이다. 그 몸은 둘도 여럿도 아닌 오직 하나인 시간의 육신이다. 그러므로 인상은 유일한 시간에 대한 직접적인 경험이다. 그리하여 과거의 '음향이나 냄새가, 현시(現時)가 아니면서도 현실적인, 추상적이 아니면서도 관념적인 현재와 과거의 동시 속에서 다시 들리고, 또는 호흡되자마자, 평소에 숨겨져 있는 사물의 불변한 정수는 저절로 풍겨' 나온다.

시간은 오직 인간의 기억, 관념 속에서만 그 현존이자 유일성인 전체를 드러낸다. 인간만이 시간의 거주지가 될 수 있다고 말하는 독일 철학자의 말은 사실 프루스트가 한 말의 변주에 지나지 않는다. 그가 언어를 존재의 집이라 말할 때 독자는 동일한 것을 프루스트의 글에서 발견한다. 인간만이 과거와 현재가 단일한 실재임을 느낀다.

사물의 정수란 사물 속에 잠겨 있고 스며 있던, 그러한 질감과 형상으로 존재하던 시간이다. 인상은 단 하나인 시간의 몸에서 나온 빛이다. 사물에 이어 자아의 본질이 드러나는 것은 이때다. '오래 전에 죽은 줄로 알았지만 전혀 그렇지 않았던 우리의 실다운 자아는 제공된 천상의 먹이를 받자 눈을 떠, 생기를 띤다.'

인간을 창조해낸 시간은 그 스스로 세계인 자신을 드러내줄 증인으로 인간을 다시 부른다. 논리와 지성을 훌쩍 뛰어넘는 한 조각 마들렌 과자 맛이 주는 기쁨이 작가의 말을 확증한다. '시간의 세계를 초월한 한순간이, 그 한순간을 느끼게 하려고, 우리들 속에 시간의 세계를 초월한 인간을 다시 창조한 것이다.'

'죽음이라는 낱말이 그 인간으로선 아무 뜻도 없다는 것도 이해할 만하다.' 화자는 마침내 다시는 잃을 리 없는 자신감을 내비친다. 인간에겐 저마다의 마들렌 과자가 있다. 죽음에 대한 숱한 말들이란 시간의 바깥에 내팽개쳐진 인간의 비명에 지나지 않는다. 이제 그는 말한다. '시간 밖에서 사는 몸인데 미래에 대해서 뭘 두려워하겠는가?(11 257-9)'

문학에서 재료의 통일과 감독노동의 미래

그러나 곧 새로운 난관이 길을 막는다. '단지 착수만이 남은 듯이 생각하고 있던 예술 작품이, 커다란 곤란에 봉착하리라.' 이는 작품이란 '잇따라 연속되는 부분을, 말하자면 질이 다른 재료로 이어가야만' 하기 때문이다. 문학의 재료는 다양하다. 바다만 해도 '바닷가 아침의 또는 베네치아 오후의 추억에 알맞은 것으로 명확한 것, 새로운 것도 있고, 투명한 것, 특별한 음향을 내는 것도 있고, 촘촘한 것, 서늘한 것, 장밋빛 도는 것'이 있다. 저녁도 그렇다. '리브 벨의 저녁을 묘사하고 싶어 한다면, 정원 쪽으로 열린 식당 안에 더위가 차차 녹고, 흐무러지고, 저물어가기 시작하는 황혼도 있고, 마지막 한 줄기의 저녁놀이 아직 레스토랑의 담장 위의 장미꽃을 비추고 있는 동안 하늘에는 낮의 수채화 흔적이 보이는 황혼도(11 255)' 있다.

예술 작품이란 인상들을 죽 늘어놓는다고 완성되지 않는다. 시간의 동일성은 인상의 연속성과 유사성에서 비로소 드러난다. 하지만 감각 경험의 내용인 인상들은 질료에서 서로 다르다. 명료함, 새로움, 투명함, 음향으로 매개되는 것, 촘촘함, 서늘함, 그리고 빛깔에서 그들은 똑같지 않다. 모든 아침과 모든 저녁이 하나도 같지 않은 것처럼.

그토록 다양한 차이들로 나타나는 이 재료 더미에 하나의 형식, 통일성을 부여하는 방법은 무엇인가? 이 물음은 금이든 은이든 종이든 소재의 질적인 차이에도 불구하고 화폐의 동일한 본성을 사회적 형태에서 찾아내는 또 다른 저자의 방법, 문장을 환기한다.

마르크스는 우선 지휘와 감독 노동이 필요하다는 데서 생산수단의 사적 소유를 합리화하는 주장을 검토한다. 이는 지휘와 감독은 유능한 자에 맡기고 나머지 노동자는 그의 지시에 따르는 것이 합리적이라는 것이다. 초기의 자본가가 지휘와 감독의 노동을 기꺼이 감수하는 것은 그렇게 해야 타인의 불불노동의 산물을 전유하기 때문이다. 노동의 기능별 분할이 잉여가치의 취득이라는 자본주의 생산의 본래 목적을 대신한다. 이제 자본가가 손에 쥐는 잉여가치는 지휘와 감독이라는 보다 고급한 노동에 대한 대가로 설명된다.

지휘와 감독은 '직접적 생산자의 예속으로부터 발생하는 기능'이다. 사회적 노동에 필연적인 노동분업은 '모든 사회적 결합노동의 성질로부터 발생하는 하나의 특수한 기능'이긴 하지만, '생산수단의 소유주와 노동력만의 소유주 간의 대립으로부터 발생하는 것인 한 종종 이런 관계 그 자체를 옹호하는 근거로 이용'되고 더 나아가 마침내는 '타인의 불불노동에 대한 취득(즉 착취)도 또한 자본소유주가 당연히 지불받아야 할 임금으로 표현된다.'

여기서 독자는, 자본이 주도하는 생산은 그 과정에서 온갖 계기들이 동시에 전도와 은폐의 기능을 떠맡는다는 사실을 거듭 확인한다. 이 생산양식이 생산하는 잉여가치를 전유하는 계급의 의식이 이 사회 형태를 작동시키는 필수적 계기임을 알기 위해서는 자본가의 머릿속을 들여다보는 것이 필수적이다. 이는 자본가란 자본주의 생산양식에서 자본 기능의 인격적 표현이라는 말의 뜻 가운데 뺄 수 없는 한 가지다. 이 생산양식에서 정신 혹은 의식이 수행하는 역할은 결코 무시되어서는 안 된다.

어떠한 생산 형태이든 감독과 지휘 노동이 반드시 필요하다는 주장이 감추는 것은 특정 생산양식을 구성하는 생산관계 내부에 있는 대립적 성격이다. 물론 지휘와 감독은 노동의 사회적이고 결합적 성격을 실현함으로써 노동 생산력이 사회적 수준에서 발휘하도록 한다. 역사적으로 감독과 지휘가 독립 노동으로 출현한 것은 아주 오래다. 고대 그리스의 도시 국가에서 정치와 철학이 발달한 것도 당시 일하는 계급의 숙련되고 분업화된 노동과 더불어 이를 감독하는 기능이 별개의 노동으로 자립했기 때문이다.

감독과 지휘를 맡던 자본가는 생산력이 발전함에 따라 이 노동에서도 자유로워진다. '자본주의적 생산은 지휘감독의 노동을 자본소유와 완전히 분리하여 길거리로 내쫓아버렸다. 그래서 이 감독노동을 자본가가 수행할 필요가 없게 되었다.' 그렇다면 이제 자본가는 무엇을 하는가? 또 다른 저자가 쓴 책이 펼쳐내는 다채로운 무늬는 이 물음에 대한 세밀하고도 적확한 답변서로서 손색이 없다.

지휘자와 소유자, 기능과 소유가 최종적으로 분리된다. 그러나 자본가가 끝까지 손에서 놓지 않는 것이 있다. 그것은 '임금에 관련된 것, 아마 모든 것'이다. '지휘자는 오케스트라 악기들의 소유주일 필요가 전혀 없으며, 또한 나머지 연주자들의 '임금'과 관련된 어떠한 것도 지휘자로서 그의 기능에 속하지는 않는다.(3 508)' 이로써 다시금 드러나는 것은 자본가가 주인인 이 생산양식의 본질이다.

지휘와 감독에 숙련된 노동자, 악기의 소유주는 아니지만 악기들로 연주되는 음악의 최고 권위자이자 조율자도 자본 소유자에게 언제든 쫓겨날 수 있다는 점에서 길거리를 방황하는 과잉인구의 후보자일 뿐이다. 다른 차이는 오케스트라에서는 지휘자가 악기를 탐내지 않는 데 반해 자본주의적 사업에서는 노동을 지휘하고 감독하는 자의 최종 목표가 악기 소유라는 데 있다. 관현악 연주에서 악기 소유자가 아무짝에도 쓸모없는 것은 연주자들이 악기를 공동으로 소유하거나 스스로 소유자가 될 때 분명해진다. 한 생산양식이 덧씌운 사회 형태라는 껍질을 벗는 순간 지휘와 감독 노동의 허울도 함께 벗겨진다. 협동조합이 소유한 공장은 허울이 벗겨진 사회 형태의 실제 모습을 고스란히 보여준다. 협동조합은 하나의 사례에 지나지 않는다.

노동의 초월, 시간의 초월

자본주의 생산양식 이후 지휘와 감독노동은 어떻게 바뀔 것인가? '주식회사는 일반적으로 이 관리 노동을 점점 더 자본(자기자본이든 차입자본이든)의 소유와 분리된 기능으로 만드는 경향이 있다.' 기능에서 소유가 분리되는 것은 이 경제 형태의 일반적 경향이다. 신용이 실물을 대체하는 것은 화폐가 상품의 절대적 표지가 되는 데서 출발한 이 생산양식의 논리적 귀결이다.

그렇다고 해서 제때에 상품의 사용가치가 실현될, 즉 생산물의 소재적 목적을 실현할, 혹은 소비되어야 할 장소로 옮겨갈 필요가 없어지는 것은 아니다. 오히려 자본 순환의 한 계기였던 유통 부문을 장악한 자본의 힘, 운수와 물류 자본의 힘은 더욱 커졌다. 아마존의 영향력이나 플랫폼 기업의 등장은 이를 말해주기에 부족함이 없다. 자본은 여전히 인간들 간의 물질대사를 담당하는 특수한 사회 형태이다.

협동조합공장과 같이, 생산과 유통이 노동자에 의해 독자적으로 관리되는 형태에서 지휘와 감독노동은 단지 내용적으로만 구별된다. 강제와 복종이라는 정치적 관계가 경제를 운용하는 데 필수적인 것은 아니다.

주식회사가 자본의 주된 형태가 되면 소유는 더욱 기능과 분리된다.

사회 형태의 세분은 역사의 일반적 경향이다. 이는 '부르주아 사회가 발달함에 따라 사법기능과 행정기능이 토지소유-봉건시대에는 이들 두 기능이 바로 이 토지소유의 부속물이었다-와 분리되는 것과 마찬가지다.' 국가 기능의 분립은 경제적 사회구성체 내부의 기능과 소유의 분리에 조응한다.

화폐자본도 산업자본에서 분리된다. 자본은 자본 소유 일반을 대표하는 은행에 집중되고 대부자본이 자본의 일반 형태가 된다. 자본 소유자로부터 분리된 자본의 관리자가 등장한다. 마르크스는 앞서 자본가의 지휘감독 기능이 경영 혹은 특수한 노동으로 분리되는 것에 주목한 바 있다. 자본의 실질적 기능이 자본 소유로부터 떨어져나간다. 회사가 바삐 돌아갈수록 소유주는 더욱 한가하게 그린 위에서 골프채를 휘두른다. 자본가의 쓸모는 생산과정이 아니라 사회 전반의 활기를 북돋우는 여가 활동에서 드러난다. 이런 풍경을 묘사하기에는 너무 앞선 시대를 살았던 저자의 관찰이자 예측이다.

따라서 프루스트의 소설을 읽으면서 사회의 경제적 구성체를 염두에 두는 것은 적절하고 권장할 만한 독서법이다. 마르크스의 문장을 읽으면서 시간의 초월을 음미하는 것이 그렇듯이 말이다.

시간을 되찾는 것은 지극히 행복한 경험이다. 화자는 '행복감과, 거기에 반드시 따르는 확실성의 원인을 꼭 찾아내'려고 한다. 그는 '갖가지 즐거운 인상을 서로 비교함으로써 판별'하려고 하는데, 자신이 그 인상을 '현재의 이 순간에도 아득한 과거의 순간에도 동시에' 느낀다는 것을 깨닫는다. '과거를 현재로 파고들게 하는' 그 느낌은 어찌나 강렬한지 그는 지금이 과거인지 현재인지 헷갈릴 지경이다.

화자가 행복감을 느끼는 것은, 지금의 인상이 그에게 안기는 감각이 과거의 인상이 주었던 것과 똑같기 때문이다. 현재의 인상이 과거의 인상을 재생한다. 다시 말해 인상은 과거 한 시점에 속할 뿐 아니라 바로 지금, 여기에 속한다. 그러니까 인상은 동시에 두 개의 시간에 존재한다. 어떻게 이런 일이 가능한가? 과거든 현재든 오직 하나인 시간의 일부이기 때문이다. 한 입자는 가능한 모든 경로를 통과한다고 증명하는 양자역학이 말하는 미시 세계는 바로 이 세계가 아닐까.

절대적 행복감은 잃어버린 시간을 되찾은 증표다. '그때 내 속에서 즐거운 인상을 음미하고 있는 인간은, 그 인상 속에 있는 옛 어느 날과 현재와의 공통점, 다시 말해 그 인상 속에 있는 초시간적인 영역에서 그 인상을 맛보고 있는' 존재다. 어떻게 이런 일이 가능한가? '그 인간이 현재와 과거 사이의 저 일종의 동일성에 의하여, 사물의 정수(精髓)를 먹고 살면서, 그 정수를 즐길 수 있는 유일한 환경, 곧 시간 밖으로 나갈 수 있'기 때문이다. 인간은 시간을 되찾음으로써 시간을 초월한다. 사물의 정수란 그것이 드러내는 시간의 단일성이다.

시간을 초월할 수 있도록 해주는 것은 무엇인가? 유추다. 화자는 '프티트 마들렌의 맛을 무의식적으로 느꼈던 순간, 자신의 죽음에 대한 불안이 문득 그친 듯한 생각이' 든다. '그때의 나라는 인간은 초시간적 존재였으므로, 따라서 미래의 무상(無常)도 걱정이 되지 않았던 것이다.' 아무 때나 이런 일이 가능한 것은 아니다. 인간이 '반드시 행동을 떠나 있을 때, 직접 향락하지 않을 경우뿐'이다. 사마타 수행자가 스스로 마음을 비춰보듯 그가 통찰하는 것이 유추의 작용이다. '그때마다 유추(類推)의 기적은, 나를 현재라는 것으로부터 탈출시켰던 것이다.' 잃어버린 시간을 되찾게 하는 힘인 유추를 방해하는 것은 무엇인가? 의지로 도모하는 기억과 이지의 노력이다. 그러나 이들은 '그러한 잃어버린 시간의 탐구에 항상 실패(11 256)'할 수밖에 없다.

앞서 화자는 내적인 소명과 표면상의 소임을 구분했다. 겉으로 강요되는 일들, 혹은 사교적 의무를 벗어던질 때 찾아오는 지혜가 있다. 멈춤과 알아차림, 지와 관은 서로를 떠받쳐 일체에 작용한다. 의지적 기억이나 지성으로는 이를 수 없다는 점에서 유추의 능력은 기적에 가깝다. 유추를 통해 화자는, 우주 정거장 밖을 유영하는 우주인처럼 지구를, 또 자아를 샅샅이 들여다본다. 수많은 사물들과 사건들이 지구라는 단일한 전체를 이루면서 절대적인 법칙에 따라 운행하고 배열된다.

정신생활이든 사회생활이든 참된 기쁨은 지성에 기댄 추론과 사교의 겉치레 너머에 있다. 의지에 따른 기억을 좇는 한 삶은 권태를 벗어날 길이 없다. 화자는 시간의 전모를 일별하면서 시간의 굴레를 벗어던진다. 자본가가 자본의 기능마저 노동에 떠넘김으로써 노동을 초월하듯이.

문학의 조건, 노동의 조건

프루스트는 왜 낮에 자고 밤에 썼을까? 시간을 초월하기 위해서는 습관이 강요하는 행동과 향락을 떠나야 한다. 스스로를 세헤라자드라 여겼을지도 모른다. 목숨을 저울의 저쪽 접시에 올려놓고, 하루 몫의 이야기 대신 하루 몫의 글을 이쪽 접시에 올려놓은 채. 오늘은 아라비아의 밤을 무사히 넘기고 나서야 이튿날로 이어진다. 화자는 운명을 예감한다. '아침, 내가 이야기를 중단할 때, 샤리야르 왕(Sultan Shahriyar)만큼 너그럽지 않은 나의 운명의 주님께서, 과연 나의 사형 집행을 연기하여, 그날 밤에 다시 그다음 이야기를 하도록 허락할지 어떨지 전혀 알 도리가 없는 불안 속에서 나는 살겠구나.'

써야 할 것은 '죽어가는 병사가 아내에게 쓰는 영별의 글'이 아니다. 그가 쓸 책은 '많은 사람들에게 보내는, 더욱 긴 것'이어야 한다. 그러나 『아라비안나이트』나 『회상록』 같은 책도 아니다.

'어떤 작품을 좋아하면, 우리는 그것과 똑같은 것을 만들려고 하지만, 한때의 애착은 희생시켜야 하고, 자기의 취향 따위는 생각하지 말아야 하며, 오직 우리에게 편애(偏愛) 같은 것을 요구하지 않는 진리, 편애 같은 것을 염두에도 없게 하는 진리만 생각해야 한다.' 문학의 길은 쓰고 싶은 것을 쓰는 데 있지 않다. 자본가의 길이 생산을 하지 않고 이윤을 얻겠다는 선의 저쪽으로 뻗어 있는 것처럼. 지옥에 이르지는 않는다 해도 남들이 쓴 책을 흉내 낸다면 문학에서 더욱 멀어질 뿐이다. 평범하거나 아류인 책들이 위대한 책을 가리고 남을 만큼 나날이 쌓이는 까닭이다.

저자로서의 재능을 넉넉히 증명한 바 있는 롤랑 바르트는 죽기 직전까지 소설을 쓰려고 벌여놓았던 조각 글들을 유작으로 남겼다. 그가 살아 있었다면 공개하지 않았을 그 글들은 그가 쓴 하고많은 책이 진정으로 쓰고 싶었던 책이 아니었음을 말해주는 것이 아닐까? 스스로를 프루스트주의자가 아니라 마르셀주의자라 불렀던 그의 예정된 운명이었을까? 러스킨의 책을 번역하면서 지나친 독서를 경고했던 프루스트다. '버렸던 것과 가끔 만나게 되는 건, 진리를 추구할 경우뿐이고, 잊어버리고 나서야, 시대가 다른 『아라비안나이트』도, 생시몽의 『회상록』의 신작도 쓸 수가 있다.(11 492 493)'

문학의 장애물은 애착과 취향과 편애다. 사회적 생산의 장애물은 무엇인가? 자본에 의한 생산이 생산의 유일한 사회적 형태인가? 지휘와 감독 노동의 분리는 자본의 생산양식에서 자본가의 쓸모를 남김없이 지웠다. '이는 자본가가 역사적으로 자신의 계급 형성이 마무리되고 나서 대토지소유주를 별로 쓸모가 없는 존재로 생각했던 것과 마찬가지다.' 노동이 사회적으로 행해지는 조건과 방식은 오직 하나일 리 없다. 노동을 자본이 포섭하는 사회 형태는 그 한 가지 예일 뿐이다. 협동조합 공장만큼 이를 잘 보여주는 것도 없다.

다양한 음색들이 조화를 이루는 오케스트라를 완성하기 위해서는 우선 악기들이 있어야 한다. 소유자가 연주자일 필요는 없다. 그러나 연주자가 악기를 소유할 때 그의 재능은 활짝 꽃필 것이다. 지휘자는 연주자 가운데 한 명이 떠맡을 수도 있다. 이때 어떤 연주자도 지휘 노동에 합당한 몫이 그에게 주어지는 데 반대하지 않을 것이다. 세상을 음악으로 채우는 것은 특정인에게 소유가 지정된 악기가 아니라 연주되는 악기다.

어머니와 입맞춤과 전변하는 세계

『프랑수아 르 샹피』는 화자가 잠들기 전 그의 어머니가 머리맡에서 읽어주던 조르주 상드의 소설이다. 야회에 간 화자는 게르망트 대공네 서재에서 기다리면서 이 책을 발견한다. 입맞춤 대신 어머니가 이 책을 읽어주던 밤의 기운이 그에게 전해져온다. 소설은 프랑수아라는 고아가 마들렌 블랑셰라는 양모에게 거두어지면서 나중에 그녀와 결혼하게 되는 이야기를 담고 있다. 후대의 비평가들은 이 구절이 작가의 어머니와의 특별한 애정, 어쩌면 근친에 대한 성적인 애정을 암시한다고 해석하기도 한다. 마들렌이라는 여주인공의 이름과 방앗간에서 키워지던 프랑수아가 양어머니와 입맞춤을 할 때 느끼는 행복은 프루스트가 책에서 자전적으로 묘사하는 일들과 공명하는 데가 있다. 어릴 적 스완이 방문하는 바람에 어머니에게 입맞춤을 받지 못한 일을 되풀이하여 회상하는 화자는 작가 자신이 아닌가?

'아까 『프랑수아 르 샹피』가 눈에 띄었을 때 떠오른 옛날의 그 밤의 기운이 지금도 그대로 나에게 있다면!' 회상 속에서 화자는 시간을 거슬러 과거의 한때에 다다른다. 돌이켜보면 혼자 잠들지 못해 함께 있어 달라고 떼를 쓸 때, '어머니가 나에게 양보한 그 밤부터, 나의 의지, 내 건강의 쇠퇴가 할머니의 고질병과 함께 시작되었던 것이다.' 회상은 이어진다. '어머니 얼굴에 입술을 대지 않고선 이튿날 아침까지 기다리는 일은 견딜 수가 없어서' 어머니에게 부탁하려고 '침대에서 뛰어내려 잠옷 바람으로 달빛 새어드는 창가까지 가서, 스완 씨가 돌아가는 기척이 날 때까지 꼼짝 않고 있었'던 일이 눈앞을 스친다. 잠시 뒤, '식구들이 스완 씨를 배웅하는 바람에, 문이 열리는, 방울이 울리는, 닫히는 소리가 들려'온다.

어머니가 곁을 지킨 그 밤으로부터 모든 것이 결정되었다. 이 말은 화자, 혹은 프루스트가 쓰려는 책의 목표를 말해준다. 어머니가 그의 곁을 떠나지 않은 그 밤, 그 시간이야말로 잃어버린 시간이다. 목표가 분명한 만큼 장애물 또한 분명하다. 의지박약과 천식, 죽음을 향해 나아가는 어머니의 어머니인 할머니다. 어머니의 죽음은 실제로 프루스트가 『잃어버린 시간을 찾아서』를 쓰는 데 결정적인 한 걸음을 내딛게 했다. 스완이 떠나면서 울리던 방울 소리가 어머니와 함께 잠드는 밤을 예기하였듯 말이다.

『잃어버린 시간을 찾아서』는 어머니의 입맞춤 없이 이튿날 아침까지 기다리는 일이 어떻게 병약한 아들을 작가로, 비할 데 없는 소설가로 만드는지 증명하고자 하는 책이다. 지나간 어느 날 밤 공기와 불빛을 고스란히 간직한 책은 구름 위로 솟은 달과 같다. 이때 구름이란 억지로 일깨우는 습관적 기억이다.

프루스트를 작가로 만든 것이 잠들기 전 어머니와의 입맞춤의 좌절이라면, 마르크스로 하여금 하루도 쉬지 않고 쓰게 한 것은 세계의 전변이었다고 하겠다. 갈릴레이는 시계 같은 정밀한 도구도 없이 물체의 운동을 분석하고 기술하였다. 맥박으로 시간을 재면서 그가 한 실험과 그로부터 도출한 법칙들은 세계를 보는 이전의 눈을 대체한다.

『자본』 이후 한 세기 반의 시간이 지나갔다. 결정적인 붕괴로 보이는 역사적 사건 뒤에 미래라는 과거가 숨겨져 있을지도 모른다. 그 미래가 그저 과거의 재현이 아니라는 뜻에서도 그렇다. 역사의 해석 또한 승리자의 전리품이라는 점 또한 고려할 만하다.

역사가 보여준 붕괴가 인간이 꾸는 꿈의 완전한 붕괴가 아니듯, 현재의 성공이 전적인 성공은 아니다. 마르크스가 꾹꾹 눌러 쓴 문장들은 우리가 살아가는 나날을 비추는 태양이다. 해석과 평론은 두터운 구름이 태양을 가리듯 시류와 유행에 따라 범람한다. 그것들은 지금까지 행동할 준비를 갖춘 인간에게 한 권의 책이 미친 힘에 비한다면 지나가는 소나기에 불과할지도 모른다.

무엇을 쓸 것인가, 결합체적 생산양식에 이르는 길

책은 무엇으로 이루어질 것인가? 내가 과연 책을 쓸 수 있는가? 게르망트 대공댁 마티네는 이 물음에 답하려는 화자에게 결정적 장소다. '내게 아직도 내 작품을 완성할 힘이 있다면, 내 작품의 관념과 그 현실화의 가능성에 대한 염려를 오늘날 동시에 내게 안겨준 이 마티네야말로 반드시 맨 먼저 작품 속에, 지난날 콩브레의 성당에서 내가 예감했던 꼴(forme), 평소에 우리 눈에 안 보이는 시간의 꼴을 똑똑히 표시하리라(11 494)'는 것을 화자는 예감한다.

대공댁에 들어선 화자는 단이 진 포석에 엉거주춤 서면서 마주한 돌연한 느낌에서부터, 응접실에 있을 때 빳빳한 냅킨의 감촉과 차 숟가락이 쨍그랑대는 소리, 다시 발견한 책 『프랑수아 르 샹피』가 되살려낸 어머니가 입맞춤해주던 그날 밤의 기운에 이르기까지 쇄도하는 인상들과 마주한다. 인상들은 화자의 감각을 일깨워 그의 눈앞에 과거의 시간들을 대성당을 일으켜 세운다. 이 대성당이 곧 화자가 써야 할 책이다.

화자는 '스완 씨가 떠나버려 어머니가 2층으로 올라오려는 기척을 알리는 작은 방울의 짤랑짤랑 하는 금속성의, 끊임없이 울리는, 요란한, 산뜻한 그 소리'를 다시 듣는다. '그 방울소리를 좀 더 가까이 들으려면, 나는 나 자신 가운데로 다시 내려가야만 했다.' 방울 소리는 화자의 바깥에서 울리는 소리가 아니다. '그 방울소리는 언제나 내 가운데 있었고, 또한 그 방울소리와 현재의 순간 사이에는, 내가 짊어지고 다니는 줄도 몰랐던 무한히 펼쳐져온 과거가 있었던 것이다.' 이 과거야말로 프루스트가 밤이 낮이 되고 낮이 다시 밤이 되도록 손을 백지 위로 내달리게 한 것이다.

화자는 이토록 장구한 시간의 흐름이 그를 통해 '단 한 번의 중단도 없이 존속되고, 생각되고, 분비되었음을' 깨닫는다. 그는 지금 자신이 콩브레의 정원에서 조그만 방울소리를 듣던 날로부터 쌓아올린 시간에 올라타고 있음을 알아차린다. 그는 깨닫는다. '그 온 시간을 줄곧 내게 메어두어야 했음을, 그것이 나를 받쳐 주었음을, 머리가 뱅뱅 도는 이 시간의 꼭대기에 올라앉은 나임을, 시간을 옮겨놓지 않고선 몸을 움직일 수 없었음을.' 자신 안에 있는 콩브레의 정원에서 조그만 방울소리를 듣던 날이야말로 화자가 '가지고 있는 줄 모르던 그 망망한 차원의 기점이었'던 것이다. 그는 발밑을 내려다본다. 그 광경은 '마치 몇 천 길의 골짜기'이자, '무수한 세월(11 498)' 이었다. 그는 몸을 움직일 때마다 몇 천 길 높이의 시간들이 함께 움직이는 것을 본다.

시간의 지속과 분기는 개인에게 한정되지 않는다. 화자는 자신이 꼭대기에 올라앉은 시간의 줄기가 콩브레의 정원에서 조그만 방울소리를 듣던 날 자라났다고 말하지만, 어머니에 앞서 또 그 어머니, 이 땅에 처음 출현한 인간의 선조, 우리 종을 예비한 포유류, 포유류를 예비한 동물계, 동물계를 낳은 세균, 생물의 독존을 비웃는 바이러스, 나아가 광물, 그리고 행성, 더 나아가 우리는 이 모든 것의 원천인 초신성에 이른다. 그가 말하는 차원의 기점이란 문학이 다루는 시간의 출발점이다. 과학과 문학의 구분은 시간을 다루는 방법을 임의로 나눈 것에 지나지 않는다.

무엇을 써야 할 것인가 하는 물음에 프루스트의 화자가 '시간의 꼴'이라는 답을 찾는다면, 자본 이후를 물으면서 마르크스가 실마리로 삼는 두 가지가 있다. 주식회사와 협동조합 공장이다. 이들은 자본 이후 결합체적 사회에 이르는 징검돌이자 예시다. 사적 소유에 기초한 기업과 달리 생산과 유통의 전 과정이 투명하게 드러나는 것은 이들 가운데 두 번째 사회 형태에서다.

협동조합이 운영하는 공장의 수입은 순수한 이윤, 즉 불불노동의 직접적 표현인 잉여가치 그 자체다. 이로써 자본의 기능이란 착취라는 것, 이자란 화폐 형태를 취하는 자본이 착취의 결과물에 요구하는 자신의 몫이라는 것이 밝혀진다. 특정한 역사적 조건에서 발생한 생산양식이 드리웠던 구름이 걷힌다. 그러나 이 사회 형태는 한계 또한 가진다.

'노동자들 자신의 협동조합 공장들은 낡은 형태(자본주의적 생산형태-옮긴이) 내부에서의 그 낡은 형태에 대한 최초의 타파이다.' 이 사회 형태가 최종적인 타파가 되지 못하는 것은 '그것의 실제 조직 안에서는 곳곳에서 기존 제도의 온갖 결함들이 재생산되고 또 그렇게 될 수밖에 없'기 때문이다. 물론 '이들 공장 내부에서는 자본과 노동 간의 대립이 지양'된다. 그 한계는 이러한 형태가 '노동자들이 연합체로서 그들 자신의 자본가가 되는 형태(즉 생산수단을 여전히 그들 자신의 노동의 증식을 위해 사용하는 형태)일 뿐이라는' 데 있다. 이 사회 형태는 자본과 노동 간의 대립에서 자본의 자리에 노동자의 연합체를 놓는다. 생산수단은 여전히 가치증식의 수단이다. 과도적 형태임에도 불구하고 협동조합 공장은 '물적 생산력과 그에 상응하는 사회적 생산형태의 일정 단계에서, 한 생산양식으로부터 새로운 생산양식이 어떤 방식으로 자연스럽게 생성되어 발전해나가는가를 보여(3 590)' 준다.

협동조합 공장의 경험이 당장 그것을 발생시킨 생산양식 일반을 대체하는 것이 아니듯, 써야 할 것이 무엇인지 알았다고 해서 저절로 책이 써지는 것은 아니다. 자본의 지배력이 이 경제적 사회 구성체의 구석구석 미치듯이 의심은 화자에게 불현듯 찾아온다. '이미 까맣게 멀리까지 내려가 있는 그 과거를 자신에게 오래 붙들어 매어둘 힘이 아직' 남아 있을까 하는 의심이다. 그런데 이번엔 다르다. 이내 의심이 사라진다. 자신이 써야 할 책, 일으켜 세울 대성당의 전모가 화자의 머릿속에 영원히 지워질 수 없도록 자리 잡았기 때문이다. 마치 순식간에 떠오른 영화감독의 시놉시스처럼.

'얼마간이라도 나에게 작품을 완성시킬 만한 오랜 시간(longtemps)이 남아 있다면, 우선 거기에(괴물과 비슷한 인간으로 만들지도 모르지만), 공간 속에 한정된 자리가 아니라, 아주 큰 자리, 그와 반대로 한량없이 연장된 자리-세월 속에 던져진 거인들처럼, 여러 시기 사이의 거리가 아무리 멀고 큰들, 수많은 나날이 차례차례 와서 자리 잡는 여러 시기에 동시에 닿기 때문에-'시간

(Temps)' 안에 차지하는 인간을(11 498 499)' 그려 보리라' 화자는 다짐한다.

써야 할 것은 시간을 새겨 넣은 인간들이다. 그것은 곧 인간에게 펼쳐진 잃어버린 시간이다. 사람마다 수많은 나날들이 첩첩이 자리 잡고 있다. 인간의 크기는 공간 속에서 그가 차지하는 부피가 아니라 채워진 시간으로 결정된다. 둘 간의 혼동을 보여주는 것은 인간을 괴물로 그리는 소설들이다.

나무, 사람, 장소, 고장 등등 그것이 무엇이든 이들은 집적된 시간이자 시간의 몸이다. 소설이 이 가운데 사람에게 가장 오래 눈길을 붙박는 까닭은 작가가 같은 종인 사람 속에서 가장 쉽게 잃어버린 시간을 알아보기 때문이다. 프루스트는 책을 끝냈다. 소설 속의 화자는 비로소 책을 쓰기 시작한다. 마르크스는 책을 끝내지 못하였다. 그 책을 마저 끝내야 하는 사람은 뒤에 남겨진 독자다. 독자 앞에 그가 놓은 징검돌은 거센 강물 속을 지금도 든든히 버티고 있다. 강물로 벼린 징검돌이다.

'공장제도가 없다면 공장은 발전될 수 없을 것이고, 그 생산양식에서 생겨난 신용제도가 없어도 마찬가지로' 자본주의적 생산양식은 발전할 수 없다. 공장은 자본의 공간을, 신용은 자본의 메커니즘을 대표한다. 이들은 각각 협동조합공장과 주식회사로 발전한다. 신용제도는 '자본주의적 사적 기업이 자본주의적 주식회사로 점차 전화하는 데 주된 기초를' 이루며 '협동조합 기업이 어느 정도 전국적 규모로 점차 확대되어나가는 데도 그 수단을 제공해준다.'

이 두 가지 사회 형태는 '모두 자본주의적 생산양식에서 결합적 생산양식으로 넘어가는 과도기적 형태로 간주되어야만' 한다. 협동조합 공장은 '자본과 노동 간의 대립을 적극적으로 지양하고 있지만' 주식기업은 '소극적으로 지양하고 있다.(3 590)' 결합적 생산양식이란 자본주의 이후의 생산양식을 일반적으로 지시한다. 주식회사와 협동조합의 개별 형태들과 결합된 형태들이 아직도 과도적 형태인지, 이미 제 역할을 다 했는지는 단정하기 어렵다. 다시, 과거는 지나간 미래일지도 모른다.

자본주의 너머, 책의 미래

마르크스가 쓴 책이 세상에 나오고 나서 백오십여 년이 지났다. 개인을 규율하는 법을 무력화하기에 충분할 만큼 법인격의 갑옷을 두르게 된 주식회사는 사회적 책임을 더욱 멀리 내던진다. 그 구체적 형태가 어떤 것이든 본질에서 타인 노동에 대한 청구권에 지나지 않는 화폐와 신용은, 예술 창조에 영감을 줄 만한 기묘한 방법으로 그 소유자인 주주에게 더욱 커다란 부를 안긴다.

자본 시장의 개방으로 개인도 다른 회사의 주식을 취득할 수 있게 되었다. 그러나 이로써 노동자가 주주가 됨으로써 빼앗긴 자신의 노동시간을 되찾게 되었다고 말할 사람은 아무도 없다. 오히려 그나마 노동자에게 임금 형태로 지불된 노동시간을 재테크나 금융의 이름으로 다시 수탈하는 통로가 된 지 오래다. 협잡과 사기를 주식 제도의 본질이라 말하는 마르크스의 문장을, 합법적 외피를 쓴, 그것도 국제적인 수준에서 증명해주는 것으로 이 자본 시장만 한 것이 또 있겠는가.

독점의 진전은 국가와 금융의 결합 체계, 제국주의로 이어진다. 저자 사후 엥겔스가 보충한 분석과 서술은 마르크스가 일찍이 예견한 것이다. 이는 확고한 이념의 일반명사로서 마르크스라는 이름에 덧붙여 그 이름이 불리던 혁명가의 저작에서 정식화된 바 있다.

자본주의 생산양식을 그 내부에서 지양하는 주식회사라는 사회 형태는 미래의 생산양식에 이르는 도정에서 통과 지점일 뿐이다. 모순은 해결되는 것이 아니라 응결된다. 현실의 세계는 응결된 모순이 개화하는 사례 그 자체다. 자본 권력의 핵심에 자리 잡은 금융귀족의 목소리는 갈수록 커진다. 생산이 사회적으로 결합적으로 이루어질수록 생산된 부는 소수의 손에 집중된다. 권력을 휘두르고 사회를 통제하는 것은 타인 소유의 강탈자이다.

지난 세기 중반 두 차례의 세계대전이 끝난 시기를 제외하면 부의 불평등은 나날이 심화되고 있다. 세계 어디든 예외를 찾기 어렵다. 자본이 지배하는 경제적 사회구성체에서 국가의 역할은 자본 통제가 아니라 그 이익을 대변하는 데 그칠 수밖에 없는가?

자본은 노동자가 잃어버린 시간이다. 노동자에게 도래하는 그 시간의 행보는 거침이 없다. 화자가 잃어버렸던 할머니는 그가 되찾은 시간 속에서 되살아난다. 그 할머니가 화자에게 일깨우는 것은 부재다. 되찾은 시간이 주는 것은 기쁨만이 아니다. 마음의 간헐 또한 되찾은 시간의 선물이다. 마음의 간헐이야말로 일찍이 프루스트가 책의 제목으로 삼으려 했던 것이다. 화자의 가슴 한복판에 메울 수 없는 심연을 만드는 것도 그가 되찾은 시간이다. 우리가 되찾은 낙원에 설 때 슬픔도 우리 곁에 선다.

되찾은 시간은 지나간 미래다. 화자는 말한다. '죽음은 헛되지 않다. 망자는 우리 위에 계속해서 활동한다고. 아니 망자는 생자보다 더욱 활동한다. 왜냐하면 참된 실재는 정신을 통해서 밖에 확 트이지 않으며, 정신 작용의 대상이니까, 우리는 사색을 통해서 창조하지 않으면 안 되는 것밖에 참되게 알지 못하기 때문이다.(7 224)' 시간이 지속하는 한 실재도 지속한다. 죽음과 죽은 자는 우리 정신에 남아 있는 한, 생각되고 숭배되는 한 나날을 우리와 함께 살아간다. 화가 엘스티르가 보여주듯 우리가 숭배하는 것이 결국 자신일지라도.

화자는 '겨울 안개의 수의에 싸여 요지부동하는 대양을 구경하고 싶어' 한다. 그가 보려고 하는 바다는 '큰 산과 같은 물 덩어리를 냅다 던지는 듯한 인상을 주기에 충분한 실다운, 유동하는, 살아 있는 대양'이다. 그는 이런 바다를 아직 한 번도 보지 못했다. 빌파리지 부인과 함께 산책을 나와 마주하기를 기대한 것도 폭풍우의 왕국이었는데 말이다. 하지만 그가 막상 마주친 바다는 '견고한 실체와 색채를 잃어버려 희끄무레한 김에 지나지 않'았다.

화자는 엘스티르가 그린 '마법의 화면 모습을 보면서, 우리는 도망간 무더운 하루를 그 잔잔한 순식간의 우아함 속에 다시 찾아내려고 세계를 편력하고 싶은 생각밖에 들지 않았다.(4 360)' 화가는 아무도 알아채지 못하는, 힐끔힐끔 물러서는 물의 걸음걸이와 파도 끝에서 도움닫기에 열중하는 물방울을 화폭에 옮긴다. 그의 그림 속에 바다는 무더운 그날에 붙박여 있다. 그곳은 온갖 세계를 편력한 끝에야 도달하게 되는 영원한 고장이다. 예술이 발을 디딘 곳은 현실의 잔해 바깥이다.

마르크스가 지난 역사에서, 독일의 옛 마르크 공동체나 러시아의 농촌 공동체와 같이 인간이 경험한 적이 있는 사회 형태에서 자본 이후의 미래를 발견했는지는 분명치 않다. 전기작가 개러스 존스는 다소 강한 어조로 그랬을 것이라 주장하지만.

마르크스가 쓴 문장들은 과거에 속해 있다. 하지만 그의 책이 세상에 나온 이후 자본과 자본이 지배하는 생산양식은 이전과 같을 수 없다. 그의 책은 자본주의 생산양식이 현실인 만큼 똑같은 정도로 하나의 현실이다. 책의 문장들이 역사에 새긴 자국은 현실의 부정할 수 없는 일부다. 그러므로 마르크스가 쓴 책은 아직 오지 않은 과거다.

프루스트가 쓴 책은 주인공이 자신이 쓸 책이 어떤 책인지 밝히면서 끝난다. 그렇게 쓰고 나서 책을 끝내는 것은 작가다. 프루스트는 다 썼다는 점에서 화자의 미래다. 화자는 아직 쓰지 않았다는 점에서 작가의 과거다. 프루스트는 책을 써놓고 세상을 떠나버렸다. 독자가 책을 열 때마다 화자는 책을 쓴다. 책을 닫을 때마다 독자는 자신만의 책을 쓴다. 그러므로 프루스트의 책은 영원히 끝나지 않는다. 자본이 『자본』에 응답할 때마다 마르크스의 책이 독자의 의해 다시 쓰이듯.

·. 닫는 글

한 권의 책이란 책의 해변에 부딪으며 부서지는 파도인가? 해변을 아주 바꾸어놓는 해일인가?

동남쪽에서 히말라야가 아시아 대륙을 남과 북으로 갈라놓으며 내달아와 인더스강에 가로막혀 급히 멈춘 자리에 낭가파르바트가 있다. 북쪽에서 달려온 카라코람과 서쪽에서 달려온 힌두쿠시가 급히 강물에 발을 담그며 강 너머로 눈을 흘기는 곳이다. 에베레스트는 지구에서 가장 높지만 오천 미터가 넘는 언덕과 빙하로 둘러싸여 있다. 한편 낭가파르바트는 인더스 강의 수면 위로 곧장 육천 미터를 솟구친다. 지금까지 오천 명 넘는 등반가가 에베레스트 꼭대기에 선 반면 낭가파르바트는 기껏 삼백여 명에게 꼭대기를 내주었다. 꼭대기에 서려다 숨진 등반가의 비율은 에베레스트의 네 배가 넘는다고 한다.

두 산을 다 본 사람은 두 산을 서로 견주어보려는 마음을 억누르기 힘들 것이다. 기운 해가 동쪽 하늘에 던져놓은 끝 간 데 없는 제 그림자를 이고 허리에는 구름인 양 빙하를 두른 산, 그 산과 같은 책이 있다. 스스로 기후를 주관하는 산이 있듯이 스스로 세계가 되는 책이 있다. 산이 발치에 거느린, 아무래도 지구에 있는 것보다 많아 뵈는 모래와 자갈을 대신하는 것은 활자와 낱말과 문장이었다. 책의 사상이란 활자들의 부스럭거림이다.

꼭대기란 능선이 한데 모이는 곳이듯, 능선이란 골짜기가 첫 빗방울을 길어내는 곳이듯.

하늘에서 별들이 그러하듯 책 속에서 문장들은 별자리를 이룬다. 새로 찾은 성좌를 다른 사람에게 전하는 목소리는 들뜨기 마련이다.

귀족과 부르주아의 내면을 파헤치거나, 육체와 정신을 노동에 소모해야 하는 인간의 조건을 밝히는 데는 노동이 면제된 생활이 필수적인가? 진리를 말하는 문장은 부르주아적 생활의 소산인가? 문장을 쓰는 일 또한 노동이라 해도, 생시가 아니라면 사후에라도 책에 쏟아지는 갈채를 생각할 때 글 쓰는 일을 노동이라 말하긴 어렵다. 그러므로 다시 한번, 가혹함만으로 노동을 말하는 것은 가혹하다.

'리얼돌'이 수천만 달러의 시장을 창출하는 시대, 인공지능이 인간의 뇌를 대신하는 시대에 프루스트가 애써 묘사하고 서술하는 인간이란 무엇인가? 사랑이나 질투는 더 이상 인간의 것이 아닌가? 잃어버린 시간마저 디지털 상품으로 거래되는 메타버스의 시대, 가상과 현실이 뒤섞이는 시대에 마르크스와 프루스트의 책을 서로 견주어 읽는 것은 무슨 뜻이 있는가? 과거는 지나간 미래이며 미래는 아직 오지 않은 과거라고 말하는 두 책의 목소리는 아직도 귀를 기울일 가치가 있는가?

아리스타르코스가 지동설을 주장하고 이천 년이 될 즈음, 조르다노 브루노는 태양이 수많은 항성 가운데 하나에 지나지 않는다고 주장하다 화형을 당했다. 그 뒤 또 사백 년이 흘렀다. 지동설은커녕 아예 지구가 편평하다고 주장하는 사람들이 가장 많이 사는 곳은 자본주의 생산양식의 수호자를 자처하는 세계의 제국 미국이다.

누 떼가 세렝게티의 강을 건너야 하듯이 번역은 문장들이 건너야 할 강이다. 번역은 곧 반역이라는 새된 목소리는 한번 울린 뒤 그 메아리를 거둔 적이 없다. 누군가 나서 이 책이 말하는 두 책이 마르크스와 프루스트가 쓴 책인지 물을 수도 있다. 철학자 콰인은 번역의 불확정성을 말했다. 그의 책이 번역되지 않았다면 글쓴이가 이렇게 아는 척할 리 없다.

번역에 던지는 의심의 눈초리를 저 멀리 밀쳐놓는 책이 있다. 그 책의 힘은 책을 빼곡히 채운 문장과 낱말과 활자들의 힘이다. 역사·사회·심리·경제·철학·문학을 아우르며 인간이 펼쳐놓은 저 푸른 숲은, 마르크스와 프루스트가 쓴 책에 뿌리 내린 나무들의 우듬지가 그리는 풍경일 테다.

어떤 이는 물을지도 모른다. 마르크스와 프루스트는 서로 들을 수 없는 거리에서 저마다 자신의 악기를 연주하는 것이 아닌가 하고. 다른 책의 문장과 어울리면서 더 빛을 발하리라 스스로 상상하는 문장이 있다. 이 책을 세상에 부른 것은 그런 문장들이다. 글쓴이는 문장들의 그 열망과 아우성에 잠시 손을 빌려주었을 뿐이다.

책은 끝난다, 끝나야 한다. 마지막 마침표 뒤에 여백이, 여백 뒤에 뒤표지가, 뒤표지 너머 세계가 펼쳐진다. 한 번도 본 적 없는 세계가.

이제 말해야겠다. 그렇게 할 수밖에 없다. 마르크스와 프루스트는 문장에 아로새겨놓았다고. 세계가 주조해낸 인간과 인간이 만든 세계를. 또 시간이 창조한 인간과 시간을 펼치는 인간을. 인간이 할 수 있는 한껏, 마치 신이, 혹은 우주가 스스로 하늘에 성좌를 배열하듯.

『잃어버린 시간을 찾아서』의 주요 등장인물*

화자와 가족

나 : 작품 속의 화자. 책에서 마르셀이란 이름이 두 번 나온다. 파리의 유복한 부르주아 가정에서 태어났다. 선천적으로 병약한 체질이라 어릴 때에는 가족들과 함께 아버지의 고향 콩브레에서 휴가를 보냈다. 문학을 좋아하는 어머니와 할머니의 영향을 받아 소설가를 꿈꾸며 자란다. 그러나 자신의 재능에 자신이 없어서 사교와 연애에 빠져 지낸다.

아버지 : 행정기관의 고급 관료. 전직 외교관인 노르푸아 후작과 친해서 그를 식사에 초대하거나 함께 스페인을 여행한다. 가족들 가운데에선 유일하게 반(反)드레퓌스파이다.

어머니 : 교양이 풍부하고 겸손한 여인. 어릴 때부터 병약했던 아들에게 세심한 애정을 쏟았다. 화자인 내가 콩브레에 머물던 시절, 잠자리에서 어머니가 해주던 입맞춤의 추억을 특히 그리워한다. 어머니는 할머니를 매우 사랑했고 죽음을 앞둔 할머니를 헌신적으로 간병했다. 할머니가 세상을 떠난 이후로는 풍모가 차츰 할머니를 닮아간다.

할머니(마틸드) : 외할머니. 미적 감수성이 풍부하다. 세비녜 부인의 서간을 인용하거나 조르주 상드의 소설을 화자에게 선물하는 등 문학 지망생인 화자의 소년 시절에 영향을 미친다. 화자와 함께 발베크에 머물렀는데, 이때 옛날에 함께 공부했던 빌파리지 후작부인과 재회한다. 화자와 샹젤리제를 산책하다가 발작을 일으킨 뒤 머지않아 세상을 떠난다. 그러나 할머니에 대한 추억은 '마음의 간헐'이라는 장에서 생생하게 되살아난다.

레오니 고모(숙모) : 콩브레의 집에서 살고 있는 대고모의 딸. 옥타브의 미망인으로 '옥타브 마님'이라 불린다. 지금은 늘 침대에 누워서 생활하고 있으며, 하녀 프랑수아즈가 레오니 고모를 돌보고 있다. 레오니 고모가 유산 상속인으로 화자를 지명했다는 사실이 레오니 고모가 죽은 뒤에 밝혀진다.

---

* 독자들의 이해를 돕기 위해 『잃어버린 시간을 찾아서』의 주요 등장인물을 간략하게 소개한 것이다.

그 밖의 인물

게르망트 공작(바쟁) : 프랑스 명문귀족 게르망트 가문의 12대 공작. 공작의 지위를 잇기 전에는 롬 대공으로 불렸다. 샤를뤼스 남작의 형. 아내는 사촌누이인 오리안인데, 공작은 결혼한 다음 날부터 바람을 피운다. 의원으로서 정치인을 대변한다. 그의 고모인 빌 파리지 후작부인과의 인연으로, 화자의 가족은 파리에서 같은 저택의 별채에 살게 된다. 친척 오스몽 후작이 죽은 날에도 사교적인 즐거움을 포기하려 하지 않았다. 반드레퓌스파였지만 부인네들의 영향으로 드레퓌스파로 돌아선다. 뒷날 격식 있는 자키 클럽 회장 선거에서 쇼스피에르에게 패배하고, 미술 아카데미 회원으로도 선출되지 못한다. 1차 세계대전 이후에는 포르슈빌 백작의 미망인 오데트가 그의 애인이 된다.

게르망트 공작부인(오리안) : 게르망트 가문 출신으로 게르망트 공작의 아내. 이전의 신분은 롬 대공부인. 상류 사교계의 꽃. 그녀의 신랄한 경구(警句)는 '게르망트 가문의 재기'라 불리고 있다. 어린 시절 화자는 신비로운 소문에 싸인 부인을 동경했다. 그 뒤 같은 저택의 딴 채에서 살게 된 화자는 오페라 극장에서 부인을 보고서 두근거림을 느낀다. 시간이 흐르면서 동경은 갈수록 엷어지지만 부인과는 여전히 친하게 지낸다. 부인은 부르주아 출신으로 사교계의 유명인사인 스완과 가깝게 지냈지만 품위 있는 여성이라서, 스완이 살아 있는 동안에는 창부 출신의 그의 아내 오데트를 저택으로 초대한 적이 없었다. 그러나 나중에 스완의 딸이자 포르슈빌 백작의 양녀인 질베르트가 부인의 조카 생 루와 약혼하게 되자, 질베르트를 오찬회에 초대한다. 뒷날 부인은 한때 창부였던 여배우 라셸과 친해지면서 사교계에서의 위신을 잃는다.

게르망트 대공(질베르) : 게르망트 공작의 사촌형. 열렬한 반유대주의자로 알려져 있었으나 어느 야회에서 스완에게 자신이 드레퓌스파임을 털어놓는다. 이후 동성애자인 것이 밝혀지고, 사촌동생 샤를뤼스 남작의 연애 상대인 모렐과 함께 유곽에 드나들며 둘이서 밀회를 약속했던 사실이 드러난다. 뒷날 아내와 사별하고 파산한 끝에 뒤라스 공작부인(전 베르뒤랭 부인)과 재혼한다.

노르푸아 후작 : 전직 대사. 빌파리지 후작부인과 몰래 사귀고 있다. 외교관다운 말투로 이야기하며 절대 꼬투리를 잡히지 않는 인물. 정부의 같은 위원회에 소속된, 화자의 아버지가 그를 저녁식사에 초대했고, 그는 그 자리에서 문학에 대한 이야기를 나누며 화자의 문학열을 꺾어놓는다. 화자의 아버지와 함께 스페인 여행을 한다. 아카데미 회원으로 선출되길 바라는 아버지는 그의 지지를 얻으려고 하지만 그다지 좋은 대답을 얻지 못한다. 드레퓌스 사건에 대해서는 애매한 태도를 취한다. 뒷날 화자는 베네치아에서 빌파리지 후작부인과 함께 있는 늙은 후작을 목격한다.

라 베르마 : 화자가 동경하던 위대한 여배우. 그러나 화자는 라 베르마의 무대를 제 눈으로 처음 보고 환멸을 느낀다. 나중에 오페라 극장에서 다시 한번 라 베르마가 연기하는 〈페드르〉를 본다.(제3편), 전쟁이 끝난 뒤 왕년의 명배우는 딸 부부를 위해 다과회를 열지만, 대중의 마음은 이미 그로부터 떠났기 때문에 사람들이 모이지 않는다.

라셸 : 유대인 여배우. 본명은 알 수 없는데 화자는 친구 블로크에게 이끌려간 유곽에서 '라셸'이라 불리던 그녀를 보고서, 그녀에게 오페라 〈유대 여인〉의 아리아에서 따온 주님의 라셸이라는 별명을 붙인다. 여배우가 된 그녀는 생 루에게 사랑받지만 게르망트 공작부인의 살롱에서 열린 낭독 모임에서는 모두에게 비웃음을 당한다. 그 뒤 베르뒤랭 부인의 조카 옥타브와 사귀지만 결국 버림받는다. 전쟁 뒤에 유명 여배우가 된 라셸은, 남편을 오데트에게 빼앗긴 게르망트 공작부인과 친해진다. 그리고 게르망트 대공부인 저택에서 열린 오후 연회에서 시를 낭독한다.

로즈몽드 : 제2편 꽃피는 아가씨들 가운데 한 사람. 화자는 두 번째로 발베크에 머물 때 그녀를 다시 만난다. 알베르틴은 그녀의 부모가 소유한 앵 카르빌의 별장에 머문다.

모렐(샤를르, 샤를리라고도 불린다) : 바이올리니스트. 그의 아버지는 화자의 종조할아버지 아돌프의 하인이었다. 포병연대 악대에 속했을 때, 동시에르 역에서 동성애자인 샤를뤼스 남작을 만나 그의 애정을 이용하게 된다. 쥐피앙의 조카딸에게 구혼한다. 베르뒤랭네 살롱에서 뱅퇴유의 〈7중주곡〉을 연주한 다음, 남작의 방약무인한 태도에 화가 난 부부의 부추김을 받아 결국 남작과 결별한다. 그 뒤 생 루에게도 사랑을 받아, 그와 그의 아내 질베르트한테 신세를 진다. 한편 화자는 그가 가지고 놀던 세탁부들을 알베르틴에게 소개하고 있었다는 사실을 알게 된다. 전쟁 중에는 베르뒤랭 부인과 짜고서 늙은 남작을 독일 편이라고 중상하는 기사를 신문에 게재한다. 전쟁이 끝나고 게르망트 대공부인 저택에서 화자와 재회했을 때, 그는 명망 높은 유명인이 되어 있었다.

뱅퇴유 : 음악가이자 한때 화자 할머니의 여동생들을 가르쳤던 전직 피아노 교사, 콩브레 근처 몽주뱅이라는 곳에서 조용히 살고 있는데, 같이 사는 딸과 딸의 여자 친구가 동성애자라는 소문이 돌아서 괴로워한다. 한편 그가 작곡한 소나타를 처음 듣고 나서부터, 스완은 그 곡을 오데트와 자신의 사랑의 국가로 여기게 된다. 뱅퇴유가 죽은 뒤에 숨은 걸작 〈7중주곡〉이 모렐 등에 의해서 연주되어 화자에게 깊은 감명을 준다.

뱅퇴유 양 : 음악가의 딸. 아버지를 여의고 나서 그녀가 자택에서 여자 친구와 함께 사디즘 행위에 몰두하는 장면을 화자가 목격한다. 뒷날 그 여자 친구의 도움을 받아 아버지의 미발표곡을 모아 〈7중주곡〉으로 완성한다.

베르고트 : 화자가 동경하는 대작가. 소년 시절 블로크에게서 그의 이름을 들은 다음부터 화자는 그의 소설을 애독한다. 노르푸아가 혹평한 그는 스완 일가와 친한데, 화자는 스완네 오찬회에서 그를 만나고는 그의 본모습에 환멸을 느낀다. 뒷날 병을 앓고 있으면서도 화자의 할머니를 가끔 병문안하러 온다. 어느 날 병을 무릅쓰고 전람회에 가서 베르메르의 〈델프트 풍경〉을 감상하다가 쓰러져 숨을 거둔다.

베르뒤랭 부인 : '마님'이라고 불린다. 상류 사교계 인사를 상대하는 게르망트 공작부인의 살롱과는 대조적으로 부르주아들이 드나드는 살롱을 열고 있다. 입으로는 귀족을 '진저리나는 무리'라고 부르면서 깎아내리지만, 속으로는 그들한테 무시당하는 데 불만을 품고 있다. 오데트의 소개로 살롱에 드나들게 된 스완을 별로 좋아하지 않는다. '발레 뤼

스'를 비롯하여 예술 전반에 관심이 많은 베르뒤랭 부인의 살롱은 점차 사교계 사람들에게도 알려지게 된다. 발베크 근교의 라 라스플리에르로 화자와 모렐, 샤를뤼스를 초대한다. 파리 자택의 야회에서, 모렐 등이 뱅퇴유의 〈7중주곡〉을 연주하는 음악회를 연다. 그 뒤 샤를뤼스와 결별하게 된다. 알베르틴의 숙모 봉탕 부인과 친하며, 그녀와 마찬가지로 1차 세계대전 중에도 살롱을 열었다. 전후 뒤라스 공작과 재혼했고 사별한 뒤에는 게르망트 대공과 결혼하여 마침내 파리 사교계의 정점에 다다른다.

블로크(알베르) : 화자의 문학 취미에 영향을 준 연상의 친구. 비교적 낮은 계급인 프티 부르주아의 전형이자 유대인. 남을 우습게 여기는 태도 탓에 화자 가족의 눈총을 받는다. 유대인이면서도 반유대주의적 말씨를 쓴다. 거만하고 무례한 성격이라서 빌파리지 후작부인의 살롱에서도 버릇없는 태도 때문에 주위의 빈축을 산다. 1차 세계대전 때 극작가로서 유명해진다. 전후에 게르망트 대공부인 저택에서 화자와 재회했을 때 그는 얼굴도 변하고 이름도 자크 뒤 로지에로 바뀌어 있었다.

빌파리지 후작부인(마들렌) : 게르망트 공작 부부의 고모이자 생 루의 대고모. 화자의 할머니와는 소녀 시절에 같이 공부한 친구 사이. 훌륭한 가문에서 태어나 젊을 때에는 미모와 재기를 자랑했는데, 출신도 모를 남자와 결혼한데다 문학에 빠진 탓에 지금은 상류 사교계에서 밀려나 있다. 노르푸아 후작의 애인. 화자는 발베크의 그랑 호텔에 머물 때 그곳에서 할머니와 함께 그녀를 만났는데, 그 뒤 가끔 마차로 같이 산책하자는 제안을 받았고 생 루와 샤를뤼스도 소개받게 된다. 살롱에 손님을 초대하고선 자기는 그림을 그리면서 응대를 한다. 뒷날 베네치아에서 화자가 목격했을 때, 빌파리지 후작부인은 안쓰러울 만큼 늙은 모습으로 오랫동안 사귄 애인 노르푸아와 식사를 하고 있었다.

생 루(팡브레) 후작(로베르) : 게르망트 가문의 아름다운 귀공자. 빌파리지 후작부인의 조카딸인 마르상트 백작부인의 아들. 게르망트 공작 부부의 조카. 군인인 그는 발베크 근처의 동시에르에 주둔하다가 우연히 발베크를 방문해서 화자와 만나 친해진다. 귀족이면서도 자유사상에 매력을 느껴서 상류사회를 경멸하는 듯한 언동을 취한다. 유대인 여배우 라셸을 사랑하고 있다. 나중에 스완의 딸 질베르트와 결혼하지만 한편으로 모렐과의 도착적인 관계가 드러난다. 1차 세계대전에 종군했다가 전사한다.

샤를뤼스 남작(팔라메드) : 애칭은 '메메' 게르망트 공작의 동생으로 생 루의 큰아버지. 상류 사교계에 군림하는 오만하고 분방한 인물, 스완과 매우 친한데, 콩브레에서는 그가 스완의 아내 오데트의 애인이라는 소문이 돌았다. 발베크에서 그와 만나게 된 화자는 그 기묘한 언동에 깜짝 놀란다. 게르망트 공작부인은 그를 짓궂은 '오만 대왕'이라고 부른다. 화자는 남작과 재봉사 쥐피앙의 대화 장면을 훔쳐보고는 동성 애인을 찾는 남작의 은밀한 성벽을 눈치 챈다. 이윽고 바이올리니스트 모렐의 비호자가 되었으나 그에게 놀아나고 만다. 모렐한테 반해서 베르뒤랭네의 단골이 되었으나, 그의 거만한 태도에 화가 난 베르뒤랭네 사람들에게 결국 쫓겨나고 모렐한테도 버림을 받은 뒤 병으로 쓰러진다. 전쟁 중에는 독일 지지자로 여겨져서 사교계에서의 지위를 잃지만, 그래도 여전히 쾌락을 추구한다.

셰르바토프 대공부인 : 러시아에서 온 부인. 유복하지만 상류 사교계에서는 외면을 당하여 베르뒤랭 부인 살롱의 단골손님이 된다.

스완(샤를) : 유대인 주식 중개인의 아들. 유복한 사교계 인사. 미술과 문학에 조예가 깊고 베르메르를 누구보다도 먼저 높이 평가한다. 콩브레에서는 화자네 가족의 이웃이다. 부르주아 신분이면서도 상류 사교계의 총아이며 게르망트 일가와도 친하게 지낸다. 그러나 고급 창부 오데트와 사랑에 빠지면서 그녀의 소개로 베르뒤랭 부인의 살롱에도 드나들게 된다. 이후 오데트와 포르슈빌 백작의 관계를 의심하고 질투하다가 사랑이 식어버렸을 즈음 오데트와 결혼한다. 오데트와 결혼한 탓에 사교계에서의 지위가 흔들린다. 게르망트 일가는 결코 오데트와 교제하려 하지 않는다. 한편 스완은 천천히 오데트의 가치관에 물들어간다. 드레퓌스파지만 적극적인 행동은 하지 않는다. 뒷날 중병에 걸리는데, 죽기 전에 아내와 딸을 게르망트 공작부인에게 소개하고 싶어 하지만 결국 소원을 이루지 못하고 죽는다.

스완 부인(오데트) : 본디 오데트 드 크레시라는 고급 창부로서 남자관계가 복잡한 여자. 한때는 아돌프 종조할아버지의 애인이었다. 스완과 친해지고 나서부터 두 사람은 자주 베르뒤랭 부인 살롱에서 만난다. 포르슈빌 백작과도 교제하고 있었지만 결국 스완과 결혼한다. 질베르트는 두 사람 사이에서 태어난 딸. 화려하게 차려입고서 불로뉴 숲을 산책하는 모습이 작품 속에 묘사된다. 나중에 질베르트와 친해진 화자는 가끔 질베르트의 어머니인 스완 부인을 만나서 함께 산책한다. 출신 탓에 게르망트 공작부인한테 무시당하지만, 남편이 유대인인데도 스완 부인이 반드레퓌스파를 가장한 덕분에 조금씩 다른 귀족들의 마음을 얻게 된다. 고명한 작가 베르고트를 추종하는 스완 부인의 살롱은 점차 유명해졌고, 그러자 스완 부인은 옛날에 친했던 베르뒤랭네 사람들을 모르는 체하게 된다. 스완과 사별하고 나서 포르슈빌 백작과 재혼, 뒷날 게르망트 공작의 애인이 된다.

스테르마리아 양(부인) : 브르타뉴의 귀족, 아버지와 함께 발베크에 머물 때 화자와 만난다. 결혼은 했지만 석 달 만에 이혼. 화자의 성적 환상을 불러일으킨다. 나중에 탕헤르에서 스테르마리아와 만난 생 루의 도움으로 화자는 스테르마리아에게 편지를 보내, 불로뉴 숲에서 같이 식사하자고 초대한다. 스테르마리아는 처음엔 승낙했지만 결국 거절한다.

아르장쿠르 백작 : 벨기에 대리대사이자 게르망트 집안의 친척. 빌파리지 후작부인 저택의 연회에서 게르망트 공작부인에게 마테를링크에 대해 이야기했으며, 드레퓌스 사건에 관해서는 드레퓌스의 유죄를 믿고 있다. 1차 세계대전 이후 게르망트 대공부인 저택에서 열린 오후 연회에, 나이 들어 쇠약해진 모습으로 나타난다.

아르파종 후작부인 : 게르망트 공작의 옛 애인. 파름 대공비가 보는 앞에서 게르망트 공작부인에게서 비방당한다. 게르망트 대공부인 저택의 야회에서 공작의 마음을 빼앗은 쉬르지 공작부인을 질투한다. 화자가 기억해내려 애쓰다 마침내 불러낸 이름의 주인공. 나이든 모습으로 오후 연회에 나타난다.

알베르틴 시모네 : '꽃피는 아가씨들' 가운데 한 사람. 가난한 고아인데 숙부인 고급 관료

봉탕 씨와 그의 아내가 길러주었다. 화자는 발베크에 머무를 때 화가 엘스티르의 아틀리에에서 그녀를 만났고 차츰 사랑에 빠진다. 그렇지만 시모네는 화자의 키스를 거부하고 어느 날 갑자기 떠나버린다. 이윽고 예고도 없이 파리에 있는 화자의 집에 나타나서 처음으로 키스를 허락한다. 두 번째로 발베크에 머무를 때 화자와 더욱 깊은 관계가 되지만, 시모네가 동성애를 즐긴다는 의혹이 갈수록 커지면서 화자는 교제를 끊으려고 한다. 그러나 시모네가 뱅퇴유 양의 여자 친구를 안다고 말하자, 화자는 질투에 사로잡혀 당장 시모네와 결혼하기로 결심하고 어머니에게도 그 뜻을 전한다. 화자의 집에서 동거하게 된 시모네는 그의 의심과 질투가 심해짐에 따라 마음의 문을 닫아버린다. 서로 말다툼과 화해를 되풀이하는 생활에 싫증이 난 화자는 헤어질 기회를 노리게 되는데, 어느 날 시모네가 돌연 사라진다, 시모네는 지방에 사는 봉탕 부인의 집에 가 있었다. 화자는 생 루를 그곳으로 보내지만 시모네의 마음을 되돌리지 못한다. 그래서 돌아와 달라고 직접 전보를 보내는데, 엇갈려서 봉탕 부인의 전보가 날아온다. 그 전보를 통해 화자는 시모네가 낙마 사고로 죽었다는 사실을 알게 된다.

앙드레 : '꽃피는 아가씨들' 가운데 한 사람. 부잣집 딸. 의자에 기대어 있던 늙은 은행가의 머리 위로 뛰어올라 그를 깜짝 놀라게 한다. 앵카르빌의 카지노에서 앙드레와 알베르틴이 춤추는 모습을 보고서, 화자는 두 사람의 관계를 의심하게 된다. 화자에게서 알베르틴을 감시해달라는 부탁을 받고 나중에 알베르틴과 고모라의 여자들이 관계를 맺어왔다는 사실을 그에게 알려준다. 그 뒤 베르뒤랭 부인의 조카 옥타브와 결혼한다. 생 루 부인 질베르트와 친해진다.

에메 : 발베크 그랑 호텔의 우두머리 사환. 비수기에는 파리의 식당에서 우두머리 사환으로 일한다. 라셸과 샤를뤼스가 그에게 관심을 보인다. 화자에게서 알베르틴의 행실을 조사해달라는 부탁을 받고 그가 작성한 결과 보고서로 말미암아 그녀의 이중생활이 폭로된다. 생 루의 동성애 경향에 대해서도 밝혀낸다.

엘스티르 : 화가. 한때 베르뒤랭 부인 살롱의 단골이었으며, 부인은 그를 '비슈'라고 불렀

다. 오데트를 모델로 한 듯한 그의 그림 〈사크리팡 양의 초상〉이 발베크의 아틀리에에 걸려 있다. 화자는 그 아틀리에에서 알베르틴을 만났으며 그녀를 통해 다른 소녀들과도 알게 된다. 나중에 게르망트 공작 저택을 방문한 화자는 공작이 소장하고 있는 그의 작품을 보고 감명을 받는다.

쥐피앙 : 조끼 재봉사. 파리에 있는 게르망트 공작 저택의 안뜰에 가게를 차린다. 샤를뤼스 남작과 동성애 관계를 맺는다. 모렐과 생 루의 관계를 화자에게 폭로한다. 전쟁 중에는 샤를뤼스 남작을 위해서 동성애 유곽을 경영하고, 전후에는 몸이 불편해진 남작 곁에서 시중을 든다.

질베르트 스완 : 스완과 오데트의 딸. 화자는 소년 시절에 스완네 집 쪽으로 산책을 가다가 산사나무 울타리 너머로 처음 질베르트 스완을 본다. 나중에 파리의 샹젤리제 공원에서 서로 사귀게 되고 화자는 그녀에게 첫사랑을 느낀다. 이윽고 화자는 스완네 집에 초대될 만큼 그녀와 친해지지만 중간에 사이가 틀어져서 마음이 멀어진다. 아버지를 여읜 뒤 질베르트 스완은 오데트와 재혼한 포르슈빌 백작의 양녀가 되고, 게르망트 공작부인 저택에서 화자와 다시 만난다. 나중에 생 루와 결혼한다. 게르망트 대공부인 저택의 연회에서 질베르트 스완은 생 루와의 사이에 얻은 딸을 화자한테 소개한다.

코타르 : 저명한 임상의, 실력은 좋지만 재치가 없는 몰취미한 남자. 아내와 더불어 베르뒤랭네 살롱의 단골손님인데 시시한 말장난만 해댄다. 처음에는 스완에게 경멸을 받았지만, 결혼한 뒤에 스완 부인이 연 살롱에서는 단골손님 대접을 받는다. 앵카르빌의 카지노에서 알베르틴과 앙드레의 관계를 화자에게 암시한다. 한편으로 베르뒤랭 부인의 살롱에서 샤를뤼스 남작을 만나 알게 되는데, 남작은 모렐을 붙잡기 위해 꾸민 거짓 결투에서 증인이 돼달라는 의뢰 편지를 그에게 보낸다.

포르슈빌 백작 : 오데트의 애인들 가운데 하나. 포르슈빌을 총애한 베르뒤랭 부부는 오데트와 스완 사이를 갈라놓고 그녀를 포르슈빌과 맺어주려고 한다.

프랑수아즈 : 콩브레 근처의 농가 출신으로, 충실하고도 완고한 하녀. 레오니 고모를 오랫동안 모셨으며 그 고모가 세상을 떠나고 나서 화자네 집에서 일하게 된다. 요리를 잘해서 프랑수아즈가 만든 '젤리를 곁들인 쇠고기' 요리는 노르푸아의 마음을 사로잡는다. 콩브레를 떠나 파리에서 살게 된 것을 아쉬워한다. 또한 화자의 할머니를 헌신적으로 간호한다.

바오